Sammlung Tusculum

Herausgeber: Karl Bayer, Max Faltner, Gerhard Jäger

EURIPIDES

SÄMTLICHE
TRAGÖDIEN UND FRAGMENTE

Griechisch – deutsch

Band VI

EURIPIDES

FRAGMENTE
DER KYKLOP · RHESOS

Fragmente übersetzt von Gustav Adolf Seeck
Der Kyklop übersetzt von J. J. C. Donner
Rhesos übersetzt von W. Binder
Herausgegeben von Gustav Adolf Seeck

ARTEMIS VERLAG

Auf dem Titelblatt: Tragische Maske, Marmor
The Metropolitan Museum of Art, Rogers Fund, 1913

CIP-Kurztitelaufnahme der Deutschen Bibliothek
Euripides: Sämtliche Tragödien und Fragmente : griech.-dt. /
Euripides. [Hrsg. von Gustav Adolf Seeck]. –
München : Artemis-Verlag. (Tusculum-Bücherei)
Bd. 1–5 im Heimeran-Verl., München. –
Bd. 1–5 übers. von Ernst Buschor
NE: Euripides: [Sammlung]; Seeck, Gustav Adolf [Hrsg.]
Bd. 6. Fragmente / übers. von Gustav Adolf Seeck.
Der Kyklop / übers. von J. J. C. Donner. Rhesos /
übers. von W. Binder. – 1981. ISBN 3-7608-1532-4

ISBN 3 7608 1532 4
© Artemis Verlag München 1981. Alle Rechte vorbehalten, ein-
schließlich die der photomechanischen Wiedergabe.
Satz und Druck: Laupp & Göbel, Tübingen
Printed in Germany

FRAGMENTE

ΑΙΓΕΥΣ

1 (2)

ποίαν σε φῶμεν γαῖαν ἐκλελοιπότα
πόλει ξενοῦσθαι τῇδε; τίς πάτρας ὅρος;
τίς ἐσθ' ὁ φύσας; τοῦ κεκήρυξαι πατρός;

Clem. Alex., Strom. 6, 2, 11, 3.

2 (3)

τί σε μάτηρ ἐν δεκάτᾳ τόκου ὠνόμαζεν;   lyr

Schol. Aristoph. Vogel 494; u. a.

3 (11)

δειλῶν γυναῖκες δεσποτῶν θρασύστομοι.

Stob. 4, 22, 161.

4 (10)

πέφυκε γάρ πως παισὶ πολέμιον γυνὴ
τοῖς πρόσθεν ἡ ζυγεῖσα δευτέρῳ πατρί.

Stob. 4, 22, 157. – 1 überl. πᾶσι, 2 πόσει.

5 (6)

εἰ μὴ καθέξεις γλῶσσαν, ἔσται σοι κακά.

Stob. 3, 34, 3

6 (7)

τί γάρ πατρῴας ἀνδρὶ φίλτερον χθονός;

Stob. 3, 39, 6.

7 (5)

κρεῖσσον δὲ πλούτου καὶ βαθυσπόρου χθονὸς
ἀνδρῶν δικαίων κἀγαθῶν ὁμιλίαι.

Orion, Flor. 6, 1, u. 4.

AIGEUS

1

Aus welchem Land, sollen wir sagen, bist du als Gast in diese Stadt gekommen? Welches ist das Gebiet deiner Heimat? Wer ist dein Vater? Wessen Sohn nennst du dich?

2

Welchen Namen gab dir die Mutter am zehnten Tag nach der Geburt?

3

Wenn der Mann ein Schwächling ist, führt die Frau freche Reden.

4

denn von Natur feindlich ist den früheren Kindern die Frau des Mannes, der (in dieser zweiten Ehe) wieder Vater geworden ist.

5

Wenn du deine Zunge nicht hütest, wird es dir übel ergehen.

6

Was ist einem Mann lieber als das Vaterland?

7

Wertvoller aber als Geld und fruchtbares Ackerland ist der Umgang mit gerechten und guten Männern.

8 (9)

ἀνδρὸς ⟨δ᾽⟩ ὑπ᾽ ἐσθλοῦ καὶ τυραννεῖσθαι καλόν.

Stob. 4, 6, 6.

9 (12)

ἦ που κρεῖσσον τῆς εὐγενίας   an
τὸ καλῶς πράσσειν.

Stob. 4, 29, 9.

10 (14)

κατθανεῖν δ᾽ ὀφείλεται
καὶ τῷ κατ᾽ οἴκους ἐκτὸς ἡμένῳ πόνων.

Stob. 4, 51, 6.

11 (4)

ἔστι καὶ πταίσαντ᾽ ἀρετὰν   lyr
ἀποδείξασθαι θανάτῳ.

Stob. 3, 1, 61; u. a.

11 a (15)

κρήνης πάροιθεν ἀνθεμόστρωτον λέχος

Phot. Berol. 138.

11 b (16)

ἀνθρωποκτόνος

Phot. Berol. 141.

11 c (17)

ἄγωνον ἀθλήσαντα

Schol. Homer Il. 7, 76 (Pap. Ox. 1087).

12 (18)

Πάνακτος

Harpokr. 144, 23.

13 (19)

ἀντραῖος

Steph. Byz. 101, 11.

8

Wenn der Herrscher tüchtig ist, kann sogar Tyrannis etwas Schönes sein.

9

Wertvoller als edle Geburt ist gewiß schönes Handeln / Wohlergehen.

10

sterben aber muß auch, wer zu Hause sitzt und nichts unternimmt.

11

Auch wer gescheitert ist, kann seine Tüchtigkeit – durch den Tod – beweisen.

11 a

Blütenlager vor einer Quelle

11 b

menschentötend

11 c

den Kampf ausfechtend

12

Panaktos

13

höhlenbewohnend / höhlenartig

ΑΙΟΛΟΣ

13 a = 947 (21)
ἦ δεινὰ καὶ δύσγνωστα βουλεύει θεός.

Pap. Ox. 2457; – Orion 3 ἦ πολλὰ.

14 (*656)
Ἕλλην γάρ, ὡς λέγουσι, γίγνεται Διός,
του δ' Αἴολος παῖς, Αἰόλου δὲ Σίσυφος
Ἀθάμας τε Κρηθεύς θ' ὅς τ' ἐπ' Ἀλφειοῦ ροαῖς
θεοῦ μανεὶς ἔρριψε Σαλμωνεὺς φλόγα.

Herakleides 3, 2.

15 (38)
ἴδοιμι δ' αὐτῶν ἔκγον' ἄρσεν' ἀρσένων·
πρῶτον μὲν εἶδος ἄξιον τυραννίδος·
πλείστη γὰρ ἀρετὴ τοῦθ' ὑπάρχον ἐν βίῳ,
τὴν ἀξίωσιν τῶν καλῶν τὸ σῶμ' ἔχειν.

Stob. 4, 21, 1; u. a.

16 (39)
λαμπροὶ δ' ἐν αἰχμαῖς Ἄρεος ἔν τε συλλόγοις,
μή μοι τὰ κομψὰ ποικίλοι γενοίατο,
ἀλλ' ὧν πόλει δεῖ μεγάλα βουλεύοντες εὖ.

Stob. 4, 4, 13; u. a.

17 (24)
ἆρ' ἔτυμον φάτιν ἔγνων,   da
Αἴολε, σ' εὐνάζειν τέκνα φίλτατα;

Schol. Aristoph. Frieden 114.

18 (25)
δοξάσαι ἔστι, κόραι· τὸ δ' ἐτήτυμον οὐκ ἔχω εἰπεῖν.   da

Schol. Aristoph. Frieden 119.

AIOLOS

13 a

Schrecklich und schwer zu erkennen ist der Ratschluß des Gottes.

(Anfang des Prologs)

14

denn Hellen stammt, wie es heißt, von Zeus; dessen Sohn ist Aiolos; die Söhne des Aiolos sind Sisyphos, Athamas, Kretheus und Salmoneus, der am Strom Alpheios vom Wahnsinn geschlagen das göttliche Feuer schleuderte.

15

Möchte ich doch Nachkommen von ihnen sehen, Söhne von Söhnen! Erstens sei ihre Gestalt der Herrschaft würdig; denn es macht im Leben einen guten Teil der Tüchtigkeit aus, daß der Körper edler Dinge würdig ist.

16

Möchten sie sich im Kampf und in der Volksversammlung auszeichnen, und nicht in Spitzfindigkeiten gewandt sein, sondern guten Rat in wichtigen Dingen geben, wo die Stadt ihn braucht!

17

Habe ich dich richtig verstanden, Aiolos? Du willst deine Kinder verheiraten?

18

Man kann es vermuten, Mädchen; was wirklich vorgeht, vermag ich nicht zu sagen.

19 (29)
τί δ' αἰσχρὸν ἦν μὴ τοῖσι χρωμένοις δοκῇ;

Schol. Aristoph. Frösche 1475; u. a.

20 (27)
μὴ πλοῦτον εἴπῃς· οὐχὶ θαυμάζω θεόν,
ὃν χὠ κάκιστος ῥᾳδίως ἐκτήσατο.

Stob. 4, 31, 61; u. a.

21 (34)
δοκεῖτ' ἂν οἰκεῖν γαῖαν, εἰ πένης ἅπας
λαὸς πολιτεύοιτο πλουσίων ἄτερ;
οὐκ ἂν γένοιτο χωρὶς ἐσθλὰ καὶ κακά,
ἀλλ' ἔστι τις σύγκρασις, ὥστ' ἔχειν καλῶς.
ἃ μὴ γὰρ ἔστι τῷ πένητι πλούσιος   5
δίδωσ'· ἃ δ' οἱ πλουτοῦντες οὐ κεκτήμεθα,
τοῖσιν πένησι χρώμενοι τιμώμεθα.

Stob. 4, 1, 20; u. a.

22 (42)
τὴν δ' εὐγένειαν πρὸς θεῶν μή μοι λέγε,
ἐν χρήμασιν τόδ' ἐστί, μὴ γαυροῦ, πάτερ·
κύκλῳ γὰρ ἕρπει· τῷ μὲν ἔσθ', ὃ δ' οὐκ ἔχει·
κοινοῖσι δ' αὐτοῖς χρώμεθ'· ᾧ δ' ἂν ἐν δόμοις
χρόνον συνοικῇ πλεῖστον, οὗτος εὐγενής.   5

Stob. 4. 31. 24. – 5 überl. εὐτυχής.

23 (48)
ἀλλ' ἦ τὸ γῆρας τὴν Κύπριν χαίρειν ἐᾷ,
ἥ τ' Ἀφροδίτη τοῖς γέρουσιν ἄχθεται.

Stob. 4, 50, 71; u. a.

24 (40)
κακὸν γυναῖκα πρὸς νέαν ζεῦξαι νέον·
μακρὰ γὰρ ἰσχὺς μᾶλλον ἀρσένων μένει,
θήλεια δ' ἥβη θᾶσσον ἐκλείπει δέμας.

Stob. 4, 22, 111; u. a.

19
Was ist schändlich, wenn es den Betroffenen nicht so scheint?

20
Rede mir nicht von Reichtum! Ich verehre keinen Gott, den auch der größte Schuft leicht als Besitz erwirbt.

21
Meint ihr, ihr könnt auf Erden wohnen, wenn ein ganzes Volk von Armen seine eigene Stadt aufmacht ohne die Reichen? Edel und gering lassen sich nicht trennen, sondern für das Wohlbefinden bedarf es einer Mischung; denn was der Arme nicht hat, gibt der Reiche, was aber wir Reichen nicht besitzen, erreichen wir mit Hilfe der Armen.

22
Bei den Göttern, rede mir nicht von Adel! Das hängt vom Geld ab – da hilft kein stolzes Reden, Vater –; denn es kreist herum: der eine hat es, der andere nicht. Wir haben es als Gemeingut, bei wem es aber am längsten im Hause bleibt, der ist edel.

23
außer daß das Alter sich von Kypris abwendet und Aphrodite die Alten lästig sind.

24
Falsch ist es, eine junge Frau einem gleichaltrigen Mann zu vermählen; denn die Kraft der Männer bleibt länger erhalten, bei der Frau dagegen schwindet die Jugend schneller.

25 (47)

φεῦ φεῦ, παλαιὸς αἶνος ὡς καλῶς ἔχει·
γέροντες οὐδέν ἐσμεν ἄλλο πλὴν ψόφος
καὶ σχῆμ', ὀνείρων δ' ἕρπομεν μιμήματα·
νοῦς δ' οὐκ ἔνεστιν, οἰόμεσθα δ' εὖ φρονεῖν.

Stob. 4, 50, 38. – 2 überl. ὄχλος.

26 (37)

τῇ δ' 'Αφροδίτῃ πόλλ' ἔνεστι ποικίλα·
τέρπει τε γὰρ μάλιστα καὶ λυπεῖ βροτούς.
τύχοιμι δ' αὐτῆς ἡνίκ' ἐστὶν εὐμενής.

Stob. 4, 20, 1.

27 (36)

ἢ βραχύ τοι σθένος ἀνέρος· ἀλλὰ   lyr
ποικιλίᾳ πραπίδων
δεινὰ μὲν φῦλα πόντου
χθονίων τ' ἀερίων τε
δάμναται παιδεύματα.   5

Stob. 4, 13, 4; u. a.

28 (32)

παῖδες, σοφοῦ πρὸς ἀνδρὸς ὅστις ἐν βραχεῖ
πολλοὺς καλῶς οἷός τε συντέμνειν λόγους.

Stob. 3, 35, 3.

29 (31)

σιγᾶν φρονοῦντα κρεῖσσον' εἰς ὁμιλίαν
πεσόντα· τούτῳ δ' ἀνδρὶ μήτ' εἴην φίλος
μήτε ξυνείην, ὅστις αὐτάρκη φρονεῖν
πέποιθε δούλους τοὺς φίλους ἡγούμενος.

Stob. 3, 22, 14. – 1 überl. κρεῖσσον.

30 (33)

ἀλλ' ὅμως
οἰκτρός τις αἰὼν πατρίδος ἐκλιπεῖν ὅρους.

Stob. 3, 39, 5.

25

Ach, wie recht hat doch der alte Spruch: Als Greise sind wir
nur noch Geräusch und Umriß, und als Schatten von Träumen
schleppen wir uns dahin. Der Verstand ist weg, aber wir bilden
uns ein, noch klar zu denken.

26

Aphrodite ist von schillernder Vielgestalt; denn sie bringt den
Menschen sowohl die größte Freude als auch den größten
Kummer. Ich möchte mit ihr zu tun haben, wenn sie wohl-
gesonnen ist.

27

Die Kraft des Menschen reicht nicht weit, aber durch die Ge-
wandtheit seines Denkens bezwingt er schreckliches Meer-
getier und die Zöglinge der Erde und der Luft.

28

Kinder, ein kluger Mann versteht viele Worte kurz und tref-
fend zusammenzuraffen.

29

Wenn ein verständiger Mann mit Mächtigen umgeht, muß er
zu schweigen verstehen. Aber weder befreundet sein noch zu
tun haben möchte ich mit einem Mann, der glaubt, sein Denken sei ein freier Herr und die Freunde seien die Sklaven.

30

aber dennoch ist es ein trauriges Leben, das Vaterland verlassen zu müssen.

31 (30)
ὀργῇ γὰρ ὅστις εὐθέως χαρίζεται,
κακῶς τελευτᾷ· πλεῖστα γὰρ σφάλλει βροτούς.

Stob. 3, 20, 7.

32 (28)
κακῆς ⟨ἀπ'⟩ ἀρχῆς γίγνεται τέλος κακόν.

Stob. 3, 4, 11.

33 (46)
οἴμοι, τίς ἀλγεῖν οὐκ ἐπίσταται κακοῖς;
τίς ἂν κλύων τῶνδ' οὐκ ἂν ἐκβάλοι δάκρυ;

Stob. 4, 49, 9.

34 (43)
γλυκεῖα γάρ μοι φροντὶς οὐδαμῇ βίου.

Stob. 4, 34, 31.

35 (44)
αἰεὶ τὸ μὲν ζῇ, τὸ δὲ μεθίσταται κακόν,
τὸ δ' αὖ πέφηνεν αὖθις ἐξ ἀρχῆς νέον.

Stob. 4, 40, 10.

36 (41)
γυναῖκα δ' ὅστις παύσεται λέγων κακῶς,
δύστηνος ἄρα κοὐ σοφὸς κεκλήσεται.

Stob. 4, 22, 155.

37 (45)
μοχθεῖν ἀνάγκη· τὰς δὲ δαιμόνων τύχας
ὅστις φέρει κάλλιστ' ἀνὴρ οὗτος σοφός.

Stob. 4, 44, 49.

38 (35)
τὰ πόλλ' ἀνάγκη διαφέρει τολμήματα.

Stob. 4, 9, 6.

31
denn wer rasch dem Zorn nachgibt, hat am Ende selbst den
Schaden; denn meist führt der Zorn die Menschen irre.

32
Aus üblem Anfang erwächst übles Ende.

33
Ach, wer kennt nicht den Schmerz im Unglück?
Wer kann das hören, ohne zu weinen?

34
denn für mein Leben gibt es kein frohes Planen mehr.

35
Immer lebt das eine Übel, das andere geht davon; das aber
erscheint dann wieder neu von vorn.

36
Wer aufhört, die Frauen zu schmähen, den muß man unselig
und unklug nennen.

37
Man muß sich mühen; wer aber die gottgesandten Wechselfälle
am besten trägt, der ist klug.

38
Oft führt die Not den Wagemut zum Ziel. (?)

39 (26)

---

40 (49)

ἀκρατές

Hesych. 2546.

41 (50)

κατηρτυκέναι

Antiatt. 105, 25.

ΑΛΕΞΑΝΔΡΟΣ

42 (54, Sn 2)

καὶ χρόνου προύβαινε πούς

Schol. Aristoph. Frösche 100. – 1 überl. πρόβαινε.

*42 a = 935 (*61, Sn 9)

ἀλλ' ὦ φίλιπποι Τρῶες

Vom Erhabenen 15, 4.

42 b = ad. 414 (63, Sn 11)

ἄκραντα γάρ μ' ἔθηκε θεσπίζειν θεός,
καὶ πρὸς παθόντων κἄν κακοῖσι κειμένων
σοφὴ κέκλημαι, πρὶν παθεῖν δὲ μαίνομαι.

Plut., Praec. ger. reipubl. 28, 5.

*42 c = 968 (*86, Sn 14)

Ἑκάτης ἄγαλμα φωσφόρου κύων ἔση

Plut., De Iside et Os. 71.

39

_____

40

kraftlos

41

ausgewachsen sein

ALEXANDROS

42

und der Fuß der Zeit schritt voran

42 a

ihr rosseliebenden Troer

42 b

denn der Gott machte mein Weissagen wirkungslos: diejenigen,
die bereits leiden und im Unglück stecken, nennen mich klug,
vorher aber gelte ich als wahnsinnig.

42 c

Du wirst ein Hund sein, die Zier der fackeltragenden Hekate.

43 (58, Sn 6)

A ἔστιν τέκνων σοι πλ[. . . . .

B . . . ἐ[. . . . . .]ηνῶ γ᾽ ὅτι βρ[. . . . .

A τλήμων γε Πρίαμος κ[. . . . .

B ὡς ἴσμεν οἱ παθόντες ο[. . . . .

A παλαιὰ καινοῖς δακρύοις οὐ χρὴ στένειν.   5

B .]είνων τις, ἡ τεκοῦσ[α . . . .

A ὁ πα]ῖς μέν, ὡς φασι, ὤλετ[. . . . .

B . . μα]κάριον τἄρα οὐκ[. . . . .

. . . . . .] ἐστὶ τοῖ᾽ ἐμο[ὶ . . . .

. . . . . .]πνὰς πρὸς κακ[.   10

A . . . . . δέ]δορκα παῖδα Κ[ασάνδραν . . .

ἤκουσα]ν ἀδύτων ὦ[δε . . . .

Pap. Strassb. Gr. 2342–44. Vers 5 = Nauck 43.

44 (57, Sn 5)

A οἶδ᾽· ἀλλὰ κάμπτειν τῷ χρόνῳ λύπας χρεών.

B χρῆν· τοῦτο δ᾽ εἰπεῖν ῥᾷον ἢ φέρειν κακά.

Stob. 4, 49, 8.

45 (56, Sn 4)

ὥστ᾽ οὔτις ἀνδρῶν εἰς ἅπαντ᾽ εὐδαιμονεῖ.

Stob. 4, 41, 33.

46 (55, Sn 3)

πάντων τὸ θανεῖν· τὸ δὲ κοινὸν ἄχος   an

μετρίως ἀλγεῖν σοφία μελετᾷ.

Stob. 4, 44, 47.

47 (67, Sn 26)

ὅθεν δὲ νικᾶν χρῆν σε, δυστυχεῖς, ἄναξ·

ὅθεν δέ σ᾽ οὐ χρῆν, εὐτυχεῖς. δούλοισι γὰρ

τοῖς σοῖσι νικᾷς, τοῖς δ᾽ ἐλευθέροισιν οὔ.

Stob. 3, 4, 31. – 3 überl. ἥκεις.

43

A Du hast von Kindern . . .
B . . . .
A Ja, der unglückliche Priamos . . .
B Wie wir wissen, die wir es erlitten haben . . .
A Altvergangenes soll man nicht mit neuen Tränen be-
                         klagen.   5
B . . . jemand, die Mutter . . .
A (Das Kind), sagt man, kam um . . .
B . . . selig nicht . . .
  . . . solches ist mir . . .
    10
A . . . sehe das Kind (Kassandra) . . .
  . . . aus dem Tempel (kommen) . . .

44

A Ich weiß es, aber die Zeit sollte die Schmerzen lindern.
B Ja, doch das zu sagen ist leichter als das Unglück zu tragen.

45

so daß kein Mensch ständig vom Glück begünstigt ist.

46

Das Sterbenmüssen gilt für alle; einen Schmerz aber, dem niemand entgehen kann, läßt uns die Klugheit als mäßigen Schmerz
empfinden.

47

Das, womit du hättest siegen sollen, brachte dir Mißerfolg,
Herr; das, womit du nicht zu siegen brauchtest, brachte dir Erfolg; denn durch deine Sklaven bist du Sieger, nicht durch die
freien Männer.

48 (70, Sn 32)
σοφὸς μὲν οὖν εἶ, Πρίαμ', ὅμως δέ σοι λέγω ·
δούλου φρονοῦντος μᾶλλον ἢ φρονεῖν χρεὼν
οὐκ ἔστιν ἄχϑος μεῖζον οὐδὲ δώμασιν
κτῆσις κακίων οὐδ' ἀνωφελεστέρα.

Stob. 4, 19, 14

49 (71, Sn 33)
ἤλεγχον· οὕτω γὰρ κακὸν δούλων γένος·
γαστὴρ ἅπαντα, τοὐπίσω δ' οὐδὲν σκοπεῖ.

Stob. 4, 19, 15.

50 (72, Sn 27)
δούλων ὅσοι φιλοῦσι δεσποτῶν γένος,
πρὸς τῶν ὁμοίων πόλεμον αἴρονται μέγαν.

Stob. 4, 19, 16. - 2 überl. αἱροῦνται.

51 (74, Sn 28)
δούλους γὰρ οὐ
καλὸν πεπᾶσϑαι κρείσσονας τῶν δεσποτῶν.

Stob. 4, 19, 20.

52 (81, Sn 40)
περισσόμυϑος ὁ λόγος, εὐγένειαν εἰ   lyr
βρότειον εὐλογήσομεν.
τὸ γὰρ πάλαι καὶ πρῶτον ὅτ' ἐγενόμεϑα,
διὰ δ' ἔκρινεν ἁ τεκοῦσα γᾶ βροτούς,
ὁμοίαν χϑὼν ἅπασιν ἐξεπαίδευσεν ὄψιν.   5
ἴδιον οὐδὲν ἔσχομεν· μία δὲ γονὰ
τό τ' εὐγενὲς καὶ τὸ δυσγενές·
νόμῳ δὲ γαῦρον αὐτὸ κραίνει χρόνος.
τὸ φρόνιμον εὐγένεια καὶ τὸ συνετὸν
ὁ ϑεὸς δίδωσιν, οὐχ ὁ πλοῦτος.   10

Stob. 4, 29, 2.

48

Du bist klug, Priamos, doch sage ich dir: es gibt keine größere
Last und keinen schlimmeren Besitz im Haus und keinen nutz-
loseren als einen Sklaven, dessen Denken weiter reicht, als ihm
zukommt.

49

Das steht für mich fest; denn so übel ist das Sklavengeschlecht:
ganz Bauch – was darüber hinausgeht, kümmert es nicht.

50

Sklaven, die ihre Herren lieben, machen sich ihresgleichen sehr
zum Feind.

51

denn es ist nicht gut, Sklaven zu besitzen, die ihrem Herrn
überlegen sind.

52

Es ist bloßes Gerede, wenn wir die edle Geburt eines Menschen
preisen; denn in Urzeiten, als wir zuerst entstanden sind und
die mütterliche Erde die Menschen aussonderte, da gab sie
allen ähnliches Aussehen; niemand bekam etwas, das nur ihn
auszeichnete, sondern ein und dieselbe Geburt schuf edel und
unedel; erst durch Sitte und Konvention machte die Zeit das
eine stolz. Verstand macht den Adel aus, und die Gottheit gewährt Einsicht, nicht der Reichtum.

53 (81, Sn 41)
ούκ ἔστιν ἐν κακοῖσιν εὐγένεια,   lyr
παρ' ἀγαθοῖσι δ' ἀνδρῶν.

Stob. 4, 29, 7.

54 (79, Sn 36)
κακόν τι παίδευμ' ἦν ἄρ' εἰς εὐανδρίαν
ὁ πλοῦτος ἀνθρώποισιν αἵ τ' ἄγαν τρυφαί·
πενία δὲ δύστηνον μέν, ἀλλ' ὅμως τρέφει
μοχθεῖν τ' ἀμείνω τέκνα καὶ δραστήρια.

Stob. 4, 33, 3; u. a. - 1 βούλευμ'.

55 (78, Sn 37)
ἄδικον ὁ πλοῦτος, πολλὰ δ' οὐκ ὀρθῶς ποεῖ.

Stob. 4, 31, 71.

56 (76, Sn 34)
ἄναξ, διαβολαὶ δεινὸν ἀνθρώποις κακόν·
ἀγλωσσίᾳ δὲ πολλάκις ληφθεὶς ἀνὴρ
δίκαια λέξας ἧσσον εὐγλώσσου φέρει.

Stob. 3, 42, 3; u. a. - 2 εὐγλωσσίᾳ.

57 (73, Sn 38)
ὦ παγκάκιστοι καὶ τὸ δοῦλον οὐ λόγῳ
ἔχοντες, ἀλλὰ τῇ τύχῃ κεκτημένοι

Stob. 4, 19, 18.

58 (84, Sn 44)
οἴμοι, θανοῦμαι διὰ τὸ χρήσιμον φρενῶν,
ἢ τοῖσιν ἄλλοις γίγνεται σωτηρία.

Stob. 3, 38, 20.

59 (75, Sn 29)
ἐκ τῶν ὁμοίων οἱ κακοὶ γαμοῦσ' ἀεί.

Stob. 4, 22, 87.

53

Edle Geburt gibt es nicht bei Feiglingen, sondern bei tüchtigen Männern.

54

Schlechte Erzieher zur Mannhaftigkeit sind Reichtum und übermäßiges Wohlleben; Armut ist ein Übel, aber dennoch läßt sie Kinder aufwachsen, die Anstrengungen besser ertragen und voll Tatkraft sind.

55

Der Reichtum ist ungerecht und macht viele Fehler.

56

Herr, falsche Anschuldigungen sind ein großes Übel unter den Menschen; oft unterliegt ein Mann mit langsamer Zunge, der Rechtliches vorbringt, einem zungenfertigen.

57

O ihr Schufte, ihr heißt nicht nur Sklaven, sondern seid es von Natur.

58

Ach, ich soll sterben wegen meines Mutes und meiner Tüchtigkeit, bei anderen bedeuten sie Rettung.

59

Schufte heiraten stets unter ihresgleichen.

60 (80, Sn 39)

χρόνος δὲ δείξει ⟨σ'⟩· ᾧ τεκμηρίῳ μαθὼν
ἢ χρηστὸν ὄντα γνώσομαί σ' ἢ κακόν.

Clem. Alex., Strom. 6, 2, 10, 8.

61 (77, Sn 35)

μισῶ σοφὸν ἐν λόγοισιν, ἐς δ' ὄνησιν οὐ σοφόν.

Orion, Flor. 1, 3.

62 (62, Sn 13)

'Εκάβη, τὸ θεῖον ὡς ἄελπτον ἔρχεται
θνητοῖσιν, ἕλκει δ' οὔποτ' ἐκ ταὐτοῦ τύχας.

Stob. 4, 47, 10.

63 (89, Sn 60)

ἄρρητος κόρη

Hesych. 7439.

64 (87, Sn 17)

———

*64 + 1 = 867 (*60, Sn 64)

ἀλλ' ἄγχιμος γὰρ ἥδε Φοιβεία γυνή

Phot. Berol. 27, 2.

64 + 2 = ad. 286 (69, Sn 25)

ὡς Πριαμίδησιν ἐμφερὴς ὁ βουκόλος.

Diog. Laert. 7, 67; u. a.

64 + 3 (59, Sn 7)

. . . .]ης ἤκουσ' ἔπος
. . . . β]ακχεύει φρένα[

Pap. Strassb. Gr. 2342–44.

60

Die Zeit wird zeigen, an welchem Merkmal ich dich als tüchtig
oder unfähig erkennen werde.

61

Ich hasse den, der in Worten klug ist, aber unklug, wenn es auf
den wirklichen Nutzen ankommt.

62

Hekabe, wie unerwartet trifft der göttliche Wille die Menschen!
Er lenkt (?) ihre Schicksale niemals in gleicher Weise.

63

unnennbares Mädchen (Persephone)

64

———

64 + 1

aber hier kommt die phoibosbegeisterte Frau

64 + 2

Wie ähnlich sieht der Hirt den Priamiden!

64 + 3

... hörte das Wort
... rast den Sinn ...

28   'Αλέξανδρος

64 + 4 (64, Sn 16)
(Reste von 3 Versen)

................]μν[..]ος [..]λλοις ἔριν
................]ωτ[..]ωσο[.]δηις λάτρις   5
................]νδε πω[λι]κοῖς ὄχοις
................]ντατη[...]ους θανεῖν
................]ον τετίμη[κ]ας τέκνων
................]σελα[...]υ[..]αι γένος
................]ρ οἵπερ ἱσταν[τ]αι πον[10
................]τήνδ' ἀφαγνίζεις χθόνα
....]ἰ ἐπικηδείους πόνους
................]ων ἤδη πόλιν
................]ονωι σπουδῇ λάβῃ
..........]υδενωνεμων πόλιν   15
.... ἀνάσ]τασίν τε γῆς
................]πορσ[ύν]οις κακῶν
.... τ]ῷ τεθ[ν]ηκότι
................] καλὸν τόδε
................]ναι γονάς   20
................] καμην
(Lücke von 19 Versen, dann 18 Versanfänge)
                                          Pap. Strassb. Gr. 2342-44.

64 + 5 (65, Sn 18)
Χορός, Ἄγγελος
(Reste von 3 Versen)

Χο τύχῃ δ[ίδω]μι πά[ντα ....
Αγ κρείσσω⟨ν⟩ πεφυκὼς [..............   5
Χο ἢ καὶ στέφουσιν αὐτὸ[..............
Αγ καί φασιν εἶναί γ' ἄξιον [..........
Χο ὃ δ' ὧδε μορφῇ διαφερ[..............
Αγ ἅπαντα ὅσ' ἄνδρα χρὴ [..............
Χο ....]γαν βουκ[ολ..............   10
Αγ ..] δ.[..]δ[......................
Χο ἀγῶνα ποῦ κ[ρίνουσι; ....
Αγ Πρίαμος τίθησιν [..................

64 + 4

Reste von 3 Versen

... Streit

... Diener   5

... Pferdegespann

... sterben

... hast geehrt der Kinder

... Geschlecht

... die treten ...   10

... du weihst diesen Boden

... die Mühen der Bestattung

... schon die Stadt

... Anstrengung nimmt

... die Stadt   15

... (Beben) der Erde

... der Übel

... dem Toten

... dies schön

... Nachkommenschaft   20

. . . .

(Lücke von 19 Versen, dann 18 Versanfänge)

64 + 5

C h o r , B o t e

(Reste von 3 Versen)

Ch Dem Schicksal (schreibe ich alles zu) ...

Bo Von Natur aus stärker ...

Ch Und sie bekränzen ihn ...

Bo Und sagen, er sei würdig ...

Ch Er aber unterscheidet sich so sehr durch seine Gestalt ...

Bo Alles, was ein Mann nötig hat zu ...

Ch . . . . Rinderhirt ...

Bo . . . .

Ch Wo den Wettkampf ...

Bo Priamos setzt ...

Χο εἰς τόνδε νικητ[ήρι· ....
Αγ ἱερός τ[..]αιδ[.................... 15

64 + 6 (66, Sn 23)
(Reste von 1 Vers)
Χορός, Δηίφοβος, Ἕκτωρ

Χο ἀλλ' εἰσορῶ γάρ] Ἕκτορα ἐξ ἀγωνίκω[ν
    ἥκοντα μό]χθων σύγγονόν τε παῖδε σώ,
    ......] εἴς θ' ἄμιλλαν ἥκουσιν λόγων.
Δη ...... οὐ]δέν', ὅστις ἐστὶ δυσχερής,   5
    ...... τοῖ]ς κακοῖσι μαλθάσσει φρένας.
Εκτ .... ὅσ]τις μικρὰ ἔχων ἐγκλήματα
    ......]μίζει καὶ συνέστηκεν φόβω[ι.
Δη ...... κα]σίγνηθ' Ἕκτορ, οὐκ ἀλγεῖς φρένα[ς
    ....] ἀνδρὸς ἄθλα ἀπεστερημέν[ος;   10
Εκτ ......]μεῖς, Δηίφοβε. τί γάρ με δεῖ
    ....] καιρὸς ὠδίνειν φ[ρέν]ας.
Δη ....]ι ῥαιδίως φέρεις τάδε.
    .... Φρ]υξὶν ἐμφανής ἔσει.
Εκτ ....]ς νέομ φῦσαι με[.......   15
    .... βο]ύλεται δ' οὐ σωφρ[....
Δη ....] νεοζευ⟨κτ⟩οι[........

Pap. Strassb. Gr. 2342-44.

64 + 7 (82, Sn 43)
(Reste von 10 Versen, dann 18 Verse Lücke)
Ἑκάβη, Δηίφοβος, Ἕκτωρ

Εκ ....
    πάρεργον[........................   80
    νῦν οὖν ἐμοὶ σο[....................
    καὶ τοὺς λάθρᾳ λε[....................
    δούλης γυναικὸς [....................
    μὴ νῦν ἔτ' εἶσιν Τ[ρωικῶν ....
    ἀλλ[ὰ ο]ὐκ, ἰώ μοι, δ[..............   85
    κεῖνον μὲν ὄντα ὃς ἔστι θαυμάζειν Φρύγας,
    Πριάμου δὲ νικῶνθ' ὡς γεραίρεσθαι δόμους.

Ch   Für ihn den Siegespreis . . .
Bo   Heilig . . .

64 + 6

(Reste von 1 Vers)

C h o r ,   D e i p h o b o s ,   H e k t o r

Ch   (Aber ich sehe) Hektor aus den Mühen des Kampfes
    (kommen) und seinen Bruder, deine beiden Söhne,
    . . . und geraten in einen heftigen Wortwechsel.
De   . . . keinen, der schwierig ist.
    . . . für die Schlechten seinen Sinn besänftigt.
Hkt . . . wer kleine Einwendungen hat
    . . . und aus Furcht kämpft.
De   . . . Bruder, Hektor, schmerzt nicht dein Sinn
    . . . Mannes des Kampfpreises beraubt zu sein?
Hkt . . . Deiphobos, denn was soll ich
       . . . Zeit, im Herzen zu grollen.
De   . . . leicht trägst du das.
       . . . den Troern wirst erscheinen.
Hkt   . . . neuen erzeugen . . .
       . . . will nicht verständig . . .
De   . . . neugezäumt . . .

64 + 7

(Reste von 10 Versen, dann 18 Verse Lücke)

H e k a b e ,   D e i p h o b o s ,   H e k t o r

Hek . . . .
    Nebenarbeit . . .   30
    jetzt also mir . . .
    und die heimlich . . .
    einer Sklavin . . .
    Er wird doch nicht gehen . . .?
    Doch nein, wehe, . . .   35
    daß jenen, wer er auch ist, die Troer bewundern,
    und er mit einem Sieg über das Haus des Priamos prunkt.

Δη πῶς οὖν ὁ[κέλ]λει ταῦτά γ' ὥστ' ἔχειν καλῶς;
Εκ ο......[...τῇ]ιδε χειρὶ δεῖ θανεῖν.
Δη οὐ μὴν ἄτρωτός γ' ἐστὶν εἰς Ἅιδου δόμους.   40
Εκ ποῦ νῦ[ν ἄ]ν εἴη καλλίνικα ἔχων στέφη;
Δη πᾶν ἄστυ πληροῖ Τρωικὸν γαυρούμενος.
Εκ ......] δεῦρο, εἰς βόλον γάρ ἂν πέσοι.
Δη μηπώποτ' ἐπ]ίδῃς γ' ὅτ[ι κρ]ατεῖ τῶν σῶν τέκνων.
.................]υμάτων ἔσω   45
...................]ιν σε βούλομαι
...................]τὶ δοῦλος, ἀλλ' ὅμως
..................]πιλ[.]ι δ' ἐμοῖς
..................]λαν φόνον
.........................]ην ἄπαξ   50

(Lücke mit einigen Versresten)

δούλους ῥ[..........................   71
μεταβολ[ὰ..............................
νικωμ..[................................
σιν παρ' ἀεθ[λ...........................
οἶκον ἐξο[............................   75
Χο δέσποιν', ὁ[........................
τί δ' ἐς πόλ[ιν..........
φύλλοις ν[..............................
ποῦ γ' οἱ γ[.............................
'Εκάβη φρα[..........................   80
τὴν καλλ[ίνικον.......................
πρέσβυς πε[...........................
'Εκάβην δὲ β[..........................
ορ[.]φες [.............................
ει[......]λλτε[.........................   85
δι. ἐλ[ε]ύθεροι μὲν πάν[..............
δο[ῦ]λοι δ' ἂν ἦσκουν [..............
συντοι ἐκείνων ατ[..................
πρ[..]ν δ' ἀπῆσαν μν[..............
ἀρ[κε]ῖν ἕκαστ[....].......[........   90

De Wie also läßt sich das in Ordnung bringen?
Hek .... von dieser Hand muß er sterben.
De Er ist nicht geschützt vor Wunde und Tod.   40
Hek Wo ist er jetzt mit seinen Siegeskränzen?
De Die ganze Stadt der Troer erfüllt er mit seinem Prahlen.
Hek .... hierher, denn er könnte ins Netz geraten.
De (Du wirst niemals) sehen, daß er deine Söhne beherrscht.
                                    ... hinein   45
                                    ... ich dich will
                                    ... Sklave, aber dennoch
                                    ... meinen
                                    ... Mord
                                    ... einmal

                    (Lücke mit einigen Versresten)

        Sklaven ...   71
        Umschlag ...
        sieg ....
        Kampfpreis (?) ...
        Haus ...   75
Ch   O Herrin, ...
        warum aber in die Stadt ...
        Blättern ...
        Wo die ...
        Hekabe ...   80
        die schön ...
        alter ...
        Hekabe ...
        ....
        ....
        ... frei ...
        Sklaven hätten ausgeübt ...
        ... von jenen ...
        ... fehlten ...
        abwehren jedes ...

Εκτ απα[....]ηλ[.....................
........]ουν ὑπὲρ το[...............
οὔ[τ' οἴκο]ν αὔξων οὔτ[ε ....
πρόθυμα ἔπρασσε δοῦλος ὢν ἀπον[.......
ψυχῆς [ἐ]μαυτοῦ μὴ κατα[...............   95
εἰ δ' ἐστὶ κρείσσω⟨ν⟩, σοῦ κόλαζε τὴν φ[...
ὑφ' ἧς ἐνίκω· κυριώτερος γάρ εἶ.
ἐγὼ δενε[.]ρω κεῖνον· εἰ γάρ ἐ[..........
κράτιστος, [..........................
αε[...] Ἕκτωρ[..] λαμ[...............   100
τα.[..]κι αὐτοῦ καὶ δομ[.............
Εκ οὗτος μὲν ἀεί, τέκν[ον, ...
Δηίφοβε, καὶ τἆλλ' οὐ θ[...............
ῥέξεις δ' ἃ λυπούμεσθα [...............
κτανόντες ἄνδρα δοῦ[λον   105

Pap. Strassb. Gr. 2342–44.

ΑΛΚΜΕΩΝ

a) 'Αλκμέων ὁ διὰ Ψωφῖδος

65 (95)

ἥκω δ' ἀτενὴς ἀπ' οἴκων   lyr

Hesych. 8048.

66 (96)

οὐδὲ πυνθάνεσθε ταῦτ', ὦ παρθένοι, τὰν τῇ πόλει;   tr

Schol. Aristoph. Ritter 1302.

67 (117)

ὁ φόβος, ὅταν τις αἵματος μέλλῃ πέρι

Hkt . . . .
      . . . .
      weder (das Haus) mehrend noch . . .
      bereitwillig tat er, obwohl ein Sklave . . .
      meines Lebens nicht . . .   95
      wenn er aber stärker ist, zügle deine . . . ,
      von der du besiegt wurdest; denn du bist höhergestellt.
      Ich werde jenen . . . ; denn wenn er . . .
      der stärkste . . .
      . . . Hektor . . .   100
      . . . seiner . . .
Hek Dieser wird immer, Kind, . . . ,
      Deiphobos, und im übrigen nicht . . . ,
      und du wirst erledigen, worunter wir leiden . . . ,
      wenn wir den Sklaven töten . . .   105

ALKMEON

a) Alkmeon in Psophis

65
und ich komme direkt vom Hause

66
und habt ihr nicht vom Geschehen in der Stadt gehört, Mädchen?

67
Wenn jemand sich wegen vergossenen Blutes verantworten soll

λέγειν καταστὰς εἰς ἀγῶν' ἐναντίον,
τό τε στόμ' εἰς ἔκπληξιν ἀνθρώπων ἄγει
τὸν νοῦν τ' ἀπείργει μὴ λέγειν ἃ βούλεται.
τῷ μὲν γὰρ ἔνι κίνδυνος, ὁ δ' ἀθῷος μένει.   5
ὅμως δ' ἀγῶνα τόνδε δεῖ μ' ὑπεκδραμεῖν·
ψυχὴν γὰρ ἆθλα κειμένην ἐμὴν ὁρῶ.

Stob. 3, 8, 12.

68 (391)

A   μητέρα κατέκταν τὴν ἐμήν, βραχὺς λόγος.
B   ἑκὼν ἑκοῦσαν ἢ ⟨οὐ⟩ θέλουσαν οὐχ ἑκών;

Aristot. Eth. Nic. 1136 a 13 f.

69 (99)

μάλιστα μέν μ' ἐπῆρ' ἐπισκήψας πατήρ,
ὃθ' ἅρματ' εἰσέβαινεν εἰς Θήβας ἰών.

Comment. in Aristot. 20, 142.

70 (100)

ὃς Οἰδίπουν ἀπώλεσ', Οἰδίπους δ' ἐμέ,
χρυσοῦν ἐνεγκὼν ὅρμον εἰς "Αργους πόλιν.

Schol. Pindar Ncm. 4, 20; u. a.

71 (102)

αἷμα γὰρ σόν, μῆτερ, ἀπενίψατο

Ancc. Oxon. Cramcr 3, 194, 3.

72 (103)

χαῖρ', ὦ γεραιέ· τήν τε παῖδ' ἐκδοὺς ἐμοὶ
γαμβρὸς νομίζῃ καὶ πατὴρ σωτήρ τ' ἐμός.

Phot. 2, 74, 4; u. a.

73 (108)

ἀργαίνειν

Hesych. 7005 f.

in der Diskussion mit einem Gegner, läßt die Furcht den Verstand des Menschen erstarren und hindert ihn, das zu sagen, was er eigentlich sagen möchte; denn für ihn steht etwas auf dem Spiel, während der Gegner nichts riskiert. Dennoch muß ich mich auf diesen Redekampf einlassen; denn mein Leben ist als Preis ausgesetzt, wie ich sehe.

68

A Ich tötete meine Mutter – da gibt es wenig zu sagen.
B Willentlich mit ihrem Willen oder gegen ihren Wunsch unwillentlich?

69

Am meisten aber stachelte mich der Auftrag an, den mir mein Vater gab, als er den Wagen bestieg, um nach Theben zu ziehen.

70

der Ödipus vernichtete, Ödipus aber mich, als er das goldene Armband nach Argos brachte.

71

denn dein Blut, Mutter, wusch er ab.

72

Sei gegrüßt, Alter! Da du mir deine Tochter gabst, bist du nun Schwiegervater, Vater und Retter für mich.

73

weißmachen

b) Ἀλκμέων ὁ διὰ Κορίνθου

73 a (111)
κἀγὼ μὲν ἄτεκνος ἐγενόμην κείνης ἄπο,
Ἀλκμέωνι δ' ἔτεκε δίδυμα τέκνα παρθένος
Pap. Ox. 1611.

74 (112)
φίλαι φίλαι,
πρόβατε, μόλε τις ὧδε· ποδαπὸς ὁ ξένος
Κορινθίοις ἔμολεν ἀγχίαλος;
Anec. Paris. Cramer 1, 19 f. - 1 überl. φίλε φίλε; 2 überl. Κορίνθιος.

75 (113)
ὦ παῖ Κρέοντος, ὡς ἀληθὲς ἦν ἄρα,
ἐσθλῶν ἀπ' ἀνδρῶν ἐσθλὰ γίγνεσθαι τέκνα,
κακῶν δ' ὅμοια τῇ φύσει τῇ τοῦ πατρός.
Stob. 4, 30, 2.

76 (115)
ὁρᾶτε τὸν τύραννον ὡς ἄπαις γέρων
φεύγει· φρονεῖν δὲ θνητὸν ὄντ' οὐ χρὴ μέγα.
Stob. 3, 22, 13.

77 (116)
ἀπαιώνιστον
Hesych. 5734.

c) Ἀλκμέων

78 (120)
γυναῖκα καὶ ὠφελίαν   1γτ
καὶ νόσον ἀνδρὶ φέρειν
μεγίσταν ἐδίδαξα τὠμῷ λόγῳ.
Stob. 4, 22, 74.

b) Alkmeon in Korinth

73 a

Ich hatte von ihr keine Kinder, dem Alkmeon aber gebar das Mädchen Zwillinge.

74

Ihr Lieben, schreitet voran, jemand kam hierher! Woher kam der Fremde zu den Korinthern ans Meer?

75

Sohn Kreons, wahr ist also das alte Wort: Von tüchtigen Männern stammen tüchtige Kinder und die von schlechten sind der Natur ihres Vaters ähnlich.

76

Seht den Herrscher, wie er in die Fremde zieht, ein kinderloser Greis! – Ein Sterblicher darf nicht überheblich sein.

77

ohne Gesang

c) Alkmeon

78

Daß die Frau dem Mann größten Nutzen, aber auch größten Schaden bringt, habe ich durch meine Worte dargelegt.

78 a (97)

A ὡς †ἄμπελον, ὦ δύστηνε, σῶμ' ἔχεις σέθεν.
B ἐν τοῖσδ' ἄησιν καὶ θέρος διέρχομαι.

Phot. Berol. 39, 9.

79 (101)

βροτοῖς τὰ μείζω τῶν μέσων τίκτει νόσους·
θεῶν δὲ θνητοὺς κόσμον οὐ πρέπει φέρειν.

Stob. 3, 22, 8.

80 (119)

φεῦ ⟨φεῦ⟩, τὰ μεγάλα μεγάλα καὶ πάσχει κακά.

Stob. 4, 8, 6.

81 (118)

ταπεινὰ γὰρ χρὴ τοὺς κακῶς πεπραγότας
λέγειν, ἐς ὄγκον δ' οὐκ ἄνω βλέπειν τύχης.

Stob. 3, 22, 24.

82 (121)

τὰ τῶν τεκόντων ὡς μετέρχεται θεὸς
μιάσματα

Stob. 4, 25, 15.

83 (107)

εἰ τοῦ τεκόντος οὐδὲν ἐντρέπῃ πατρός

Prisc., Inst. gramm. 18, 211.

84 (122)

ἢ τί πλέον εἶναι παῖδας ἀνθρώποις, πάτερ,
εἰ μὴ ἐπὶ τοῖς δεινοῖσιν ὠφελήσομεν;

Stob. 4, 25, 23.

85 (104/396)

μέτεστι τοῖς δούλοισι δεσποτῶν νόσου.

Stob. 4, 19, 23.

78 a

A Wie ... ist dein Körper, Unglücklicher?
B So komme ich durch Wind und Hitze.

79

Übermaß bringt den Sterblichen Schaden; den Menschen kommt
es nicht zu, Schmuck der Götter zu tragen.

80

Ach, dem Großen widerfahren auch große Übel.

81

denn derjenige, dem es schlecht geht, sollte bescheiden reden
und nicht nach stolzem Glück emporschielen.

82

wie der Gott die Befleckung der Eltern verfolgt

83

wenn du auf den Vater, der dich gezeugt hat, keine Rücksicht
nimmst

84

oder was für einen Sinn hätten denn Kinder für die Menschen,
Vater, wenn wir dir in der Not nicht zu Hilfe kommen?

85

Wenn der Herr leidet, trifft das auch die Sklaven.

86 (105, Austin S. 83)

ἀλλ' ἕρπ' ἐς οἶκ[ους..................
μὴ τοῦ[τ'] ἐμη[....................
ὑμῖν τ' ἀπαυδ[ῶ...................
εἴ τις λακοῦσα τ[..................
μή μ' αἰτιᾶσθ[ε....................   5
ὅστις δὲ δούλῳ φωτὶ πιστεύει βροτῶν,
πολλὴν παρ' ἡμῖν μωρίαν ὀφλισκάνει.
γλυκεια[..........................
μαινομ[...........................
ὑπὸ γαια.[.......................   10
τέκνοισι[..........................
            (Reste von 8 Versen)
λατρευ ἀλλὰ βίου [.................   20

PSI 1302. Vers 6 f. = Nauck 86.

87 (106)

γυναῖκες, ὁρμήθητε μηδ' ἀθυμία
σχέθῃ τις ὑμᾶς· ταῦτα γὰρ σκεθρῶς ὁρᾶν
ἡμᾶς ἀνάγκη τοὺς νομίζοντας τέχνην

Erotian. 81.

87 a (123)

ἀντιβαίνει

Phot. Berol. 146, 27.

ΑΛΚΜΗΝΗ

88 (126)

πολὺς δ' ἀνεῖρπε κισσὸς εὐφυὴς κλάδος,
ἀηδόνων μουσεῖον

Schol. Aristoph. Frösche 93. – 2 überl. χελιδόνων.

86

Doch geh ins Haus . . .
daß dies nicht meine . . .
euch sage ich . . .
wenn eine ruft . . .
werft mir nicht vor . . .
Wer unter den Menschen einem Sklaven traut,
den halten wir für einen großen Toren.
Süß . . .
rasend . . .
unter der Erde . . .
den Kindern . . .
(Reste von 8 Versen)
Dienst, aber des Lebens . . .

87

Geht ans Werk, Frauen, und laßt euch nicht durch Mutlosigkeit abhalten; denn dies müssen wir genau sehen, die wir glauben, die Kunstfertigkeit . . .

87 a

tritt entgegen / gehorcht nicht

ALKMENE

88

Es rankte reicher Efeu empor, ein wohlgestalter Zweig, ein Musenheiligtum der Nachtigallen.

89 (128)
οὐ γάρ ποτ' εἴων Σθένελον εἰς τὸν εὐτυχῆ
χωροῦντα τοῖχον τῆς δίκης ἀποστερεῖν.

Schol. Aristoph. Frösche 536; u. a.

90 (129)
πόθεν δὲ πεύκης πανὸν ἐξηῦρες λαβεῖν;

Pollux 10, 117.

91 (130)
ἀτρέκεια δ' ἄριστον ἀνδρὸς ἐν πόλει δικαίου πέλει.   lyr

Stob. 4, 1, 24.

92 (132)
ἴστω τ' ἄφρων ὢν ὅστις ἄνθρωπος γεγὼς
δῆμον κολούει χρήμασιν γαυρούμενος.

Stob. 4, 4, 9.

93 (134)
ἀεὶ δ' ἀρέσκειν τοῖς κρατοῦσι· ταῦτα γὰρ
δούλοις ἄριστα· κἀφ' ὅτῳ τεταγμένος
εἴη τις, ἁνδάνοντα δεσπόταις ποεῖν.

Stob. 4, 19, 27.

94 (131)
τῶν γὰρ δυναστῶν πλεῖστος ἐν πόλει λόγος.

Stob. 4, 4, 7.

95 (136)
ἀλλ' οὐδὲν ηὑγένεια πρὸς τὰ χρήματα·
τὸν γὰρ κάκιστον πλοῦτος εἰς πρώτους ἄγει.

Stob. 4, 31, 35.

96 (137)
σκαιόν τι χρῆμα πλοῦτος ἥ τ' ἀπειρία.

Stob. 4, 31, 72.

89

Nie ließ ich Sthenelos auf die Seite des Glücks kommen und
dich deines Rechtes berauben.

90

Wie kamst du darauf, die Fichtenfackel zu ergreifen?

91

Die Verläßlichkeit ist die wichtigste Eigenschaft des gerechten
Mannes in der Stadt.

92

Wer – obwohl selbst Mensch – das Volk unterdrückt, voll Stolz
auf seinen Reichtum, der soll wissen, daß er ohne Verstand ist.

93

immer aber den Gebietern zu Gefallen sein – denn das ist für
den Diener das Beste – und, was einem aufgetragen ist, zur Zu-
friedenheit des Herren ausführen.

94

denn das Wort der Mächtigen gilt am meisten in der Stadt.

95

Nichts gilt edle Geburt neben dem Geld; denn den geringsten
Mann läßt Reichtum in die höchsten Kreise gelangen.

96

Der Reichtum ist ungeschickt, ebenso die Unerfahrenheit.

97 (139)

ἀλλ' οὐ γὰρ ὀρθῶς ταῦτα, γενναίως ⟨δ'⟩ ἴσως
ἔπραξας· αἰνεῖσθαι δὲ δυστυχῶν ἐγώ
μισῶ· λόγος γὰρ τοὔργον οὐ νικᾷ ποτε.

Stob. 4, 35, 32.

98 (140)

ἀλλ' εὖ φέρειν χρὴ συμφορὰς τὸν εὐγενῆ.

Stob. 4, 44, 48.

99 (133)

τὸν εὐτυχοῦντα χρῆν σοφὸν πεφυκέναι.

Stob. 4, 4, 12.

100 (141)

θάρσει, τάχ' ἂν γένοιτο· πολλά τοι θεὸς
κἀκ τῶν ἀέλπτων εὔπορ' ἀνθρώποις τελεῖ.

Stob. 4, 47, 9. - 1 überl. τοῖς θεοῖς; 2 überl. πέλει.

101 (138)

ἀλλ' ἡμέρα τοι πολλὰ καὶ μέλαινα νὺξ
τίκτει βροτοῖσιν.

Stob. 4, 34, 21.

102 (142)

σοφώτεροι γὰρ συμφορὰς τὰς τῶν πέλας
πάντες διαθρεῖν ἢ τύχας τὰς οἴκοθεν.

Stob. 4, 49, 4. - 2 überl. διαιρεῖν.

103 (135)

δεινόν τι τέκνων φίλτρον ἐνῆκεν
θεὸς ἀνθρώποις.

Stob. 4, 26, 6. - 1 überl. ἔθηκεν.

104 (143)

ἀμολγὸν νύκτα

Hesych. 3743.

97

denn nicht richtig war, was du tatest – vielleicht edel. Ich möchte aber nicht gelobt werden, wenn ich einen Mißerfolg erleide;
denn Reden kann die Sache niemals wettmachen.

98

Der edle Mann muß Schicksalsschläge mit Leichtigkeit ertragen
können.

99

Wer vom Glück begünstigt wird, braucht Verstand.

100

Nur Mut – vielleicht geschieht es; denn vieles gewährt die Gottheit den Menschen ganz unverhofft.

101

aber Tag und schwarze Nacht bringen dem Menschen vielerlei.

102

denn alle vermögen besser die Geschicke eines anderen zu über-
blicken als die eigenen.

103

Eine ganz unwiderstehliche Zuneigung zu den Kindern gab die
Gottheit dem Menschen.

104

dunkle (?) Nacht

*104 + 1 (*125, Austin S. 84 f.)
(Reste von 2 Versen)

Θήβας ἐπι... μοιστοις[............
ληισταὶ γὰρ[................
Τάφιοι μολόντες τάσδ[............
νήσους ἀλιτενεῖς, ἃς καλ[οὺς' Ἐχινάδας.
ἢ δ' ἐξομεῖται μηθενὸ[ς ....
ὃς μὴ μετέλθοι συγγόν[............
Ταφίους· λιγὺς δὲ χρησ[μὸς ....
'Ἀμφιτρύων γὰρ ἐπὶ γά[μοις ....
....
Pap. Hamb. 119.

ΑΛΟΠΗ

105 (146)
ὁρῶ μὲν ἀνδρῶν τόνδε γυμνάδα στόλον
στείχοντα θεωρὸν ἐκ τρόχων πεπαυμένον.
Ammon. 478.

106 (597)
γέμουσαν κύματος θεοσπόρου
Eustath. Homer Il. 6, 474; u. a.

107 (598)
πλήσας δὲ νηδὺν οὐδ' ὄναρ κατ' εὐφρόνην
φίλοις ἔδειξεν αὐτόν.
Eustath. Homer Od. 21, 79.

108 (149)
γυνὴ γυναικὶ σύμμαχος πέφυκέ πως.
Stob. 4, 22, 150.

104 + 1

Theben . . .
denn Räuber . . .
Taphier kamen diese . . .
flache Inseln, die sie (Echinaden) nennen.
Sie aber wird schwören, keines . . .
der nicht verfolgte der Brüder (Mörder) . . .
Taphier. Doch lauttönender Orakelspruch . . .
denn Amphitryon bei der Hochzeit . . .

ALOPE

105

Ich sehe hier die Männerschar vom Training kommen als Zu-
schauer nach dem Wettlauf.

106

schwanger mit der gottgesäten Frucht

107

aber als er sie geschwängert hatte, erschien er den Angehörigen
nicht einmal als nächtlicher Traum.

108

Die Frau ist der Frau von Natur verbündet.

109 (152)
οὐ μὴν σύ γ' ἡμᾶς τοὺς τεκόντας ἠδέσω.

Etym. Magn. 420, 16.

110 (151)
ἐγὼ δ', ὃ μὲν μέγιστον, ἄρξομαι λέγειν
ἐκ τοῦδε πρῶτον· πατρὶ πείθεσθαι χρεὼν
παῖδας νομίζειν τ' αὐτὸ τοῦτ' εἶναι δίκην.

Stob. 4, 25, 29.

111 (150)
τί δῆτα μοχθεῖν δεῖ γυναικεῖον γένος
φρουροῦντας; αἱ γὰρ εὖ τεθραμμέναι πλέον
σφάλλουσιν οἴκους τῶν παρημελημένων.

Stob. 4, 23, 17. - 1 *überl.* γάμον.

112 (148)
ὁ χρόνος ἅπαντα τοῖσιν ὕστερον φράσει,
λάλος ἐστὶν οὗτος, οὐκ ἐρωτῶσιν λέγει.

Stob. 1, 8, 19.

113 (154)
ὀδῆσαι

Phot. 2, 3, 1.

ΑΝΔΡΟΜΕΔΑ

114 (164)
Ὦ νὺξ ἱερά,   an
ὡς μακρὸν ἵππευμα διώκεις

109
Du hattest keine Scheu vor uns, deinen Eltern.

110
Ich beginne hiermit, mit dem wichtigsten:
Kinder müssen dem Vater gehorchen und müssen das für Recht
halten.

111
Was soll man sich mühen, Frauen zu hüten? – bringen doch die
wohlgehegten dem Haus mehr Unglück als diejenigen, um die
man sich nicht kümmert.

112
Die Zeit wird alles den Späteren erzählen; sie ist geschwätzig
und redet, ohne gefragt zu sein.

113
kaufen

ANDROMEDA

114
O heilige Nacht,
Wie lange schon lenkst du die Rosse

ἀστεροειδέα νῶτα διφρεύουσ'
αἰθέρος ἱερᾶς
τοῦ σεμνοτάτου δι' 'Ολύμπου.

= Aristoph. Thesm. 1065 ff.

**114 a (166)
'Ηχὼ λόγων ἀντῳδός

= Aristoph. Thesm. 1059

115 (164)
τί ποτ' 'Ανδρομέδα περίαλλα κακῶν   an
μέρος ἐξέλαχον, θανάτου τλήμων
μέλλουσα τυχεῖν;

= Aristoph. Thesm. 1070 ff.

116 (165)
ποῖαι λιβάδες, ποία σειρήν   an

Schol. Aristoph. Lys. 963.

117 (169)
φίλαι παρθένοι, φίλαι μοι   lyr

Schol. Aristoph. Thesm. 1015.

118 (167)
προσαυδῶ σὲ τὰν ἐν ἄντροις,   lyr
ἀπόπαυσον, ἔασον 'Α-
χοῖ με σὺν φίλαισιν
γόου κόρον λαβεῖν.

Schol. Aristoph. Thesm. 1018.

119 (168)
συνάλγησον, ὡς ὁ κάμνων   lyr
δακρύων μεταδοὺς ἔχει
κουφότητα μόχθων.

Stob. 4, 48, 17.

Hin durch des heiligen Äthers Höhn
Auf gestirnter Bahn
Durch den heiligen Hain des Olympos!

114 a
Echo, der Worte Gegensang.

115
Warum fiel doch vor allen so herbes Los
Mir, Andromeda, zu?
O ich Arme, des Todes soll ich sein!

116
Was für ein Wasser? Was für eine Sirene?

117
ihr lieben Mädchen, lieb mir

118
Dich ruf ich in der Felsengrotte:
Mach ein Ende, laß, Echo,
mich und meine Freundinnen
uns an der Klage sättigen.

119
Nimm teil an meinem Schmerz; denn wer im Leid andere mit-
weinen läßt, findet Erleichterung.

120 (170)

ἄνοικτος ὅς τεκών σὲ τὴν   lyr
πολυπονωτάτην βροτῶν
μεθῆκεν Ἀιδᾳ πάτρας ὑπερθανεῖν.

Schol. Aristoph. Thesm. 1022.

121 (171, 3; 164 A)

ἐκθεῖναι κήτει φορβάν   an

Schol. Aristoph. Vögel 348.

122 (171)

ὁρᾷς; οὐ χοροῖσιν   lyr
οὐδ' ὑφ' ἡλίκων νεανίδων   1080
.... ἕστηκ' ἔχουσ',
ἀλλ' ἐν πυκνοῖς δεσμοῖσιν ἐμπεπλεγμένη
κήτει βορά.... πρόκειμαι.
γαμηλίῳ μὲν οὐ ξὺν
παιῶνι, δεσμίῳ δέ,   1085
γοᾶσθέ μ', ὦ γυναῖκες, ὡς
μέλεα μὲν πέπονθα μέλεος,
ὦ τάλας ἐγὼ τάλας,
ἀπὸ δὲ συγγόνων τάλαν' ἄνομα πάθεα
φῶτά τε λιτομένα,   1040
πολυδάκρυτον Ἀιδα γόον φλέγουσα.

....

Ἰὼ μοίρας ἄτεγκτε δαίμων·   1047
ὦ κατάρατος ἐγώ·
τίς ἐμὸν οὐκ ἐπόψεται
πάθος ἀμέγαρτον ἐπὶ κακῶν παρουσίᾳ;
εἴθε με πυρφόρος ἀστεροπητὴς   1050
...... ἐξολέσειεν.
οὐ γὰρ ἔτ' ἀθανάταν φλόγα λεύσσειν
ἐστὶν ἐμοὶ φίλον, ὡς ἐκρεμάσθην
λαιμότμητ' ἄχη, δαιμονῶν αἰόλαν
νέκυσιν ἐπὶ πορείαν.   1055

= Aristoph. Thesm. 1029 ff., 1047 ff.

120

Mitleidlos ist dein Vater, der dich, die leidenreichste unter den
Menschen, dem Hades preisgab, um für das Land zu sterben.

121

dem Ungeheuer zum Fraß vorwerfen

122

Siehst du? Tanzend nicht im Kreis
Gleichjunger Mädchen, steh ich hier
Ohne ...
Ach, eingeflochten nun in festen Banden hier,
Dien ich zum Fraße ... dem Seetier!
Drum nicht mit Hochzeitsliedern,
Mit Fesselklaggesängen
Beklagt mich, Fraun, die Traurige,
Die Trauriges erduldete
– O ich armes, armes Kind! –
Und von Verwandten Gesetzloses litt,
Mocht flehen ich auch zu dem Mann,
Tränenreiche Todesklage verströmend.
. . . .
O meines Schicksals unbeugsamer Dämon!
O ich zum Jammer Geborne!
Wer wird nicht mein Mißgeschick,
Mein herbes, schaun in Leides Gegenwart?
Daß doch ein flammender Blitz mich des Äthers,
Mich Unselige, zu Boden schlüge!
Nimmer ja mag die unsterbliche Leuchte
Anzuschaun mich erfreun, weil ich hänge!
Halsschneidende Schmerzen, auf
Finsterem Pfad zu den Toten!
                    (Übers. nach L. Seeger)

123 (172, 5 f.)

Περσεύς πρός "Αργος ναυστολῶν τό Γοργόνος
κάρα κομίζων

= Aristoph. Thesm. 1101 f.

124 (172)

ὦ θεοί, τίν' εἰς γῆν βαρβάρων ἀφίγμεθα
ταχεῖ πεδίλῳ; διά μέσου γάρ αἰθέρος
τέμνων κέλευθον πόδα τίθημ' ὑπόπτερον.
ὑπέρ τε πόντου χεῦμ' ὑπέρ τε Πλειάδα.

Vers 1-3 = Aristoph. Thesm. 1098 ff.; **4 - ad. 157.

125 (173)

ἔα, τίν' ὄχθον τόνδ' ὁρῶ περίρρυτον
ἀφρῷ θαλάσσης; παρθένου τ' εἰκώ τινα
ἐξ αὐτομόρφων λαΐνων τυκισμάτων
σοφῆς ἄγαλμα χειρός.

Schol. Aristoph. Thesm. 1105; u. a. - 3 überl. τειχισμάτων.

**125 a? d. h. 125, 1 a (173, 5)

. . . . ναῦν ὅπως ὡρισμένην

= Aristoph. Thesm. 1106.

126 (178)

σιγᾷς· σιωπή δ' ἄπορος ἑρμηνεύς λόγων.

Stob. 3, 34, 12.

127 (**175)

ὦ παρθέν', οἰκτίρω σε κρεμαμένην ὁρῶν.
σύ δ' εἰ τίς ὅστις τοὐμόν ᾤκτιρας πάθος;

= Aristoph. Thesm. 1110, 1058.

128 (**174)

ὦ ξένε, κατοίκτιρόν με τήν παναθλίαν.
λῦσόν με δεσμῶν.

= Aristoph. Thesm. 1107.

123

Perseus, nach Argos steuernd mit dem Haupt der Gorgo

124

Ha, welch Barbarenland erreicht ich, Götter,
Auf raschen Sohlen? – Denn des Äthers Mitte
Durchschneid ich schwebend auf beschwingtem Fuße
Über das Meer und die Pleiaden hin.

125

Halt, was für einen Fels sehe ich hier vom Meer umschäumt,
und das Bild eines Mädchens aus natürlichem Steinwerk (?),
Zierstück einer Meisterhand?

125 a

...... wie ein Schiff vor Anker

126

Du schweigst. – Schweigen ist ein schlechter Wortführer.

127

Jungfrau, mich jammert dein, wie du da hängst!
Wer bist du, den mein Leid zum Mitleid rührt?

128

O fremder Mann, erbarm dich meines Jammers, löse meine
Fesseln!

129 (179)
ὦ παρθέν', εἰ σῴσαιμί σ', εἴσῃ μοι χάριν;

Diog. Laert. 4, 29.

130 (181)
τὰς συμφορὰς γὰρ τῶν κακῶς πεπραγότων
οὐπώποθ' ὕβρισ', αὐτὸς ὀρρωδῶν παθεῖν.

Stob. 3, 3, 39; u. a.

131 (182)
μή μοι προτείνων ἐλπίδ' ἐξάγου δάκρυ.
γένοιτό τἂν πόλλ' ὧν δόκησις οὐκ ἔνι.

Stob. 4, 47, 2.

132 (180)
ἄγου δέ μ', ὦ ξεῖν', εἴτε πρόσπολον θέλεις
εἴτ' ἄλοχον εἴτε δμωίδ'...

Rhet. Gr. 8, 602, 5.

133 (187)
ἀλλ' ἡδύ τοι σωθέντα μεμνῆσθαι πόνων.

Stob. 3, 28, 57; u. a.

134 (186)
εὔκλειαν ἔλαβον οὐκ ἄνευ πολλῶν πόνων.

Stob. 3, 29, 20.

135 (196)
ἦ που τὸ μέλλον ἐκφοβεῖ καθ' ἡμέραν·
ὡς τοῦ γε πάσχειν τοὐπιὸν μεῖζον κακόν.

Stob. 4, 35, 22.

136 (190)
σὺ δ' ὦ θεῶν τύραννε κἀνθρώπων Ἔρως,
ἢ μὴ δίδασκε τὰ καλὰ φαίνεσθαι καλά,
ἢ τοῖς ἐρῶσιν εὐτυχῶς συνεκπόνει

129
O Jungfrau, wenn ich dich rette, wirst du mir Dank wissen?

130
denn das Unglück derer, denen es schlecht ergeht, habe ich nie
verspottet, aus Furcht vor eigenem Leiden.

131
Mach mir keine Hoffnung, die in Tränen endet!
Viel kann geschehen, was man nicht vermutet hat.

132
Nimm mich mit, Fremder, als Dienerin, wenn du willst, oder
Gattin oder Sklavin

133
Doch süß ist es, nach der Rettung an die Leiden zurückzuden-
ken.

134
Ruhm gewann ich nicht ohne viele Mühen.

135
Furcht vor der Zukunft begleitet unsern Tag. Ja, das drohende
Übel ist schlimmer als das Leiden selbst.

136
Eros, Herr der Götter und Menschen,
entweder laß das Schöne nicht schön erscheinen
oder hilf den Liebenden und gib glückliches Gelingen,

μοχθοῦσι μόχθους ὧν σὺ δημιουργὸς εἶ.
καὶ ταῦτα μὲν δρῶν τίμιος θεοῖς ἔσῃ,
μὴ δρῶν δ' ὑπ' αὐτοῦ τοῦ διδάσκεσθαι φιλεῖν
ἀφαιρεθήσῃ χάριτας αἷς τιμῶσί σε.

5

Athen. 13, 11.

137 (192)

τῶν γὰρ πλούτων ὅδ' ἄριστος
γενναῖον λέχος εὑρεῖν.

an

Stob. 4, 22, 11.

138 (189)

ὅσοι γὰρ εἰς ἔρωτα πίπτουσιν βροτῶν,
ἐσθλῶν ὅταν τύχωσι τῶν ἐρωμένων,
οὐκ ἔσθ' ὁποίας λείπεται τόδ' ἡδονῆς.

Stob. 4, 20, 22.

139 (**177)

αἰαῖ, τί δράσω; πρὸς τίνας στρεφθῶ λόγους;
ἀλλ' οὐκ ἂν ἐνδέξαιτο βάρβαρος φύσις.

= *Aristoph. Thesm. 1128 f.*

140 (185)

ὦ τλῆμον, ὡς σοὶ τὰς τύχας μὲν ἀσθενεῖς
ἔδωχ' ὁ δαίμων, μέγα φρονοῦσι δ' οἱ λόγοι.

Stob. 2, 4, 7.

141 (193)

ἐγὼ δὲ παῖδας οὐκ ἐῶ νόθους λαβεῖν·
τῶν γνησίων γὰρ οὐδὲν ὄντες ἐνδεεῖς
νόμῳ νοσοῦσιν· ὅ σε φυλάξασθαι χρεών.

Stob. 4, 24, 45.

142 (194)

χρυσὸν μάλιστα βούλομαι δόμοις ἔχειν·
καὶ δοῦλος ὢν γὰρ τίμιος πλουτῶν ἀνήρ,

wenn sie Mühen tragen, die du geschaffen hast.
Wenn du das tust, wirst du unter den Göttern eine Ehrenstellung haben, andernfalls wird gerade dein Liebenlehren dir
die Gunst rauben, durch die man dich ehrt.

137
denn der größte aller Reichtümer ist, einen edlen Gatten zu
finden.

138
denn wenn die Liebenden unter den Menschen an edle Geliebte
geraten, ist das die größte Lust.

139
Wehe, was soll ich tun? Zu welchen Worten meine Zuflucht
nehmen? Doch die Barbarennatur ist unzugänglich.

140
Ach du Armer, das Schicksal, das dir die Gottheit gab, macht
dich ohnmächtig, doch deine Worte sind stolz.

141
Ich aber lasse nicht zu, daß mein Kind einen Bastard (zum
Mann) bekommt; denn obwohl sie in nichts schlechter sind als
die echtgeborenen Söhne, gelten sie doch als geringer. Davor
mußt du dich hüten.

142
Gold vor allem will ich im Hause haben; denn sogar ein Sklave
steht in Ehren, wenn er reich ist, ein freier Mann dagegen, der

ἐλεύθερος δὲ χρεῖος ὢν οὐδὲν σθένει.
χρυσοῦ νόμιζε σαυτὸν εἵνεκ' εὐτυχεῖν.

Stob. 4, 31, 21; u. a.

143 (195)
χρήμασιν γὰρ εὐτυχῶ·
ταῖς συμφοραῖσι δ', ὡς ὁρᾷς, οὐκ εὐτυχῶ.

Stob. 4, 34, 30.

144 (156)
μὴ τὸν ἐμὸν οἴκει νοῦν· ἐγὼ γὰρ ἀρκέσω.

Schol. Aristoph. Frösche 105.

145 (201)
ὁρῶ δὲ πρὸς τὰ παρθένου θοινάματα
κῆτος θοάζον ἐξ 'Ατλαντικῆς ἁλός.

Rhet. Gr. 8, 576. 3; u. a.

146 (202)
πᾶς δὲ ποιμένων ἔρρει λεώς,
ὃ μὲν γάλακτος κίσσινον φέρων σκύφος
πόνων ἀναψυκτῆρ', ὃ δ' ἀμπέλων γάνος.

Athen. 11, 53; u. a.

147 (203)
οἱ κατ' οἶκον ἀμφὶ δαῖτα καὶ τράπεζαν

Anec. Gr. Bekker 1, 339, 5.

148 (204)
τέλειος

Schol. Pind. Isthm. 6. 7 a; u. a.

149 (188)
νεότης μ' ἐπῆρε καὶ θράσος τοῦ νοῦ πλέον.

Stob. 4, 11, 4.

arm ist, gilt nichts. Glaube mir: dein Glück hängt vom Gold
ab!

143

denn was das Geld betrifft, bin ich vom Glück begünstigt, meinem Schicksal nach, wie du siehst, bin ich es nicht.

144

Zerbrich dir nicht meinen Kopf; denn es genügt, wenn ich das
tue!

145

und ich sehe das Ungeheuer aus dem Atlantischen Meer herbei-
stürmen, um das Mädchen zu verschlingen.

146

Das ganze Hirtenvolk ist unterwegs; der eine bringt einen Efeubecher mit Milch als Erfrischung nach den Strapazen, der andere Rebentrank.

147

die im Hause bei Mahl und Tisch

148

vollendend.

149

Jugend und Mut trieben mich mehr als der Verstand.

150 (198)

οὐκ ἔστιν ὅστις εὐτυχὴς ἔφυ βροτῶν,
ὃν μὴ τὸ θεῖον ὡς τὰ πολλὰ συνθέλει.

Stob. 4, 41, 32.

151 (157)

τήν τοι Δίκην λέγουσι παῖδ' εἶναι Διὸς
ἐγγύς τε ναίειν τῆς βροτῶν ἁμαρτίας.

Stob. 1, 3, 23; u. a.

152 (184)

τὸ δαιμόνιον οὐχ ὁρᾷς   lyr
ὅπῃ μοίρας διεξέρχεται;
στρέφει δ' ἄλλους ἄλλως εἰς ἁμέραν.

Stob. 1, 5, 2. – 2 überl. μοῖρα.

153 (197)

ὃ μὲν ὄλβιος ἦν, τὸ δ' ἀπέκρυψεν   an
θεὸς ἐκ κείνων τῶν ποτε λαμπρῶν·
νεύει βίοτος, νεύει δὲ τύχα
κατὰ πνεῦμ' ἀνέμων.

Stob. 4, 41, 17.

154 (199)

τὸ ζῆν ἀφέντες τὸ κατὰ γῆς τιμῶσί σου.
κενόν γ'· ὅταν γὰρ ζῇ τις, εὐτυχεῖ χρεών.

Stob. 4, 55, 4; – 1 überl. γῆν; 2 überl. κρέων.

155 (205)

ἀγρεύματα

Hesych. 768; u. a.

155 a = 1096 (206)

ἀμβλωπὸς ὄψις

Phot. Berol. 89, 16; u. a.

150

Kein Mensch hat Glück und Erfolg, wenn nicht die Gottheit
seine Pläne im allgemeinen unterstützt.

151

Dike, heißt es, sei ein Kind des Zeus und wohne nahe den
Vergehen der Menschen.

152

Siehst du nicht die Wege des gottgegebenen Schicksals? Tagaus, tagein gibt es den Menschen eine andere Richtung.

153

Der eine schwelgt im Glück, anderes bringt ein Gott zum Verschwinden, aus einst glänzender Stellung.
Leben und Schicksal sind bei ihren Verheißungen launisch wie
das Blasen des Windes.

154

Sie geben dein Leben hin und ehren dich unter der Erde. Das
ist nichts wert; denn man sollte glücklich sein, solange man am
Leben ist.

155

erbeutete Waffen

155 a

Stumpfsichtigkeit

156 (207)

ἀμείβεται

Hesych. 3539; u. a.

156 + 1 = 889 (176)
πεσεῖν ἐς εὐνὴν καὶ γαμήλιον λέχος

= Aristoph. Thesm. 1122.

156 + 2 = 1054 (191)
ἔρωτα δεινὸν ἔχομεν· ἐκ δ' ἐμῶν λόγων
ἑλοῦ τὰ βέλτισθ'· ὡς ἄπιστόν ἐστ' ἔρως
κἄν τῷ κακίστῳ τῶν φρενῶν οἰκεῖν φιλεῖ.

Stob. 4, 20, 44.

ΑΝΤΙΓΟΝΗ

157 (211)
Ἦν Οἰδίπους τὸ πρῶτον εὐδαίμων ἀνήρ

= Aristoph. Frösche 1182.

158 (211)
εἶτ' ἐγένετ' αὖθις ἀθλιώτατος βροτῶν.

= Aristoph. Frösche 1187.

159 (213)
χρυσεόνωτον ἀσπίδα τὰν Καπανέως   lyr

Schol. Eur. Phoin. 1130.

160 (214)
νέοι νέοισι συννοσοῦσι τάφανῇ.

Stob. 2, 33, 5.

156

er / sie vergilt

156 + 1

aufs Braut- und Ehbett mich mit ihr zu lagern

156 + 2

Eros ist voller Gefahren. Aus meinen Worten wähle das beste aus: daß Eros unzuverlässig ist und daß er im schlechtesten Teil des Verstandes zu wohnen pflegt.

ANTIGONE

157

Beglückt im Anfang war einst Ödipus

158

danach ward er der Sterblichen unseligster.

159

den goldrückigen Schild des Kapaneus

160

Junge Leute machen unvermerkt (?) dieselben Fehler wie ihre Altersgenossen.

161 (220)

ἥρων· τὸ μαίνεσθαι δ' ἄρ' ἦν ἔρως βροτοῖς.

Stob. 4, 20, 38; u. a.

162 (219)

ἀνδρὸς δ' ὁρῶντος εἰς Κύπριν νεανίου
ἀφύλακτος ἡ τήρησις, ὡς κἂν φαῦλος ᾖ
τἄλλ', εἰς ἔρωτα πᾶς ἀνὴρ σοφώτατος·
ἢν δ' ἂν προσῆται Κύπρις, ἥδιστον λαβεῖν.

*Stob. 4, 20, 4. - 1 überl. ἐρῶντος;   2 ὡς κἂν,
überl. κἂν γὰρ; 3 überl. σοφώτερος.*

163 (225)

ἀνδρὸς φίλου δὲ χρυσὸς ἀμαθίας μέτα
ἄχρηστος, εἰ μὴ κἀρετὴν ἔχων τύχοι.

Stob. 4, 31, 70.

164 (–)

ἄριστον ἀνδρὶ κτῆμα συμπαθὴς γυνή.

Stob. 4, 22, 14.

164 + 1 (221)

ζευχθεὶς γάμοισιν οὐκέτ' ἔστ' ἐλεύθερος.
ἀλλ' ἕν γ' ἔχει τι χρηστόν· ἐν κήδει γὰρ ὢν
ἐσθλῷ δέδοικε μηδὲν ἐξαμαρτάνειν.

Stob. 4, 22, 13.

**164 a = ad. 84 (–)

λόγχην ἣν φέρουσι γηγενεῖς

Arist., Poet. 1454 b 22.

165 (215)

ἄκουσον· οὐ γὰρ οἱ κακῶς πεπραγότες
σὺν ταῖς τύχαισι τοὺς λόγους ἀπώλεσαν.

Stob. 3, 13, 7.

161
Sie liebten! – Wahnsinn heißt also für die Menschen Liebe.

162
Vor einem jungen Mann, der verliebt ist, gibt es keine sichere Bewahrung; denn mag er auch sonst ein Schwachkopf sein, in der Liebe ist jeder Mann erfinderisch. Wenn aber Kypris akzeptiert wird, dann ist der Umgang mit ihr am angenehmsten.

163
aber das Gold eines befreundeten Mannes ist ohne Verstand (?) nutzlos, wenn er nicht auch Tüchtigkeit besitzt.

164
Der beste Besitz des Mannes ist eine Frau, die mit ihm fühlt.

164 + 1
Verheiratet ist man nicht mehr frei; aber ein Gutes hat es: eine rechtschaffene Ehebindung läßt den Mann Verfehlungen scheuen.

164 a
die Lanze, die die Erdgeborenen tragen

165
Höre! – Denn wer im Unglück ist, hat deswegen nicht die Stimme verloren.

166 (224)
τὸ μῶρον αὐτῷ τοῦ πατρὸς νόσημ' ἔνι·
φιλεῖ γὰρ οὕτως ἐκ κακῶν εἶναι κακούς.

Stob. 4, 30, 1.

167 (223)
ἡ γὰρ δόκησις πατράσι παῖδας εἰκέναι·
τὰ πολλὰ ταύτῃ γίγνεται τέκνων πέρι.

Stob. 4, 29, 27. - 1 überl. ἄπασι.

168 (222)
ὀνόματι μεμπτὸν τὸ νόθον, ἡ φύσις δ' ἴση.

Stob. 4, 24, 43; u. a.

169 (226)
ἐπ' ἄκραν ἥκομεν γραμμὴν κακῶν.

Stob. 4, 40, 8.

170 (230)
οὐκ ἔστι Πειθοῦς ἱερὸν ἄλλο πλὴν λόγος,
καὶ βωμὸς αὐτῆς ἔστ' ἐν ἀνθρώπου φύσει.

Orion, Flor. 1, 1; u. a.

171 (217)
δεῖ τοῖσι πολλοῖς τὸν τύραννον ἀνδάνειν.

Stob. 4, 7, 6.

172 (218)
οὔτ' εἰκὸς ἄρχειν οὔτε χρῆν εἶναι νόμον
τύραννον εἶναι· μωρία δὲ καὶ θέλειν
ὃς τῶν ὁμοίων βούλεται κρατεῖν μόνος.

Stob. 4, 8, 5.

166

Mit seiner Torheit besitzt er das Leiden seines Vaters; denn Schlecht pflegt so von Schlecht zu stammen.

167

A denn es scheint, daß Kinder den Vätern gleichen.
B Meistens ist das bei Kindern der Fall.

168

Dem Namen nach ist der Bastard minderwertig, die Natur aber ist gleichrangig.

169

Wir sind an der äußersten Grenze des Leidens angelangt.

170

Die Überredung hat keinen anderen Tempel als das Wort, und ihr Altar steht im Innern des Menschen.

171

Der Herrscher muß die Zustimmung des Volkes suchen.

172

Das Gesetz sollte weder herrschen noch Tyrann sein; das zu wünschen, wäre auch eine Torheit für den, der über seines-gleichen als Alleinherrscher gebieten will. (?)

173 (216)

οἰκεῖος ἀνθρώποισι γίγνεσθαι φιλεῖ
πόλεμος ἐν ἀστοῖς, ἢν διχοστατῇ πόλις.

Stob. 4, 1, 22.

174? (-)

μὴ οὖν ἔθελε λυπεῖν σαυτὸν ἐξειδὼς ὅτι
πολλάκι τὸ λυποῦν ὕστερον χαρὰν ἄγει
καὶ τὸ κακὸν ἀγαθοῦ γίγνεται παραίτιον.

Stob. 4, 44, 4.

175 (228)

ὅστις δὲ πρὸς τὸ πῖπτον εὐλόφως φέρει,
τὸν δαίμον' οὗτος ἧσσόν ἐστιν ἄθλιος.

Stob. 4, 44, 14. – 1 überl. εὐλόγως; 2 überl. ὄλβιος.

176 (229)

θάνατος γὰρ ἀνθρώποισι νεικέων τέλος
ἔχει· μαθεῖν δὲ πᾶσίν ἐστιν εὐμαρές.
τίς γὰρ πετραῖον σκόπελον οὐτάζων δορὶ
ὀδύναισι δώσει; τίς δ' ἀτιμάζων νέκυς,
εἰ μηδὲν αἰσθάνοιντο τῶν παθημάτων;   5

Stob. 4, 57. 5. – 2 überl. ἔχει· τί γὰρ τοῦδ' ἐστὶ μεῖζον ἐν βροτοῖς.

177 (212)

ὦ παῖ Διώνης, ὡς ἔφυς μέγας θεός,
Διόνυσε, θνητοῖς τ' οὐδαμῶς ὑποστατός.

Schol. Pindar Pyth. 3, 99 b. – 2 überl. ὑποστάτης.

178 (212)

173

Bürgerkrieg pflegt zu entstehen unter den Bewohnern, wenn die Stadt uneins ist.

174

Bekümmere dich nicht zu sehr; denn du weißt, daß auf Kummer oft Freude folgt und daß Unglück Mitursache des Glücks ist.

175

Wer sein Schicksal gelassen trägt, der ist weniger unglücklich.

176

denn der Tod bringt den Menschen das Ende ihres Streits. Das kann jeder leicht erkennen: Denn wer fügt einem Stein mit der Waffe Schmerzen zu? Wer durch Schimpf dem Toten, der doch kein Leiden fühlt?

177

Kind der Dione, du bist ein großer Gott, Dionysos, und die Menschen können dir nicht widerstehen.

178

ΑΝΤΙΟΠΗ

179 (234)

ἔχειν
σύ μοι διδοίης δεσπότῃ θ' ὃς Οἰνόης
σύγχορτα ναίει πεδία ταῖσδ' 'Ελευθεραῖς

Strab. 8, 6, 16; u. a.

180 (276)

'Υσιαί

Harpokr. 180, 7; u. a.

181 (235)

τὸν μὲν κίκλησκε Ζῆθον· ἐζήτησε γὰρ
τόκοισιν εὐμάρειαν ἡ τεκοῦσά νιν.

Etym. Magn. 411, 13.

182 (235)

———

182 a = 1023 + 225 (237)

Αἰθέρα καὶ Γαῖαν πάντων γενέτειραν ἀείδω

Sext. Emp., Adv. phys. 2, 314 f.

183 (239)

λαμπρός θ' ἕκαστος κἀπὶ τοῦτ' ἐπείγεται
νέμων τὸ πλεῖστον ἡμέρας τούτῳ μέρος,
ἵν' αὐτὸς αὑτοῦ τυγχάνει κράτιστος ὤν.

Plat., Gorg. 484 e; u. a.

184 (238)

κακῶν κατάρχεις τήνδε μοῦσαν εἰσάγων,
ἄτοπον, ἀσύμφορον, . . .
ἀργόν, φίλοινον, χρημάτων ἀτημελῆ.

Dion Chrys. 73, 10; u. a.

ANTIOPE

179

(Wohlergehen) zu haben mögest du mir geben und meinem Herrn, der die Ebene von Oinoe bewohnt, die gemeinsame Weide mit Eleutherai

180

Hysiai *(Geburtsort der Antiope)*

181

Den einen nannte er/sie Suchling; denn die ihn gebar, suchte Erleichterung bei der Geburt.

182

---

182 a

Den Äther besinge ich und die Erde, die Erzeugerin von allem.

183

Darin glänzt jeder und darum bemüht er sich und verwendet die meiste Zeit des Tages darauf, worin er besonders tüchtig ist.

184

Du machst einen schlimmen Anfang, wenn du diese Muse einführst; sie hat keinen Sinn und Zweck, arbeitet nicht, liebt den Wein, ist sorglos in Gelddingen.

185 (239)

... ἀμελεῖς ὧν ⟨σε φροντίζειν ἐχρῆν·⟩
ψυχῆς φύσιν ⟨γὰρ⟩ ὧδε γενναίαν ⟨λαχών⟩
γυναικομίμῳ διαπρέπεις μορφώματι
κοὔτ' ἂν δίκης βουλαῖσι προσθεῖ' ἂν λόγον
οὔτ' εἰκὸς ἂν καὶ πιθανὸν ⟨οὐδὲν⟩ ἂν λάκοις
.... κοὔτ' ἂν ἀσπίδος κύτει
⟨καλῶς⟩ ὁμιλήσειας οὔτ' ἄλλων ὑπερ
νεανικὸν βούλευμα βουλεύσαιό ⟨τι⟩.

Plat., Gorg. 485 e; u. a.

186 (239)

πῶς γὰρ σοφὸν τοῦτ' ἔστιν, ἥτις εὐφυᾶ
λαβοῦσα τέχνη φῶτ' ἔθηκε χείρονα;

Plat., Gorg. 486 b; u. a.

187 (239)

ἀνὴρ γὰρ ὅστις εὖ βίον κεκτημένος
τὰ μὲν κατ' οἴκους ἀμελίᾳ παρεὶς ἐᾷ,
μολπαῖσι δ' ἡσθεὶς τοῦτ' ἀεὶ θηρεύεται,
ἀργὸς μὲν οἴκοις καὶ πόλει γενήσεται,
φίλοισι δ' οὐδείς· ἡ φύσις γὰρ οἴχεται,   5
ὅταν γλυκείας ἡδονῆς ἥσσων τις ᾖ.

Stob. 3, 30, 1.

188 (239)

ἀλλ' ἐμοὶ πιθοῦ·
παῦσαι μελῳδῶν, πολέμων δ' εὐμουσίαν
ἄσκει· τοιαῦτ' ἄειδε καὶ δόξεις φρονεῖν,
σκάπτων, ἀρῶν γῆν, ποιμνίοις ἐπιστατῶν,
ἄλλοις τὰ κομψὰ ταῦτ' ἀφεὶς σοφίσματα,   5
ἐξ ὧν κενοῖσιν ἐγκατοικήσεις δόμοις.

Plat., Gorg. 486 c. - 2 überl. παῦσαι δ' ἐλέγχων.

185

du vernachlässigst, worum (du dich kümmern solltest); denn
deine Seele ist von Natur edel, aber du tust dich durch weibi-
sches Gehabe hervor, und weder bei der Beratung von Rechts-
fragen verstehst du Argumente zu präsentieren noch irgend-
etwas wahrscheinlich zu machen noch gar überzeugend vorzu-
bringen … weder faßt du einen Schild an noch trittst du für
andere durch mutige Beschlüsse ein.

186

denn wie kann etwas Vernünftiges daran sein, wenn eine Kunstfertigkeit einen Mann von guten Anlagen schlechter macht.

187

denn ein Mann, der sein gutes Auskommen hat, der aber seinen Haushalt sorglos vernachlässigt, Gesang und Tanz liebt
und sich nur dafür interessiert, der wird nichts mehr für Haus
und Staat leisten und existiert nicht mehr für seine Freunde;
denn das eigentliche Wesen geht verloren, wenn sich jemand
Lust und Vergnügen unterwirft.

188

sondern folge mir und höre auf, dich mit nichtigen Dingen zu
befassen, und gib dich der Musenkunst des Krieges hin! Das
sei dein Gesang, und man wird dich für verständig halten,
wenn du gräbst und pflügst, die Herden hütest und die fein-
sinnigen Künste anderen überläßt; sonst wirst du bald ein leeres
Haus bewohnen.

189 (240)
ἐκ παντὸς ἄν τις πράγματος δισσῶν λόγων
ἀγῶνα θεῖτ' ἄν, εἰ λέγειν εἴη σοφός.

Stob. 2, 2, 9; u. a.

190 (254)
λύρα βοῶν.. ῥύσι' ἐξερρύσατο

Anec. Gr. Boisson. 4, 159, 11.

191 (253)
κρεῖσσον ὄλβου κτῆμα

Philostr., Vit. Soph. 2, 27, 4.

192 (252)
χρόνος θεῶν τε πνεῦμ' ἔρως θ' ὑμνῳδίας.

Iulian., Epist. 30; u. a.

193 (251)
ὅστις δὲ πράσσει πολλὰ μὴ πράσσειν παρόν,
μῶρος, παρὸν ζῆν ἡδέως ἀπράγμονα.

Stob. 4, 16, 2.

194 (249)
ὁ δ' ἥσυχος φίλοισί τ' ἀσφαλὴς φίλος
πόλει τ' ἄριστος. μὴ τὰ κινδυνεύματα
αἰνεῖτ'· ἐγὼ γὰρ οὔτε ναυτίλον φιλῶ
τολμῶντα λίαν οὔτε προστάτην χθονός.

Stob. 4, 7, 10.

195 (274)
ἅπαντα τίκτει χθὼν πάλιν τε λαμβάνει.

Orion, Flor. 2, 1.

196 (259)
τοιόσδε θνητῶν τῶν ταλαιπώρων βίος·
οὔτ' εὐτυχεῖ τὸ πάμπαν οὔτε δυστυχεῖ.

189
Aus jeder Angelegenheit kann man eine kontroverse Diskussion machen, wenn man geschickt im Reden ist.

190
die Leier rettete ihn, das Unterpfand für die Rinder

191
ein Besitz besser als Reichtum

192
Zeit und göttliche Inspiration und Lust zum Singen

193
Wer aber allen möglichen Geschäften nachgeht, obwohl er es lassen könnte, ist ein Tor, da er bequem und ruhig leben könnte.

194
Wer aber Ruhe hält, ist den Freunden ein sicherer Freund und ein Segen für die Sadt. Man lobe mir nicht kühne Unternehmungen; denn wie ich keinen Seemann schätze, der zuviel wagt, so auch keinen Herrscher.

195
Die Erde bringt alles hervor und nimmt es wieder auf.

196
So ist das Leben der elenden Menschheit: weder ist es ganz glücklich noch ganz unglücklich, auf Wohlergehen folgt Miß-

εὐδαιμονεῖ τε καῦθις οὐκ εὐδαιμονεῖ.
τί δῆτ' ἐν ὄλβῳ μὴ σαφεῖ βεβηκότες
οὐ ζῶμεν ὡς ἥδιστα μὴ λυπούμενοι;

Stob. 4, 41, 11; u. a.

197 (270)
βροτοῖσιν εὔκρας οὐ γένοιτ' ἂν ἡδονή.

Phot. 1, 229, 13.

198 (246)
εἰ δ' εὐτυχῶν τις καὶ βίον κεκτημένος
μηδὲν δόμοισι τῶν καλῶν πειράσεται,
ἐγὼ μὲν οὔποτ' αὐτὸν ὄλβιον καλῶ,
φύλακα δὲ μᾶλλον χρημάτων εὐδαίμονα.

Stob. 3, 16, 4.

199 (244)
τὸ δ' ἀσθενές μου καὶ τὸ θῆλυ σώματος
κακῶς ἐμέμφθης· εἰ γὰρ εὖ φρονεῖν ἔχω,
κρεῖσσον τόδ' ἐστὶ καρτεροῦ βραχίονος.

Stob. 3, 3, 2.

200 (250)
γνώμαις γὰρ ἀνδρὸς εὖ μὲν οἰκοῦνται πόλεις,
εὖ δ' οἶκος, εἴς τ' αὖ πόλεμον ἰσχύει μέγα·
σοφὸν γὰρ ἐν βούλευμα τὰς πολλὰς χέρας
νικᾷ, σὺν ὄχλῳ δ' ἀμαθία πλεῖστον κακόν.

Stob. 4, 13, 3; u. a. – 1 βουλαῖς; 4 σὺν ὅπλοις.

201 (245)
καὶ μὴν ὅσοι μὲν σαρκὸς εἰς εὐεξίαν
ἀσκοῦσι βίοτον, ἢν σφαλῶσι χρημάτων,
κακοὶ πολῖται· δεῖ γὰρ ἄνδρ' εἰθισμένον
ἀκόλαστον ἦθος γαστρὸς ἐν ταὐτῷ μένειν.

Stob. 3, 6, 1.

geschick. Warum leben wir nicht in bescheidenem Wohlstand,
so angenehm wie möglich und ohne große Sorgen?

197
Den Menschen wird anscheinend keine wohlausgewogene Lust
zuteil.

198
Wenn aber jemand frei von Sorgen ist und genug zu leben hat,
in seinem Hause jedoch keinen Platz für schöne Dinge findet,
werde ich ihn niemals wirklich glücklich nennen, sondern eher
einen vom Schicksal begünstigten Geldverwahrer.

199
und die mangelnde Kraft und die Zartheit meines Körpers tadelst du zu Unrecht; denn wenn ich Verstand besitze, ist das
besser als ein starker Arm.

200
denn durch das Denkvermögen des Menschen werden Städte
gut verwaltet, ebenso Häuser, auch verleiht es Überlegenheit im
Kriege; denn ein kluger Plan besiegt viele Hände und der
größte Nachteil der großen Masse ist der fehlende Verstand.

201
Und wenn diejenigen, die ihre Lebensweise nach dem Wohlbefinden ihres Körpers ausrichten, in finanzielle Schwierigkeiten geraten, werden sie zu schlechten Bürgern; denn wer an die
Zügellosigkeit seines Bauches gewöhnt ist, kann nicht davon
lassen.

202 (243)

ἐγὼ μὲν οὖν ᾄδοιμι καὶ λέγοιμί τι
σοφόν, ταράσσων μηδὲν ὧν πόλις νοσεῖ.

Stob. 3, 1, 63.

203 (271)

ἔνδον δὲ θαλάμοις βουκόλον.....
κομῶντα κισσῷ στῦλον εὐίου θεοῦ.

Clem. Alex., Strom. 1, 24, 163, 4 f.

204 (256)

πόλλ᾽ ἔστιν ἀνθρώποισιν, ὦ ξένοι, κακά.

Stob. 4, 34, 35; u. a.

205 (258)

φρονῶ δ᾽ ὃ πάσχω, καὶ τόδ᾽ οὐ σμικρὸν κακόν·
τὸ μὴ εἰδέναι γὰρ ἡδονὴν ἔχει τινὰ
νοσοῦντα, κέρδος δ᾽ ἐν κακοῖς ἀγνωσία.

Stob. 4, 35, 24; u. a.

206 (241)

ὦ παῖ, γένοιντ᾽ ἂν εὖ λελεγμένοι λόγοι
ψευδεῖς, ἐπῶν δὲ κάλλεσιν νικῷεν ἂν
τἀληθές· ἀλλ᾽ οὐ τοῦτο τἀκριβέστατον,
ἀλλ᾽ ἡ φύσις καὶ τοὐρθόν· ὃς δ᾽ εὐγλωσσίᾳ
νικᾷ, σοφὸς μέν, ἀλλ᾽ ἐγὼ τὰ πράγματα   5
κρείσσω νομίζω τῶν λόγων ἀεί ποτε.

Clem. Alex., Strom. 1, 8, 41, 5; u. a.

207 (261)

κύουσα τίκτω ἡνίκ᾽ ἡγόμην πάλιν

Ammon. 288.

208 (257)

εἰ δ᾽ ἠμελήθην ἐκ θεῶν καὶ παῖδ᾽ ἐμώ,
ἔχει λόγον καὶ τοῦτο· τῶν πολλῶν βροτῶν
δεῖ τοὺς μὲν εἶναι δυστυχεῖς, τοὺς δ᾽ εὐτυχεῖς.

Stob. 4, 34, 37; u. a.

202

Ich möchte singen und guten Rat geben, ohne dort Verwirrung zu stiften, wo der Staat krankt.

203

drinnen aber im Gemach den Hirten ... die mit Efeu bekränzte Säule des jubelnden Gottes (Dionysos).

204

Viel Unglück gibt es für die Menschen, ihr Fremden.

205

Ich weiß, was ich erleide, und das ist kein geringes Übel; denn Nichtwissen bedeutet für den Kranken eine gewisse Lust, und im Unglück ist Unkenntnis ein Gewinn.

206

Kind, glatte Worte können lügen und durch schöne Formulierungen die Wahrheit besiegen. Aber nicht darauf kommt es an, sondern auf das eigentliche Wesen und die Richtigkeit. Wer durch Zungenfertigkeit siegt, ist geschickt, aber ich glaube, daß sich am Ende immer die Tatsachen gegenüber den Worten durchsetzen.

207

schwanger gebar ich, als ich zurückgebracht wurde

208

Wenn ich aber mit meinen beiden Kindern von den Göttern im Stich gelassen wurde, hat auch das einen Sinn: bei der großen Zahl der Menschen müssen die einen unglücklich, die anderen glücklich sein.

209 (269)
οὐ σωφρονίζειν ἔμαθον· αἰδεῖσθαι δὲ χρή,
γύναι, τὸ λίαν καὶ φυλάσσεσθαι φθόνον.

Stob. 4, 23. 18.

210 (260)
οὐδὲ γὰρ λάθρᾳ δοκῶ
φωτὸς κακούργου σχήματ' ἐκμιμούμενον
σοὶ Ζῆν' ἐς εὐνὴν ὥσπερ ἄνθρωπον μολεῖν.

Clem. Alex., Strom. 5, 14, 111, 2. – 3 überl. σοὶ τήνδ'.

211 (255)
φεῦ φεῦ, βροτείων πημάτων ὅσαι τύχαι
ὅσαι τε μορφαί· τέρμα δ' οὐκ εἴποι τις ἄν.

Stob. 4, 34, 33; u. a.

212 (268)
εἰ νοῦς ἔνεστιν· εἰ δὲ μή, τί δεῖ καλῆς
γυναικός, εἰ μὴ τὰς φρένας χρηστὰς ἔχοι;

Stob. 4, 22 f., 127.

213 (265)
κόρος δὲ πάντων· καὶ γὰρ ἐκ καλλιόνων
λέκτροις ἐπ' αἰσχροῖς εἶδον ἐκπεπληγμένους,
δαιτὸς δὲ πληρωθείς τις ἄσμενος πάλιν
φαύλῃ διαίτῃ προσβαλὼν ἥσθη στόμα.

Stob. 4, 20, 2; u. a.

214 (266)
κῆδος καθ' αὑτὸν τὸν σοφὸν κτᾶσθαι χρεών.

Stob. 4, 22, 93.

215 (267)
πᾶσι δ' ἀγγέλλω βροτοῖς
ἐσθλῶν ἀπ' ἀλόχων εὐγενῆ σπείρειν τέκνα.

Stob. 4, 22, 100. – 2 überl ἀπ' ἀνδρῶν.

209

Ich habe das Ermahnen nicht gelernt, aber man muß das Übermaß scheuen, Frau, und sich vor Neid in acht nehmen.

210

denn ich glaube nicht, daß Zeus deinem Lager wie ein Mensch genaht ist, heimlich wie ein Bösewicht.

211

Ach, welche Schicksalswege und Formen menschlichen Leidens gibt es! Eine Grenze vermag da niemand zu nennen.

212

... wenn Verstand dabei ist; andernfalls aber: Was nützt eine schöne Frau, wenn ihr die rechte Gesinnung fehlt?

213

Überdruß aber gibt es bei allem. – Ich habe schon Männer gesehen, die sich von ihrer schönen Geliebten abwandten und von einem häßlichen Entlein entzückt waren, und nach üppigem Leben wendet man sich gern wieder bescheidener Kost zu.

214

Der kluge Mann heiratet unter seinesgleichen.

215

und ich rate allen Menschen, mit tüchtigen Gattinnen edle Kinder zu zeugen.

216 (262)
οὐ χρή ποτ' ἄνδρα δοῦλον ὄντ' ἐλευθέρας
γνώμας διώκειν οὐδ' ἐς ἀργίαν βλέπειν.

Stob. 4, 19, 4; u. a.

217 (263)
τὸ δοῦλον οὐχ ὁρᾷς ὅσον κακόν;

Stob. 4, 19, 12.

218 (264)
φεῦ φεῦ, τὸ δοῦλον ὡς ἁπανταχῇ γένος
πρὸς τὴν ἐλάσσω μοῖραν ὥρισεν θεός.

Stob. 4, 19, 41.

219 (248)
κόσμος δὲ σιγὴ στεγανὸς ἀνδρὸς οὐ κακοῦ·
τὸ δ' ἐκλαλοῦν τοῦθ' ἡδονῆς μὲν ἅπτεται,
κακὸν δ' ὁμίλημ', ἀσθενὲς δὲ καὶ πόλει.

Stob. 3, 36, 10.

220 (247)
πολλοὶ δὲ θνητῶν τοῦτο πάσχουσιν κακόν·
γνώμῃ φρονοῦντες οὐ θέλουσ' ὑπηρετεῖν
ψυχῇ τὰ πολλὰ πρὸς φίλων νικώμενοι.

Stob. 3, 30, 9.

221 (272)
εἰ δέ που τύχοι
πέριξ ἐλίξας εἷλκε.. ὁμοῦ λαβὼν
γυναῖκα πέτραν δρῦν μεταλλάσσων ἀεί.

Vom Erhabenen 40, 4.

222 (273)
τήν τοι Δίκην λέγουσι παῖδ' εἶναι χρόνου,
δείκνυσι δ' ἡμῶν ὅστις ἐστὶ μὴ κακός.

Stob. 1, 3, 33.

216

Ein Sklave sollte niemals Gedanken eines freien Mannes hegen und nach Muße streben.

217

... siehst du nicht, ein wie großes Übel ein Sklave/Sklaven-dasein ist?

218

Ach, wie doch die Gottheit den Sklaven überall das schlechtere Los zugeteilt hat.

219

Zurückhaltendes Schweigen aber ist die Zier des rechten Mannes. Dies Darauflosschwatzen bereitet zwar Vergnügen, stellt jedoch eine minderwertige Art des Umgangs dar; auch für die Stadt ist es ohne Wert.

220

Viele Menschen leiden an diesem Übel: Sie haben Einsicht, wollen aber, von Freunden verführt, dieser inneren Kraft nicht gehorchen.

221

Wie er sich aber drehte und wendete, schleppte er die Frau mit, vorbei an Fels und Eiche.

222

Dike, heißt es, ist eine Tochter der Zeit, und sie offenbart, wer von uns unschuldig ist.

223 (275)

'Αμφίων, Χορός, Λύκος, Βουκόλος, 'Ερμῆς

Αμ ....]υσδε μήδ' ὅπως φευξούμεθα.
ἀλλ' εἴπερ ἡμ]ᾶς [Ζεὺ]ς ἐγέννησεν πατήρ,
σώσ]ει μεθ' ἡμῶν τ' ἐχθρὸν ἄνδρα τείσεται.
ἱ]κται δὲ πάντως εἰς τοσόνδε συμφορᾶς
ὥ]στ' οὐδ' ἂν ἐκφύγοιμεν εἰ βουλοίμεθα   5
Δί]ρκης νεῶρες αἷμα μὴ δοῦναι δίκην.
μένου]σι δ' ἡμῖν εἰς τόδ' ἔρχεται τύχη
ὡς ἤ] θανεῖν δεῖ τῷδ' ἐν ἡμέρας φάει,
ἤ τοι] τροπαῖα πολεμίων στῆσαι χερί.
καὶ σοὶ μ]ὲν οὕτω, μῆτερ, ἐξαυδῶ τάδε,   10
σοὶ δ' ὃς τ]ὸ λαμπρὸν αἰθέρος ναίεις πέδον
λέγω τ]οσοῦτον, μὴ γαμεῖν μὲν ἡδέως
........]α δ' εἶναι σοῖς τέκνοις [ἀνω]φελῆ ·
οὐ γὰρ κ]αλὸν τόδ', ἀλλὰ συμμαχεῖν φίλοις.
.....] πρὸς ἄγραν τ' εὐτυχῆ θείης [μολ]εῖν   15
ὅπως ἔ]λωμεν ἄνδρα δυσσεβέστατον.

Χο ....]ς, εἰ χρὴ δοξάσαι τυραννικῷ
[σ]κ[ή]πτρῳ, Λύκος πάρεστι· σιγῶμεν φίλοι.
Λυ ποῦστ' 'Αντιόπη [.......]αι πέτραν
δρασμοῖς ἐπ[......................   20
τίνες δὲ χοὶ συνδρῶντες ἐκ ποίας χθο[νός;
σημήνατ', εἴπαθ', ὡ[ς ἔ]ν[εστ' αὐ]τοὺς ἐλε[ῖν.
δεινὸν νομίζων, αὐτὸς οὐκ ἀτιμάσας
ἦλθ[ον ....
Βο ....]σας ἥδομαι κα[κ]ῶν ἕκας.   25
Λυ οὐκ ἀσφαλὲς τόδ' εἶπας, ἄνθρωπε, στέγος.
Βο δρᾶν δεῖ τι· κείνους δ' οἶδ' ἐγὼ τεθνηκότας.
Λυ καλῶς ἄρ', εἴπερ οἶσθα, ταξώμεσθα νῦν.

Βο ....] ἄλλην ἢ δόμων στείχειν ἔσω
......] ἵν' ἡμεῖς καὶ πρὶν οἰκοῦμ[εν   30
Λυ ....] τοὺς ξένους ἐῶν μ' [...
Βο ....] δορυφόρους ἔξω θύρας.

223
A m p h i o n , C h o r , L y k o s , H i r t , H e r m e s

Am ... und nicht, wie wir entkommen können.

Aber (wenn Zeus) unser Vater ist, wird er uns retten und mit uns den Feind bestrafen.

Wir sind in solche Not geraten, daß wir der Bestrafung für das frische Blut der Dirke nicht entgehen können, selbst wenn wir wollten.

Wenn wir bleiben, läuft unser Schicksal darauf hinaus, daß wir heute entweder sterben müssen oder das Zeichen des Sieges über unsere Feinde errichten.

Das sage ich dir, Mutter,

dir aber, der du den strahlenden Äther bewohnst, sage ich folgendes: Man soll sich nicht des Vergnügens halber auf eine Liebesbeziehung einlassen, Kinder zeugen und sich dann um sie nicht kümmern – denn das ist unedel –, sondern man muß seinen Angehörigen beistehen.

Jetzt gib uns Erfolg bei der Jagd, damit wir den ruchlosen Mann erlegen!

Ch Aus dem Herrscherstab zu schließen, kommt hier Lykos selbst. Wir wollen schweigen, Freunde!

Ly Wo ist (Antiope) ... Felsen

Entlaufen ...

Wer sind ihre Helfer? Woher kommen sie?

Zeigt an, redet, da wir sie fassen können!

Da ich es für empörend halte, schien es mir nicht unter meiner Würde zu sein, selbst zu kommen ...

Hi ... freue mich fern der Gefahr.

Ly Nach deinen Worten ist dies Haus voll Gefahr, Mann.

Hi Es muß gehandelt werden; ich weiß, daß jene tot sind.

Ly Wenn du das weißt, werden wir die Sache in Ordnung bringen.

Hi ... andere als ins Haus gehen

... wo ich früher wohnte ...

Ly ... wenn ich die Fremden mich ... lasse.

Hi ... die Bewaffneten draußen.

Λυ . . . .]νϑ' ἵν' αἴ[ρω]σιν φό[βον.
Βο . . . . ἡμ]εῖς καὶ σὺ ϑήσομεν καλῶς.
     . . . .]ῆϑος εἰσὶν οἱ ξένοι;   35
     . . . .] δ' οὐκ ἔχουσιν ἐν χεροῖν.
Λυ . . . .] φρουρεῖτε περίβολον πέτρας
     . . . .]ντες· κἄν τις ἐκπίπτῃ δόμων
     . . . .] δὲ παῖδα Νυκτέως ἐμῇ
     . . . .]σαι χειρί· καὶ τάχ' εἴσεται   40
     . . . .]ντας, ὡς μάτην λόγῳ
     . . . . συ]μμάχους ἀνωφελεῖς.
Χο . . . .]ις, ἂν ϑεὸς ϑέλῃ,
     . . . .] τήνδ' ἀνὰ στέγην τάχα.
     . . . .]ρίων σϑένος βρόχοισι καταδεῖ   45
     . . . .]· βροτῶν δ' αὖ τέχναις
     . . . .]ον;
Λυ ἰώ μοί μοι.
Χο ἔα ἔα·
     κ]αὶ δ[. . . . .]ι τῶν νεανίων χέρες.
Λυ ὦ] πρόσπ[ολοι . . .]ντες οὐκ ἀρήξετε;   50
Χο   ἀλαλάζετ[. . . .]γα·
        βοᾷ [. . . . .] μέλος.
Λυ ὦ] γαῖα Κάδ[μου κ]αὶ πόλ[ισ]μ' 'Ασωπικόν.
Χο   κλύεις, ὁρᾷ[ς];
        π[αρα]καλεῖ πόλιν φοβερός· αἵματος
        δίκα τοι δίκα χρόνιος ἀλλ' ὅμως
        ἔλαβεν ὅταν ἴδῃ τιν' ἀσεβῆ βροτῶν.   55

Λυ οἴμοι ϑανοῦμαι πρὸς δυοῖν ἀσύμμαχος.
Αμ τὴν δ' ἐν νεκροῖσιν οὐ στένεις δάμαρτα σήν;
Λυ ἦ γὰρ τέϑνηκεν; καινὸν αὖ λέγεις κακόν.
Αμ ὁλκοῖς γε ταυρείοισι διαφορουμένη.
Λυ πρὸς τοῦ; πρὸς ὑμῶν; τοῦτο γὰρ ϑέλω μαϑεῖν.   60
Αμ ἐκμανϑάνοις ἂν ὡς ὀλωλ' ἡμῶν ὕπο.
Λυ ἀλ]λ' ἦ τι[νων π]εφύκαϑ' ὧν οὐκ οἶδ' ἐγώ;
Αμ τί τοῦτ' ἐρευνᾷς; ἐν νεκροῖς πεύσει ϑανών.

Ly ... damit sie die Furcht nehmen.
Hi ... werden ich und du erledigen.
Ly ... sind die Fremden?
Hi ... haben sie nicht in Händen.
Ly ... bewacht den Felsen von allen Seiten!
    ... und wenn jemand herauskommt,
    ... die Tochter des Nykteus
    ... mit der Hand, und rasch wird sie erfahren,
    ... daß vergeblich mit dem Wort
    ... nutzlose Helfer.
Ch ... wenn Gott will
    ... gleich in diesem Haus
    ... bindet die Kraft mit Stricken
    ... durch Menschenkunst
    . . . .
Ly Weh mir!
Ch Ah, ah!
    ... die Hände der jungen Männer.
Ly Ihr Diener ... helft ihr nicht?
Ch Es schreit ...
    ruft ... Lied.
Ly Land des Kadmos und Stadt am Asopos!
Ch Hörst du? Siehst du?
    Angstvoll ruft er die Stadt.
    Strafe für das Blut, Strafe ist langsam,
    aber dennoch ergreift sie ihn,
    wenn sie jemand ohne fromme Scheu sieht.
Ly Wehe, zu zweien töten sie mich, dem keiner hilft!
Am Die tote Gattin beklagst du nicht?
Ly Sie ist tot? Du meldest ein neues Unglück.
Am Vom Stier fortgeschleppt und zerrissen.
Ly Wer tat das? Ihr? Ich will es wissen!
Am Du darfst es wissen: Sie starb durch uns.
Ly Ihr entstammt Eltern, die ich nicht kenne?
Am Was fragst du danach? Tot kannst du das bei den Toten
    erfahren.

'Ερμῆς

παῦσαι κελ]εύω [φόν]ιον ἐξορμ[ωμ]ένους
ὁρμήν, ἄνα]ξ 'Αμφῖον· [ἐ]ντολὰς δὲ σοὶ   65
'Ερμῆς ὁ Μ]αίας τ[ῷ τε......... μ]ένῳ
τῷδ' ἐκ Δι]ὸς κήρυγ[μ' ἀφικόμη]ν φέρων.
καὶ πρ[ῶ]τα μέν σφ[ιν μητρὸ]ς ἐξερῶ πέρι,
ὡς Ζεὺς ἐμείχθη [... ἀ]παρνῆται τάδε·
τί δῆτ' ἄν ει[......]αλλο[...]ετο   70
Ζηνὸς μολοῦσα λε[................
ἐπεὶ δ' ὁρίζει καὶ δ[.........]ακα
αὐτή τε δεινῆς [συμφορᾶς ἀπη]λλάγη
παῖδάς τε τούσδ' [ἐφηῦρε]ν ὄντας ἐκ Διός.
ὧν χρή σ' ἀκούειν [καὶ] χθονὸς μοναρχίαν   75
ἐκόντα δοῦνα[ι τοῖσδε Κ]αδμείας, ἄναξ.
ὅταν δὲ θάπτῃς ἄλοχον εἰς πυρὰν τιθεὶς
σαρκῶν ἀθροίσας τῆς ταλαιπώρου φύσιν
ὁστᾶ πυρώσας Ἄρεος εἰς κρήνην βαλεῖν,
ὡς ἂν τὸ Δίρκης ὄνομ' ἐπώνυμον λάβῃ   80
κρήνης [ἀπό]ρρους, ὃς δίεισιν ἄστεως
πεδία τ[ὰ Θή]βης ὕδασιν ἐξαρδῶν ἀεί.
ὑμεῖς δ' [ἐπε]ιδὰν ὅσιος ᾖ Κάδμου πόλις
χωρεῖτε, [παῖδε]ς, ἄστυ δ' 'Ισμηνὸν πάρα
ἑπτάσ[τομ]ον πύλαισιν ἐξαρτύετε.   85
σὺ μὲν [.....]ντο πνεῦμα πολεμίων λαβών,
Ζήθῳ [τάδ' εἶ]πον· δεύτερον δ' 'Αμφίονα
λύραν ἄ[νωγ]α διὰ χερῶν ὡπλισμένον
μέλπειν θεού[ς φ]δαῖσιν· ἕψονται δέ σοι
πέτραι τ' [ἐ]ρυμναὶ μουσικῇ κηλούμεναι   90
δένδρη τε μητρὸς ἐκλιπόνθ' ἑδώλια,
ὥστ' εὐμ[ά]ρειαν τεκτόνων θήσει χερί.
Ζεὺς τήνδε τίμην, σὺν δ' ἐγὼ δίδωμί σοι,
οὗπερ τόδ' εὕρημ' ἔσχες, 'Αμφίων ἄναξ.
λευκὼ δὲ πώλω τὼ Διὸς κεκλημένοι   95
τιμὰς μεγίστας ἕξετ' ἐν Κάδμου πόλει.
καὶ λέκτρ' ὁ μὲν Θηβαῖα λ[ήψ]εται γαμῶν,
ὁ δ' ἐκ Φρυγῶν κάλλιστον ε[ὐ]νατήριον

Hermes

(Einzuhalten) befehle ich, die ihr (zum Mord) schreitet,
Herrscher Amphion. Aufträge dir
(Hermes,) Sohn der Maia ...
... Heroldswort ... bringend.
Und ich sage euch zunächst über eure (Mutter),
daß Zeus sich ihr verband ... leugnet das.
Warum denn ...
des Zeus ging sie ...
Als er aber festsetzt ...
und sie wurde aus der schrecklichen (Not) befreit
und fand ihre Söhne, die von Zeus stammen.
Ihnen sollst du gehorchen und ihnen freiwillig die Herrschaft über das Land des Kadmos abtreten.
Wenn du aber die Gattin bestattest und sie auf den Schei-
terhaufen legst, sobald du die Glieder der Unglücklichen
gesammelt und geordnet hast, dann wirf die verbrannten
Gebeine in die Quelle des Ares,
damit der von der Quelle ausgehende Fluß, der die Stadt
durchzieht und ständig die Ebene von Theben bewässert,
den Namen Dirke erhält.
Ihr aber geht, wenn die Stadt des Kadmos entsühnt ist,
und errichtet am Ismenos eine Stadt mit sieben Toren!
Du ... den Hauch der Feinde nehmend.
Das sagte ich zu Zethos. – Als zweites aber befehle ich,
daß Amphion die Leier zur Hand nimmt und die Götter
in Liedern besingt. Und dir werden festsitzende Felsen
folgen, von deiner Musik bezaubert, und Bäume, die ihren
mütterlichen Boden verlassen, so daß sie den Bauleuten
die Arbeit leicht machen.
Zeus verleiht dir diese Gabe, und mit ihm ich, dessen Er-
findung du erhieltest, Herrscher Amphion.
Die weißen Fohlen des Zeus genannt, werdet ihr hoch-
geehrt sein in Theben.
Und der eine wird sich in Theben die Gattin wählen, der
andere aus phrygischem Stamm eine Gefährtin von gro-

τὴν Ταντάλου παῖδ'· ἀλλ' ὅσον τάχιστα χρὴ
σπεύδειν θεοῦ πέμψαντος οἷα βούλεται.   100
Λυ ὦ πολλ' ἄελπτα Ζεῦ τιθεὶς καθ' ἡμέραν,
ἔδειξας [. . . . .] τάσδ' ἀβουλίας ἐμὰς
ἐσσφρα[. . . . .] δοκοῦντας οὐκ εἶναι Διός.
πάρεστε καὶ ζῆθ'· ηὗρε μηνυτὴς χρόνος
ψευδεῖς μὲν ἡμᾶς, σφῷν δὲ μητέρ' εὐτυχῆ.   105
ἴτε νυν, κρατύνετ' ἀντ' ἐμοῦ τῆσδε χθονὸς
λαβόντε Κάδμου σκῆπτρα· τὴν γὰρ ἀξίαν
σφῷν προστίθησιν Ζεὺς ἐγώ τε σὺν Διί.
Ἑρμ[ῇ δ]ὲ [πίσυν]ος Ἄρεος εἰς κρήνην [β]αλῶ
γυναῖκα θάψας, τῆσ[δ' ὅπως] θανοῦσα γῆς   110
νασμοῖσι τέγγῃ πεδία Θηβαίας χθονός,
Δίρκη παρ' ἀνδρῶν ὑστέρων κεκλημένη.
λύω δὲ νείκη καὶ τὰ πρὶν πεπραγμένα

Pap. Flinders Petrie 1; Vers 54 f. = Nauck 223.

224 (–)

Ζῆθον μὲν ἐλθόνθ' ἁγνὸν ἐς Θήβης πέδον
οἰκεῖν κελεύω, τὸν δὲ μουσικώτατον
κλεινὰς Ἀθήνας ἐκπερᾶν Ἀμφίονα.

Athen. 2, 47.

225 = 182 a

226 (277)

νόσον ἔχειν

Antiatt. 109, 17.

227 (278)

εὐθύδημον

Hesych. 6877.

*227 + 1 = 910 (1229)

ὄλβιος ὅστις τῆς ἱστορίας   an
ἔσχε μάθησιν,

ßer Schönheit, die Tochter des Tantalos. – Nun eilends
ans Werk, da der Gott euch seinen Willen aufgetragen
hat.

Ly O Zeus, der du Tag für Tag den Menschen vieles schickst,
womit sie nicht rechnen, du offenbartest meine Unklug-
heit ... die nicht Söhne des Zeus zu sein schienen.
Lebt hier mit uns! Die enthüllende Zeit erwies meinen
Irrtum und das glückliche Schicksal eurer Mutter.
Wohlan, herrscht nun an meiner Stelle über dies Land;
denn die Würde verleiht euch Zeus und ich mit ihm!
Hermes gehorsam werde ich meine Gattin bestatten und
in die Aresquelle streuen, damit sie im Tod durch dies
Land fließt und die Erde Thebens netzt, von den Nach-
fahren Dirke genannt. Ich ende den Streit, und das früher
Getane ...

224
Zethos soll ins heilige Land von Theben kommen und dort
wohnen, der Musenfreund Amphion dagegen nach dem berühmten Athen.

225 = 182 a

226
charakterlich minderwertig sein

227
einen aufrechten Mann aus dem Volk

227 + 1 = 910
Glückselig ist, wer aus Forschung Wissen gewonnen hat und
nicht darauf aus ist, den Bürgern Leid zuzufügen und Unrecht

μήτε πολιτῶν ἐπὶ πημοσύνην
μήτ' εἰς ἀδίκους πράξεις ὁρμῶν,
ἀλλ' ἀθανάτου καθορῶν φύσεως 5
κόσμον ἀγήρων, πῇ τε συνέστη
καὶ ὅπῃ καὶ ὅπως.
τοῖς δὲ τοιούτοις οὐδέποτ' αἰσχρῶν
ἔργων μελέδημα προσίζει.

Clem. Alex., Strom. 4, 25, 155, 1; u. a.

ΑΡΧΕΛΑΟΣ

228 (282)

Δαναὸς ὁ πεντήκοντα θυγατέρων πατήρ
Νείλου λιπὼν κάλλιστον ἐκ γαίας ὕδωρ,
ὃς ἐκ μελαμβρότοιο πληροῦται ῥοὰς
Αἰθιοπίδος γῆς, ἡνίκ' ἂν τακῇ χιὼν
τέθριππ' ἄγοντος ἡλίου κατ' αἰθέρα, 5
ἐλθὼν ἐς Ἄργος ᾤκισ' Ἰνάχου πόλιν·
Πελασγιώτας δ' ὠνομασμένους τὸ πρὶν
Δαναοὺς καλεῖσθαι νόμον ἔθηκ' ἀν' Ἑλλάδα.

Rhet. Gr. 8, 577, 9.

228 + 1 (283)

..........]. περμ. [.
.... οὐκ ἔψαυσε· Λυγκέως ......
Ἄ[β]ας ἐγένετο· τοῦ δὲ δίπτυχον γένο[ς· 5
Προῖτος μανε[ι]σῶν θυγατέρων τρισσῶν πατήρ,
ὅς τ' ἐγκαλύπτει χαλκέῳ νυμφεύματ[ι
Δανάην.... θεις.... Ἀκρίσιός ποτε.
Δανάης δὲ Περσεὺς ἐγένετ' ἐκ χρυσορρύτων
σταγόνων, ὃς ἐλθὼν Γοργόνος καρατόμος 10
Αἰθίοπ' ἔγημεν Ἀνδρομέδαν τὴν Κηφέως,

zu tun, sondern auf die ewige Ordnung der unsterblichen Natur blickt und fragt, wie sie entstanden ist und woraus und wodurch. Er wird sich niemals schändlichem Tun hingeben.

ARCHELAOS

228

Danaos, der Vater von fünfzig Töchtern, verließ den Nil – das schönste Wasser, das der Erde entspringt –, der vom dunkelhäutigen Äthiopien her seine Fluten füllt, wenn der Schnee schmilzt, sobald die Sonne ihr Viergespann zur Höhe des Äthers lenkt,
und kam nach Argos, wo er die Stadt des Inachos bewohnte. Die vorher Pelasger hießen, pflegen seither in Griechenland Danaer genannt zu werden.
(Anfang des Prologs)

228 + 1

... nicht berührte. Von Lynkeus ...
stammte Abas; von diesem wieder zwei Söhne:
Proitos, der Vater der drei Töchter, die der Wahnsinn schlug, und Akrisios, der Danae ... in ehernem Brautgemach einschloß.
Von Danae stammte durch den goldenen Regen Perseus, der auf dem Rückweg mit dem Haupt der Gorgo die Äthiopierin Andromeda freite, die Tochter des Kepheus.

ἢ τριπτύχους ἐγείνατ' ἐκ Περσέως κόρους·
'Αλκαῖον ἠδὲ Σθένελον, ὃς τ' Ἄργους πόλιν
ἔ[σ]χεν Μυκήνας, πατέρα δ' 'Αλκμήνης τρίτον
'Ηλεκτρύωνα· Ζ[ε]ὺς δ' ἐς 'Αλκμήνης λέχος   15
πε[σ]ὼν τὸ κλειν[ὸ]ν 'Ηρακλέους σπείρει δέμας.
Ὕλλος δὲ τοῦδ[ε], Τήμενος δ' Ὕλλου πατρός,
ὃς Ἄργος ᾤκησ' 'Ηρακλέους γεγὼς ἄπο.
ἀπαιδίᾳ δὲ χρώμενος πατὴρ ἐμός
Τήμενος ἐς ἁγνῆς ἦλθε Δωδώνης πτύχας   20
τέκνων ἔρωτι· τῆς δ' ὁμωνύμου Διός
πρόπολος Διώνης εἶπε Τημένῳ τάδε·
"ὦ παῖ πεφυκὼς ἐκ γονῶν 'Ηρακλέους,
Ζεύς σ[οι] δίδωσι παῖδ', ἐγὼ μαντεύομαι,
ὃν 'Αρχ[έλ]αον χρὴ καλεῖν σε...[25

Pap. Hamb. 118 a.

229 (*284)

βασιλεῦ χώρας τῆς πολυβώλου   an
Κισσεῦ, πεδίον πυρὶ μαρμαίρει

Dion. Hal., De comp. verb. 25.

230 (285)

οὐ γὰρ ὑπερθεῖν κύματος ἄκραν   an
δυνάμεσθ'· ἔτι γὰρ θάλλει πενία
κακὸν ἔχθιστον, φεύγει δ' ὄλβος.

Stob. 4, 32, 39.

231 (286)

ἡμῶν τί δῆτα τυγχάνεις χρείαν ἔχων;
πατέρων γὰρ ἐσθλῶν ἐλπίδας δίδως γεγώς.

Stob. 4, 29, 42.

232 (307)

ἐν τοῖς τέκνοις γὰρ ἀρετὴ τῶν εὐγενῶν

Sie gebar Perseus drei Söhne:
Alkaios, Sthenelos und Elektryon, der über das argivische My-
kenai herrschte, den Vater der Alkmene. Zeus aber naht dem
Lager Alkmenes und zeugt den ruhmreichen Herakles.
Dessen Sohn ist Hyllos, von Hyllos stammt Temenos, der als
Nachfahre des Herakles Argos zum Wohnsitz nahm.
Da ohne Erben, kam mein Vater Temenos aus Verlangen nach
Kindern zu den Schluchten des heiligen Dodona. Der Priester
der Dione, die mit Zeus den gleichen Namen trägt, sprach zu
ihm:
„Sproß des Herakles, Zeus gibt dir einen Sohn, verkünde ich
dir, den du Archelaos nennen sollst . . .“

229

König dieses fruchtbaren Landes, Kisseus, der Boden glänzt
von Feuer.

230

denn wir können den Kamm der Woge nicht überwinden; denn
die Armut, das schlimmste Übel, steht noch in Blüte und der
Reichtum flieht.

231

Wozu brauchst du denn uns? Du stammst doch von einem
tüchtigen Vater und weckst selbst Hoffnung.

232

denn in den Kindern zeigt sich strahlend die Tugend des edlen

ἔλαμψε, κρεῖσσόν τ' ἐστὶ πλουσίου γάμου
⟨γένος⟩· πένης γὰρ οὐκ ἐκεῖν' ἀπώλεσεν
τὸ τοῦ πατρὸς γενναῖον.

Stob. 4, 29, 44. - 2 überl. ἐν ἔλαβε.

233 (292)
σοὶ δ' εἶπον, ὦ παῖ, τὰς τύχας ἐκ τῶν πόνων
θηρᾶν· ὁρᾷς γὰρ πατέρα σὸν τιμώμενον.

Stob. 3, 29, 13.

234 (306)
πατρὸς δ' ἀνάγκη παισὶ πείθεσθαι λόγῳ.

Stob. 4, 25, 19.

235 (310)
πλουτεῖς, ὁ πλοῦτος δ' ἀμαθία δειλόν θ' ἅμα.

Stob. 4, 31, 69.

236 (296)
σὺν μυρίοισι τὰ καλὰ γίγνεται πόνοις.

Stob. 3, 29, 44; u. a.

237 (295)
νεανίαν γὰρ ἄνδρα χρὴ τολμᾶν ἀεί·
οὐδεὶς γὰρ ὢν ῥᾴθυμος εὐκλεὴς ἀνήρ,
ἀλλ' οἱ πόνοι τίκτουσι τὴν εὐδοξίαν.

Stob. 3, 29, 32; u. a. - 2 ἄθυμος; εὐγενής; 3 εὐανδρίαν.

238 (293)
οὐκ ἔστιν ὅστις ἡδέως ζητῶν βιοῦν
εὔκλειαν εἰσεκτήσατ', ἀλλὰ χρὴ πονεῖν.

Stob. 3, 29, 14.

239 (294)
ὁ δ' ἡδὺς αἰὼν ἡ κακή τ' ἀνανδρία
οὔτ' οἶκον οὔτε πόλιν ἀνορθώσειεν ἄν.

Stob. 3, 8, 13; u. a.

Mannes, und besser als reiche Heirat ist, was der Arme nicht verlieren kann: der Adel des Vaters.

233
Dir aber, mein Kind, muß ich raten, Erfolg und Glück durch Mühe und Arbeit zu erjagen; denn du siehst, wie dein Vater in Ehren steht.

234
Kinder aber müssen dem Wort des Vaters gehorchen.

235
Du bist reich. Im Reichtum aber stecken zugleich Unverstand und Schwäche.

236
Das Gute und Schöne entsteht unter unendlichen Mühen.

237
denn ein jugendkräftiger Mann muß ständig etwas unternehmen; denn niemand, der so dahinlebt, kommt zu Ansehen, sondern durch Anstrengungen gewinnt man sich Ruhm.

238
Niemand, der ein bequemes Leben sucht, gewinnt sich dabei Ruhm, sondern man muß sich anstrengen.

239
Bequemes Leben aber und unmännliche Schlaffheit können weder ein Haus noch eine Stadt voranbringen.

240 (299)
ἐμὲ δ' ἄρ' οὐ
μοχθεῖν δίκαιον; τίς δ' ἄμοχθος εὐκλεής;
τίς τῶν μεγίστων δειλὸς ὢν ὡρέξατο;

Stob. 4, 10, 8.

241 (316)
ἐγὼ δὲ τὸν σὸν κρᾶτ' ἀναστέψαι θέλω.

Schol. Eur. Phoin. 1149. – überl. ἀναστρέψαι.

242 (303)
φέρει δὲ καὶ τοῦτ' οὐχὶ μικρόν, εὐγενὴς
ἀνὴρ στρατηγῶν εὐκλεᾶ τ' ἔχων φάτιν.

Stob. 4, 13, 11; u. a.

243 (302)
ὀλίγον ἄλκιμον δόρυ
κρεῖσσον στρατηγοῦ μυρίου στρατεύματος.

Stob. 4, 13, 10.

244 (300)
ὀλίγοι γὰρ ἐσθλοὶ κρείσσονες πολλῶν κακῶν.

Stob. 4, 10, 11; u. a.

245 (287)
........]ν μεν[.................
......φ]ρονημα[.................
........]κτείνοντ' ἀχ[.............
........]αρως ἔμελλε π[...........
........]ηθεις παρωτε[...........   5
........]β' ἄναξ καθιζε π[.........
........]τω, παῖ, προβαλλ[........
ἐν δέ σοι μόνον προφωνῶ, μὴ ἐπὶ δουλείαν ποτὲ   tr
ζῶν ἑκὼν ἔλθῃς παρὸν σοί κατθανεῖν ἐλευθέρῳ.
........]των ἔσωθε κα[.............   10
........]ν· εἰ δ' εὐτυχήσουσ[........

240

Ich soll mich nicht mühen? – Wer ist je ohne Mühen zu Ruhm und Ansehen gekommen? Welcher Schwächling hat je nach dem Höchsten greifen können?

241

und ich will dein Haupt bekränzen.

242

Aber auch dies hat kein geringes Gewicht: ein edler Mann als Feldherr, der zugleich Ruhm besitzt.

243

Eine kleine wehrhafte Schar hat für den Feldherrn größeren Wert als ein riesiges Heer.

244

denn wenige Tüchtige sind stärker als viele Feiglinge.

245

. . . .

. . . Gedanke . . .

. . . tötend . . .

. . . sollte . . .

. . . .

. . . Herr setz . . .

. . ., Kind, . . .

Eins nur sage ich dir: Solange du lebst und einen Willen hast, lasse dich nie zum Knecht machen, wenn du in Freiheit sterben kannst.

. . . von drinnen . . .

.......]έστω τὸ λοιπὸν[...........
.....ἀ]νδρα χρὴ διατων[.........
.......]ν ἀμέραν· ....
.......]εῖ γὰρ αἱ τύχα[ι 15
.......]ι τὸν θρεκ[...............

Pap. Ox. 419; Vers 8 f. = Nauck 245. – 9 überl. ἐλευθέρως.

246 (301)

νεανίας τε καὶ πένης σοφός θ' ἅμα·
ταῦτ' εἰς ἓν ἐλθόντ' ἄξι' ἐνθυμήσεως.

Stob. 4, 11, 9.

247 (308)

τί δ' οὐκ ἂν εἴη χρηστὸς ὄλβιος γεγώς;

Stob. 4, 31, 17.

248 (311)

οὐκ ἔστι πενίας ἱερὸν αἰσχίστης θεοῦ.
μισῶ γὰρ ὄντως οἵτινες φρονοῦσι μέν,
φρονοῦσι δ' οὐδὲν ὥς γε χρημάτων ὕπερ.

Stob. 4, 32, 41. – 3 überl. οὐδενός τε.

249 (309)

μὴ πλούσιον θῆς· ἐνδεέστερος γὰρ ὢν
ταπεινὸς ἔσται· κεῖνο δ' ἰσχύει μέγα,
πλοῦτος λαβὼν ⟨τε⟩ τοῦτον εὐγενὴς ἀνήρ.

Stob. 4, 31, 19.

250 (298)

τυραννίδ' ἢ θεῶν δευτέρα νομίζεται·
τὸ μὴ θανεῖν γὰρ οὐκ ἔχει, τὰ δ' ἄλλ' ἔχει.

Stob. 4, 6, 5.

251 (304)

κρείσσω γὰρ οὔτε δοῦλον οὔτ' ἐλεύθερον
τρέφειν ἐν οἴκοις ἀσφαλὲς τοῖς σώφροσιν.

Stob. 4, 19, 11. – 1 überl. κρεῖσσον.

... wenn aber glücklich ...
... im übrigen ...
... der Mann soll ...
... den Tag ...
... denn das Schicksal ...
... den ...

246
ein junger Mann, ohne Geld und mit Verstand – wenn das zu-
sammenkommt, muß man aufpassen.

247
Warum aber sollte ein reich Geborener/Gewordener nicht tüchtig sein können?

248
Die Armut, die häßliche Göttin, besitzt keinen Tempel; denn
ich verabscheue nach Kräften diejenigen, die zwar Denkvermögen besitzen, aber ihren Verstand nur gebrauchen, wenn es
ums Geld geht.

249
Mach ihn nicht reich; denn arm wird er bescheiden sein! Das
aber bedeutet große Macht: Reichtum, den ein Mann von edler
Abkunft besitzt.

250
die Tyrannis, die gleich nach den Göttern kommt; denn außer
der Unsterblichkeit besitzt sie alles.

251
denn keinen Stärkeren im Hause zu haben, weder Sklaven
noch Freien, das hält jeder, der Verstand hat, für das Sicherste.

252 (313)

ἐκ τῶν δικαίων γὰρ νόμοι τ' αὐξήματα
μεγάλα φέρουσι πάντα δ' ἀνθρώποις..
τάδ' ἐστὶ χρήματ', ἤν τις εὐσεβῇ θεόν.

Orion, Flor. 3, 1. - 1 überl. ε! τῶν.

253 (297)

ἁπλοῦς ὁ μῦθος, μὴ λέγ' εὖ· τὸ γὰρ λέγειν
εὖ δεινόν ἐστιν, εἰ φέρει τινα βλάβην.

Stob. 3, 34, 2.

254 (317)

A   πόλλ', ὦ τέκνον, σφάλλουσιν ἀνθρώπους θεοί.
B   τὸ ῥᾷστον εἶπας, αἰτιάσασθαι θεούς.

Plut., De aud. poet. 4; u. a.

255 (318)

δοκεῖς τὰ τῶν θεῶν ξυνετὰ νικήσειν ποτὲ
καὶ τὴν Δίκην που μάκρ' ἀπῳκίσθαι βροτῶν·
ἡ δ' ἐγγύς ἐστιν, οὐχ ὁρωμένη δ' ὁρᾷ
ὃν χρὴ κολάζειν τ' οἶδεν· ἀλλ' οὐκ οἶσθα σὺ
ὁπόταν ἄφνω μολοῦσα διολέσῃ κακούς.   5

Stob. 1, 3, 47; u. a.

256 (314)

μακάριος ὅστις νοῦν ἔχων τιμᾷ θεὸν
καὶ κέρδος αὐτῷ τοῦτο ποιεῖται μέγα.

Orion, Flor. 3, 2.

257 (288)

πολλοὺς δ' ὁ θυμὸς ὁ μέγας ὤλεσεν βροτῶν
ἥ τ' ἀξυνεσία, δύο κακὼ τοῖς χρωμένοις.

Stob. 3, 20, 11.

258 (290)

τῷ γὰρ βιαίῳ κἀγρίῳ τὸ μαλθακὸν
εἰς ταὐτὸν ἐλθὸν τοῦ λίαν παρείλετο.

Stob. 3, 20, 25.

252

denn nach dem Maß der Rechtschaffenheit geben die Gesetze Wohlstand und Wachstum, und alles, was den Menschen . . ., zahlt sich aus, wenn er gottesfürchtig ist.

253

Das läßt sich mit einfachen Worten sagen; halte keine schönen Reden! Denn schöne Worte sind schlimm, wenn sie Schaden bringen.

254

A Oft bringen die Götter die Menschen zu Fall, mein Kind.
B Du führst die wohlfeilste Ursache an, wenn du den Göttern die Schuld gibst.

255

Du glaubst, dem Wissen der Götter entgehen zu können, und meinst, die Gerechtigkeit wohne fern von den Menschen. Sie ist jedoch nahe und sieht ungesehen und weiß, wen es zu strafen gilt; aber du weißt nicht, wann sie unvermutet kommt und die Bösen vernichtet.

256

Glücklich, wer verständig und gottesfürchtig ist und sich großen Gewinn dadurch verschafft.

257

Hitzköpfigkeit aber und Unbedachtheit haben schon viele Menschen zugrunde gerichtet – ein übles Paar für den, der damit zu tun hat.

258

denn wenn wilde Kraft und Sanftmut zusammenkommen, nehmen sie sich das Übermaß.

259 (289)
ὀργῇ δὲ φαύλῃ πόλλ' ἔνεστ' ἀσχήμονα.

Stob. 3, 20, 12.

260 (315)
ἔπαυσ' ὁδουροὺς λυμεῶνας

Schol. Pind. Pyth. 2, 57.

261 (305)
ἔσωσα δούλην οὖσαν· οἱ γὰρ ἥσσονες
τοῖς κρείσσοσιν φιλοῦσι δουλεύειν βροτῶν.

Stob. 4, 19, 13.

262 (312)
πάλαι σκοποῦμαι τὰς τύχας τῶν βροτῶν
ὡς εὖ μεταλλάσσουσιν· ὃς γὰρ ἂν σφαλῇ
εἰς ὀρθὸν ἔστη χὠ πρὶν εὐτυχῶν πίτνει.

Stob. 4, 41, 31; m. a. - 2 μεταβάλλουσιν.

263 (319)
ἔστι καὶ παρὰ δάκρυσι   lyr
κείμενον ἡδὺ βροτοῖς, ὅταν
ἄνδρα φίλον στενάχῃ τις ἐν οἴκῳ.

Stob. 4, 54, 7. - 3 οἴκτῳ.

264 (320)
τὰ γὰρ οὐκ ὀρθῶς πρασσόμεν' ὀρθῶς   an
τοῖς πράσσουσιν κακὸν ἦλθεν.

Stob. 1, 3, 35.

259

Niedriger Zorn ist häßlich.

260

ich/er legte Straßenräubern das Handwerk.

261

ich behielt sie, eine Sklavin; denn die Geringeren unter den Menschen pflegen den Stärkeren zu dienen.

262

Seit langem beobachte ich, wie leicht sich die Schicksale der Menschen ändern; denn wer gestrauchelt ist, steht auf, und wer eben Glück hatte, kommt zu Fall.

263

Auch Tränen können für die Menschen etwas Angenehmes haben – wenn man einen Angehörigen im Hause betrauert.

264

Das Unrecht, das sie taten, schlug den Tätern zu Recht zum Unglück aus.

ΑΥΓΗ

*264 a (**324)
'Αλέου τοῦ πολυχρύσου δόμοι

Favor., Ûb. d. Verb. 2, 43. - P. Köln 1 'Αλέας 'Αθά]νας ὅδε πολ[.

265 (333)
νοῦ δ' οἶνος ἐξέστησέ μ'· ὁμολογῶ δέ σε
ἀδικεῖν, τὸ δ' ἀδίκημ' ἐγένετ' οὐχ ἑκούσιον.

Stob. 3, 18, 19. - 1 überl. νῦν δ'.

265 a = 920 (334)
ἡ φύσις ἐβούλεθ', ᾗ νόμων οὐδὲν μέλει·
γυνὴ δ' ἐπ' αὐτῷ τῷδ' ἔφυ.

Menand., Epitr. 1123 f.

266 (**325)
σκῦλα μὲν βροτοφθόρα
χαίρεις ὁρῶσα καὶ νεκρῶν ἐρείπια,
κού μυσαρά σοι ταῦτ' ἐστίν· εἰ δ' ἐγὼ ἔτεκον,
δεινὸν τόδ' ἡγῇ;

Clem. Alex., Strom. 7, 3, 23, 4 f.

267 (336)
δεινὴ πόλις νοσοῦσ' ἀνευρίσκειν κακά.

Stob. 4, 1, 12.

268 (326)
καὶ βουθυτεῖν γὰρ ἠξίους ἐμὴν χάριν.

Apoll. Dysk., De coni. 247, 3.

269 (339)
Ἔρωτα δ' ὅστις μὴ θεὸν κρίνει μέγαν
καὶ τῶν ἁπάντων δαιμόνων ὑπέρτατον,

AUGE

264 a
das Haus des reichen Aleos

265
Der Wein brachte mich um den Verstand; ich gestehe das Unrecht, das ich dir tat, ein, aber es geschah nicht willentlich.

265 a
Die Natur wollte es, die sich um Gesetze nicht kümmert; die
Frau ist dazu geboren.

266
Du freust dich am Anblick von todbringenden Beutestücken
und Tierleichen, und so etwas ist für dich nicht unrein. Daß
ich aber ein Kind zur Welt brachte, hältst du für schlimm.

267
Wenn der Staat erst krank ist, zeigt er besondere Erfindungs-
gabe, weitere Übel hervorzubringen.

268
denn du hieltest es für angebracht, meinetwegen Rinder zu
opfern.

269
Wer Eros nicht für einen großen Gott hält und für das mäch-
tigste von allen höheren Wesen, ist entweder stumpfsinnig

ἢ σκαιός ἐστιν ἢ καλῶν ἄπειρος ὤν
οὐκ οἶδε τὸν μέγιστον ἀνθρώποις θεόν.

Stob. 4. 20, 11; u. a.

270 (337)
οὐ τῶν κακούργων οἶκτος ἀλλὰ τῆς δίκης

Stob. 4, 5, 5.

271 (329)
πτηνὰς διώκεις, ὦ τέκνον, τὰς ἐλπίδας.
οὐχ ἡ τύχη γε· τῆς τύχης δ' οὐχ εἷς τρόπος.

Stob. 4, 47, 1.

272 (330)
τίς δ' οὐχὶ χαίρει νηπίοις ἀθύρμασιν;

Stob. 4, 24, 49; u. a.

273 (341)
πᾶσιν γὰρ ἀνθρώποισιν, οὐχ ἡμῖν μόνον,
ἢ καὶ παραυτίκ' ἢ χρόνῳ δαίμων βίον
ἔσφηλε, κοὐδεὶς διὰ τέλους εὐδαιμονεῖ.

Stob. 4, 41, 15.

274 (335)
τὸ γὰρ ἐπιεικὲς ὠφελεῖ τὰς ξυμφοράς.

Stob. 3, 37, 19.

275 (338)
κακῶς δ' ὄλοιντο πάντες οἱ τυραννίδι
χαίρουσιν ὀλίγῃ τ' ἐν πόλει μοναρχίᾳ·
τοὐλεύθερον γὰρ ὄνομα παντὸς ἄξιον,
κἂν σμίκρ' ἔχῃ τις, μεγάλ' ἔχειν νομιζέτω.

Stob. 4, 8, 3.

276 (340)
γυναῖκές ἐσμεν· τὰ μὲν ὄκνῳ νικώμεθα,
τὰ δ' οὐκ ἂν ἡμῶν θράσος ὑπερβάλοιτό τις.

Stob. 4, 22, 153.

oder weiß nicht, was schön ist, so daß er den für die Menschen bedeutendsten Gott nicht kennt.

270
Mitleid nicht mit den Übeltätern, sondern mit dem Recht.

271
Du jagst flüchtigen Hoffnungen nach, Kind; bestimmt das nicht der Zufall des Schicksals? Das Schicksal aber bietet nicht nur eine Möglichkeit.

272
Wer aber hat keine Freude an kindlichem Spiel?

273
Alle Menschen, nicht nur uns, bringt die Gottheit über kurz oder lang zu Fall, und keiner ist für immer vom Glück begünstigt.

274
denn Anstand hilft im Unglück.

275
Alle sollen jämmerlich zugrunde gehen, die Tyrannis und Alleinherrschaft in einem kleinen Staatswesen gutheißen; denn Freiheit ist ein absoluter Wert. Auch wenn man sie nur in kleinem Rahmen besitzt, soll man sie für etwas Großes halten.

276
Wir sind Frauen: Bald lassen wir uns durch scheue Zurückhaltung bestimmen, bald könnte uns niemand an Dreistigkeit übertreffen.

277 (327)

A ποῖ; πῶς δὲ λήσει; τίς δὲ νῷν πιστὸς φίλος;
B ζητῶμεν· ἡ δόκησις ἀνθρώποις κακόν,
A καὶ τοὐπιχειρεῖν γ' ἐξαμαρτάνειν φιλεῖ.

Stob. 3, 22, 7.

278 (348)

κέρας ὄρθιον

Hesych. 2282.

279 (346)

ἀπενήσω

Hesych. 5975.

280 (347)

διέφθειρε

Hesych. 1704.

281 (345)

φιλοτραφής

Antiatt. 116, 2.

ΑΥΤΟΛΥΚΟΣ

282 (351)

κακῶν γὰρ ὄντων μυρίων καθ' Ἑλλάδα
οὐδὲν κάκιόν ἐστιν ἀθλητῶν γένους·
οἳ πρῶτα μὲν ζῆν οὔτε μανθάνουσιν εὖ
οὔτ' ἂν δύναιντο· πῶς γὰρ ὅστις ἔστ' ἀνὴρ
γνάθου τε δοῦλος νηδύος θ' ἡσσημένος   5
κτήσαιτ' ἂν ὄλβον εἰς ὑπερβολὴν πατρός;

277

A Wohin? Wie es verbergen? Welchen zuverlässigen Freund
haben wir?

B Wir müssen suchen! Bloßes Meinen ist für uns Menschen
ein Übel.

A Auch das Erproben pflegt fehlzuschlagen.

278

helltönendes Horn (Bogensehne?)

279

du legtest ab

280

verbrachte (?)

281

gern nährend

AUTOLYKOS (Satyrspiel)

282

denn es gibt zahllose Übel in Hellas, doch keins ist schlimmer
als das Volk der Athleten:
Zuerst einmal macht ihre Ausbildung sie nicht lebenstüchtig
und könnte es auch nicht; denn wie soll ein Mann, der ganz
seinen Kauwerkzeugen dient und Sklave seines Magens ist,
den Besitz des Vaters vermehren? Und sie sind auch nicht im-

οὐδ' αὖ πένεσθαι κἀξυπηρετεῖν τύχαις
οἷοί τ'· ἔθη γὰρ οὐκ ἐθισθέντες καλὰ
σκληρῶς μεταλλάσσουσιν εἰς τἀμήχανον.
λαμπροὶ δ' ἐν ἥβῃ καὶ πόλεως ἀγάλματα   10
φοιτῶσ'· ὅταν δὲ προσπέσῃ γῆρας πικρόν,
τρίβωνες ἐκβαλόντες οἴχονται κρόκας.
ἐμεμψάμην δὲ καὶ τὸν Ἑλλήνων νόμον,
οἳ τῶνδ' ἕκατι σύλλογον ποιούμενοι
τιμῶσ' ἀχρείους ἡδονὰς δαιτὸς χάριν.   15
τίς γὰρ παλαίσας εὖ, τίς ὠκύπους ἀνὴρ
ἢ δίσκον ἄρας ἢ γνάθον παίσας καλῶς
πόλει πατρῴᾳ στέφανον ἤρκεσεν λαβών;
πότερα μαχοῦνται πολεμίοισιν ἐν χεροῖν
δίσκους ἔχοντες ἢ δι' ἀσπίδων χερὶ   20
θείνοντες ἐκβαλοῦσι πολεμίους πάτρας;
οὐδεὶς σιδήρου ταῦτα μωραίνει πέλας
στάς. ἄνδρας χρὴ σοφούς τε κἀγαθοὺς
φύλλοις στέφεσθαι, χὦστις ἡγεῖται πόλει
κάλλιστα σώφρων καὶ δίκαιος ὢν ἀνήρ,   25
ὅστις τε μύθοις ἔργ' ἀπαλλάσσει κακὰ
μάχας τ' ἀφαιρῶν καὶ στάσεις· τοιαῦτα γὰρ
πόλει τε πάσῃ πᾶσί θ' Ἕλλησιν καλά.

Athen. 10. 5; u. a.

282 a (352)
μηδὲν τῷ πατρὶ
μέμφεσθ' ἄωρον ἀποκαλοῦντες ἀνδρίον

Phot. Berol. 127, 2.

283 (353)
τοὺς ὄνους
τοὺς λαρκαγωγοὺς ἐξ ὄρους οἴσειν ξύλα

Pollux 10, 111.

284 (354)
σχοινίνας γὰρ ἵπποισι φλοΐνας ἡνίας πλέκει.

Pollux 10, 178.

stande, in Armut zu leben und sich mit den Wechselfällen des
Lebens abzufinden; denn da sie es nicht gewohnt sind, innere
Haltung zu zeigen, stellen sie sich schwer auf eine Notlage ein.
Sie glänzen in der Jugend und stolzieren einher als staatliche
Ausstellungsstücke; wenn aber das Alter mit seinen Unan-
nehmlichkeiten kommt, dann ist es vorbei mit ihnen und sie
sind wie abgetragene Kleider, die die Fäden verlieren.
Ich halte auch nichts von dem Brauch der Hellenen, ihretwegen
zusammenzukommen und nutzlose Freßlust zu ehren. Denn
welcher gute Ringer, welcher Läufer oder Diskuswerfer oder
tüchtige Kinnhakenausteiler half seiner Stadt wirklich durch
den Kranz, den er bekam? Sollen sie gegen den Feind mit dem
Diskus in der Hand kämpfen oder mit der Faust Schilde zer-
hauen und Wunden schlagen und so den Feind aus ihrer Heimat vertreiben? Keiner begeht solch eine Dummheit, wenn er
das Eisen vor sich sieht. Kluge und tüchtige Leute soll man mit
Laub bekränzen, verständige und gerechte Männer, die den
Staat gut regieren, und Männer, deren Wort böses Tun verhindert und Streit und Aufruhr abwendet; denn so etwas ist
von Wert für jede einzelne Stadt und für alle Hellenen zusammen.

282 a
Scheltet den Vater nicht, und nennt ihn nicht einen häßlichen
Kerl!

283
korbtragende Esel, die aus dem Gebirge Holz holen sollen

284
denn er flicht den Pferden Zügel aus Binsen und Sumpfgras.

ΒΕΛΛΕΡΟΦΟΝΤΗΣ

285 (366)

ἐγὼ τὸ μὲν δὴ πανταχοῦ θρυλούμενον
κράτιστον εἶναι φημὶ μὴ φῦναι βροτῷ·
τρισσῶν δὲ μοιρῶν ἐγκρινῶ νικᾶν μίαν,
πλούτου τε χὤτῳ σπέρμα γενναῖον προσῇ
πενίας τ'· ἀριθμὸν γὰρ τοσόνδε προυθέμην.   5
ὁ μὲν ζάπλουτος, εἰς γένος δ' οὐκ εὐτυχής,
ἀλγεῖ μὲν ἀλγεῖ, παγκάλως δ' ἀλγύνεται
ὄλβου διοίγων θάλαμον ἥδιστον χερί.
ἔξω δὲ βαίνων τοῦδε τὸν πάρος χρόνον
πλουτῶν ὑπ' ἄτης ζεύγλαν ἀσχάλλει πεσών.   10
ὅστις δὲ γαῦρον σπέρμα γενναῖόν τ' ἔχων
βίου σπανίζει, τῷ γένει μὲν εὐτυχεῖ,
πενίᾳ δ' ἐλάσσων ἐστίν, ἐν δ' ἀλγύνεται
φρονῶν, ὑπ' αἰδοῦς δ' ἔργ' ἀπωθεῖται χερῶν.
ὁ δ' οὐδὲν οὐδείς, διὰ τέλους δὲ δυστυχῶν   15
τοσῷδε νικᾷ· τοῦ γὰρ εὖ τητώμενος
οὐκ οἶδεν, ἀεὶ δυστυχῶν κακῶς τ' ἔχων.
οὕτως ἄριστον μὴ πεπειρᾶσθαι καλῶν.
ἐκεῖνο γὰρ μεμνήμεθ'· οἷος ἦν ποτε
κἀγὼ μετ' ἀνδρῶν ἡνίκ' ηὐτύχουν βίῳ   20

Stob. 4, 33, 16; u. a.

286 (385)

φησίν τις εἶναι δῆτ' ἐν οὐρανῷ θεούς;
οὐκ εἰσίν, οὐκ εἴσ', εἴ τις ἀνθρώπων θέλει
μὴ τῷ παλαιῷ μῶρος ὢν χρῆσθαι λόγῳ.
σκέψασθε δ' αὐτοί, μὴ ἐπὶ τοῖς ἐμοῖς λόγοις

BELLEROPHONTES

285

Ich halte es mit dem bekannten Spruch, daß es für den Menschen am besten wäre, nicht geboren zu sein.

Von drei möglichen Lebensschicksalen aber: Reichtum, edle Geburt und Armut – denn so setze ich ihre Zahl an –, ist in meinen Augen eins den anderen vorzuziehen.

Wenn der Reiche, der nicht zugleich durch seine Abkunft begünstigt ist, leidet, dann leidet er unter angenehmen Umständen, sobald er sich die gemütliche Kammer seines Reichtums aufschließt. Wenn er allerdings herauskommt und nach dem bisherigen Reichtum unter das Joch des Unglücks gerät, hat er schweren Kummer.

Wer aber aus einer stolzen, adligen Familie stammt, jedoch nur knapp zu leben hat, der ist seiner Herkunft nach vom Glück begünstigt, durch seine Armut aber ist er schlechter gestellt; der Gedanke daran tut ihm weh, und aus Scham weist er es von sich, mit eigenen Händen zu arbeiten.

Wer aber keins von beidem ist und ganz und gar ohne die Gunst des Glücks auskommen muß, der ist weitaus besser daran; denn da er nie mit den Vorzügen des Lebens in Berührung gekommen ist, kennt er sie nicht, weil ihm das Glück nie hold war und es ihm immer schlecht ging.

So ist es das beste, die guten Seiten des Lebens gar nicht kennengelernt zu haben; denn so etwas behalten wir im Gedächtnis: Was galt ich unter den Männern, als mir das Glück noch zur Seite stand!

286

Meint jemand, es gebe Götter im Himmel? – Sie gibt es nicht! Nein! Es sei denn, daß jemand in seiner Torheit an alten Redensarten festhalten will.

Überlegt selbst, und vertraut nicht nur auf meine Worte. Die

γνώμην ἔχοντες. φήμ᾽ ἐγὼ τυραννίδα   5
κτείνειν τε πλείστους κτημάτων τ᾽ ἀποστερεῖν
ὅρκους τε παραβαίνοντας ἐκπορθεῖν πόλεις·
καὶ ταῦτα δρῶντες μᾶλλόν εἰσ᾽ εὐδαίμονες
τῶν εὐσεβούντων ἡσυχῇ καθ᾽ ἡμέραν.
πόλεις τε μικρὰς οἶδα τιμώσας θεούς,   10
αἳ μειζόνων κλύουσι δυσσεβεστέρων
λόγχης ἀριθμῷ πλείονος κρατούμεναι.
οἶμαι δ᾽ ἂν ὑμᾶς, εἴ τις ἀργὸς ὢν θεοῖς
εὔχοιτο καὶ μὴ χειρὶ συλλέγοι βίον,
τὰ θεῖα πυργοῦσιν αἱ κακαί τε συμφοραί   15

'Iustin.', De mon. 5.

287 (379)
τοῖς πράγμασιν γὰρ οὐχὶ θυμοῦσθαι χρεών·
μέλει γὰρ αὐτοῖς οὐδέν· ἀλλ᾽ οὑντυγχάνων
τὰ πράγματ᾽ ὀρθῶς ἢν τιθῇ, πράσσει καλῶς.

Stob. 4, 44, 39.

288 (374)
δόλοι δὲ καὶ σκοτεινὰ μηχανήματα
χρείας ἀνάνδρου φάρμαχ᾽ ηὕρηται βροτοῖς.

Stob. 3, 8, 1; u. a.

289 (380)
νείκη γὰρ ἀνδρῶν φόνια καὶ μάχας χρεὼν
δόλοισι κλέπτειν· τῆς δ᾽ ἀληθείας ὁδὸς
φαύλη τίς ἐστι· ψεύδεσιν δ᾽ Ἄρης φίλος.

Stob. 4, 13, 20. – 1 überl. χερῶν.

290 (378)
ἀεὶ γὰρ ἄνδρα σκαιὸν ἰσχυρὸν φύσει
ἧσσον δέδοικα τἀσθενοῦς τε καὶ σοφοῦ.

Stob. 4, 13. 5.

Tyrannen, behaupte ich, bringen Menschen scharenweise um
und rauben ihr Hab und Gut, und sie brechen Eide und ver-
wüsten Städte. Und obwohl sie all dies tun, geht es ihnen besser als denjenigen, die fromm und ruhig ihre Tage verbringen.
Ich kenne kleine, gottesfürchtige Städte, die größeren, gottlosen gehorchen müssen, unterworfen durch die größere Zahl
der Lanzen.
Ich glaube aber, daß ihr, wenn ein Faulpelz zu den Göttern
betet, statt sich mit seiner Hände Arbeit seinen Lebensunter-
halt zu verdienen, (sagen werdet): Sie schützen die Götter vor.
Die Unglücksfälle und ...

287

denn den Umständen soll man nicht zürnen – denn denen
macht das nichts aus –, sondern wenn der Betroffene die Dinge
in Ordnung bringt, dann handelt er richtig.

288

Hinterlist und finstere Machenschaften haben die Menschen
als Waffen für Feiglinge erfunden.

289

Blutigen Streit und Kampf muß man mit List für sich entscheiden. Der Weg der Wahrheit ist dagegen wenig erfolgverspre-
chend; denn Ares liebt Täuschung und Betrug.

290

denn stets fürchte ich einen dummen Riesen weniger als einen
klugen Zwerg.

291 (389)

ὧ παῖ, νέων τοι δρᾶν μὲν ἔντονοι χέρες,
γνῶμαι δ' ἀμείνους εἰσὶ τῶν γεραιτέρων·
ὁ γὰρ χρόνος δίδαγμα ποικιλώτατον.

Stob. 4, 50, 2; u. a.

292 (384)

πρὸς τὴν νόσον τοι καὶ τόν ἰατρὸν χρεὼν
ἰδόντ' ἀκεῖσθαι, μὴ ἐπιτὰξ τὰ φάρμακα
διδόντ', ἐὰν μὴ ταῦτα τῇ νόσῳ πρέπῃ.
νόσοι δὲ θνητῶν αἱ μέν εἰσ' αὐθαίρετοι,
αἱ δ' ἐκ θεῶν πάρεισιν, ἀλλὰ τῷ νόμῳ   5
ἰώμεθ' αὐτάς. ἀλλά σοι λέξαι θέλω,
εἰ θεοί τι δρῶσιν αἰσχρόν, οὐκ εἰσὶν θεοί.

Stob. 4, 36, 7.

293 (387)

τιμή σ' ἐπαίρει τῶν πέλας μεῖζον φρονεῖν.
θνήσκοιμ' ἄν· οὐ γὰρ ἄξιον λεύσσειν φάος
κακοὺς ὁρῶντας ἐκδίκως τιμωμένους.

Stob. 4, 42, 1.

294 (376)

φθονοῦσιν αὐτοὶ χείρονες πεφυκότες·
εἰς τἀπίσημα δ' ὁ φθόνος πηδᾶν φιλεῖ.

Stob. 3, 38, 13; u. a.

295 (377)

ἤδη γὰρ εἶδον καὶ δίκης παραστάτας
ἐσθλοὺς πονηρῷ τῷ φθόνῳ νικωμένους.

Stob. 3, 38, 19.

296 (371)

ἀνὴρ δὲ χρηστὸς χρηστὸν οὐ μισεῖ ποτε,
κακὸς κακῷ δὲ συντέτηκεν ἡδονῇ·
φιλεῖ δὲ θούμόφυλον ἀνθρώπους ἄγειν.

Stob. 2, 33, 2; u. a.

291

Mein Kind, junge Leute können mit den Händen kräftig zupacken, bei den Älteren dagegen ist der Verstand überlegen;
denn die Zeit ist ein vielseitiger Lehrmeister.

292

Je nach der Art der Krankheit muß der Arzt die Heilung vornehmen und er darf nicht einfach Medikamente geben, die der
Krankheit nicht entsprechen. Die Krankheiten haben sich die
Menschen teils selbst zugezogen, teils kommen sie von den
Göttern, aber üblicherweise versuchen wir, sie zu heilen. Doch
ich sage dir: Wenn die Götter etwas Häßliches tun, sind es
keine Götter.

293

Deine Ehrenstellung läßt dich stolz auf deine Umgebung her-
abblicken. Da will ich lieber sterben; denn es lohnt sich nicht
zu leben, wenn man sehen muß, wie Schufte zu Unrecht in
Ehren stehen.

294

Sie sind neidisch, weil sie ihrer Natur nach unterlegen sind; auf
das Ausgezeichnete geht immer der Neid los.

295

denn man sah schon edle Schützer des Rechts durch den Neid
schlechter Kerle zu Fall kommen.

296

Ein tüchtiger Mann wird nie einen anderen tüchtigen Mann
hassen, und der schlechte Kerl hält sich gern an den Genossen
seiner Schlechtigkeit; die Gleichartigkeit pflegt die Menschen
zu leiten.

297 (375)

ὡς ἔμφυτος μὲν πᾶσιν ἀνθρώποις κάκη·
ὅστις δὲ πλεῖστον μισθὸν εἰς χεῖρας λαβὼν
κακὸς γένηται, τῷδε συγγνώμη μὲν οὔ,
πλείω δὲ μισθὸν μείζονος τόλμης ἔχων
τὸν τῶν ψεγόντων ῥᾷον ἂν φέροι λόγον.   5

Stob. 3, 10, 17. – 5 überl. λεγόντων – ψόγον.

298 (383)

οὐκ ἂν γένοιτο τραῦμ', ἐάν τις ἐγξέσῃ
θάμνοις ἑλείοις, οὐδ' ἂν ἐκ μητρὸς κακῆς
ἐσθλοὶ γένοιντο παῖδες εἰς ἀλκὴν δορός.

Stob. 4, 30, 10.

299 (370)

πρὸς τὴν ἀνάγκην πάντα τἄλλ' ἔστ' ἀσθενῆ.

Stob. 1, 4, 2 b.

300 (365)

οἴμοι· τί δ' οἴμοι; θνητά τοι πεπόνθαμεν.

Diog. Laert. 4, 26; u. a.

301 (388)

ὁρᾷς δ' ἀέλπτους μυρίων ἀναστροφάς·
πολλοὶ μὲν οἶδμα διέφυγον θαλάσσιον,
πολλοὶ δὲ λόγχαις πολεμίων ἀμείνονες
ἥσσους γεγῶτες κρείσσον' ἦλθον εἰς τύχην.

Stob. 4, 47, 11.

302 (373)

θάρσος δὲ πρὸς τὰς συμφορὰς μέγα σθένει.

Stob. 3, 7, 1.

303 (372)

οὐδέποτ' εὐτυχίαν κακοῦ ἀνδρὸς ὑπέρφρονά τ' ὄλβον lyr
βέβαιον εἰκάσαι χρεών,

297
Wie ist doch allen Menschen Schlechtigkeit angeboren! Wer um
großen Gewinn zum Verbrecher wird, dem verzeiht man zwar
nicht gerade, aber je größer der Gewinn und die Frechheit sind,
um so leichter kann er es ertragen, wenn ihn jemand tadelt.

298
Es gibt keine Wunde, wenn jemand (Speere) aus Schilfrohr
schnitzt, und von einer Mutter, die nichts taugt, können keine
tüchtigen Speerkämpfer geboren werden.

299
Vor der Notwendigkeit erweist sich alles andere als schwach.

300
Wehe! – Doch was heißt ›wehe‹? Uns widerfuhr Menschenlos.

301
Du siehst unerwartete Schicksalswenden bei zahllosen Menschen. Viele entkamen dem Wogenschwall des Meeres, und
viele siegten im Kampf über die Feinde, unterlagen dann und
waren schließlich wieder obenauf.

302
Mut macht viel aus bei Schicksalsschlägen.

303
Man soll niemals das Glück eines schlechten Mannes und seinen Hochmut und Reichtum für unvergänglich halten, und

οὐδ' ἀδίκων γενεάν· ὁ γὰρ οὐδενὸς ἐκφὺς
χρόνος δικαίους ἐπάγων κανόνας
δείκνυσιν ἀνθρώπων κακότητας ἐμοί   5

Stob. 3, 2, 13.

304 (386)

ποῦ δή τὸ σαφὲς θνατοῖσι βιοτᾶς;   lyr
θοαῖσι μὲν ναυσὶ πόρον πνοαὶ κατὰ βένθος ἅλιον
ἰθύνουσι· τύχας δὲ θνητῶν
τὸ μὲν μέγ' εἰς οὐδὲν ὁ πολὺς χρόνος
μεθίστησι, τὸ δὲ μεῖον αὔξων   5

Stob. 4, 41, 12.

305 (392)

καὶ ξεστὸν ὄχθον Δαναϊδῶν ἑδρασμάτων
στὰς ἐν μέσοισιν εἶπε κηρύκων

Schol. Eur. Or. 872.

306 (359)

ἄγ', ὦ φίλον μοι Πηγάσου πτερόν

Schol. Aristoph. Frieden 76.

307 (360)

ἴθι χρυσοχάλιν' αἴρων πτέρυγας   an

Schol. Aristoph. Frieden 154.

308 (361)

σπεῦδ', ὦ ψυχή· πάρες, ὦ σκιερὰ   an
φυλλάς, ὑπερβῶ κρηναῖα νάπη·
τὸν ὑπὲρ κεφαλῆς αἰθέρ' ἰδέσθαι
σπεύδω, τίν' ἔχει στάσιν Εἰνοδία.

Schol. Aristoph. Wespen 757.

309 (362)

ἔπτησσ' ὑπείκων μᾶλλον, εἰ μᾶλλον θέλοι.

Plut., De vit. pud. 3; u. a.

auch nicht die Schar der Verbrechen; denn die ewige Zeit legt das Recht als Maßstab an und zeigt mir, daß die Schlechtigkeiten der Menschen (nicht ohne Strafe bleiben).

304

Wo gibt es Klarheit im menschlichen Leben? – Den schnellen Schiffen weisen die Winde den Pfad über die Tiefe des Meeres; beim Schicksal des Menschen aber läßt die Dauer der Zeit das Große zunichte werden und das Kleine groß.

305

und er stellte sich auf den geglätteten Hügel des Danaidensitzes und sagte inmitten der Herolde

306

Wohlan, mein Pegasosflügel . . .

307

Auf, du mit den goldenen Zügeln, hebe die Flügel und . . .

308

Spute dich, Seele! Laß mich, schattiges Blätterdach, die Täler voller Quellen überfliegen; denn ich will sehen, ob der Äther über meinem Haupte begehbar ist.

309

Er duckte sich und gab um so mehr nach, je mehr jener wollte.

310 (368)

κομίζετ' εἴσω τόνδε τὸν δυσδαίμονα.

Schol. Aristoph. Ritter 1249.

311 (367)

ἦσϑ' εἰς ϑεοὺς μὲν εὐσεβής, ὅτ' ἦσϑ', ἀεὶ
ξένοις τ' ἐπήρκεις οὐδ' ἔκαμνες εἰς φίλους.

Aelian. 5, 34.

312 (369)

ὑφ' ἅρματ' ἐλϑὼν Ζηνὸς ἀστραπηφορεῖ.

Schol. Aristoph. Frieden 722

312 + 1 (363)

τῷ δ' ἐξ ὑδρήρων αἰϑέρος προσφϑεγμάτων

Herodian. Vindob. 10, 5.

ΒΟΥΣΙΡΙΣ

*312 a = 922 (643)

τίς τοὐμὸν ὄνομα τοὐπονείδιστον βροτοῖς
οὐκ οἶδε Λαμίας τῆς Λιβυστικῆς γένος;

Diodor. 20, 41, 6; u. a.

313 (397)

δούλῳ γὰρ οὐχ οἷόν τε τἀληϑῆ λέγειν,
εἰ δεσπόταισι μὴ πρέποντα τυγχάνοι.

Stob. 4, 19, 24.

314 (398)

ἁγνίσαι

Hesych. 648; u. a.

310

Bringt den Unglücklichen hinein!

311

Du warst gottesfürchtig, solange du lebtest; Fremden hast du
immer beigestanden und Freunden unermüdlich geholfen.

312

An den Wagen des Zeus gespannt trägt er den Blitz.

312 + 1

dem aus der feuchten Anrede des Himmels

BUSIRIS (Satyrspiel)

312 a

Wer kennt nicht meinen Namen, den die Menschen hassen:
Lamia, aus libyschem Geschlecht!

313

denn wie soll ein Sklave die Wahrheit sagen, wenn sein Herr
selbst ein Schwindler ist?

314

weihen/opfern

315 (399)

ἀτρεκήσασα

Hesych. 8143.

ΔΑΝΑΗ

316 (416)

γύναι, καλὸν μὲν φέγγος ἡλίου τόδε,
καλὸν δὲ πόντου χεῦμ' ἰδεῖν εὐήνεμον,
γῆ τ' ἠρινὸν θάλλουσα πλούσιόν θ' ὕδωρ,
πολλῶν τ' ἔπαινον ἔστι μοι λέξαι καλῶν·
ἀλλ' οὐδὲν οὕτω λαμπρὸν οὐδ' ἰδεῖν καλὸν   5
ὡς τοῖς ἅπαισι καὶ πόθῳ δεδηγμένοις
παίδων νεογνῶν ἐν δόμοις ἰδεῖν θάλος.

Stob. 4, 24, 5; u. a.

317 (411)

καὶ νῦν παραινῶ πᾶσι τοῖς νεωτέροις
μὴ πρὸς τὸ γῆρας ἀναβολὰς ποιουμένους
σχολῇ τεκνοῦσθαι παῖδας· οὐ γὰρ ἡδονή,
γυναικί τ' ἐχθρὸν χρῆμα πρεσβύτης ἀνήρ·
ἀλλ' ὡς τάχιστα. καὶ γὰρ ἐκτροφαὶ καλαὶ   5
καὶ συννεάζων ἡδὺ παῖς νέῳ πατρί.

Stob. 4, 22, 115 u. a. - 2 ἀναβολὰς, überl. τοὺς γάμους.

318 (412)

γυνὴ γὰρ ἐξελθοῦσα πατρῴων δόμων
οὐ τῶν τεκόντων ἐστίν, ἀλλὰ τοῦ λέχους·
τὸ δ' ἄρσεν ἕστηκ' ἐν δόμοις ἀεὶ γένος
θεῶν πατρῴων καὶ τάφων τιμάορον.

Stob. 4, 22, 148; u. a.

315

genaumachend

DANAE

316

Frau, schön ist der Strahl der Sonne, schön der Anblick des leichtbewegten Meeres, die Erde in der Blüte des Frühlings und ein reichströmender Wasserquell. Noch viele andere schöne Dinge könnte ich lobend nennen – aber kein Anblick ist so strahlend und schön wie für diejenigen, die sich nach Kindern sehnen, der Anblick eines Neugeborenen in ihrem Haus.

317

Auch jetzt rate ich allen Jüngeren, nicht auf das Alter zu warten und dann in Ruhe Kinder zu zeugen – denn da ist der eigentliche Spaß vorbei, und der Frau ist ein ältlicher Ehemann ein Greuel –, sondern so bald wie möglich; denn dann ist Kinderpflege und Erziehung etwas Schönes, und es ist ein Vergnügen, wenn Kind und Vater beide jung sind.

318

denn wenn eine Frau das Haus ihres Vaters verläßt, gehört sie nicht mehr zu ihren Eltern, sondern zu ihrem Ehemann. Der Mann dagegen bleibt im Haus als Hüter der Hausgötter und der Familiengräber.

319 (414)

συμμαρτυρῶ σοι· πανταχοῦ λελείμμεθα
πᾶσαι γυναῖκες ἀρσένων ἀεὶ δίχα.

Stob. 4, 22, 174.

320 (415)

οὐκ ἔστιν οὔτε τεῖχος οὔτε χρήματα
οὔτ' ἄλλο δυσφύλακτον οὐδὲν ὡς γυνή.

Stob. 4, 23, 13; u. a.

321 (413)

ἦν γάρ τις αἶνος, ὡς γυναιξὶ μὲν τέχναι
μέλουσι, λόγχῃ δ' ἄνδρες εὐστοχώτεροι.
εἰ γὰρ δόλοισιν ἦν τὸ νικητήριον,
ἡμεῖς ἂν ἀνδρῶν εἴχομεν τυραννίδα.

Stob. 4, 22, 172.

322 (410)

ἔρως γὰρ ἀργὸν κἀπὶ τοιούτοις ἔφυ·
φιλεῖ κάτοπτρα καὶ κόμης ξανθίσματα,
φεύγει δὲ μόχθους. ἐν δέ μοι τεκμήριον·
οὐδεὶς προσαιτῶν βίοτον ἠράσθη βροτῶν,
ἐν τοῖς δ' ἔχουσιν ἡβητὴς πέφυχ' ὅδε.   5

Stob. 4, 20, 40.

323 (417)

τάχ' ἂν πρὸς ἀγκάλαισι καὶ στέρνοις ἐμοῖς
πηδῶν ἀθύροι καὶ φιλημάτων ὄχλῳ
ψυχὴν ἐμὴν κτήσαιτο· ταῦτα γὰρ βροτοῖς
φίλτρον μέγιστον, αἱ ξυνουσίαι, πάτερ.

Stob. 4, 24, 53.

324 (418)

ὦ χρυσέ, δεξίωμα κάλλιστον βροτοῖς,
ὡς οὔτε μήτηρ ἡδονὰς τοίας ἔχει,
οὐ παῖδες ἀνθρώποισιν, οὐ φίλος πατήρ,

319

Ich bestätige dir: Auf allen Gebieten sind wir Frauen den Männern unterlegen.

320

Weder eine Stadtmauer noch ein Geldschatz oder sonst etwas ist so schwer zu hüten wie eine Frau.

321

denn es gibt einen Spruch, daß Frauen zu Intrigen neigen, Männer dagegen im offenen Kampf besser treffen; denn wenn der Sieg auf der Seite der List wäre, dann hätten wir die Herrschaft über die Männer.

322

denn Eros ist träge und von entsprechender Natur: Er liebt Spiegel und blondgefärbte Haare und geht Mühen und Arbeit aus dem Wege. Das kann man allein schon daran sehen, daß kein Bettler verliebt ist, doch reich derselbe Mensch ein schmachtender Jüngling ist.

323

Bald wird es wohl in meinen Armen und an meiner Brust zappeln und spielen und durch zahllose Küsse mein Herz gewinnen; denn das ist für den Menschen der größte Liebeszauber, das Beieinandersein, Vater.

324

O Gold, dich haben die Menschen am liebsten; denn weder Mutter noch Kinder noch Vater werden von ihnen so geliebt wie du und alle, die dich im Hause haben. Wenn aber Kypris

οἵας σὺ χοἱ σὲ δώμασιν κεκτημένοι.
εἰ δ' ἡ Κύπρις τοιοῦτον ὀφθαλμοῖς ὁρᾷ,   5
οὐ θαῦμ' ἔρωτας μυρίους αὐτὴν τρέφειν.

Stob. 4. 31, 4.

325 (408)

κρείσσων γὰρ οὕτις χρημάτων πέφυκ' ἀνήρ,
πλὴν εἴ τις· ὅστις δ' οὗτός ἐστιν οὐχ ὁρῶ.

Stob. 3, 10, 18; u. a.

326 (419)

ἆρ' οἶσθ' ὁθούνεχ' οἱ μὲν εὐγενεῖς βροτῶν
πένητες ὄντες οὐδὲν ἀλφάνουσ' ἔτι,
οἱ δ' οὐδὲν ἦσαν πρόσθεν, ὄλβιοι δὲ νῦν,
δόξαν φέρονται τοῦ νομίσματος χάριν
καὶ συμπλέκοντες σπέρμα καὶ γάμους τέκνων;   5
δοῦναι δὲ πᾶς τις μᾶλλον ὀλβίῳ κακῷ
πρόθυμός ἐστιν ἢ πένητι κἀγαθῷ.
κακὸς δ' ὁ μὴ ἔχων, οἱ δ' ἔχοντες ὄλβιοι.

Stob. 4, 31, 29.

327 (420)

φιλοῦσι γάρ τοι τῶν μὲν ὀλβίων βροτοὶ
σοφοὺς τίθεσθαι τοὺς λόγους, ὅταν δέ τις
λειτῶν ἀπ' οἴκων εὖ λέγῃ πένης ἀνήρ,
γελᾶν· ἐγὼ δὲ πολλάκις σοφωτέρους
πένητας ἄνδρας εἰσορῶ τῶν πλουσίων   5
καὶ ⟨τοὺς⟩ θεοῖσι μικρὰ θύοντας τέλη
τῶν βουθυτούντων ὄντας εὐσεβεστέρους.

Stob. 4, 33, 14. – 3 überl. λεπτῶν.

328 (409)

ὅστις δόμους μὲν ἥδεται πληρουμένους,
γαστρὸς δ' ἀφαιρῶν σῶμα δύστηνος κακοῖ,
τοῦτον νομίζω κἂν θεῶν συλᾶν βρέτη
τοῖς φιλτάτοις τε πολέμιον πεφυκέναι.

Stob. 3, 16, 6.

solch einen sieht, dann ist es kein Wunder, daß sie bei zahllosen Leuten Liebesgefühle entstehen läßt.

325
Niemand ist stärker als das Geld außer – eine Ausnahme kenne ich nicht.

326
Du weißt, daß jemand von edler Geburt, der verarmt ist, nichts mehr gilt, und wer vom Habenichts zum reichen Mann geworden ist, wegen des Geldes angesehen ist und eheliche Bande für seine Kinder knüpft? Jeder ist eher bereit, einem reichen Schuft zu geben als einem anständigen, aber armen Mann, und wer nichts hat, gilt als schlecht, der Besitzende dagegen als glücklich und gesegnet.

327
denn die Worte eines reichen Mannes pflegen die Menschen für klug zu halten; wenn dagegen ein armer Mann aus dem Volk noch so verständig spricht, dann lachen sie. Ich aber finde, daß ein Armer oft klüger ist als ein Reicher und daß diejenigen, die den Göttern nur bescheidene Gaben darbringen können, frömmer sind als diejenigen, die ihnen Rinder schlachten.

328
Wer Vergnügen daran hat, sein Haus mit Gütern vollzustopfen, den Magen aber kurzhält und den Körper elend zugrunde richtet, der, glaube ich, vergreift sich auch an Götterbildern und verrät seine besten Freunde.

329 (407)

φεῦ, τοῖσι γενναίοισιν ὡς ἀπανταχοῦ
πρέπει χαρακτὴρ χρηστὸς εἰς εὐψυχίαν.

Stob. 3, 7, 5.

330 (406)

ἐς ταὐτὸν ἥκειν φημὶ ταῖς βροτῶν τύχαις
τόνδ' ὃν καλοῦσιν αἰθέρ', ᾧ τάδ' ἔστι δή.
οὗτος θέρους τε λαμπρὸν ἐκπέμπει σέλας,
χειμῶνά τ' αὔξει συντιθεὶς πυκνὸν νέφος,
θάλλειν τε καὶ μή, ζῆν τε καὶ φθίνειν ποεῖ·   5
οὕτω δὲ θνητῶν σπέρμα τῶν μὲν εὐτυχεῖ
λαμπρᾷ γαλήνῃ, τῶν δὲ συννέφει πάλιν,
ζῶσίν τε σὺν κακοῖσιν, οἱ δ' ὄλβου μέτα
φθίνουσ' ἐτείοις προσφερεῖς μεταλλαγαῖς.

Stob. 1, 7, 8. – 3 überl. ἐκλάμπει.

330 a (421)

χρησμῳδία

Oros, Lex. Messan. 118, 282.

ΔΙΚΤΥΣ

**330 b = ad. 604 (425)

Σέριφος ἅλμῃ ποντίᾳ περίρρυτος

Philodem., Pap. Hercul. 1676.

331 (426)

φίλος γὰρ ἦν μοι, καί μ' ἔρως ἕλοι ποτὲ
οὐκ εἰς τὸ μῶρον οὐδέ μ' εἰς Κύπριν τρέπων.

Stob. 1, 9, 4 a.

329

Ach, wie sich beim Edelgeborenen die gute Prägung überall als tapfere Haltung äußert!

330

Ich behaupte, der sogenannte Äther ist dem menschlichen Schicksal vergleichbar; denn er zeigt entsprechende Merkmale: Er schickt den Glanz des Sommers und läßt durch dichte Wolken den Winter entstehen, er läßt blühen und welken, leben und sterben. So sind beim Menschengeschlecht die einen durch strahlende Sonne und Windstille begünstigt, bei anderen dagegen ziehen wieder Wolken auf und sie müssen mit allerlei Übeln leben, und die das Glück emporhebt, sinken dahin, wie im Wechsel der Jahreszeiten.

330 a

Orakelspruch

DIKTYS

330 b

Seriphos, von der Salzflut des Meeres umspült

331

. . . – denn wir waren befreundet – und mich soll eine Liebe erfassen, die mich niemals zu Torheit und Kypris hintreibt.

332 (**442)

δοκεῖς τὸν Ἅιδην σῶν τι φροντίζειν γόων
καὶ παῖδ' ἀνήσειν τὸν σόν, εἰ θέλοις στένειν;
παῦσαι· βλέπουσα δ' εἰς τὰ τῶν πέλας κακὰ
ῥάων γένοι' ἄν, εἰ λογίζεσθαι θέλοις
ὅσοι τε δεσμοῖς ἐκμεμόχθηνται βροτῶν   5
ὅσοι τε γηράσκουσιν ὀρφανοὶ τέκνων,
τοὺς δ' ἐκ μέγιστον ὀλβίας τυραννίδος
τὸ μηδὲν ὄντας· ταῦτά σε σκοπεῖν χρεών.

               '*Plut.*', *Cons. ad Ap.* 8. – 7 *überl.* μεγίστης.

333 (438)

φεῦ φεῦ, παλαιὸς αἶνος ὡς καλῶς ἔχει·
οὐκ ἂν γένοιτο χρηστὸς ἐκ κακοῦ πατρός.

                        Stob. 4, 30, 5; *u. a.*

334 (440)

πολλοῖς παρέστην κἀφθόνησα δὴ βροτῶν
ὅστις κακοῖσιν ἐσθλὸς ὢν ὅμοιος ᾖ,
λόγων ματαίων εἰς ἅμιλλαν ἐξιών.
τὸ δ' ἦν ἄρ' οὐκ ἀκουστὸν οὐδ' ἀνασχετόν,
σιγᾶν κλύοντα δεινὰ πρὸς κακιόνων.   5

                        Stob. 4, 42, 2.

335 (428)

τυραννικόν τοι πόλλ' ἐπίστασθαι λέγειν.

                        Stob. 3, 36, 15.

336 (437)

εἰς δ' εὐγένειαν ὀλίγ' ἔχω φράσαι καλά·
ὁ μὲν γὰρ ἐσθλὸς εὐγενὴς ἔμοιγ' ἀνήρ,
ὁ δ' οὐ δίκαιος κἂν ἀμείνονος πατρὸς
Ζηνὸς πεφύκῃ, δυσγενὴς εἶναι δοκεῖ.

                        Stob. 4, 29, 1; *u. a.*

332

Meinst du, Hades kümmere sich um deine Klagen und werde deinen Sohn wieder heraufschicken, wenn du jammerst? Hör auf! Sieh die Leiden derer um dich herum, und du wirst Erleichterung finden, wenn du dir klar machst, wieviel Menschen sich in Fesseln abquälen, wieviel im Alter ohne Kinder dastehen, und wie andere nach höchstem Herrscherglück zunichte geworden sind. Das mußt du dir vor Augen halten!

333

Ach, wie recht hat doch der Spruch: Von einem Vater, der nichts taugt, kann kein tüchtiger Mann stammen.

334

Vielen stand ich bei, und ich beneidete diejenigen, die selbst anständig sind, sich aber skrupellosen Gesellen als ebenbürtig erweisen, wenn sie sich auf solch ein unersprießliches Wortgefecht einlassen; denn es wäre doch unerhört und unerträglich, wenn man Schmähungen von Leuten, die schlechter sind als man selbst, schweigend hinnähme.

335

Viel zu reden wissen, das ist Tyrannenart.

336

über edle Geburt jedoch habe ich wenig Gutes zu sagen: Der anständige Mann ist für mich edel geboren, und wer Unrecht tut, der kann von einem Vater stammen, der noch über Zeus steht und ich halte ihn doch für unedel.

337 (430)

μὴ νεῖκος, ὦ γεραιέ, κοιράνοις τίθου·
σέβειν δὲ τοὺς κρατοῦντας ἀρχαῖος νόμος.

Stob. 4, 2, 2.

338 (436)

ὄντων δὲ παίδων καὶ πεφυκότος γένους
καινοὺς φυτεῦσαι παῖδας ἐν δόμοις θέλεις,
ἔχθραν μεγίστην σοῖσι συμβάλλων τέκνοις.

Stob. 4, 26, 21.

339 (433)

πατέρα τε παισὶν ἡδέως συνεκφέρειν
φίλους ἔρωτας ἐκβαλόντ' αὐθαδίαν,
παῖδάς τε πατρί· καὶ γὰρ οὐκ αὐθαίρετοι
βροτοῖς ἔρωτες οὐδ' ἑκουσία νόσος.
σκαιόν τι δὴ τὸ χρῆμα γίγνεσθαι φιλεῖ,   5
θεῶν ἀνάγκας ὅστις ἰᾶσθαι θέλει.

Stob. 4, 26, 16.

340 (432)

Κύπρις γὰρ οὐδὲν νουθετουμένη χαλᾷ,
ἥν τ' αὖ βιάζῃ, μᾶλλον ἐντείνειν φιλεῖ,
κἄπειτα τίκτει πόλεμον· εἰς δ' ἀνάστασιν
δόμων περαίνει πολλάκις τὰ τοιάδε.

Stob. 4, 20, 48; u. a.

341 (439)

μή μοί ποτ' εἴη χρημάτων νικωμένῳ
κακῷ γενέσθαι, μηδ' ὁμιλοίην κακοῖς.

Stob. 4, 31, 57; u. a.

342 (441)

τί μ' ἄρτι πημάτων λελησμένην
ὀρθοῖς;

Schol. Soph. Aias 787.

337

Streite nicht wider deine Herren, Alter! Es ist seit jeher Brauch, die Mächtigen zu respektieren.

338

Du hast bereits Kinder und Nachkommen und willst neue Kinder im Hause zeugen – damit schaffst du großen Streit unter deinen Kindern.

339

Der Vater soll seinen Söhnen Liebesaffären nachsehen und nicht streng sein, umgekehrt die Söhne dem Vater; denn die Liebe haben sich die Menschen nicht selbst ausgesucht und sie ist kein Leiden, das von ihrem Willen abhängt. Es pflegt eine Dummheit herauszukommen, wenn jemand göttlichen Zwang kurieren will.

340

denn wenn man Kypris keine Vorhaltungen macht, läßt sie die Zügel locker; wenn man ihr entgegentritt, pflegt sie sie anzuziehen und läßt dann heftigen Streit entstehen, und so etwas richtet oft ganze Familien zugrunde.

341

Möchte ich doch nie der Macht des Geldes erliegen und selbst ein schlechter Mensch werden und in schlechter Gesellschaft leben wollen.

342

Was schreckst du mich auf, die ich eben erst mein Leid vergessen habe?

343 (427)

Θάρσει· τό τοι δίκαιον ἰσχύει μέγα.

Stob. 3, 13, 5.

344 (431)

νέος, πόνοις δέ γ' οὐκ ἀγύμναστος φρένας

Stob. 4, 11, 10.

345 (435)

ἐγώ νομίζω πατρὶ φίλτατον τέκνα
παισίν τε τοὺς τεκόντας, οὐδὲ συμμάχους
ἄλλους γενέσθαι φήμ' ἂν ἐνδικωτέρους.

Stob. 4, 26, 18.

346 (434)

εἷς γάρ τις ἔστι κοινὸς ἀνθρώποις νόμος
καὶ θεοῖσι τοῦτο δόξαν, ὡς σαφῶς λέγω.
θηρσίν τε πᾶσι, τέκνα τίκτουσιν φιλεῖν·
τὰ δ' ἄλλα χωρὶς χρώμεθ' ἀλλήλων νόμοις.

Stob. 4, 26, 17.

347 (429)

εἰ δ' ἦσθα μὴ κάκιστος, οὔποτ' ἂν πάτραν
τὴν σὴν ἀτίζων τήνδ' ἂν ηὐλόγεις πόλιν·
ὡς ἔν γ' ἐμοὶ κρίνοιτ' ἂν οὐ καλῶς φρονεῖν
ὅστις πατρῴας γῆς ἀτιμάζων ὅρους
ἄλλην ἐπαινεῖ καὶ τρόποισιν ἥδεται.   5

Stob. 3, 39, 7.

348 (443)

ἀζοίμην

Hesych. 1475.

343

Nur Mut! Die gerechte Sache ist stark.

344

jung, doch nicht ungeübt im Ertragen von Anstrengungen

345

Ich glaube, für einen Vater sind seine Kinder das Liebste und für Kinder ihre Eltern, und niemand anders steht sich mit größerem Recht bei.

346

denn ein Prinzip gibt es, das für alle Menschen gilt, und auch die Götter richten sich danach, um es rundheraus zu sagen, und alle Tiere: Sie lieben die Kinder, die sie zeugen. Im übrigen folgen wir alle verschiedenen Prinzipien.

347

Wenn du nicht ein ganz übler Geselle wärst, würdest du niemals dein Vaterland schmähen und diese Stadt preisen; denn mir scheint nicht die rechte Gesinnung zu haben, wer seine Heimat beschimpft und ein anderes Land lobt und dessen Sitten liebt.

348

ich möchte ehrfürchtig/unwillig sein

ΕΡΕΧΘΕΥΣ

349 (451)

Αἰθιοπίαν νιν ἐξέσωσ' ἐπὶ χθόνα

Steph. Byz. 47, 12; u. a.

350 (452)

καί μοι, πολὺν γὰρ πέλανον ἐκπέμπεις δόμων,
φράσον σελήνας τάσδε πυρίνου χλόης

Suda 1, 188 f.; u. a.

351 (453)

ὀλολύζετ', ὦ γυναῖκες, ὡς ἔλθῃ θεὰ
χρυσῆν ἔχουσα Γοργόν' ἐπίκουρος πόλει.

Schol. Aristoph. Frieden 97.

352 (462)

ὡς σὺν θεοῖσι τοὺς σοφοὺς κινεῖν δόρυ
στρατηλάτας χρή, τῶν θεῶν δὲ μὴ βίᾳ.

Stob. 4, 13, 12; u. a.

353 (463)

οὐδεὶς στρατεύσας ἄδικα σῶς ἦλθεν πάλιν.

Stob. 4, 13, 13.

354 (468)

τὰς οὐσίας γὰρ μᾶλλον ἢ τὰς ἁρπαγὰς
τιμᾶν δίκαιον· οὔτε γὰρ πλοῦτός ποτε
βέβαιος ἄδικος

Stob. 4, 31, 105.

355 (465)

ναῦς ἡ μεγίστη κρεῖσσον ἢ μικρὸν σκάφος.

Stob. 4, 17, 13.

ERECHTHEUS

349
Ich rettete ihn zum äthiopischen Land.

350
und – denn du schickst reichlich Kuchen aus dem Haus – sage
mir, diese Monde aus jungen Weizenkeimen ...

351
Ruft laut, ihr Frauen, damit die Göttin mit der goldenen Gorgo
der Stadt zu Hilfe kommt!

352
denn mit den Göttern muß der kluge Heerführer ins Feld
ziehen, nicht gegen ihren Willen.

353
Keiner, der ins Feld zieht und dabei das Recht gegen sich hat,
kommt heil nach Hause.

354
denn es entspricht dem Recht, daß Eigentum höher steht als
Raub; denn weder ist ungerechter Reichtum von Dauer ...

355
Das größte Schiff ist stärker als ein kleiner Kahn.

356 (461)

ὀλίγους ἐπαινῶ μᾶλλον ἢ πολλοὺς κακούς.

Stob. 4, 10, 19.

357 (472)

ζεῦγος τριπάρθενον

Hesych. 125.

358 (467)

οὐκ ἔστι μητρὸς οὐδὲν ἥδιον τέκνοις·
ἐρᾶτε μητρός, παῖδες, ὡς οὐκ ἔστ' ἔρως
τοιοῦτος ἄλλος ὅστις ἡδίων ἐρᾶν.

Stob. 4, 25, 4.

359 (466)

θετῶν δὲ παίδων ποῦ κράτος; τὰ φύντα γὰρ
κρείσσω νομίζειν τῶν δοκημάτων χρεών.

Stob. 4, 24, 28.

360 (456)

τὰς χάριτας ὅστις εὐγενῶς χαρίζεται,
ἥδιον ἐν βροτοῖσιν· οἱ δὲ δρῶσι μέν,
χρόνῳ δὲ δρῶσι, δυσγενέστερον. .
ἐγὼ δὲ δώσω παῖδα τὴν ἐμὴν κτανεῖν.
λογίζομαι δὲ πολλά· πρῶτα μὲν πόλιν   5
οὐκ ἄν τιν' ἄλλην τῆσδε βελτίω λαβεῖν·
ᾗ πρῶτα μὲν λεὼς οὐκ ἐπακτὸς ἄλλοθεν,
αὐτόχθονες δ' ἔφυμεν· αἱ δ' ἄλλαι πόλεις
πεσσῶν ὁμοίως διαφοραῖς ἐκτισμέναι
ἄλλαι παρ' ἄλλων εἰσὶν εἰσαγώγιμοι.   10
ὅστις δ' ἀπ' ἄλλης πόλεος οἰκήσῃ πόλιν,
ἁρμὸς πονηρὸς ὥσπερ ἐν ξύλῳ παγείς,
λόγῳ πολίτης ἐστί, τοῖς δ' ἔργοισιν οὔ.
ἔπειτα τέκνα τοῦδ' ἕκατι τίκτομεν,
ὡς θεῶν τε βωμοὺς πατρίδα τε ῥυώμεθα.   15
πόλεως δ' ἀπάσης τοὔνομ' ἕν, πολλοὶ δέ νιν

356
Eine kleine Zahl ist mir lieber als eine große Schar von Feiglingen.

357
Gespann dreier Mädchen

358
Nichts ist für die Kinder süßer als die Mutter. Liebt eure Mutter, Kinder; denn es gibt keine süßere Liebe als diese.

359
Was bedeuten schon Adoptivkinder! Denn die Natur muß man höher einschätzen als den Schein.

360
Wer Gefälligkeiten großzügig erweist, ist den Menschen lieber; wer zögernd handelt, gilt eher als unedel.

Ich aber werde mein Kind als Opfer geben; dabei erwäge ich vieles: Vor allem findet man keine bessere Stadt als diese; ihre Bewohner sind vor allem nicht eingewandert, sondern wir sind Autochthonen. Die anderen Städte sind wie durch Züge beim Brettspiel gemischt von hier und dort zusammengekommen. Wer aber aus einer anderen Stadt stammend eine Stadt bewohnt, der steckt im Holz wie ein brüchiger Pflock; er ist Bürger nur dem Namen nach, nicht in Wirklichkeit.

Weiter zeugen wir eben deswegen Kinder, um die Altäre der Götter und das Vaterland zu schützen. Die Stadt aber ist ein gemeinsames Ganzes und wird von vielen bewohnt. Wie kann

ναίουσι· τούτους πῶς διαφθεῖραί με χρή,
ἐξὸν προπάντων μίαν ὑπερδοῦναι θανεῖν;
εἴπερ γὰρ ἀριθμὸν οἶδα καὶ τοὐλάσσονος
τὸ μεῖζον, οὑνὸς οἶκος οὐ πλέον σθένει 20
πταίσας ἁπάσης πόλεος οὐδ' ἴσον φέρει.
εἰ δ' ἦν ἐν οἴκοις ἀντὶ θηλειῶν στάχυς
ἄρσην, πόλιν δὲ πολεμία κατεῖχε φλόξ,
οὐκ ἄν νιν ἐξέπεμπον εἰς μάχην δορός,
θάνατον προταρβοῦσ'; ἀλλ' ἔμοιγ' εἴη τέκνα 25
⟨ἃ⟩ καὶ μάχοιτο καὶ μετ' ἀνδράσιν πρέποι,
μὴ σχήματ' ἄλλως ἐν πόλει πεφυκότα.
τὰ μητέρων δὲ δάκρυ' ὅταν πέμπῃ τέκνα,
πολλοὺς ἐθήλυν' εἰς μάχην ὁρμωμένους.
μισῶ γυναῖκας αἵτινες πρὸ τοῦ καλοῦ 30
ζῆν παῖδας εἵλοντ' ἢ παρῄνεσαν κακά.
καὶ μὴν θανόντες γ' ἐν μάχῃ πολλῶν μέτα
τύμβον τε κοινὸν ἔλαχον εὔκλειάν τ' ἴσην·
τῇ μῇ δὲ παιδὶ στέφανος εἰς μιᾷ μόνῃ
πόλεως θανούσῃ τῆσδ' ὑπερδοθήσεται. 35
καὶ τὴν τεκοῦσαν καὶ σὲ δύο θ' ὁμοσπόρω
σώσει· τί τούτων οὐχὶ δέξασθαι καλόν;
τὴν οὐκ ἐμὴν.. πλὴν φύσει δώσω κόρην
θῦσαι πρὸ γαίας. εἰ γὰρ αἱρεθήσεται
πόλις, τί παίδων τῶν ἐμῶν μέτεστί μοι; 40
οὐκ οὖν ἅπαντα τοὐπ' ἐμοὶ σωθήσεται;
ἄρξουσιν ἄλλοι, τήνδ' ἐγὼ σώσω πόλιν.
ἐκεῖνο δ' οὗ ⟨τὸ⟩ πλεῖστον ἐν κοινῷ μέρος,
οὐκ ἔσθ' ἑκούσης τῆς ἐμῆς ψυχῆς ἄτερ
προγόνων παλαιὰ θέσμι' ὅστις ἐκβαλεῖ· 45
οὐδ' ἀντ' ἐλαίας χρυσέας τε Γοργόνος
τρίαιναν ὀρθὴν στᾶσαν ἐν πόλεως βάθροις
Εὔμολπος οὐδὲ Θρῇξ ἀναστέψει λεώς
στεφάνοισι, Παλλὰς δ' οὐδαμοῦ τιμήσεται.
χρῆσθ' ὦ πολῖται, τοῖς ἐμοῖς λοχεύμασιν, 50
σῴζεσθε, νικᾶτ'· ἀντὶ γὰρ ψυχῆς μιᾶς
οὐκ ἔσθ' ὅπως οὐ τήνδ' ἐγὼ σώσω πόλιν.

ich sie alle zugrunde gehen lassen, wenn es mir freisteht, ein
einzelnes Mädchen an ihrer Stelle sterben zu lassen? Denn
wenn ich mich aufs Rechnen verstehe und viel und wenig
unterscheiden kann, dann zählt das Haus des Einzelnen im Unglück nicht mehr als die Stadt im ganzen, ja nicht einmal eben-
soviel.

Wenn aber in meinem Hause statt weiblicher männliche Saat
wüchse und die Flamme des Krieges die Stadt erfaßte, würde
ich meine Söhne dann nicht in den Speerkampf hinausschicken,
ohne den Tod zu fürchten? Wollte ich doch Söhne haben, die
kämpfen und unter Männern glänzen, nicht bloße Scheinge-
stalten, die der Stadt nichts nützen. Mütter, die ihre Söhne
unter Tränen hinausschicken, nehmen den Kämpfern beim
Aufbruch den Mut. Ich hasse Frauen, die das Leben ihrer Kinder höher schätzen als Ehre und Pflicht oder zur Feigheit raten.
Und wenn sie im Kampf fallen, erhalten sie mit vielen anderen
ein gemeinsames Grab und müssen ihren Ruhm teilen; wenn
aber meine Tochter für diese Stadt stirbt, wird sie einen Ruh-
meskranz für sich allein erhalten. Und sie rettet zugleich die
Mutter und dich und die beiden Schwestern. Ist das nicht herrlicher Gewinn? Es ist nicht meine Tochter – das ist sie nur
durch Geburt –, die ich zum Opfer für das Land gebe; denn
wenn die Stadt fällt, was nützen mir dann meine Kinder? Hängt
nicht das Gesamtwohl von mir ab? Andere mögen die Stadt
regieren – ich aber werde sie retten.

Was aber das wichtigste Gemeingut betrifft, werde ich nicht
mithelfen, die alten Bräuche unserer Väter zu vernichten! Eumolpos und sein Thrakervolk wird nicht statt Ölbaum und
goldenen Gorgobildes den Dreizack auf den Basen der Stadt
aufstellen und mit Kränzen schmücken, Pallas aber ohne Ehren
sein.

Macht euch zunutze, Bürger, daß ich geboren habe! Laßt euch
retten! Siegt! Denn um eines einzelnen Lebens willen werde ich
nicht zögern, diese Stadt zu retten.

ὦ πατρίς, εἴθε πάντες οἱ ναίουσί σε
οὕτω φιλοῖεν ὡς ἐγώ· καὶ ῥᾳδίως
οἰκοῖμεν ἄν σε κοὐδὲν ἄν πάσχοις κακόν.   55

Lykurg., Leokr. 100.

*360 a = ad. 411 (456)
φιλῶ τέκν', ἀλλὰ πατρίδ' ἐμὴν μᾶλλον φιλῶ.

Plut., Praec. ger. reipubl. 14

361 (457)
ἐγὼ δὲ τοὺς καλῶς τεθνηκότας
ζῆν φημὶ μᾶλλον τοῦ βλέπειν τοὺς μὴ καλῶς.

Stob. 4, 53, 16.

362 (458)
ὀρθῶς μ' ἐπήρου· βούλομαι δὲ σοί, τέκνον,
φρονεῖς γὰρ ἤδη κἀποσώσαι' ἄν πατρὸς
γνώμας φράσαντος, ἢν θάνω, παραινέσαι
κειμήλι' ἐσθλὰ καὶ νέοισι χρήσιμα.
βραχεῖ δὲ μύθῳ πολλὰ συλλαβὼν ἐρῶ.   5
πρῶτον φρένας μὲν ἡπίους ἔχειν χρεών·
τῷ πλουσίῳ τε τῷ τε μὴ διδοὺς μέρος
ἴσον σεαυτὸν εὐσεβεῖν πᾶσιν δίδου.
δυοῖν παρόντοιν πραγμάτοιν πρὸς θάτερον
γνώμην προσάπτων τὴν ἐναντίαν μέθες.   10
ἀδίκως δὲ μὴ κτῶ χρήματ', ἢν βούλῃ πολὺν
χρόνον μελάθροις ἐμμένειν· τὰ γὰρ κακῶς
οἴκους ἐσελθόντ' οὐκ ἔχει σωτηρίαν.
ἔχειν δὲ πειρῶ· τοῦτο γὰρ τό τ' εὐγενὲς
καὶ τοὺς γάμους δίδωσι τοὺς πρώτους ἔχειν.   15
ἐν τῷ πένεσθαι δ' ἐστὶν ἥ τ' ἀδοξία,
κἄν ᾖ σοφός τις, ἥ τ' ἀτιμία βίου.
φίλους δὲ τοὺς μὲν μὴ χαλῶντας ἐν λόγοις
κέκτησο· τοὺς δὲ πρὸς χάριν σὺν ἡδονῇ
τῇ σῇ πονηροὺς κλῇθρον εἰργέτω στέγης.   20
ὁμιλίας δὲ τὰς γεραιτέρων φίλει,

Wenn doch, Vaterstadt, alle deine Bewohner dich so liebten wie ich! Sorglos könnten wir in dir wohnen und kein Leid könnte dir widerfahren.

360 a

Ich liebe meine Kinder, doch mehr liebe ich meine Vaterstadt.

361

Wer einen ehrenvollen Tod gestorben ist, den nenne ich eher lebendig als den, der ehrlos das Licht schaut.

362

Recht tatest du, mich zu fragen, mein Sohn. Ich will dir – denn du bist schon bei Verstand und vermagst die Worte des Vaters zu bewahren, wenn ich sterbe – meinen Rat geben, einen wertvollen und nützlichen Schatz für die Jugend. In wenigen Worten will ich viel zusammenfassen.

Vor allem darf man nicht hochfahrend sein!

Gib dem Reichen und dem Armen gleichen Anteil, so daß alle dich schätzen!

Wenn du dich für eine von zwei Möglichkeiten entschieden hast, dann denke nicht mehr an die andere!

Verschaff dir nicht Besitz auf unrechte Weise, wenn du willst, daß er lange in deinem Hause bleibt; denn was auf üble Weise ins Haus gelangt ist, ist nicht von Dauer!

Doch Besitz versuche zu haben; denn er verleiht Adel und ermöglicht Einheirat in höchste Kreise! Armut bringt es im Leben weder zu Ruhm – da kann man noch so klug sein – noch Ehren.

Freunde, die dir nicht nach dem Munde reden, halte fest; die Spitzbuben aber, die dir zu Lust und Gefallen reden, die soll der Riegel deines Hauses aussperren!

Suche den Umgang mit Älteren!

ἀκόλαστα δ' ἤ3η λαμπρά συγγελᾶν μόνον
μίσει· βραχεῖα τέρψις ἡδονῆς κακῆς.
ἐξουσίᾳ δὲ μήποτ' εὐτυχῶν, τέκνον,
αἰσχρούς ἔρωτας δημοτῶν διωκαθεῖν.   25
ὃ καὶ σίδηρον ἀγχόνας τ' ἐφέλκεται,
χρηστῶν πενήτων ἥν τις αἰσχύνη τέκνα.
καὶ τοὺς πονηροὺς μήποτ' αὔξαν' ἐν πόλει·
κακοὶ γὰρ ἐμπλησ3έντες ἢ νομίσματος
ἢ πόλεος ἐμπεσόντες εἰς ἀρχήν τινα   30
σκιρτῶσιν, ἀδόκητ' εὐτυχησάντων δόμων.
ἀλλ' ὦ τέκνον μοι δὸς χέρ', ὡς 3ίγῃ πατήρ,
καὶ χαῖρ'· ὑπ' αἰδοῦς δ' οὐ λίαν ἀσπάζομαι·
γυναικόφρων γὰρ θυμὸς ἀνδρὸς οὐ σοφοῦ.

Stob. 3, 3, 18.

363 (459)

εἷς μὲν λόγος μοι δεῦρ' ἀεὶ περαίνεται.

Schol. Aristoph. Lysistr. 1135; u. a.

364 (460)

ἐκ τῶν πόνων τοι τἀγά3' αὔξεται βροτοῖς.

Stob. 3, 29, 9.

365 (469)

αἰδοῦς δὲ καὐτὸς δυσκρίτως ἔχω πέρι·
καὶ δεῖ γὰρ αὐτῆς κἄστιν αὖ κακὸν μέγα.

Clem. Alex., Strom. 6, 2, 9, 6.

366 (454)

τοὐν3ένδ' ἀπίχθυς βαρβάρους οἰκεῖν δοκῶ

Eustath., Hom. Od. 12, 252.

367 (455)

ἐν ἀστρώτῳ πέδῳ
εὔδουσι, πηγαῖς δ' οὐχ ὑγραίνουσιν πόδας.

Clem. Alex., Strom. 6, 2, 7, 1; u. a.

Hasse die Zügellosen, die sich nur im Lachen auszeichnen!
Die Freude an niederem Genuß ist nur kurz!
Auch wenn die Gelegenheit günstig ist, mein Sohn, laß dich nie
in schandbare Liebesgeschichten im Volk ein! Dolch und Schlin-
ge provoziert, wer Kindern eines armen, aber anständigen
Mannes Schimpf antut.
Die Taugenichtse laß in der Stadt niemals hochkommen; denn
wenn die Schlechten zu Geld kommen oder in ein Staatsamt
gelangen, werden sie übermütig, da ihr Haus ganz unerwartet
vom Glück getroffen worden ist!
Reich mir die Hand, mein Sohn, daß sie dein Vater fassen
kann, und lebe wohl! Zärtliche Liebkosungen scheue ich; denn
weibischer Sinn ist nichts für einen verständigen Mann.

363

Ich sage nur eins, und das läuft stets auf dasselbe hinaus.

364

Das Gute wird durch Anstrengungen gemehrt.

365

Zur Scham habe ein gespaltenes Verhältnis; denn einerseits
ist sie unentbehrlich und andererseits ist sie ein großes Übel.

366

Von da an wohnen, wie ich glaube, Barbaren, die keine Fische
kennen.

367

Sie schlafen auf dem nackten Boden und ihre Füße waschen sie
nicht.

368 (470)

μίασμα δρυός

Proverb. append. 3, 97.

369 (464)

κείσθω δόρυ μοι μίτον ἀμφιπλέκειν ἀράχναις,   lyr
μετὰ δ' ἡσυχίας πολιῷ γήρᾳ συνοικοίην·
ἀείδοιμι δὲ στεφάνοις κάρα πολιὸν στεφανώσας
Θρηίκιον πέλταν πρὸς Ἀθάνας
περικίοσιν ἀγκρεμάσας θαλάμοις   5
δέλτων τ' ἀναπτύσσοιμι γῆρυν
ἂν σοφοὶ κλέονται.

Stob. 4, 14, 4; u. a.

369 a (473)

ἀνέγγυοι γάμοι

Phot. Berol. 128. 22.

369 b (474)

ἀνέξοδον

Phot. Berol. 132, 24.

369 c (475)

———

370 (471)

———

370 + 1 (476)

Χορός, Ἄγγελος, Πραξίθεα, Ἀθηνᾶ

Χο ..]ωσι τάχα[.............ἐ]ποίησε πᾶν
..]ει Χάρων.[....................
τί]ς ἂμ πρὸς ἀγμοῖς Παλλάδος σταθεὶς ποδὶ
κ]ῆρυξ γένοιτ' ἂν τῶν κατὰ στρατόν, φίλοι;
.]ἤ ποτ' ἀνὰ πόλιν ἀλαλαῖς ἰὴ παιὰν   5
κ]αλλίνικον βοάσω μέλος ἵνα λαβόμενος   lyr

368

Eichenfrevel

369

Möge meine Lanze daliegen, damit die Spinnen ihren Faden daran anknüpfen, und in Ruhe möchte ich das graue Alter verbringen; ich möchte singen, das graue Haupt bekränzt, nachdem ich den thrakischen Schild an Athenes Säulengemach aufgehängt habe, und ich möchte die Stimme des Buches aufschlagen, die die Dichter rühmend ertönen lassen.

369 a

informelle Ehen

369 b

ohne Ausweg

369 c

———

370

———

370 + 1
Chor, Bote, Praxithea, Athene

Ch   ... schnell ... machte alles
... Charon ...
(Wer) stellt sich am Abhang der Pallas hin und
wird zum Herold für das, was im Heer geschah, Freunde?
... werde ich endlich in der Stadt den Ruf ›ie paian‹,
das Siegeslied, ertönen lassen ..., um zu fassen mit

ἔρ]γον γεραιᾶς χερὸς Λίβυος..αεντος
λω]τοῦ κιθάριδος βοαῖς ....
..].ι τροχαλὸς ἑπομέναις; ἆρα νέα γέροντι
κοι]νώσεται χοροῦ παρθένος;   10
ἀ]λλ' εἰσορῶ γὰρ τόνδ' ἀπὸ στρατοῦ πέλ[ας

(Lücke von ca. 10 Versen)

Αγ μη.[... 'Ερεχθ]εὺς ὡς τροπαῖα[......
ἔστη[σε χώρ]ᾳ τῆδε βαρβά[ρ.........
Πρ καλῶ[ς ἔλεξ]ας· ἀλλά τίς γαρει9[.....
Αγ πέπτ[ωκε..].....π.ρευ[...........   15
Πρ πόσις δ' 'Ερεχθεύς ἐστί μοι σεσ[ωσμένος;
Αγ μακάριός ἐστι κεῖνος εὐδαίμων [......
Πρ εἰ ζῆ γε πόλεώς τ' εὐτυχῆ νίκ[ην
Αγ ὥστ' αὐτὰ ταῦτα σκῦλα λειφθ[......
Πρ τί φής; τέθνηκεν ἢ φάος βλέπε[ι τόδε;   20
Αγ τέθνηκ'· ἐγὼ δὲ του.[.............

(Lücke von ca. 100 Versen)

..................]ε δυστήνου μόρον
..................]
..................]υς' ἐμὰς κόρας   25
..................]τεγην
..................]. επιπτετε
..................]νον δ' ἀπύουσα
..................]
..................]πωσι δωμάτων   30
..................]λαιναι
..................]προσοψιν. ει.......[

(Lücke von ca. 10 Versen)

Χο ....
Δηοῦς κάρα· φερόμεθ' ἀγόμεθ' ἐπὶ δάκρυα·   lyr
σὲ δ' αἰαῖ διῆλθέ σ', οἴμοι.

betagter Hand das Werk des (tönenden) libyschen Lotos
und mit Rufen der Saiten ...
... im Lauf den Nachfolgenden? Wird das jugendliche
Mädchen dem Greis im Chor gesellt?
Aber ich sehe, da naht jemand vom Heer.

(Lücke von ca. 10 Versen)

Bo   ... (Erechtheus), daß Siegeszeichen ...
       errichtet diesem (Land) über die Barbaren.
Pr   Gute Nachricht! (Wie gelang das?)
Bo   (Eumolpos) ist gefallen ...
Pr   Erechtheus, mein Gatte, (lebt)?
Bo   Er ist glücklich und selig zu preisen.
Pr   Ja, wenn er lebt und den Sieg der Stadt (bringt).
Bo   Den (künden) hier die Beutestücke.
Pr   Was meinst du damit? Ist er tot oder schaut er das Licht?
Bo   Er ist tot. Ich aber ...

(Lücke von ca. 100 Versen)

    ... des Unglücklichen Todesschicksal
    . . . .
    ... meine Töchter
    . . . .
    ... seid gefallen
    ... laut rufend
    . . . .
    ... des Hauses
    . . . .
    ... Anblick ...

(Lücke von ca. 10 Versen)

Ch   Haupt der Deo; wir halten die Tränen nicht mehr zurück.
       Dich aber, ach, traf es, wehe.

Πρ   αἰαῖ· τίν' ἐπὶ   35
πρῶτον, ἢ σὲ τὰν πάτραν, ἢ σὲ τὰν φίλαν
παρθένων δραμωνφρ... μανει τάφω
τακερὰ μέλεα προσεῖδον παπαῖ, ...ν
κάτω πόσιν ἐμὸν στένω; ....
φόνια φυσήματ', ἢ σὲ τὰν πρὸ πόλεως   40
τὸν ἀνίερον ἀνίερον ⟨ἀν⟩όσιον ἀνόσιον
καὶ κορυφὰν ἀπάται 9[.............
οἱ]χόμεθ' οἰχόμεθ', ὦ π[.............
ὡς ἀδ]ακρύς τις ὠμόφρων ὃς κακοῖς ἐμοῖς οὐ στένει.

φεῦ φε]ῦ, ἰὼ γᾶ, φεύγετε......υ....   45
.....] εἴ τί μοί ποτ' εἴη τελευτά.
.....]γετε χώρας χθόνιος μ...... νοις
.....]άτας· ὀρχεῖται δὲ π[ό]λεος πέδον σάλῳ·
.....]. ἐμβάλλει Ποσειδῶν πόλει·
.....]ήπερ δυστανοτάτα...... ἐμοὶ   50
....]ων πόνοι πάρεισι, συμπίπτει στέγη·
.....]. ασεν στρατός, οἰχόμεθα.... πάσαις
.....].. υ........ πα.... ραφε πάντα
....]μασιν πάλαι βακχεύων.

                  Ἀθηνᾶ

αὐδῶ τρίαιναν τῆσδ' ἀποστρέφειν χθονός,   55
πόντιε Πόσειδον, μηδὲ γῆν ἀναστατοῦν
πόλιν τ' ἐρείπειν τὴν ἐμὴν ἐπήρατον·
μηδ' εὐτυχῆ σοι δοι........... οι·
οὐχ εἰς ἅδην σ' ἔπλησεν; οὐ κατὰ χθονὸς
κρύψας Ἐρεχθέα τῆς ἐμῆς ἥψω φρενός;   60
...]ιτα μέλλεις ταῦτα δὴ τ..εσ..ρα
...]ερτεροι[...........]..σεν θεά.

σὺ δ',] ὦ χθονὸς [σώτειρα] κόρη,
ἄκου' Ἀθάνας τῆς ἀμήτορο[ς λό]γους·

Pr   Ach, wohin wende ich mich
zuerst? Zu dir, Vaterland? Oder zu dir, geliebtes
Mädchen . . . . Grab
hingesunkene Glieder sah ich, wehe, . . .
unten den Gatten bestöhne ich . . .
tödliches Ausströmen, oder dich, die für die Stadt
den unheiligen, unheiligen, unfrommen, unfrommen
und den Gipfel durch Trug . . .
Wir sind dahin, sind dahin, o . . . !
Es wäre ein tränenloser Rohling, der mein Unglück nicht
beklagt.
                        (Erdbeben)
. . . wehe, Erde, flieht! . . .
. . . wenn mir doch endlich ein Ende käme!
. . . des Landes unterirdisch . . .
. . . es tanzt der Boden der Stadt und schwankt.
. . . Poseidon schickt der Stadt
. . . die unglückliche . . . mir
. . . Leiden sind da, das Haus stürzt ein.
. . . Heer, wir sind dahin! . . . allen
. . . . alles
. . . längst in bakchischem Rasen.

                        A t h e n e

Wende den Dreizack, sage ich, von diesem Land,
Meeresherrscher Poseidon, und erschüttere nicht die Erde
und stürze nicht meine liebliche Stadt zu Boden!
Und möge dir nicht eine glückliche . . . !
Genügt dir nicht, daß du Erechtheus im Boden
geborgen hast und mein Herz trafst?
. . . willst du dies . . .
. . . . Göttin
                        (zu Praxithea)
. . . des Landes (Retterin), Tochter,
höre die Worte der mutterlosen Athene.

καὶ πρῶτα μέν σοι σημανῶ παι[δὸς] πέρι 65
ἣν τῆσδε χώρας σὸς προθύεται [....]ς·
θάψον νιν οὗπερ ἐξέπνευσ' ο[ἰκτ]ρὸν βίον,
καὶ τάσδ' ἀδελφὰς ἐν τάφῳ τ[αὐτ]ῷ χθονὸς
γενναιότητος οὕνεχ', αἵτιν[ες φί]λης
ὅρκους ἀδελφῆς οὐκ ἐτόλμησα[ν λι]πεῖν. 70
ψυχαὶ μὲν οὖν τῶνδ' οὐ βεβᾶσ' ["Αιδ]ην πάρα,
εἰς δ' αἰθέρ' αὐτῶν πνεῦμ' ἐγὼ [κ]ατῴκισα·
ὄνομα δὲ κλεινὸν θήσομαι κα[θ' 'Ελλ]άδα
'Υακινθίδας βροτοῖσι κικλή[σκε]ιν θεάς.
ἐπει.......... κα. οιχετητ[....]μένη 75
τοῦ συ........... ὑακίν[θου γ]άνος
καὶ γῆν ἔσωσε. τοῖς ἐμοῖς ἀστο[ῖς λέγ]ω
ἐνιαυσίαις σφας μὴ λελησμ[ένους] χρόνῳ
θυσίαισι τιμᾶν καὶ σφαγαῖσι [βουκ]τόνοις
κοσμοῦ[ντας ἱ]εροῖς παρθένων [χορεύ]μασιν· 80
γνον[......]χθρ. εἰς μάχη[ν
κιν. [.......]ας ἀσπίδα στρατ[
πρώταισι θύειν πρότομα πολεμίου δορὸς
τῆς οἰνοποιοῦ μὴ θιγόντας ἀμπέλου
μηδ' εἰς πυρὰν σπένδοντας ἀλλὰ πολυπόνου 85
καρπὸν μελίσσης ποταμίαις πηγαῖς ὁμοῦ·
ἄβατον δὲ τέμενος παισὶ ταῖσδ' εἶναι χρεών,
εἴργειν τε μή τις πολεμίων θύσῃ λαθὼν
νίκην μὲν αὐτοῖς γῇ δὲ τῇδε πημονήν.
πόσει δὲ τῷ σῷ σηκὸν ἐμ μέσῃ πόλει 90
τεῦξαι κελεύω περιβόλοισι λαΐνοις,
κεκλήσεται δὲ τοῦ κτανόντος οὕνεκα
σεμνὸς Ποσειδῶν ὄνομ' ἐπωνομασμένος
ἀστοῖς 'Ερεχθεὺς ἐμ φοναῖσι βουθύτοις.
σοὶ δ', ἣ πόλεως τῆσδ' ἐξανώρθωσας βάθρα, 95
δίδωμι βωμοῖς τοῖς ἐμοῖσιν ἔμπυρα
πόλει προθύειν ἱερέαν κεκλημένην.

ἃ μὲν κατ' αἶαν τήνδε ⟨δεῖ⟩ 'κπονεῖν κλύεις;
ἃ δ' αὖ δικάζει Ζεὺς πατὴρ ἐν οὐρανῷ

Zuerst gebe ich dir Weisung wegen des Kindes,
das dein ... für dies Land opfert.
Bestatte es, wo es sein beklagenswertes Leben aushauchte,
und die Schwestern mit ihm in demselben Grab
um ihres Edelmutes willen, die den der Schwester
geschworenen Eid nicht brechen wollten.
Ihre Seelen sind nicht in den Hades gegangen;
denn ich habe ihren Lebensatem in den Äther versetzt
und mache ihren Namen in Hellas berühmt,
daß die Sterblichen sie die göttlichen Hyakinthiden nennen.
. . . .
... Hyakinthos ...
und rettete das Land. Meinen Bürgern befehle ich,
sie mit jährlichen Opfern, die die Zeit nicht (vergessen
zu ehren und blutigen Opfergaben ...   [läßt),
mit dem Schmuck heiliger Jungfrauenchöre
... zum Kampf ...
... den Schild Heer ...
als erstes zu opfern vor dem Kampf mit Feinden,
ohne an die Weinrebe zu rühren
und davon ins Opferfeuer zu gießen, sondern der fleißigen
Biene Frucht zusammen mit dem Quell der Flüsse.
Einen unbetretbaren Bezirk sollen diese Kinder haben;
kein Feind darf dort heimlich opfern
sich zum Siege, diesem Land jedoch zum Leid.
Deinem Gatten aber soll ein Gehege mitten in der Stadt
errichtet werden mit steinerner Umgrenzung.
Und Erechtheus wird nach seinem Mörder
den Beinamen ,hehrer Poseidon' tragen,
wenn die Bürger blutige Opfer darbringen.
Dir aber, die du die Grundfesten dieser Stadt neu errichtet
hast, verleihe ich, an meinen Altären die Opfer für
die Stadt darzubringen und Priesterin zu heißen. –

Du weißt nun, was in diesem Land zu tun ist;
was aber mein Vater Zeus in den Höhen des Himmels

λέγοιμ' ἄν· Εὔμολπος γὰρ Εὐμόλπου γεγὼ[ς   100
τοῦ κατθ[ανόντος ....
Δημητρ[...............
ὃν χρὴ γεν[έσθαι ....
γήμαντ[...............
μίαν δελ[...............   105
καὶ τὴν τ[...............
Ὑάσιν δεμ. [...............
ἄστρων λ. [...............
Δηοῦς μι[...............
ἄρρητά γε[...............   110
πόνος τε. [...............
σεμνῶν. [...............
Ἑρμοῦ το[...............
Κήρυκας[...............
ἀλλ' ἴσχε. [...............   115
οἰκτρὰς ἀυ[τ ....
καὶ τὰ πε[ρὶ ....

Πρ δέσποινα. [...............
   ο]ἰκτροὶ με[...............

Pap. Sorb. 2328.

ΕΥΡΥΣΘΕΥΣ

371 (478)

πέμπεις δ' ἐς Ἅιδου ζῶντα κοὐ τεθνηκότα,
καί μοι τὸ τέρθρον δῆλον εἰσπορεύομαι.

Erotian. 86.

entscheidet, künde ich nun:
Eumolpos, der Sohn des Eumolpos,
der gefallen ist . . .
Demeter . . .
der muß . . .
vermählt . . .
eine . . .
und die . . .
den Hyaden . . .
Sternen . . .
der Deo . . .
geheimnisvoll . . .
Mühe . . .
der heiligen . . .
des Hermes . . .
Herolde . . .
doch halte . . .
die jammervollen . . .
und das . . .

Pr   Herrin . . .
      Jammer . . .

EURYSTHEUS (Satyrspiel)

371

Du schickst einen Lebenden in den Hades und nicht einen Toten, und ich gehe hinab, das Ende vor Augen.

372 (479)

οὐκ ἔστιν, ὦ γεραιέ, μὴ δείσῃς τάδε·
τὰ Δαιδάλεια πάντα κινεῖσθαι δοκεῖ
λέγειν τ' ἀγάλμαθ'· ὧδ' ἀνὴρ κεῖνος σοφός.

Schol. Eur. Hek. 838.

373 (481)

πᾶς δ' ἐξεθέρισεν ὥστε πύρινον ⟨στάχυν⟩
σπάθῃ κολούων φασγάνου μελανδέτου.

Pollux 10, 145.

374 (480)

ἢ κύαθον ἢ χαλκήλατον
ἠθμὸν προσίσχων τοῖσδε τοῖς ὑπωπίοις

Pollux 10, 108.

375 (483)

πιστὸν μὲν οὖν εἶναι χρὴ τὸν διάκονον
τοιοῦτον εἶναι καὶ στέγειν τὰ δεσποτῶν.

Stob. 4, 19, 26.

376 (486)

οὐκ οἶδ' ὅτῳ χρὴ κανόνι τὰς βροτῶν τύχας
ὀρθῶς σταθμήσαντ' εἰδέναι τὸ δραστέον.

Stob. 4, 34, 41.

377 (484)

μάτην δὲ θνητοὶ τοὺς νόθους φεύγουσ' ἄρα
παῖδας φυτεύειν· ὃς γὰρ ἂν χρηστὸς φύῃ,
οὐ τοὔνομ' αὐτοῦ τὴν φύσιν διαφθερεῖ.

Stob. 4, 24, 44.

378 (485)

νῦν δ' ἢν τις οἴκων πλουσίαν ἔχῃ φάτνην,
πρῶτος γέγραπται τῶν τ' ἀμεινόνων κρατεῖ·
τὰ δ' ἔργ' ἐλάσσω χρημάτων νομίζομεν.

Stob. 4, 31, 42.

372

Nein, mein Alter, davor brauchst du dich nicht zu fürchten! Alle Kunstwerke des Daidalos scheinen sich zu bewegen und zu reden; so geschickt ist der Mann.

373

jeder aber hielt Ernte, und wie Weizenähren hieb er ab mit der Klinge des schwärzlichen Schwertes . . .

374

einen Becher oder ein eisernes Durchschlagsieb an diese Partien unterhalb des Auges haltend

375

Zuverlässig muß ein Diener sein, zuverlässig sein und die Angelegenheiten seines Herrn nicht an die Öffentlichkeit gelangen lassen.

376

Ich weiß nicht, nach welchem Verfahren man die Geschicke des Menschen messen müßte, um sagen zu können, wie man sich verhalten soll.

377

und ohne Grund sind die Menschen also dagegen, Bastarde zu zeugen; denn wenn jemand von Natur tüchtig ist, kann dessen Wesen nicht durch eine (abwertende) Bezeichnung beeinträchtigt werden.

378

Jetzt aber sieht es so aus: Wenn jemand ein reiches Haus als Futterkrippe hat, dann steht er an erster Stelle und hat sogar Gewalt über bessere Männer; Taten zählen bei uns weniger als Geld.

379 (482)

σκύφος τε μακρός

Athen. 11, 99.

379 a = 933 (487)

βάσκανον μέγιστον ψυχαγωγόν

Lex. Vind.; u. a.

380 (488)

Ταρτάρειος

Steph. Byz. 606, 8.

ΘΗΣΕΥΣ

381 (495)

σχεδὸν παρ' αὐτοῖς κρασπέδοις Εὐρωπίας

Steph. Byz. 287, 8.

382 (496)

ἐγὼ πέφυκα γραμμάτων μὲν οὐκ ἴδρις,
μορφὰς δὲ λέξω καὶ σαφῆ τεκμήρια.
κύκλος τις ὡς τόρνοισιν ἐκμετρούμενος,
οὗτος δ' ἔχει σημεῖον ἐν μέσῳ σαφές·
τὸ δεύτερον δὲ πρῶτα μὲν γραμμαὶ δύο,   5
ταύτας διείργει δ' ἐν μέσαις ἄλλη μία·
τρίτον δὲ βόστρυχός τις ὡς εἰλιγμένος·
τὸ δ' αὖ τέταρτον ἦ μὲν εἰς ὀρθὸν μία,
λοξαὶ δ' ἐπ' αὐτῆς τρεῖς κατεστηριγμέναι
εἰσίν· τὸ πέμπτον δ' οὐκ ἐν εὐμαρεῖ φράσαι·   10
γραμμαὶ γάρ εἰσιν ἐκ διεστώτων δύο,
αὗται δὲ συντρέχουσιν εἰς μίαν βάσιν·
τὸ λοίσθιον δὲ τῷ τρίτῳ προσεμφερές.

Athen. 10, 80.

379

und ein großer Becher

379 a

ein großes Lästermaul . . . einen Seelenverkäufer

380

unterweltlich

THESEUS

381

fast an Europas Rändern selbst

382

Mit Buchstaben kenne ich mich nicht aus, aber ich will die
Formen beschreiben und deutliche Merkmale angeben:
Ein Kreis wie mit dem Zirkel gezogen und mit einer Markie-
rung in der Mitte.
Der zweite hat zunächst zwei Linien, die aber in der Mitte eine
weitere, einzelne auseinanderhält.
Der dritte ist wie eine Locke gekrümmt.
Beim vierten wieder steht eine Linie aufrecht und drei sind
schräge an sie angelehnt.
Der fünfte ist nicht leicht zu beschreiben; denn da sind zwei
Linien, die ein Stück auseinanderstehen, und dann laufen sie
zusammen in einem gemeinsamen Ständer.
Der letzte ist dem dritten gleich.

383 (505)

τοία Στυγός σε μελανοκάρδιος πέτρα   470
'Αχερόντιός τε σκοπελός αίματοσταγής
φρουρούσι Κωκυτού τε περίδρομοι κύνες
"Εχιδνά 9' έκατογκέφαλος, ἤ τά σπλάγχνα σου
διασπαράξει, πλευμόνων τ' άνθάψεται
Ταρτησσία μύραινα· τώ νεφρώ δέ σου   475
αὐτοῖσιν ἐντέροισιν ἡματωμένω
διασπάσονται Γοργόνες Τειθράσιαι.

= Aristoph. Frösche 470-477.

384 (505)

κάρα τε γάρ σου συγχέω κόμαις όμοῦ,
ρανῶ τε πεδόσ' ἐγκέφαλον· όμμάτων δ' άπο
αἱμοσταγῆ πρηστῆρε ρεύσονται κάτω.

Schol. Aristoph. Frösche 473.

385 (499)

τί με δῆτ', ὦ μελέα μᾶτερ, ἔτικτες;   lyr

Schol. Aristoph. Wespen 312.

386 (500)

άνόνητον άγαλμ', ὦ πάτερ, οἴκοισι τεκών   lyr

Schol. Aristoph. Wespen 314.

386 a (498)

καὐτῷ δ' ἔπεισι νυκτός άμβλωπόν σέλας

Phot. Berol. 89, 16.

387 (509)

καίτοι φθόνου μέν μῦθον ἄξιον φράσω

Schol. Eur. Hek. 288.

388 (510)

άλλ' ἔστι δή τις ἄλλος ἐν βροτοῖς ἔρως
ψυχῆς δικαίας σώφρονός τε κάγαθῆς.

383

solch grausamer Fels der Styx wird dich bewachen, und blut-
bespritzte Acherontische Klippe und streunende Hunde des
Kokytos und hundertköpfige Echidna; sie wird dein Gedärm
auseinanderzerren, und deine Lungen werden Tartessische Muränen packen und die blutigen Nieren werden dir zusammen
mit dem Eingeweide Tithrasische Gorgonen zerreißen!

384

denn ich werde dir die Haare in den Schädel hineinschlagen
und dein Gehirn auf den Boden spritzen lassen; und aus den
Augen werden zwei Blutströme herabstürzen!

385

Warum hast du mich geboren, unglückliche Mutter!

386

eine Zier für dein Haus erzeugend, von der du keinen Nutzen
hast, Vater

386 a

und ihm naht das matte Licht der Nacht

387

doch werde ich etwas sagen, was zu Mißgunst Anlaß geben
dürfte

388

Es gibt also unter den Menschen auch ein andere Art von Liebe,
die Liebe zu einer gerechten und besonnenen und guten Seele.

καὶ χρῆν δὲ τοῖς βροτοῖσι τόνδ' εἶναι νόμον
τῶν εὐσεβούντων οἵτινές τε σώφρονες
ἐρᾶν, Κύπριν δὲ τὴν Διὸς χαίρειν ἐᾶν.   5

Stob. 1, 9, 4 b.

389 (8)
ἀνὴρ γὰρ ὅστις χρημάτων μὲν ἐνδεής,
δρᾶσαι δὲ χειρὶ δυνατός, οὐκ ἀφέξεται
τὰ τῶν ἐχόντων χρήμαϑ' ἁρπάζειν βίᾳ.

Stob. 4, 4, 1.

390 (513)
συμπολίτης

Pollux 3, 51.

ΘΥΕΣΤΗΣ

391 (525)
οὐκ ἔστιν οὐδὲν χωρὶς ἀνϑρώποις ϑεῶν·
σπουδάζομεν δὲ πόλλ' ὑπ' ἐλπίδων, μάτην
πόνους ἔχοντες, οὐδὲν εἰδότες σαφές.

Orion, Flor. 5, 6; u. a.

392 (523)
                    εἰ δ' ἄτερ πόνων
δοκεῖς ἔσεσϑαι, μῶρος εἶ, ϑνητὸς γεγώς.

Stob. 4, 34, 20.

393 (526)
γνώμης γὰρ οὐδὲν ἀρετὴ μονουμένη.

Orion, Flor, 7, 4; u. a.

Und die Menschen sollten den Brauch haben, die Frommen und Besonnenen zu lieben, Kypris aber, der Tochter des Zeus, den Abschied zu geben.

389

denn ein Mann, der ohne Besitz ist, aber mit den Händen zupacken kann, wird sich nicht scheuen, den Besitzenden etwas mit Gewalt wegzunehmen.

390

Mitbürger

THYESTES

391

Nichts vermögen die Menschen ohne die Götter. Wir betreiben vieles voller Hoffnung, doch mühen wir uns vergebens, da wir ohne klare Einsicht sind.

392

Wenn du meinst, frei von Mühe und Arbeit sein zu können, ist das töricht, da du doch ein Mensch bist.

393

denn Tüchtigkeit ohne Verstand ist nichts wert.

394 (521)
οὐ πώποτ᾽ ἔργου μᾶλλον εἱλόμην λόγους.

Stob. 2, 15, 17.

395 (522)
πλούτου δ᾽ ἀπορρυέντος ἀσθενεῖς γάμοι·
τὴν μὲν γὰρ εὐγένειαν αἰνοῦσιν βροτοί,
μᾶλλον δὲ κηδεύουσι τοῖς εὐδαίμοσιν.

Stob. 4, 31, 37.

396 (519)
ἀλλ᾽ εἴπερ ἔστιν ἐν βροτοῖς ψευδηγορεῖν
πιθανά, νομίζειν χρή σε καὶ τοὐναντίον,
ἄπιστ᾽ ἀληθῆ πολλὰ συμβαίνειν βροτοῖς.

Comment. Arist. 21, 2, 133.

397 (524)
θεοῦ θέλοντος κἂν ἐπὶ ῥιπὸς πλέοις.

Stob. 1, 1, 19.

397 a (520)
ἀμβλῶπας αὐγὰς ὀμμάτων ἔχεις σέθεν

Phot. Berol. 89, 18.

ΙΝΩ

398 (*530)
εὔδουσα δ᾽ Ἰνοῦς συμφορὰ χρόνον πολύν
νῦν ὄμμ᾽ ἐγείρει

Schol. Pind. Isthm. 4, 41.

394

Niemals zog ich dem Tun das Reden vor.

395

Wenn aber der Reichtum schwindet, sind die Heiratschancen gering; denn edle Geburt loben die Menschen zwar, aber Familienbande knüpfen sie lieber mit den Wohlhabenden.

396

Wenn die Menschen Glaubwürdiges erdichten können, dann muß man auch das Gegenteil für möglich halten, daß nämlich das Wahre oft unglaubwürdig ist.

397

Wenn die Götter es wollen, kann man auf einem Strohhalm segeln.

397 a

Das Strahlen deiner Augen ist abgestumpft.

INO

398

Das Unglück der Ino, das lange schlief, erwacht nun und blickt auf.

399 (**531)

φίλαι γυναῖκες, πῶς ἂν ἐξ ἀρχῆς δόμους
'Αθάμαντος οἰκήσαιμι τῶν πεπραγμένων
δράσασα μηδέν;

Plut., De sera num. vind. 11.

400 (541)

ὦ θνητὰ πράγματ', ὦ γυναικεῖαι φρένες·
ὅσον νόσημα τὴν Κύπριν κεκτήμεθα.

Stob. 4, 22, 183.

401 (540)

φεῦ,
ὅσῳ τὸ θῆλυ δυστυχέστερον γένος
πέφυκεν ἀνδρῶν· ἔν τε τοῖσι γὰρ καλοῖς
πολλῷ λέλειπται κἀπὶ τοῖς αἰσχροῖς πλέον.

Stob. 4, 22, 182.

402 (539)

νόμοι γυναικῶν οὐ καλῶς κεῖνται πέρι·
χρῆν γὰρ τὸν εὐτυχοῦνθ' ὅπως πλείστας ἔχειν
γυναῖκας, εἴπερ ⟨καὶ⟩ τροφὴ δόμοις παρῆν,
ὡς τὴν κακὴν μὲν ἐξέβαλλε δωμάτων,
τὴν δ' οὖσαν ἐσθλὴν ἡδέως ἐσῴζετο.   5
νῦν δ' εἰς μίαν βλέπουσι, κίνδυνον μέγαν
ῥίπτοντες· οὐ γὰρ τῶν τρόπων πειρώμενοι
νύμφας ἐς οἴκους ἑρματίζονται βροτοί.

Stob. 4, 22, 36.

403 (537)

τίς ἄρα μήτηρ ἢ πατὴρ κακὸν μέγα
βροτοῖς ἔφυσε τὸν δυσώνυμον φθόνον;
ποῦ καί ποτ' οἰκεῖ σώματος λαχὼν μέρος;
ἐν χερσὶν ἢ σπλάγχνοισιν ἢ παρ' ὄμματα;

399

Liebe Frauen, wie kann ich von neuem im Hause des Athamas wohnen, wenn ich nichts von dem, was geschehen ist, getan habe?

400

O Tun der Menschen, o Sinn der Frauen, welches Leiden besitzen wir in Kypris!

401

Ach, wieviel weniger sind die Frauen vom Glück begünstigt als die Männer; denn in den schönen Dingen stehen sie ihnen weit nach, in den häßlichen gehen sie ihnen voran.

402

Die Gesetze betreffs der Frauen sind nicht gut; denn der Vermögende sollte viele Frauen haben dürfen, wenn er sie ernähren kann, damit er eine, die nichts taugt, aus dem Hause jagen kann und die tüchtigen aus freiem Entschluß behalten. Jetzt stellen sich die Männer nur auf eine ein und gehen damit ein großes Risiko ein; denn ohne ihren Charakter erprobt zu haben, bringen sie die Braut ins Haus.

403

Von welcher Mutter oder welchem Vater stammt das große Übel der Menschheit, der widerliche Neid?
Und wo in unserm Körper wohnt er eigentlich? In den Händen, im Innern oder in den Augen? Denn es wäre eine große

ἔσθ' ἡμῖν ὡς ἦν μόχθος ἰατροῖς μέγας   5
τομαῖς ἀφαιρεῖν ἢ ποτοῖσι φαρμάκοις
πασῶν μεγίστην τῶν ἐν ἀνθρώποις νόσων.

Stob. 3, 38, 8.

404 (544)
τό τ' εὐγενές
πολλὴν δίδωσιν ἐλπίδ' ὡς ἄρξουσι γῆς.

Stob. 4, 29, 48.

405 (545)
τὴν εὐγένειαν, κἂν ἄμορφος ᾖ γάμος,
τιμῶσι πολλοὶ προσλαβεῖν τέκνων χάριν,
τό τ' ἀξίωμα μᾶλλον ἢ τὰ χρήματα.

Stob. 4, 29, 49.

406 (551)
μὴ σκυθρωπὸς ἴσθ' ἄγαν
πρὸς τοὺς κακῶς πράσσοντας, ἄνθρωπος γεγώς.

Stob. 4, 48, 4.

407 (536)
ἀμουσία τοι μηδ' ἐπ' οἰκτροῖσιν δάκρυ
στάζειν· κακὸν δέ, χρημάτων ὄντων ἅλις,
φειδοῖ πονηρᾷ μηδέν' εὖ ποιεῖν βροτῶν.

Stob. 3, 16, 5.

408 (549)
ἐν ἐλπίσιν χρὴ τοὺς σοφοὺς ἄγειν βίον.

Stob. 4, 46, 3.

409 (550)
μήτ' εὐτυχοῦσα πᾶσαν ἡνίαν χάλα
κακῶς τε πράσσουσ' ἐλπίδος κεδνῆς ἔχου.

Stob. 4, 46, 5.

Aufgabe für die Ärzte, durch Operieren oder durch Medikamente die größte aller menschlichen Krankheiten zu beseitigen.

404
Ihre edle Art läßt hoffen und erwarten, daß sie Herrscher des Landes werden.

405
denn vornehme Herkunft schätzen viele an einem möglichen Ehepartner, auch wenn er häßlich ist, und wünschen sie sich der Kinder wegen, ebenso auch Ansehen, mehr als Geld.

406
Sei nicht zu unfreundlich zu denjenigen, denen es schlecht geht; denn du bist selbst ein Mensch!

407
Es ist gefühllos, bei einem mitleiderregenden Anlaß keine Tränen zu vergießen, aber geradezu übel ist es, wenn jemand Geld genug hat, aber aus schändlichem Geiz niemandem etwas Gutes tun will.

408
Wer klug ist, hält sich im Leben an die Hoffnung.

409
Wenn es dir gut geht, laß nicht die Zügel schießen, und wenn es dir schlecht geht, halte an der Hoffnung auf Besserung fest!

410 (542)

τοιάνδε χρὴ γυναικὶ πρόσπολον ἐᾶν
ἥτις τὸ μὲν δίκαιον οὐ σιγήσεται,
τὰ δ' αἰσχρὰ μισεῖ καὶ κατ' ὀφθαλμοὺς ἔχει.

Stob. 4, 28, 2.

411 (538)

ἴστω δὲ μηδεὶς ταῦθ' ἃ σιγᾶσθαι χρεών·
μικροῦ γὰρ ἐκ λαμπτῆρος 'Ιδαῖον λέπας
πρήσειεν ἄν τις, καὶ πρὸς ἄνδρ' εἰπὼν ἕνα
πύθοιντ' ἂν ἀστοὶ πάντες ἃ κρύπτειν χρεών.

Stob. 3, 41, 1.

412 (535)

ἐμοὶ γὰρ εἴη πτωχός, εἰ δὲ βούλεται
πτωχοῦ κακίων, ὅστις ὢν εὔνους ἐμοὶ
φόβον παρελθὼν τἀπὸ καρδίας ἐρεῖ.

Stob. 3, 13, 12.

413 (546)

ἐπίσταμαι δὲ πάνθ' ὅσ' εὐγενῆ χρεών,
σιγᾶν θ' ὅπου δεῖ καὶ λέγειν ἵν' ἀσφαλές,
ὁρᾶν θ' ἃ δεῖ με κοὐχ ὁρᾶν ἃ μὴ πρέπει,
γαστρὸς κρατεῖν δέ· καὶ γὰρ ἐν κακοῖσιν ὢν
ἐλευθέροισιν ἐμπεπαίδευμαι τρόποις.   5

Stob. 4, 29, 62.

414 (543)

φειδώμεθ' ἀνδρῶν εὐγενῶν, φειδώμεθα,
κακοὺς δ' ἀποπτύωμεν, ὥσπερ ἄξιοι.

Stob. 4, 29, 8.

415 (548)

ἄνασσα, πολλοῖς ἔστιν ἀνθρώπων κακά,
τοῖς δ' ἄρτι λήγει, τοῖς δὲ κίνδυνος μολεῖν.
κύκλος γὰρ αὐτὸς καρπίμοις τε γῆς φυτοῖς

410

Man muß seiner Frau eine Dienerin zugestehen, die das, was
rechtens ist, nicht mit Schweigen übergeht und die das Schändliche haßt und offen anspricht.

411

Was geheim bleiben soll, darf niemand erfahren; denn mit einem kleinen Lämpchen kann man Troja verbrennen, und wenn
man es einem einzigen Mann sagt, werden alle Leute erfahren,
was verborgen bleiben soll.

412

denn ich wünsche mir einen Bettler – meinetwegen kann er auch
noch unter einem Bettler stehen –, der mir wohlgesonnen ist
und furchtlos frei von der Leber weg redet.

413

und ich kann alles, was ein freigeborener Mann können muß:
schweigen, wo es nötig ist, und reden, wo es keinen Schaden
bringt, sehen, was ich sehen soll, und nicht sehen, was mir
nicht zukommt, und den Bauch beherrschen; denn wenn ich
jetzt auch in niederer Stellung bin, so bin ich doch frei erzogen.

414

Edle Männer wollen wir unbedingt schonen, die schlechten
aber verabscheuen, wie es ihnen zukommt.

415

Herrin, viele Menschen befinden sich mitten im Unglück, bei
anderen hört es gerade auf, bei den dritten droht es zu kommen; denn derselbe Kreislauf gilt für die Pflanzenfrüchte auf

θνητῶν τε γενεᾷ· τῶν μὲν αὔξεται βίος,
τῶν δὲ φθίνει τε καὶ θερίζεται πάλιν.   5

Stob. 4, 41, 19.

416 (532)

πολλοί γε θνητῶν τῷ θράσει τὰς συμφορὰς
ζητοῦσ' ἀμαυροῦν κἀποκρύπτεσθαι κακά.

Stob. 3, 4, 9.

417 (533)

κέκτησο δ' ὀρθῶς ἄν ἔχῃς ἄνευ ψόγου,
κἄν σμικρὰ σῴζου, τοὔνδικον σέβους' ἀεί,
μὴ δ' ὡς κακὸς ναύκληρος εὖ πράξας ποτὲ
ζητῶν τὰ πλείον', εἶτα πάντ' ἀπώλεσεν.

Stob. 3, 9, 2; u. a.

418 (552)

γίγνωσκε τἀνθρώπεια μηδ' ὑπερμέτρως
ἄλγει· κακοῖς γὰρ οὐ σὺ πρόσκεισαι μόνη.

Stob. 4, 56, 7.

419 (534)

βίᾳ νυν ἕλκετ' ὦ κακοὶ τιμὰς βροτοί,
καὶ κτᾶσθε πλοῦτον πάντοθεν θηρώμενοι,
σύμμικτα μὴ δίκαια καὶ δίκαι' ὁμοῦ·
ἔπειτ' ἀμᾶσθε τῶνδε δύστηνον θέρος.

Stob. 3, 10, 23.

420 (547)

ὁρᾷς τυράννους διὰ μακρῶν ηὐξημένους,
ὡς μικρὰ τὰ σφάλλοντα, καὶ μί' ἡμέρα
τὰ μὲν καθεῖλεν ὑψόθεν, τὰ δ' ἦρ' ἄνω.
ὑπόπτερος δ' ὁ πλοῦτος· οἷς γὰρ ἦν ποτε,
ἐξ ἐλπίδων πίπτοντας ὑπτίους ὁρῶ.   5

Stob. 4, 41, 1.

dem Felde und für das Geschlecht der Menschen. Das Leben
der einen wächst heran, das der anderen schwindet dahin und
wird wieder abgeerntet.

416

Viele Menschen jedenfalls versuchen, durch forsches Auftreten
ihr Unglück zu verschleiern und ihre Leiden zu verbergen.

417

Wahre deinen Besitz auf rechte Weise und ohne Tadel, auch
wenn du nur wenig hast, und achte stets das Recht; und mache es nicht wie ein schlechter Schiffseigner, der immer mehr
haben will, wenn er erfolgreich ist, und dann schließlich alles
verliert.

418

Halte dir das Los des Menschen vor Augen und traure nicht
über jedes Maß hinaus; denn du bist nicht als einziger ins Unglück geraten!

419

Verschafft euch nur mit Gewalt Ehrenstellungen, elende Sterbliche, und sammelt Reichtümer, wie und wo ihr sie immer erjagen könnt, unrechtes und rechtliches Gut durcheinanderge-
mischt! Dann mäht und erntet die unseligen Früchte!

420

Du siehst, wie Tyrannen, die lange Zeit immer höher gestiegen sind, durch Kleinigkeiten zu Fall kommen; ein Tag stürzt
das eine herab und hebt das andere empor. Der Reichtum hat
Flügel; denn diejenigen, bei denen er einst wohnte, sehe ich aus
ihren Hoffnungen gerissen am Boden liegen.

421 (553)
κοίλοις ἐν ἄντροις ἄλυχνος, ὥστε θήρ, μόνος

Pollux 7, 178.

422 (554)
πολλοὶ παρῆσαν, ἀλλ' ἄπιστα Θεσσαλῶν

Schol. Aristoph. Plut. 521.

423 (557)
δ' ἄρα

Hesych. 255.

ΙΞΙΩΝ

424 (562)
Φλεγύαντος υἱέ, δέσποτ' 'Ιξίων

Schol. Apollon. Argon. 3, 62; u. a.

425 (565)
ὅστις γὰρ ἀστῶν πλέον ἔχειν πέφυκ' ἀνήρ,
οὐδὲν φρονεῖ δίκαιον οὐδὲ βούλεται,
φίλοις τ' ἄμικτός ἐστι καὶ πάσῃ πόλει.

Stob. 3, 10, 7.

426 (566)
τά τοι μέγιστα πάντ' ἀπείργασται βροτοῖς
τόλμ' ὥστε νικᾶν· οὔτε γὰρ τυραννίδες
χωρὶς πόνου γένοιντ' ἂν οὔτ' οἶκος μέγας.

Stob. 4, 10, 14.

421
in einer Höhle ohne Licht, wie ein Tier, allein

422
viele waren da, aber den Thessalern ist nicht zu trauen

423
also

IXION

424
Sohn des Phlegyas, Herrscher Ixion

425
denn wer Privilegien gegenüber seinen Mitbürgern beansprucht,
der denkt nicht rechtlich und wünscht das Recht auch nicht; er
ist weder zum Umgang mit Freunden geeignet noch mit der
Stadt im ganzen.

426
Alles Große wird von den Menschen durch Wagemut erreicht
und zum Sieg geführt; denn weder Tyrannenherrschaften entstehen ohne Anstrengung noch Macht und Einfluß einer Familie.

**426 a = ad. 4 (*564)
τοῦ μὲν δικαίου **τὴν δόκησιν ἄρνυσο,**
τὰ δ' ἔργα τοῦ πᾶν δρῶντος ἔνθα κερδανεῖς.

Stob. 3, 3, 38.

427 (567)

ΙΠΠΟΛΥΤΟΣ ΚΑΛΥΠΤΟΜΕΝΟΣ

428 (579)
οἱ γὰρ Κύπριν φεύγοντες ἀνθρώπων ἄγαν
νοσοῦσ' ὁμοίως τοῖς ἄγαν θηρωμένοις.

Stob. 4, 20, 3.

429 (582)
ἀντὶ πυρὸς γὰρ ἄλλο πῦρ   1 yr
μεῖζον ἐβλάστομεν γυναῖ-
κες πολὺ δυσμαχώτερον.

Stob. 4, 22, 176.

430 (581)
ἔχω δὲ τόλμης καὶ θράσους διδάσκαλον
ἐν τοῖς ἀμηχάνοισιν εὐπορώτατον,
Ἔρωτα, πάντων δυσμαχώτατον θεόν.

Stob. 4, 20, 25.

431 (580)
Ἔρως γὰρ ἄνδρας οὐ μόνους ἐπέρχεται
οὐδ' αὖ γυναῖκας, ἀλλὰ καὶ θεῶν ἄνω
ψυχὰς χαράσσει κἀπὶ πόντον ἔρχεται·

426 a

Verschaffe dir den Ruf der Gerechtigkeit, handle aber wie jemand, dem jedes Mittel recht ist, wenn es um Gewinn geht.

427

HIPPOLYTOS I
(Der sich verhüllende Hippolytos)

428

denn wer Kypris zu sehr flieht, macht den gleichen Fehler wie derjenige, der ihr zu sehr nachläuft.

429

denn anstelle des Feuers entstanden wir Frauen als neues, größeres Feuer, das weitaus schwerer zu bekämpfen ist.

430

doch ich habe jemand, der mich Mut und Kühnheit lehrt und Hindernisse leicht überschreiten läßt, Eros, dem man unter allen Göttern am schwersten widerstehen kann.

431

denn Eros ergreift nicht nur Männer und Frauen, sondern er verwundet auch die Seelen der Götter über uns und dringt in die Tiefen des Meeres, und ihn vermag auch der allmächtige

καὶ τόνδ' ἀπείργειν οὐδ' ὁ παγκρατὴς σθένει
Ζεύς, ἀλλ' ὑπείκει καὶ θέλων ἐγκλίνεται. 5

Stob. 4, 20, 24.

432 (576)
αὐτός τι νῦν δρῶν εἶτα δαίμονας κάλει ·
τῷ γὰρ πονοῦντι καὶ θεὸς συλλαμβάνει.

Stob. 3, 29, 33.

433 (575)
ἔγωγε φημὶ καὶ νόμον γε μὴ σέβειν
ἐν τοῖσι δεινοῖς τῶν ἀναγκαίων πλέον.

Stob. 3, 12, 10.

434 (578)
οὐ γὰρ κατ' εὐσέβειαν αἱ θνητῶν τύχαι,
τολμήμασιν δὲ καὶ χερῶν ὑπερβολαῖς
ἁλίσκεταί τε πάντα καὶ θηρεύεται.

Stob. 4, 10, 13.

435 (589)
τί δ' ἦν λυθείς με διαβάλῃς, παθεῖν σε δεῖ;

Erotian. 31.

436 (577)
ὦ πότνι' αἰδώς, εἴθε τοῖς πᾶσιν βροτοῖς
συνοῦσα τἀναίσχυντον ἐξῇροῦ φρενῶν.

Stob. 3, 31, 3.

437 (585)
ὁρῶ δὲ τοῖς πολλοῖσιν ἀνθρώποις ἐγὼ
τίκτουσαν ὕβριν τὴν πάροιθ' εὐπραξίαν.

Stob. 4, 41, 43.

438 (584)
ὕβριν τε τίκτει πλοῦτος ἢ φειδὼ βίου.

Stob. 4, 31, 55.

Zeus nicht abzuwehren, sondern er gibt nach und beugt sich willig.

432
Tue jetzt selbst etwas und erst danach rufe die Götter zu Hilfe; denn demjenigen, der sich bemüht, hilft auch die Gottheit!

433
Ich rate, in der Not auch ein Gesetz nicht höher zu achten als den Zwang der Umstände.

434
denn nicht nach der Frömmigkeit fügen sich die Geschicke des Menschen, sondern durch Wagemut und Überlegenheit der Faust wird alles erbeutet und erjagt.

435
Was aber soll dir geschehen, wenn ich dich loslasse und du mich verleumdest?

436
O Scham, Herrin, wenn du doch in allen Menschen wohntest und ihnen Frechheit und Skrupellosigkeit nähmest!

437
Ich sehe, daß das bisherige Wohlergehen bei den meisten Menschen Übermut und Stolz erzeugt.

438
Reichtum führt zu Überheblichkeit oder Geiz.

439 (573)

φεῦ φεῦ, τὸ μὴ τὰ πράγματ' ἀνθρώποις ἔχειν
φωνήν, ἵν' ἦσαν μηδὲν οἱ δεινοὶ λέγειν.
νῦν δ' εὐτρόχοισι στόμασι τἀληθέστατα
κλέπτουσιν, ὥστε μὴ δοκεῖν ἃ χρὴ δοκεῖν.

Stob. 2, 2, 8.

440 (583)

Θησεῦ, παραινῶ σοὶ τὸ λῷστον, εἰ φρονεῖς,
γυναικὶ πείθου μηδὲ τἀληθῆ κλύων.

Stob. 4, 22, 180.

441 (572)

χρόνος διέρπων πάντ' ἀληθεύειν φιλεῖ.

Stob. 1, 8, 25.

442 (590)

πρὸς ἵππων εὐθὺς ὁρμήσας στάσιν

Pollux 9, 50.

443 (587)

ὦ λαμπρὸς αἰθὴρ ἡμέρας θ' ἁγνὸν φάος,
ὡς ἡδὺ λεύσσειν τοῖς τε πράσσουσιν καλῶς
καὶ τοῖσι δυστυχοῦσιν, ὧν πέφυκ' ἐγώ.

Stob. 4, 52, 12.

444 (586)

ὦ δαῖμον, ὡς οὐκ ἔστ' ἀποστροφὴ βροτοῖς
τῶν ἐμφύτων τε καὶ θεηλάτων κακῶν.

Stob. 4, 34, 50.

445 (588)

ἀλλ' οὐ γὰρ ὀρθῶς ταῦτα κρίνουσιν θεοί.

'Iustin.', De mon. 5.

439

Ach, daß für uns nicht die Dinge selbst reden können, damit die allzu gewandten Redner zunichte würden. Jetzt können sie die größten Wahrheiten mit geläufiger Zunge wegzaubern, so daß nicht mehr gilt, was eigentlich gelten sollte.

440

Theseus, ich rate dir das beste: Wenn du Verstand hast, höre auf eine Frau auch dann nicht, wenn du die Wahrheit zu hören bekommst.

441

Die Zeit durchdringt alles und bringt die Wahrheit an den Tag.

442

sogleich zum Pferdestall aufbrechend

443

O Ätherglanz und heiliges Licht des Tages, wie gern sehen wir dich im Glück und im Unglück, wie jetzt ich.

444

O göttliches Geschick, daß es doch keine Abwehr von angeborenen und gottgesandten Übeln gibt!

445

denn nicht richtig entscheiden dies die Götter

446 (574)

ὦ μάκαρ, οἶας ἔλαχες τιμάς,   an
'Ιππόλυθ' ἥρως, διὰ σωφροσύνην·
οὔποτε θνητοῖς
ἀρετῆς ἄλλη δύναμις μείζων·
ἦλθε γὰρ ἢ πρόσθ' ἢ μετόπισθεν   5
τῆς εὐσεβίας χάρις ἐσθλή.

                                                        Stob. 3, 5, 2.

447 (591)

δίοπος

                                                        Erotian. 31.

447 a (558)

ἴκτινος

                                            Schol. Hom. Il. 7, 76 (Pap. Ox. 1087).

ΚΑΔΜΟΣ

448 (596)

οὐρανὸς ὑπὲρ ἡμᾶς καινῶς †φοιτῶν ἕδος δαιμόνιον   tr
τόδ' ἐν μέσῳ τοῦ οὐρανοῦ τε καὶ χθονός,
οἳ μὲν ὀνομάζουσι χάος

                                            'Probus', Verg. Bucol. 6, 31.

446

O seliger Heros Hippolytos, was für Ehren erlangtest du wegen deiner Besonnenheit!
Niemals gab es für die Menschen eine größere Kraft als die Arete; denn Frömmigkeit wird stets von edler Anmut begleitet.

447

Befehlshaber

447 a

Weihe, Milan

KADMOS

448

der Himmel über uns, der (ständig) neu wiederkehrt, der Sitz der Götter; das zwischen Himmel und Erde nennen die einen Chaos

ΚΡΕΣΦΟΝΤΗΣ

449 (615)

ἐχρῆν γὰρ ἡμᾶς σύλλογον ποιουμένους
τὸν φύντα θρηνεῖν εἰς ὅσ' ἔρχεται κακά,
τὸν δ' αὖ θανόντα καὶ πόνων πεπαυμένον
χαίροντας εὐφημοῦντας ἐκπέμπειν δόμων.

Stob. 4, 52, 42.

450 (607)

εἰ μὲν γὰρ οἰκεῖ νερτέρας ὑπὸ χθονὸς
ἐν τοῖσιν οὐκέτ' οὖσιν, οὐδὲν ἂν σθένοι.

'Plut.', Cons. ad. Ap. 15.

451 (605)

εἰ γάρ σ' ἔμελλεν, ὡς σὺ φής, κτείνειν πόσις,
χρῆν καὶ σὲ μέλλειν, ὡς χρόνος παρήλυθεν.

Gellius 6, 3.

452 (606)

ἐκεῖνο γὰρ πέπονθ' ὅπερ πάντες βροτοί·
φιλῶν μάλιστ' ἐμαυτὸν οὐκ αἰσχύνομαι.

Schol. Eur. Med. 85; u. a.

453 (613)

Εἰρήνα βαθύπλουτε καὶ   στρ   lyr
καλλίστα μακάρων θεῶν,
ζῆλός μοι σέθεν ὡς χρονίζεις.
δέδοικα δὲ μὴ πόνοις
ὑπερβάλῃ με γῆρας,   5
πρὶν σὰν χαρίεσσαν προσιδεῖν ὥραν
καὶ καλλιχόρους ἀοιδὰς
φιλοστεφάνους τε κώμους.
ἴθι μοι, πότνια, πόλιν.

KRESPHONTES

449

denn wir sollten uns versammeln, wenn ein Kind geboren wird,
und beklagen, welchem Unglück es entgegengeht, den Gestor-
benen aber und von allen Leiden Befreiten sollten wir freudig
und lobpreisend aus dem Haus geleiten.

450

denn wenn er in der Unterwelt wohnt, bei den Toten, ist er
schwach und kraftlos.

451

denn wenn mein Gatte, wie du sagst, vorhatte, dich zu töten,
hättest auch du dich darauf beschränken sollen, es vorzuhaben,
bis Zeit verstrichen war.

452

denn mir geht es nur wie allen Menschen: Ich schäme mich
nicht, daß ich mich selbst am meisten liebe.

453

Friede, überreich bist du und der schönste der seligen Götter.
Ich sehne mich nach dir, während du zögerst.
Ich fürchte, daß mich das Alter mit seinen Leiden bezwingt,
bevor ich deine lieblichen Zeiten sehe mit ihren Liedern und
anmutigen Reigentänzen und kranzgeschmückten Umzügen.
Komm, Herrin, in meine Stadt!

τὰν δ' ἐχθρὰν στάσιν εἶργ' ἀπ' οἴ-   ἀντ   10
κων τὰν μαινομέναν τ' ἔριν
θηκτῷ τερπομέναν σιδάρῳ.

Stob. 4, 14, 1. – 4 überl. μὴ πρίν.

454 (608)
τεθνᾶσι παῖδες οὐκ ἐμοὶ μόνῃ βροτῶν
οὐδ' ἀνδρὸς ἐστερήμεθ', ἀλλὰ μυρίαι
τὸν αὐτὸν ἐξήντλησαν ὡς ἐγὼ βίον.

'Plut.', Cons. ad Ap. 15.

455 (609)
καὶ δὶς ἕπτ' αὐτῆς τέκνα
Νιόβης θανόντα Λοξίου τοξεύμασιν

Schol. Eur. Phoin. 159.

456 (616)
†ὠνητέραν† δὴ τήνδ' ἐγὼ δίδωμί σοι
πληγήν

Plut., De esu carn. 2, 5.

457 (612)
αἰδὼς ἐν ὀφθαλμοῖσι γίγνεται, τέκνον.

Stob. 3, 31, 15.

458 (**610)
αἱ τύχαι δέ με
μισθὸν λαβοῦσαι τῶν ἐμῶν τὰ φίλτατα
σοφὴν ἔθηκαν.

Plut., De cap. ex inim. ut. 7.

459 (614)
κέρδη τοιαῦτα χρή τινα κτᾶσθαι βροτῶν,
ἐφ' οἷσι μέλλει μήποθ' ὕστερον στένειν.

Stob. 4, 31, 95.

Den feindlichen Aufruhr halte den Häusern fern und den ra-
senden Streit, der sich am geschliffenen Erze freut.

454

Nicht mir allein unter den Sterblichen starben die Kinder, und
nicht nur ich verlor den Mann, sondern zahllose Frauen erlitten das gleiche Schicksal wie ich.

455

und die vierzehn Kinder der Niobe selbst, die durch Apolls
Geschosse starben

456

ich gebe dir diesen ... Schlag

457

Scham beginnt bei den Augen, Kind.

458

Das Schicksal, das mir als Preis das Liebste nahm, machte mich
klug.

459

Solchen Gewinn müssen die Sterblichen suchen, der später niemals beklagt werden muß.

459 + 1 (601/2)

A μ[ῶν ἄδικο]ς οἴκων δεσπότης περὶ ξένους;
Γ ὁ [νῦν γ'], ὁ δ' οὐκ ὢν πᾶσι προσφιλέστατος.

A τ[ίς δ' ἔσ]τι; τὸν δὲ μηκέτ' ὄντ' αὖθις φράσον.   15
Γ ἀ[φ' Ἡ]ρακλειδῶν, ὄνομα Πολυφόντης, ξένε.

A ὁ [κα]τθανὼν δὲ δεσπότης τίς ἦν δόμων;
Γ ταὐτοῦ γένους τοῦδ' οἶσθα Κρεσφόντην κλύων;
A κτιστῆρά γ' ὄντα τῆσδε γῆς Μεσσηνία[ς.
Γ τοῦτον κατακτὰς δῶμα Πολυφόντης [ἔ]χει.   20
A πότερα βιαίως ἢ τύχαις ἀκουσίαις;
Γ βίᾳ δολώσας, ὡς τυραννεύοι χθονός.
A ἄ]παιδά γ' ὄντα καὶ γυναικὸς ἄζυγα;
Γ οὔκ, ἀλλὰ δισσοὺς συνκ[ατέ]κτεινεν κόρους.
A ἢ πᾶσ' ὄλωλε δῆτα καὶ τέκνων σπορά;   25
Γ εἷς ἐστὶ παίδων λοιπ[ός], εἴπερ ἔστ' ἔτι.
A πῶς τόν γε θάνατο[ν καὶ] τύχας ὑπεκφυγών;
Γ μαστοῦ 'πὶ θηλῆς σμ[ικρ]ὸς ὢν ἔτ' [ἐ]ξ[έδυ.
A ἔκδημος ὢν τῆ[σδ' ἢ 'πιχ]ώριος χθ[ονός;

(Reste von 2 Versen)

Pap. Ox. 2458, Fr. 1, Kol. 2.

ΚΡΗΣΣΑΙ

460 (632)

λύπη μὲν ἄτη περιπεσεῖν αἰσχρᾷ τινι·
εἰ δ' οὖν γένοιτο, χρὴ περιστεῖλαι καλῶς
κρύπτοντα καὶ μὴ πᾶσι κηρύσσειν τάδε·
γέλως γὰρ ἐχθροῖς γίγνεται τὰ τοιάδε.

Stob. 4, 45, 7.

459 + 1

1. Ist der Herr des Hauses zu Fremden (unfreundlich)?
3. Der jetzige ja, der verstorbene war zu allen äußerst freundlich.
1. Wer ist es? Den Toten nenne danach!
3. Er stammt von den Herakliden und heißt Polyphontes,
   Fremder.
1. Wer aber war der verstorbene Herr des Hauses?
3. Hast du von Kresphontes vom selben Stamme gehört?
1. Ja, dem Gründer von Messenien.
3. Diesen tötete Polyphontes, der nun im Palast herrscht.
1. Durch Gewalt oder durch Zufall und ohne Absicht?
3. Durch Gewalt und List, um das Land zu beherrschen.
1. War jener ohne Kinder und ohne Frau?
3. Nein, zwei Söhne wurden mit ihm getötet.
1. Ist die Kindersaat nun ganz dahin?
3. Einer der Söhne ist übrig, wenn er noch lebt.
1. Wie entkam er dem Tod und seinem Schicksal?
3. Ein Säugling noch an der Mutter Brust (entkam er).
1. Lebt er in der Fremde (oder hier im Land)?

(Reste von 2 Versen)

KRETERINNEN

460

Es ist peinlich, wenn man sich etwas Häßliches hat zuschulden
kommen lassen. Wenn es aber einmal geschehen ist, muß man
es geschickt verschleiern und verbergen und es nicht vor allen
Leuten ausposaunen; denn so macht man sich nur zum Gespött
der Feinde.

461 (627)

οὐκ ἂν δύναιο μὴ καμὼν εὐδαιμονεῖν,
αἰσχρόν τε μοχθεῖν μὴ θέλειν νεανίαν.

Stob. 3, 29, 23.

462 (630)

ἐπίσταμαι δὲ καὶ πεπείραμαι λίαν
ὡς τῶν ἐχόντων πάντες ἄνθρωποι φίλοι.
οὐδεὶς γὰρ ἕρπει πρὸς τὸ μὴ τροφὴν ἔχον
ἀλλ᾽ εἰς τὸ πλοῦτον καὶ συνουσίαν ἔχον·   5
καὶ τῶν ἐχόντων ηὐγένεια κρίνεται·
ἀνὴρ δ᾽ ἀχρήμων εἰ θάνοι πράσσει καλῶς.

Stob. 4, 31, 11; u. a.

463 (629)

οὐ γάρ ποτ᾽ ἄνδρα τὸν σοφὸν γυναικὶ χρὴ
δοῦναι χαλινοὺς οὐδ᾽ ἀφέντ᾽ ἐᾶν κρατεῖν·
πιστὸν γὰρ οὐδέν ἐστιν· εἰ δέ τις κυρεῖ
γυναικὸς ἐσθλῆς, εὐτυχεῖ κακὸν λαβών.

Stob. 4, 23, 2.

464 (628)

γαμεῖτε νῦν, γαμεῖτε, κᾆτα θνήσκετε
ἢ φαρμάκοισιν ἐκ γυναικὸς ἢ δόλοις.

Stob. 4, 22, 121.

465 (621)

⟨Ἅιδης⟩ κρινεῖ ταῦτ᾽

Schol. Aristoph. Wespen 763.

466 (622)

ἐγὼ χάριν σὴν παῖδά σου κατακτάνω;

Apoll. Dysk., De coni. 247, 1.

467 (623)

τί γὰρ ποθεῖ τράπεζα; τῷ δ᾽ οὐ βρίθεται;

461

Ohne Arbeit und Mühe kann man nicht zu Glück und Erfolg kommen, und es ist eine Schande, wenn ein junger Mann Anstrengungen scheut. –

462

Aus Erfahrung weiß ich nur allzu gut, daß alle Menschen den Besitzenden zugetan sind; denn niemand hält sich an den Hungerleider, sondern an den Reichen und die feine Gesellschaft; und der Adel des Besitzes zählt, dem Armen aber ist erst wohl, wenn er tot ist.

463

denn der kluge Mann darf der Frau niemals die Zügel überlassen und ihr das Kommando anvertrauen; denn ihr ist nicht zu trauen. Wenn aber jemand eine tüchtige Frau bekommt, dann hat er Glück im Unglück.

464

Heiratet nur, heiratet – und dann laßt euch von eurer Frau umbringen, durch Gift oder Intrigen!

465

Hades wird das entscheiden

466

Ich soll dir zu Gefallen deine Tochter töten?

467

denn was fehlt auf seinem Tisch? Wovon strotzt er nicht? – Er

πλήρης μὲν ὄψων ποντίων, πάρεισι δὲ
μόσχων τέρειναι σάρκες ἀρνεία τε δαὶς
καὶ πεπτὰ καὶ κροτητὰ τῆς ξουθοπτέρου
πελάνῳ μελίσσης ἀφθόνως δεδευμένα.   5

Athen. 14, 46; u. a.

468 (624)

τὰ δ' ἄλλα χαῖρε κύλικος ἑρπούσης κύκλῳ.

Athen. 11, 111; u. a.

469 (625)

νόμος δὲ ⟨δείπνου⟩ λείψαν' ἐκβάλλειν κυσίν.

Athen. 3, 51.

470 (626)

πρὶν ἄν ⟨τιν'⟩ ἐκφλῆναί με καὶ μαθεῖν λόγον

Etym. Magn. 796, 6.

ΚΡΗΤΕΣ

471 (640)

ὦ Κρῆτες, Ἴδης τέκνα

Schol. Aristpoh. Frösche 1356.

472 (635)

Φοινικογενοῦς τέκνον Εὐρώπης   an
καὶ τοῦ μεγάλου Ζηνός, ἀνάσσων
Κρήτης ἑκατομπτολιέθρου·
ἥκω ζαθέους ναοὺς προλιπών,
οὓς αὐθιγενὴς τμηθεῖσα δοκὸς   5
στεγανοὺς παρέχει Χαλύβῳ πελέκει

ist voll von Meereskost, und da ist zartes Kalbfleisch und ein
Lammgericht und Gekochtes, und Gebackenes dick mit dem
Honigseim der gelbgeflügelten Biene bestrichen.

468
im übrigen sei gegrüßt, da der Becher kreist!

469
Es ist Brauch, die Reste des Mahles den Hunden zu geben.

470
bevor einer mich zum Ausplaudern bringt (?) und erfährt, was
geredet wurde

KRETER

471
ihre Kreter, Kinder des Idagebirges

472
Sohn der phönikischen Europa
und des großen Zeus, der du über das
hundertstädtige Kreta herrschst.
Ich komme von den hochheiligen Tempeln,
die der heimische Balken der Zypresse deckt,
durch Chalyberbeil geschnitten und mit Stierleim

καὶ ταυροδέτῳ κόλλῃ κραθεῖσ'.
ἀτρεκεῖς ἁρμούς κυπαρίσσου.
ἁγνὸν δὲ βίον τείνομεν ἐξ οὗ
Διὸς 'Ιδαίου μύστης γενόμην,   10
καὶ νυκτιπόλου Ζαγρέως βροντάς
τάς τ' ὠμοφάγους δαίτας τελέσας
μητρί τ' ὀρείῳ δᾷδας ἀνασχὼν
καὶ κουρήτων
βάκχος ἐκλήθην ὁσιωθείς.   15
πάλλευκα δ' ἔχων εἵματα φεύγω
γένεσίν τε βροτῶν καὶ νεκροθήκης
οὐ χριμπτόμενος τήν τ' ἐμψύχων
βρῶσιν ἐδεστῶν πεφύλαγμαι.

Porphyr., De abst. 4, 19; u. a.

*472 a = 996 (637)

σύμμικτον εἶδος κἀποφώλιον βρέφος

Plut., Thes. 15; u. a.

472 a + 1 (637)

(Reste von 5 Versen)

........]ην μέλλουσα. [...........   6
........]τω χρὴ προς[.]υτ[........
.......]. οισι προσβ[ολ]ὴν[........
.......]ων σου βούλομαι[........
.......].. πησεαπεο[............   10
.....].... ουσα[ ]τ.. οσ.... [....
A   ταύρου μέμικται καὶ βροτοῦ διπλῇ φύσει.
B   ἥκ]ουσα καὶ πρίν· πῶς δ' ο[........
A   στέ]ρνοις ἔφεδρον κρᾶτα τ[αύρειον φέρει.
B   τετρ]ασκελὴς γὰρ ἢ δίβαμ[ος ἔρχεται;   15
A   δίπ]ους [μ]ελαίνη δασκ[............
B   ἢ κ]αί τι πρὸς τοῖσδ' ἄλλο[........
   μύ]ωπος οἴστρου κέρκον[............
..]τ[.......]υ γῆρυν[............

zu akuraten Verbindungen gefügt.
Ein reines Leben führe ich, seit ich
Eingeweihter des Zeus vom Ida wurde
und des nächtlichen Zagreus ekstatischen Rausch
und die rohverschlingenden Mähler feierte
und der Bergmutter die Fackeln schwang
und geheiligter kuretischer Bakchant
genannt wurde.
Weißgekleidet fliehe ich der Menschen
Zeugung und Geburt, kein Grab
berühre ich und verschmähe
atmende Nahrung als Speise.

472 a
Mischgestalt und mißglückter Sproß

472 a + 1

(Reste von 5 Versen)

... vorhat ...
... muß ...
. . . .
... ich will ...
. . . .
. . . .

A Gemischt in Doppelnatur aus Stier und Mensch.
B Das hörte ich schon. Wie aber (sieht er aus)?
A Dem Oberkörper sitzt ein (Stierhaupt auf).
B Ist er vier- oder zweifüßig?
A Zweifüßig mit schwarzschattiger ...
B Und außerdem noch andere (Merkmale)
A Den Bremsenstachel (abwehrend bewegt er) den Schwanz.
B   ... Stimme ...?

..]..[....].[..]φορβάδος[........   20
μ]αστ[ὸς] δὲ μ[η]τρὸς ἢ βοὸς σ[......
τρ]έφ[ου]σιν οἱ τεκόντες οὐ. [........
...]εφ[....]. ι δωμάτων[.........

(Reste von 3 Versen)

Pap. Ox. 2461. Vers 12 = Nauck 997.

472 a + 2 (641)

Χορός, Πασιφάη, Μίνως

Χο οὐ γάρ τιν' ἄλλην φημὶ τολμῆσαι τάδε·
   σὺ δ' ἐκ κακῶν, ἄναξ,
   φρόντισον εὖ καλύψαι.
Πα ἀρνουμένη μὲν οὐκέτ' ἂν πίθοιμί σε·
   πάντως γὰρ ἤδη δῆλον ὡς ἔχει τάδε.   5
   ἐγὼ γὰρ εἰ μὲν ἀνδρὶ προύβαλον δέμας
   τοὐμὸν λαθραίαν ἐμπολωμένη Κύπριν,
   ὀρθῶς ἂν ἤδη μάχ[λο]ς οὖσ' ἐφαινόμην·
   νῦν δ', ἐκ θεοῦ γὰρ προσβολῆς ἐμηνάμην.
   ἀλγῶ μέν, ἐστὶ δ' οὐχ ἑκο[ύσ]ιον κακόν.   10
   ἔχει γὰρ οὐδὲν εἰκός· ἐς τί γὰρ βοὸς
   βλέψασ' ἐδήχθην θυμὸν αἰσχίστῃ νόσῳ;

   ὡς εὐπρεπὴς μὲν ἐν πέπλοισιν ἦν ἰδεῖν,
   πυρσῆς δὲ χαίτης καὶ παρ' ὀμμάτων σέλας
   οἰνωπὸν ἐξέλαμπε περ[...]νων γένυν;   15
   οὐ μὴν δέμας γ' εὖρ[....... ν]υμφίου·
   τοιῶνδε λέκτρω[ν οὕνεκ' εἰς] πεδοστιβῆ
   ῥινὸν καθισ.... [..........]ται.

   ἀλλ' οὐδὲ παίδων φ[ύτορ' εἰκὸς ἦν] πόσιν
   θέσθαι· τί δῆτα τῇ[δ' ἐμαι]νόμην νόσῳ;   20
   δαίμων ὁ τοῦδε κἄμ' ἐ[νέπλησεν κα]κῶν,
   μάλιστα δ' οὗτος οισε[........]ων·
   ταῦρον γὰρ οὐκ ἔσφαξ[εν ὅν γ' ἐπηύ]ξατο

A   ... der Weide ...

B   (Nährte ihn) die Mutterbrust oder das Euter einer Kuh?

A   Die Eltern (ziehen auf) ...

                            ... des Hauses ...

       (Reste von 3 Versen)

472 a + 2

Chor, Pasiphae, Minos

Ch   Keine andere hätte das gewagt, meine ich. Du aber (solltest) aus dem Unglück (einen Ausweg suchen), Herr! Sieh zu, daß du es sorgfältig verbirgst!

Pa   Wollte ich leugnen, würde das dich kaum überzeugen; denn es liegt bereits klar zutage, wie sich die Dinge verhalten. Denn wenn ich mich einem Mann hingegeben hätte zu heimlicher Liebe um Geld, würde ich zu Recht als Buhlerin gelten. Da ich aber durch das Walten eines Gottes in Wahnsinn verfiel, ist die Sache zwar schmerzlich, aber es ist kein Vergehen, das ich selbst gewollt habe; denn das hätte keinerlei Wahrscheinlichkeit für sich. Was gab es denn an dem Stier besonderes zu sehen, daß mich das schändliche Leiden packte?

Weil er etwa hübsch aussah in seinem Gewand (?)
und von dem rötlichen Haar und von den Augen weinfarbener Glanz aufleuchtete ... den Kinnbacken?
Wahrhaftig, die Gestalt des Bräutigams (war nicht so ansehnlich), daß man um eines solchen Liebhabers willen in die Haut einer bodenstampfenden (Kuh gestiegen wäre).
Aber es gab auch keinen Grund, sich einen solchen Gatten (als Vater) der eigenen Kinder zu wünschen.
Warum also erkrankte ich an diesem Wahnsinn?
Das Schicksal desjenigen, (der ... , traf) auch mich,
und in erster Linie hat derjenige (Schuld, der die Ursache schuf);

ἐλθόντα θύσειν φάσμα [πο]ντίω[ι θε]ῷ.
ἐκ τῶνδέ τοί σ' ὑπῆλθ[ε κά]πετείσ[ατο   25
δίκην Ποσειδῶν, ἐς δ' ἔμ' ἔσκηψ[εν νόσος.
κᾆπειτ' αὐτεῖς κἀπιμαρτύρῃ θεοὺς
αὐτὸς τάδ' ἔρξας καὶ καταισχύνας ἐμέ.
κἀγὼ μὲν ἡ τεκοῦσα κοὐδὲν αἰτία
ἔκρυψα πληγὴν δαίμονος θεήλατον,   30
σὺ δ', εὐπρεπῆ γὰρ κἀπιδείξασθαι καλά,
τῆς σῆς γυναικός, ὦ κάκιστ' ἀνδρῶν φρονῶν,
ὡς οὐ μεθέξων πᾶσι κηρύσσεις τάδε.
σύ τοί μ' ἀπόλλυς, σὴ γὰρ ἡ 'ξ[αμ]αρτία,
ἐκ σοῦ νοσοῦμεν. πρὸς τάδ' εἴτε ποντίαν   35
κτείνειν δοκεῖ σοι, κτεῖν'· ἐπίστασαι δέ τοι
μιαιφόν' ἔργα καὶ σφαγὰς ἀνδροκτόνους·
εἴτ' ὠμοσίτου τῆς ἐμῆς ἐρᾷς φαγεῖν
σαρκός, πάρεστι· μὴ λίπῃς θοινώμενος.
ἐλεύθεροι γὰρ κοὐδὲν ἠδικηκότες   40
τῆς σῆς ἕκατι ζημ[ία]ς θανούμεθα.

Χο   πολλοῖσι δῆλον [ὡς θεήλατον] κακὸν
τόδ' ἐστίν· ὀργη[. . . . .]. σ. ἄναξ.
Μι   ἆρ' ἐστόμωται; μ[. . . . .]βοᾷ.
χωρεῖτε, λόγχῃ[. . . . . o]υμένη   45
λάζυσθε τὴν πανο[ῦργον, ὥ]ς καλῶς θάνῃ,
καὶ τὴν ξυνεργὸν [. . . . δ]ωμάτων δ' ἔσω
[ἄγο]ντες αὐτὰς ἔρ[ξατ' . . . . . .]ήριον,
[ὡς μ]ηκέτ' εἰσίδ[ωσιν ἡλίου κ]ύκλον.
Χο   ἄ]ναξ, ἐπίσχ[ες· φρο]ντί[δος] γὰρ ἄξιον   50
τὸ πρ[ᾶγ]μα· [. . .]ὴς δ' ο[ὕτις] εὔβουλος βροτῶν.
Μι   κ[αὶ δὴ] δ[έδοκται] μὴ ἀναβάλλεσθαι δίκην.

denn er schlachtete den erschienenen Stier nicht, den er dem Meeresgott zu opfern gelobt hatte.

Daher kam dir (das Unglück und sandte dir) Poseidon Strafe, mir aber lud er (die Krankheit auf).

Und da jammerst du und rufst die Götter an, der du alles selbst verursacht und mich in Schande gebracht hast.

Und ich, die schuldlose Mutter, versuchte das gottgesandte Schicksal, das mich schlug, zu verbergen,

doch du – denn es ist ja schicklich und vorzeigenswert –, du dümmster aller Männer, meinst, die Angelegenheiten deiner Frau beträfen dich nicht, und machst sie allen Leute bekannt.

Du bist es, der mich ins Verderben stürzt, denn der Fehler liegt bei dir! Deinetwegen sind wir in diese peinliche Lage geraten!

Wenn du mich deswegen ins Meer werfen und töten willst, tue es – du verstehst dich ja auf Mord und Totschlag! Oder falls du mich roh verzehren willst, steht das dir frei! Daß du nur nicht zögerst bei deinem Mahl! Denn ich sterbe ohne Grund und schuldlos, weil du bestraft werden sollst.

Ch Es ist klar, daß von vielen dies Unglück (als gottgesandt angesehen wird). Zorn (ist also unangebracht), Herr.

Mi Welch flinke Zunge! (Doch das Verbrechen) schreit.
Geht, Lanzen(träger), und . . .
Ergreift die Verbrecherin, damit sie den verdienten Tod erleidet, ebenso ihre Helferin! Schafft sie ins Haus und schließt sich ein in . . . , daß sie nicht mehr das Rund (der Sonne) schauen!

Ch Herr, halt ein! Denn die Sache muß bedacht werden.
(Wer zürnt, ist nicht) wohlberaten unter den Menschen.

Mi (Es ist beschlossene Sache,) die Strafe nicht aufzuschieben.

ΛΙΚΥΜΝΙΟΣ

473 (647)
φαῦλον ἄκομψον, τὰ μέγιστ' ἀγαϑόν,   an
πᾶσαν ἐν ἔργῳ περιτεμνόμενον
σοφίαν, λέσχης ἀτρίβωνα

Diog. Laert. 3, 63; u. a.

474 (651)
πόνος γάρ, ὡς λέγουσιν, εὐκλείας πατήρ.

Stob. 3, 29, 7.

475 (1189)
τὸ τῆς ἀνάγκης οὐ λέγειν ὅσον ζυγόν.

Stob. 1, 4, 6.

476 (648)
Τευϑράντιον δὲ σχῆμα Μυσίας χϑονός

Steph. Byz. 618, 12.

477 (650)
δέσποτα φιλόδαφνε Βάκχε, παιὰν Ἄπολλον εὔλυρε   lyr

Macrob., Sat. 1, 18, 6.

477 a (652)
ἑλοῦσι (?)

Phot. Sabord.

478 (653)
ϑριάζειν

Hesych. 742.

479 = 920 a (649)

LIKYMNIOS

473

den anspruchslosen, schlichten, im Großen tüchtigen, der alle spitzfindige Theorie beiseite läßt, wenn es aufs Handeln ankommt, und der im Schwatzen nicht geübt ist.

474

denn die Anstrengung ist, heißt es, der Vater des Ruhmes.

475

Das Joch der Notwendigkeit ist unsagbar schwer.

476

das Gebilde von Teuthras im Myserlande

477

Herr, der du den Lorbeer liebst, Bakchos, Paian, Apollon mit der kunstreichen Leier

477 a

sie werden töten

478

gottbegeistert sein

479 = 920 a

ΜΕΛΑΝΙΠΠΗ

a) Μελανίππη ἡ σοφή

480 (665)
Ζεὺς ὅστις ὁ Ζεύς, οὐ γὰρ οἶδα πλὴν λόγῳ
Lukian., Zeus trag. 41.

481 (665)
Ζεύς, ὡς λέλεκται τῆς ἀληθείας ὕπο,
Ἕλλην' ἔτιχθ', ὃς ἐξέφυσεν Αἴολον·
οὗ χθών, ὅσην Πηνειὸς Ἀσωποῦ θ' ὕδωρ
ὑγροῖς ὁρίζον ἐντὸς ἀγκῶσι στέγει,
σκήπτρων ἀκούει πᾶσα καὶ κικλήσκεται   5
ἐπώνυμος χθὼν Αἰολὶς τοὐμοῦ πατρός.
ἓν μὲν τόδ' ἐξέβλαστεν Ἕλληνος γένος.
πτόρθον δ' ἀφῆκεν ἄλλον εἰς ἄλλην πόλιν
κλεινὰς Ἀθήνας Ξοῦθον, ᾧ νύμφη ποτὲ
θυγάτηρ Ἐρεχθέως Κεκροπίας ἐπ' αὐχένι   10
Ἴων' ἔτικτεν. ἀλλ' ἀνοιστέος λόγος
ὄνομά τε τοὐμὸν κεῖσ', ὅθενπερ ἠρξάμην.
καλοῦσι Μελανίππην ⟨με⟩, Χείρωνος δέ με
ἔτικτε θυγάτηρ Αἰόλῳ, κείνην μὲν οὖν
ξανθῇ κατεπτέρωσεν ἱππείᾳ τριχὶ   15
Ζεύς, οὕνεχ' ὕμνους ᾖδε χρησμῳδὸς βροτοῖς
ἄκη πόνων φράζουσα καὶ λυτήρια.
πυκνῇ θυέλλῃ δ' αἰθέρος διώκεται
μουσεῖον ἐκλιποῦσα Κώρυκόν τ' ὄρος.
νύμφη δὲ θεσπιῳδὸς ἀνθρώπων ὕπο   20
Ἱππὼ κέκληται σώματος δι' ἀλλαγάς.
μητρὸς μὲν ὧδε τῆς ἐμῆς ἔχει πέρι.
Joh. Log., Comment. Hermog.

MELANIPPE

a) Die weise Melanippe

480

Zeus – wer das auch immer ist; denn ich kenne ihn nur aus Erzählungen / nur dem Namen nach – ...

481

Zeus – und das ist wahr – zeugte Hellen, den Vater des Aiolos. Das ganze Land, das Peneios und Asoposstrom mit ihren Windungen begrenzen und schützen, heißt Aiolis nach meinem Vater.

Dies ist das eine Geschlecht, das Hellen entstammt. –
Einen anderen Sproß entsandte es in eine andere Stadt, nach dem berühmten Athen, Xuthos, dem als Gattin einst die Tochter des Erechtheus im engen Kekropsland Ion gebar. –
Aber ich muß mit meiner Rede dort wieder anknüpfen, wo ich angefangen habe, und meinen Namen nennen: Ich heiße Melanippe, und die Tochter Chirons gebar mich dem Aiolos. Sie wurde von Zeus in eine hellfarbene Stute verwandelt, weil sie den Menschen in ihren Liedern Weissagungen gab und ihnen Hilfe und Rettung vor ihren Leiden bot. Sie wurde dann durch einen dichten Sturm vom Himmel her verfolgt und verließ den Musenhain und den Berg Korykos. Als orakelsingende Nymphe wird sie von den Menschen Hippo genannt, wegen ihrer Verwandlung. So steht es mit meiner Mutter.

**482 (666)

ἣ πρῶτα μὲν τὰ θεῖα προυμαντεύσατο
χρησμοῖσι σαφέσιν ἀστέρων ἐπ' ἀντολαῖς

Clem. Alex., Strom. 1, 15. 73. 4; u. a.

483 (669)

ἐγὼ γυνὴ μέν εἰμι, νοῦς δ' ἔνεστί μοι·
αὐτὴ δ' ἐμαυτῆς οὐ κακῶς γνώμης ἔχω·
τοὺς δ' ἐκ πατρός τε καὶ γεραιτέρων λόγους
πολλοὺς ἀκούσασ' οὐ μεμούσωμαι κακῶς.

■ Aristoph. Lys. 1124.

484 (667)

κοὐκ ἐμὸς ὁ μῦθος, ἀλλ' ἐμῆς μητρὸς πάρα,
ὡς οὐρανός τε γαῖά τ' ἦν μορφὴ μία·
ἐπεὶ δ' ἐχωρίσθησαν ἀλλήλων δίχα,
τίκτουσι πάντα κἀνέδωκαν εἰς φάος,
δένδρη, πετεινά, θῆρας οὕς θ' ἅλμη τρέφει   5
γένος τε θνητῶν.

'Dion. Hal.', Rhet. 9, 11; u. a.

485 (668)

⎯⎯⎯

486 (671)

δικαιοσύνας τὸ χρύσεον πρόσωπον

Comment. Aristot. 20, 210; a. a.

487 (670)

ὄμνυμι δ' ἱερὸν αἰθέρ', οἴκησιν Διός

Schol Aristoph. Frösche 100.

488 (665)

⎯⎯⎯

482

die vor allem die göttlichen Absichten voraussagte beim Auf-
gang der Gestirne

483

Ich bin eine Frau, doch wohnt in mir auch Verstand.
Selbst nicht gerade dumm, habe ich vom Vater und älteren
Leuten viel gehört und auf diese Weise keine schlechte Ausbil-
dung erhalten.

484

Nicht von mir stammt das Wort, sondern von meiner Mutter,
daß Himmel und Erde einst eine gemeinsame Gestalt bildeten.
Als sie aber voneinander getrennt wurden, erzeugten sie alles
und brachten es ans Licht: Bäume, Vögel, die Tiere des Meeres
und das Geschlecht der Menschen.

485

486

das goldene Antlitz der Gerechtigkeit

487

doch ich schwöre beim heiligen Äther, der Wohnung des Zeus

488

... ——

b) Μελανίππη ή δεσμῶτις

489 (*657)

τὸν δ᾽ ἀμφὶ βοῦς ῥιφέντα Βοιωτὸν καλεῖν

Steph. Byz. 173, 17; u. a.

490 (658)

σὺν τῷ θεῷ χρὴ τοὺς σοφοὺς ἀναστρέφειν
βουλεύματ᾽ ἀεὶ πρὸς τὸ χρησιμώτερον.

Orion, Flor. 5, 3.

491 (663)

ἴστω δ᾽ ἄφρων ὢν ὅστις ἄτεκνος ὢν τὸ πρὶν
παῖδας θυραίους εἰς δόμους ἐκτήσατο,
τὴν μοῖραν εἰς τὸ μὴ χρεὼν παραστρέφων·
ᾧ γὰρ θεοὶ διδῶσι μὴ φῦναι τέκνα,
οὐ χρὴ μάχεσθαι πρὸς τὸ θεῖον, ἀλλ᾽ ἐᾶν.   5

Stob. 4, 24, 26.

492 (659 f.)

ἀνδρῶν δὲ πολλοὶ τοῦ γέλωτος εἵνεκα
ἀσκοῦσι χάριτας κερτόμους· ἐγὼ δέ πως
μισῶ γελοίους, οἵτινες τήτει σοφῶν
ἀχάλιν᾽ ἔχουσι στόματα, κεἰς ἀνδρῶν μὲν οὐ
τελοῦσιν ἀριθμόν, ἐν γέλωτι δ᾽ εὐπρεπεῖς   5

Athen. 14, 2; u. a.

493 (*661)

ἄλγιστόν ἐστι θῆλυ μισηθὲν γένος·
αἱ γὰρ σφαλεῖσαι ταῖσιν οὐκ ἐσφαλμέναις
αἶσχος γυναιξὶ καὶ κεκοίνωνται ψόγον
ταῖς οὐ κακαῖσιν αἱ κακαί· τὰ δ᾽ εἰς γάμους
οὐδὲν δοκοῦσιν ὑγιὲς ἀνδράσιν φρονεῖν.   5

Stob. 4, 22, 86.

b) Die gefesselte Melanippe

489
ihn aber, weil bei den Rindern ausgesetzt, Boiotos nennen

490
Kluge Leute sollten ihren Vorteil nicht ohne die Götter suchen.

491
und wer, bisher selbst kinderlos, fremde Kinder ins Haus bringt
und das Schicksal verfälscht, soll wissen, daß er sich unvernünftig verhält; denn wem die Götter keine Kinder geboren
werden lassen, der darf dem göttlichen Willen nicht zuwider-
handeln, sondern sollte es dabei bewenden lassen.

492
Viele Männer aber wollen nur lachen und ergehen sich in geist-
reichen Witzeleien. Ich aber hasse die albernen Kerle, die aus
Mangel an Verstand ein loses Mundwerk führen und nicht zum
Kreis der wirklichen Männer gehören, sondern sich im Lachen
hervortun.

493
Übel daran ist das vielgehaßte Geschlecht der Frauen; denn die
Vergehen der schlechten bringen auch die tugendhaften in Ver-
ruf, und der Tadel, den die bösen verdient haben, trifft auch
die guten. Wenn es aber ans Heiraten geht, scheinen sie den
Männern keinen Funken Verstand zu besitzen.

494 (660)

μάτην ἄρ' εἰς γυναῖκας ἐξ ἀνδρῶν ψόγος
ψάλλει κενὸν τόξευμα καὶ λέγει κακῶς·
αἱ δ' εἰσ' ἀμείνους ἀρσένων. δείξω δ' ἐγώ.
.... ι ξυμβόλαι' ἀμάρτυρα
.... κα οὐκ ἀρνούμεναι   5
.. με........ χο...... ἀλ]λήλας πόνους
κη .... δε......... 9.. αἰσχύνην ἔχει
... ανσ...... το... ωτος ἐκβαλεῖ γυνή
νέμουσι δ' οἴκους καὶ τὰ ναυστολούμενα
ἔσω δόμων σῴζουσιν, οὐδ' ἐρημίᾳ   10
γυναικὸς οἶκος εὐπινὴς οὐδ' ὄλβιος.
τὰ δ' ἐν θεοῖς αὖ· πρῶτα γὰρ κρίνω τάδε·
μέρος μέγιστον ἔχομεν. ἐν Φοίβου τε γὰρ
δόμοις προφητεύουσι Λοξίου φρένα
γυναῖκες, ἀμφὶ δ' ἁγνὰ Δωδώνης βάθρα   15
φηγῷ παρ' ἱερᾷ θῆλυ τὰς Διὸς φρένας
γένος πορεύει τοῖς θέλουσιν Ἑλλάδος.
ἃ δ' εἴς τε Μοίρας τάς τ' ἀνωνύμους θεὰς
ἱερὰ τελεῖται, ταῦτ' ἐν ἀνδράσιν μὲν οὐ
ὅσια καθέστηκ', ἐν γυναιξὶ δ' αὔξεται.   20
ἦ πάντα ταύτῃ τἀν θεοῖς ἔχει δίκης
θήλεια. πῶς οὖν χρὴ γυναικεῖον γένος
κακῶς ἀκούειν; οὐχὶ παύσεται ψόγος
μάταιος ἀνδρῶν οἵ τ' ἄγραν ἡγούμενοι
ψέγειν γυναῖκας, εἰ μί' εὑρέθη κακή,   25
πάσας ὁμοίως; διορίσω δὲ τῷ λόγῳ·
τῆς μὲν κακῆς κάκιον οὐδὲν γίγνεται
γυναικός, ἐσθλῆς δ' οὐδὲν εἰς ὑπερβολὴν
πέφυκ' ἄμεινον· διαφέρουσι δ' αἱ φύσεις.

Pap. Berol. 9772. Vers 1–3 = Nauck 499; Vers 9 f. = Nauck 492, 6 f.;
Vers 27–29 = Nauck 494.

495 (664)

,,τίς ἦν ὁ κ[..........]εθεὶς ἐμοί;‛‛
ὡς δ' οὐκ ἐφαινόμεσθα, σῖγα δ' εἴχομεν,

494

Vergeblich schnellt männliche Kritik ihren kraftlosen Pfeil auf
die Frauen und ergeht sich in Beschimpfungen; denn die Frauen
sind besser als die Männer, wie ich zeigen werde.

.... Verträge ohne Zeugen

... (Hilfe) nicht ablehnend

... bringt Schande

... wird von der Frau vertrieben.

Und sie besorgen den Haushalt und halten zusammen, was
übers Meer ins Haus gekommen ist, und ohne sie kann ein
Haushalt nicht funktionieren und kann sich kein Segen ein-
stellen.

Was die Götter betrifft – und das halte ich für besonders wichtig –, haben wir den weit überwiegenden Anteil; denn beim
Orakel des Phoibos sind es Frauen, die als Prophet die Meinung
des Gottes aussprechen, und auch in den heiligen Schluchten
von Dodona bei der geweihten Eiche übermitteln Frauen die
Gedanken des Zeus den fragenden Griechen. Die frommen
Dienste aber der Moiren und der namenlosen Göttinnen können von Männern nicht ohne Sakrileg wahrgenommen werden, in den Händen der Frauen dagegen gedeihen sie. So verhält es sich beim Dienste der Götter mit der Rechtlichkeit der
Frauen. Sollen sich da die Frauen schmähen lassen? Wird das
sinnlose Schimpfen seitens der Männer nicht aufhören und
das Treiben derjenigen, die ohne Unterschied alle Frauen be-
schimpfen, wenn eine sich als schlecht erweist? Ich will eine
Differenzierung vornehmen: Es gibt nichts Schlimmeres als eine
schlechte Frau und nichts Besseres als eine gute. Es sind zwei
verschiedene Naturen.

495

(und rief:) „Wer war es, der mir ...?"

Als wir uns jedoch nicht zeigten, sondern uns still verhielten,

πρόσω πρὸς αὐτὸν πάλιν ὑποστρέψας πόδα
χωρεῖ δρομαίαν, θῆρ' ἑλεῖν πρόθυμος ὤν·
βοᾷ δέ· κἂν τῷδ' ἐξεφαινόμεσθα δὴ   5
ὀρθοσταδὸν λόγχαισι τείνοντες φόνον,
τὼ δ' εἰσιδόντε διπτύχοιν θείοιν κάρα
ἤσθησαν εἶπόν τ'· „εἶα συλλαβέσθ' ἄγρας·
καιρὸν γὰρ ἥκετ'"', οὐδ' ὑπώπτευον [....
φίλων προσώπων εἰσορῶντες ὅ[........   10
οἱ δ' εἰς τὸν αὐτὸν πίτυλον ἤπειγ[......
πέτροι τ' ἐχώρουν χερμάδες θ' ἡ[........
ἐκεῖθεν, οἱ δ' ἐκεῖθεν· ὡς δ' ᾖε[..........
σιγῇ τ' ἀφ' ἡμῶν, γνωρίσαντ[..........
λέγουσι· „μητρὸς ὦ κασίγνη[..........   15
τί δρᾷτ'; ἀποκτείνοντες ο[...............
φωρᾶσθε, πρὸς θεῶν δρᾶτ[..............
σὼ δ' αὐταδέλφω χερμ[...................
λέγουσί θ' ὡς ἔφυσα[...................
κοὐ δεῖ τυράνν[......................   20
πρεσβεῖ' ἔχοντ[......................
κἀπεὶ τάδ' εἰσή[......................
ο]ὐ λῆμμ' ἔχο[......................
..... ροσα[......................
...... συν[......................   25
ἔσ]φηλε τ' εἰς γῆν [...........]λετο·
ἡμῶν δ' ἐχώρει κωφὰ πρὸς γαῖαν βέλη.
δυοῖν δ' ἀδελφοῖν σοῖν τὸν αὖ νεώτερον
λόγ]χῃ πλατείᾳ συοφόνῳ δι' ἥπατος
παίσ]ας ἔδωκε νερτέροις καλὸν νεκρὸν   30
Βοιω]τός, ὅσπερ τὸν πρὶν ἔκτεινεν βαλών.
κἀντεῦ]θεν ἡμεῖς οἱ λελειμμένοι φίλων
.....] πόδ' ἄλλος ἄλλοσ' εἴχομεν φυγῇ.
...... τ]ὸν μὲν ὄρεος ὑλίμῳ φόβῃ
κρυφθέν]τα, τὸν δὲ πευκίνων ὄζων ἔπι·   35
οἱ δ' εἰς φάρ]αγγ' ἔδυνον, οἱ δ' ὑπ' εὐσκίους
..... κα]θῖζον. τὼ δ' ὁρῶντ' οὐκ ἠξίουν
δούλους φονε]ύειν φασγάνοις ἐλευθέροις.

wandte er sich wieder vorwärts ihm zu und stürmte voran
voller Jagdeifer. Dabei schrie er laut.
In dem Augenblick zeigten wir uns aufrecht, die Lanzen bereit
zum tödlichen Stoß. Als die zwei ihre beiden Onkel sahen,
freuten sie sich und sagten: „Hallo, helft uns die Beute fangen;
denn ihr kommt gerade zur rechten Zeit!" Und sie vermuteten
keine List, da sie bekannte Gesichter vor sich sahen.
Sie aber schwangen beide gegen denselben Mann den Speer,
und Steine kamen von allen Seiten geflogen. Als aber ...
und wir nichts sagten, erkannten sie, daß ...
und sagten: „Brüder unserer Mutter ...,
was tut ihr? Uns wollt ihr töten und euch als ...
erweisen? Bei den Göttern, tut das (nicht)!"
Deine beiden Brüder aber, Steine ...
und sagen, daß sie entstammten ...
und darf nicht Herrscher ...
und Ehrengeschenke haben ...
Und als sie das (hörten) ...
und wollten nicht ...
. . . .
. . . .
brachte ihn zu Fall und (tötete ihn).
Unsere Geschosse fielen zu Boden, ohne zu treffen.
Und den jüngeren deiner Brüder traf
mit der Saufeder in die Leber
und sandte als Geschenk zu den Toten
Boiotos, der auch den anderen getötet hatte.
Da flohen wir nach dem Verlust der Unsrigen
nach allen Seiten auseinander.
... der eine im Bergwald
...., der andere auf die Äste einer Fichte,
(dritte) verschwanden in einer Höhle, wieder andere im dichten
... gekauert. Obwohl sie uns sahen, hielten sie es für unwür-
dig, (Sklaven) mit dem Schwert des Freien zu töten.

.... σ]ῶν κασιγνήτων κλύεις.
ἐγὼ μὲν ⟨οὖν⟩ οὐκ οἶδ' ὅτῳ σκοπεῖν χρεὼν   40
τὴν εὐγένειαν· τοὺς γὰρ ἀνδρείους φύσιν
καὶ τοὺς δικαίους τῶν κενῶν δοξασμάτων,
κἂν ὦσι δούλων, εὐγενεστέρους λέγω.
.... κακοῖς κακά
.... χει δόμοις   45
.... ντες σέθεν.
.... εν ἐλπίδων

(*Reste von 3 Versen*)

Pap. Berol. 5514.

496 (655)

_____

c) Μελανίππη

497 (679)
τείσασθε τήνδε· καὶ γὰρ ἐντεῦθεν νοσεῖ
τὰ τῶν γυναικῶν· οἱ μὲν ἢ παίδων πέρι
ἢ συγγενείας εἵνεκ' οὐκ ἀπώλεσαν
κακὴν λαβόντες· εἶτα τοῦτο τἄδικον
πολλαῖς ὑπερρύηκε καὶ χωρεῖ πρόσω,   5
ὥστ' ἐξίτηλος ἀρετὴ καθίσταται.

Stob. 4, 23, 6.

498 (662)
πλὴν τῆς τεκούσης θῆλυ πᾶν μισῶ γένος.

Stob. 4, 22, 146.

499 = 494, 1–3

500 (680)
ὅστις δ' ἄμεικτον πατέρ' ἔχει νεανίας
στυγνόν τ' ἐν οἴκοις, μεγάλα κέκτηται κακά.

Stob. 4, 26, 3.

(Vom Ende) deiner Brüder hast du nun gehört.
Ich weiß nicht, wonach man edle Geburt nun beurteilen soll;
denn den Männern, die wirklich tapfer und gerecht sind, spreche ich eher Adel zu, auch wenn sie Söhne von Sklaven sind,
als wenn sie nur so scheinen.
       ... (geschah) den Üblen Übles.
       ... dem Haus
         ... von dir
          ... Hoffnung
       (Reste von 3 Versen)

496

c) Melanippe

497

Bestraft sie; denn eben daher rührt das ganze Elend mit den
Frauen: Manche Männer brachten sie der Kinder oder der Verwandten wegen nicht um, obwohl sie sie als Verbrecherin er-
tappt hatten. Dann hat sich diese Schlechtigkeit auf viele andere Frauen ausgebreitet und schreitet voran, so daß die Tugend verschwindet.

498

Außer meiner Mutter hasse ich das ganze Frauengeschlecht.

499 = 494, 1–3

500

und ein Junge, der einen unzugänglichen und griesgrämigen
Vater hat, ist sehr übel daran.

501 (676)

γάμους δ' ὅσοι σπεύδουσι μὴ πεπρωμένους,
μάτην πονοῦσιν· ἡ δὲ τῷ χρεὼν πόσει
μένουσα κἄσπούδαστος ἦλθεν εἰς δόμους.

Stob. 4, 22, 91.

502 (677)

ὅσοι γαμοῦσι δ' ἢ γένει κρείσσους γάμους
ἢ πολλὰ χρήματ', οὐκ ἐπίστανται γαμεῖν·
τὰ τῆς γυναικὸς γὰρ κρατοῦντ' ἐν δώμασιν
δουλοῖ τὸν ἄνδρα, κοὐκέτ' ἔστ' ἐλεύθερος.
πλοῦτος δ' ἐπακτὸς ἐκ γυναικείων γάμων   5
ἀνόνητος· αἱ γὰρ διαλύσεις ⟨οὐ⟩ ῥᾴδιαι.

Stob. 4, 22, 94.

503 (678)

μετρίων λέκτρων, μετρίων δὲ γάμων   ᴊᴨ
μετὰ σωφροσύνης
κῦρσαι θνητοῖσιν ἄριστον.

Stob. 4, 22, 132.

504 (681)

ὦ τέκνον, ἀνθρώποισιν ἔστιν οἷς βίος
ὁ μικρὸς εὔκρας ἐγένεθ', οἷς δ' ὄγκος κακόν.

Stob. 4, 31, 93.

505 (682)

τὰ προσπεσόντα δ' ὅστις εὖ φέρει βροτῶν,
ἄριστος εἶναι σωφρονεῖν τ' ἐμοὶ δοκεῖ.

Stob. 4, 44, 55.

506 (672)

δοκεῖτε πηδᾶν τἀδικήματ' εἰς θεοὺς
πτεροῖσι, κἄπειτ' ἐν Διὸς δέλτου πτυχαῖς
γράφειν τιν' αὐτά, Ζῆνα δ' εἰσορῶντά νιν
θνητοῖς δικάζειν; οὐδ' ὁ πᾶς ἂν οὐρανὸς
Διὸς γράφοντος τὰς βροτῶν ἁμαρτίας   5

501

Diejenigen aber, die eine Heirat anstreben, die ihnen nicht vom Schicksal bestimmt ist, mühen sich vergeblich. Eine Frau jedoch, der vom Schicksal ein Mann zugedacht ist, kann ruhig warten und gelangt ohne jede Mühe in sein Haus.

502

Diejenigen aber, die in höhere oder vermögende Kreise einheiraten, verstehen nichts vom Heiraten; denn wenn die Seite der Frau im Haus das Übergewicht hat, macht das den Mann zum Sklaven und nimmt ihm die Freiheit. Durch die Ehe mit der Frau eingebrachter Reichtum aber ist nutzlos; denn er erschwert die Scheidung.

503

Eine nicht zu vornehme Frau, die verständig ist, zur Ehe zu bekommen, ist für den Menschen das beste.

504

Mein Kind, es gibt Menschen, deren bescheidenes Leben recht angenehm wurde, und solche, deren stolze Größe im Unglück endete.

505

Wer aber von den Menschen sein Schicksal zu tragen versteht, den schätze ich sehr hoch ein und den halte ich für vernünftig.

506

Meint ihr, daß jedes geschehene Unrecht zu den Göttern emporfliegt und von jemand in das Buch des Zeus eingetragen wird, und daß Zeus dann hineinsieht und die Menschen richtet? Selbst der ganze Himmel würde nicht ausreichen, wenn Zeus die Verfehlungen der Menschen aufschreiben ließe, und er würde

ἐξαρκέσειεν οὐδ' ἐκεῖνος ἂν σκοπῶν
πέμπειν ἐκάστῳ ζημίαν· ἀλλ' ἡ Δίκη
ἐνταῦθά πού'στιν ἐγγύς, εἰ βούλεσθ' ὁρᾶν.

Stob. 1, 3, 14.

507 (685)
τί τοὺς θανόντας οὐκ ἐᾷς τεθνηκέναι
καὶ τἀκχυθέντα συλλέγεις ἀλγήματα;

Stob. 4, 56, 16.

508 (683)
παλαιὸς αἶνος· ἔργα μὲν νεωτέρων,
βουλαὶ δ' ἔχουσι τῶν γεραιτέρων κράτος.

Stob. 4, 50, 12.

509 (684)
τί δ' ἄλλο; φωνὴ καὶ σκιὰ γέρων ἀνήρ.

Stob. 4, 50, 57.

510 (674)
παπαῖ, νέος καὶ σκαιὸς οἷός ἐστ' ἀνήρ.

Stob. 4, 11, 7.

511 (675)
δοῦλον γὰρ ἐσθλὸν τοὔνομ' οὐ διαφθερεῖ,
πολλοὶ δ' ἀμείνους εἰσὶ τῶν ἐλευθέρων.

Stob. 4, 19, 38.

512 (673)
ἀργὸς πολίτης κεῖνος, ὡς κακός γ' ἀνήρ.

Stob. 3, 10, 11.

513 (686)
ἴσως ἀλάστορ' οὐκ ἐτόλμησεν κτανεῖν.

Erotian. 17.

514 (687)

----

es auch nicht schaffen, nachzusehen und jedem einzelnen seine Strafe zu schicken, sondern Dike wohnt hier irgendwo in der Nähe, wenn ihr nur die Augen aufmachen wollt.

507
Warum läßt du die Toten nicht ruhen und rührst vergangene Schmerzen wieder auf?

508
Ein alter Spruch: Bei den Jüngeren liegt die Kraft in den Taten, bei den Älteren im Rat.

509
Was denn sonst? Ein alter Mann ist nur Stimme und Schatten.

510
Ach, wie jung und ungeschickt ist er!

511
denn einem edlen Sklaven ist diese Bezeichnung nicht abträglich, und viele sind besser als Freie.

512
Er ist kein guter Bürger; denn er ist ein schlechter Mann.

513
vielleicht/ebenso wagte er den Missetäter nicht zu töten.

514

ΜΕΛΕΑΓΡΟΣ

515 (690)

Καλυδὼν μὲν ἥδε γαῖα, Πελοπίας χθονὸς
ἐν ἀντιπόρθμοις πεδί' ἔχουσ' εὐδαίμονα·
Οἰνεὺς δ' ἀνάσσει τῆσδε γῆς Αἰτωλίας,
Πορθάονος παῖς, ὃς ποτ' 'Αλθαίαν γαμεῖ.
Λήδας ὅμαιμον, Θεστίου δὲ παρθένον.   5

Arist., Rhet. 1409 b 10; Comment. Arist. 21, 2, 195.

516 (690)

Οἰνεύς ποτ' ἐκ γῆς πολύμετρον λαβὼν στάχυν
θύων ἀπαρχάς

Schol. Aristoph. Frösche 1238; u. a.

517 (*691)

Μελέαγρε, μελέαν γάρ ποτ' ἀγρεύεις ἄγραν

Etym. Magn. 576, 30.

518 (705)

καὶ κτῆμα δ', ὦ τεκοῦσα, κάλλιστον τόδε,
πλούτου δὲ κρεῖσσον· τοῦ μὲν ὠκεῖα πτέρυξ,
παῖδες δὲ χρηστοί, κἂν θάνωσι, δώμασιν
καλόν τι θησαύρισμα τοῖς τεκοῦσί τε
ἀνάθημα βιότου κοὔποτ' ἐκλείπει δόμους.   5

Stob. 4, 24, 2.

519 (697)

δειλοὶ γὰρ ἄνδρες οὐκ ἔχουσιν ἐν μάχη
ἀριθμόν, ἀλλ' ἄπεισι κἂν παρῶσ' ὅμως.

Stob. 3, 8, 3.

520 (701)

ἡγησάμην οὖν, εἰ παραζεύξειέ τις

MELEAGROS

515

Kalydon heißt dies Land und es umfaßt die fruchtbare Ebene am Meer gegenüber vom Pelopsland. Oineus, der Sohn des Porthaon, herrscht über diesen aitolischen Landstrich. Er heiratete einst Althaia, Ledas Schwester, die Tochter des Thestios.

516

Als Oineus einst nach reicher Ernte Opfer darbrachte ...

517

Meleagros – denn einst jagst du unglückliche Jagd – ...

518

und das ist auch der schönste Besitz, Mutter, besser als Reichtum, der rasch davonflattert. Tüchtige Kinder sind – auch wenn sie tot sind – für das Haus ein herrlicher Schatz und verschönern das Leben der Eltern und bleiben dem Haus stets erhalten.

519

denn Feiglinge zählen im Kampf nicht, sondern sie sind abwesend, auch wenn sie anwesend sind.

520

Ich glaubte daher, wenn man gut und schlecht ehelich verbinde,

χρηστῷ πονηρὸν λέκτρον, οὐκ ἂν εὐτεκνεῖν,
ἐσθλοῖν δ' ἀπ' ἀμφοῖν ἐσθλὸν ἂν φῦναι γόνον.

Stob. 4, 22, 131.

521 (704)

ἔνδον μένουσαν τὴν γυναῖκ' εἶναι χρεὼν
ἐσθλήν, θύρασι δ' ἀξίαν τοῦ μηδενός.

Stob. 4, 23, 12.

522 (702)

εἰ κερκίδων μὲν ἀνδράσιν μέλοι πόνος,
γυναιξὶ δ' ὅπλων ἐμπέσοιεν ἡδοναί·
ἐκ τῆς ἐπιστήμης γὰρ ἐκπεπτωκότες
κεῖνοί τ' ἂν οὐδὲν εἶεν οὔθ' ἡμεῖς ἔτι.

Stob. 4, 22, 188.

523 (711)

κερκίδος ἀοιδοῦ μελέτας

Schol. Aristoph. Frösche 1315.

524 (699)

ἡ γὰρ Κύπρις πέφυκε τῷ σκότῳ φίλη,
τὸ φῶς δ' ἀνάγκην προστίθησι σωφρονεῖν.

Stob. 4, 20, 50.

525 (700)

εἰ δ' εἰς γάμους ἔλθοιμ', ὃ μὴ τύχοι ποτέ,
τῶν ἐν δόμοισιν ἡμερευουσῶν ἀεὶ
βελτίον' ἂν τέκοιμι λήμασιν τέκνα·
ἐκ γὰρ πατρὸς καὶ μητρὸς ὅστις ἐκπονεῖ
σκληρὰς διαίτας οἱ γόνοι βελτίονες.   5

Stob. 4, 22, 96.

526 (710)

τό τοι κράτιστον, κἂν γονῇ κακός τις ᾖ,
τοῦτ' ἔστιν ἀρετή· τὸ δ' ὄνομ' οὐ διαφέρει.

Orion, Flor. 7, 1.

ergebe das keine wertvollen Kinder, sondern wenn beide Eltern tüchtig seien, entstehe tüchtige Nachkommenschaft.

521
Die Frau soll im Hause bleiben und brav und tüchtig sein; draußen ist sie zu nichts zu gebrauchen.

522
(unsinnig wäre es,) wenn die Männer am Webstuhl arbeiteten und die Frauen Freude an Waffen hätten; denn außerhalb des eigenen Metiers sind jene nichts wert, und wir Frauen ebenfalls.

523
die Arbeit mit dem singenden Weberschiffchen

524
denn Kypris und nächtliches Dunkel sind befreundet, das Tageslicht dagegen zwingt zur Selbstbeherrschung.

525
Wenn ich aber einmal heirate – was nie geschehen möge! –, dann würde ich auf jeden Fall Kinder von besserer Sinnesart haben als die Frauen, die zu Hause sitzen; denn wenn der Vater oder die Mutter Anstrengungen liebt und ein hartes Leben führt, sind die Nachkommen besser.

526
Das Entscheidende ist auch bei niedriger Herkunft die Tüchtigkeit; der Name spielt keine Rolle.

527 (706)
μόνον δ' ἂν ἀντὶ χρημάτων οὐκ ἂν λάβοις
γενναιότητα κἀρετήν· καλὸς δέ τις
κἂν ἐκ πονηρῶν σωμάτων γένοιτο παῖς.

Stob. 4, 29, 31.

528 (703)
μισῶ γυναῖκα..., ἐκ πασῶν δὲ σέ,
ἥτις πονηρὰ τἄργ' ἔχουσ'... εὖ λέγεις.

Stob. 4, 22, 190.

529 (698)
ὡς ἡδὺ δούλοις δεσπότας χρηστοὺς λαβεῖν
καὶ δεσπόταισι δοῦλον εὐμενῆ δόμοις.

Stob. 4, 19, 3.

530 (693)
Τελαμὼν δὲ χρυσοῦν αἰετὸν πέλτης ἔπι
πρόβλημα θηρός, βότρυσι δ' ἔστεψεν κάρα,
Σαλαμῖνα κοσμῶν πατρίδα τὴν εὐάμπελον,
Κύπριδος δὲ μίσημ', 'Αρκὰς 'Αταλάντη, κύνας
καὶ τόξ' ἔχουσα, πελέκεως δὲ δίστομον   5
γένυν ἔπαλλ' 'Αγκαῖος· οἱ δὲ Θεστίου
παῖδες τὸ λαιὸν ἴχνος ἀνάρβυλοι ποδός,
τὸ δ' ἐν πεδίλοις, ὡς ἐλαφρίζον γόνυ
ἔχοιεν, ὃς δὴ πᾶσιν Αἰτωλοῖς νόμος.

Macrob., Sat. 5, 18, 16–21.

531 (694)
σιδηροβριθές τ' ἔλαβε δεξιᾷ ξύλον

Schol. Aristoph. Frösche 1402.

532 (707)
τοὺς ζῶντας εὖ δρᾶν· κατθανὼν δὲ πᾶς ἀνὴρ
γῆ καὶ σκιά· τὸ μηδὲν εἰς οὐδὲν βλέπει.

Stob. 4, 34, 4.

527

... und nur Adel und Tüchtigkeit wirst du für Geld nicht bekommen können; ein wohlgestaltes Kind aber kann auch von minderwertigen Eltern stammen.

528

Ich hasse eine Frau, die ... ist, besonders aber dich, die du böse Taten mit schönen Worten begleitest.

529

Wie erfreulich, wenn Sklaven rechtschaffene Herren haben und Herren Sklaven, die ihnen zugetan sind.

530

... und Telamon mit einem goldenen Adler auf dem Schild, zum Schutz vor dem Untier, das Haupt mit Weinlaub bekränzt zu Ehren von Salamis, seiner rebenreichen Heimat, und Kypris' Feindin, die Arkaderin Atalante, mit Hunden und Bogen.
Ankaios schwang eine Doppelaxt.
Die Söhne des Thestios trugen am linken Fuß keinen Schuh, sondern nur am rechten eine Sandale, um das Laufen zu erleichtern, wie es bei den Aitolern Sitte ist.

531

und mit der Rechten packte er das eisenbewehrte Holz

532

Den Lebenden (soll man) Gutes tun; denn der Tote ist nur Erde und Schatten, und ein Nichts kümmert sich um nichts mehr.

533 (709)

τερπνὸν τὸ φῶς τόδ'· ὁ δ' ὑπὸ γῆς Ἄιδου σκότος
οὐδ' εἰς ὄνειρον ἡδὺς ἀνθρώποις μολεῖν.
ἐγὼ μὲν οὖν γεγῶσα τηλικήδ' ὅμως
ἀπέπτυσ' αὐτὸ κοὔποτ' εὔχομαι θανεῖν.

Stob. 4, 52, 13.

534 (709)

τὸ μὲν γὰρ ἐν φῷ, τὸ δὲ κατὰ σκότος κακόν.

Etym. Magn. 803, 45.

535 (712)

ὁρᾷς σὺ νῦν δή μ' ὡς ἐπράϋνας, τύχη.

Phot. 1, 451, 18.

536 (708)

φεῦ, τὰ τῶν εὐδαιμονούντων ὡς τάχιστα στρέφει θεός.   tr

Stob. 4, 41, 46.

537 (696)

εἰς ἀνδροβρῶτας ἡδονὰς ἀφίξεται
κάρηνα πυρσαῖς γένυσι Μελανίππου σπάσας.

Schol. Pind. Nem. 10, 7.

538 (713)

ἀντήλιοι θεοί

Hesych. 5360.

539 (714)

καθωσίωσε

Hesych. 205.

533
Wir lieben das Licht hier oben, von der Finsternis im Hades
dagegen träumen die Menschen nicht einmal gern. Ich bin nun
so alt, und doch verabscheue ich den Tod und möchte niemals
sterben.

534
denn das eine weilt im Licht, das im Dunkeln aber ist übel
daran.

535
Siehst du, wie du mich jetzt zahm machst, Schicksal?

536
Ach, schnell kehrt die Gottheit die Situation der Glücklichen
ins Gegenteil.

537
Er wird Lust auf Menschenfleisch bekommen, das Haupt des
Melanippos am roten Bart zerrend.

538
Haustürgötter

539
er opferte

ΟΙΔΙΠΟΥΣ

539 a = ad. 378 (719)

Φοίβου ποτὲ οὐκ ἐῶντος ἔσπειρεν τέκνον

Pap. Ox. 2455

540 (720)

. . . .]. ἰδῇ τε βοστρύχ[ων] φόβην·
οὐρὰν δ' ὑπίλασ' ὑπὸ λεοντόπουν βάσιν
καθέζετ'. . . . δ' ἀποφέρουσ' ὠκύπτερον
. . . .]ν ἐπιπα. . .ριз[.]ν χρόνῳ·
. . . .]υ διήλεσε.ιφ..σων φόβην   5
. . . .]προσβάλη τ' αὐγαῖς πτερόν·
εἰ μὲν πρὸς ἵππους ἡλίου χρυσωπὸν ἦν
νώτισμα θηρός·εἰ δὲ πρὸς νέφος βάλοι
κυανωπὸν ὡς τις Ἶρις ἀντηύγει σέλας.

(Reste von 6 Versen, danach Lücke)

. . . .]. . .α. . . .ρ.ρ[. . . . .
. . . .]μον ἐλίπομεν[. . . . .
. . . .]πων ἵσταντ' ἀ[. . . . .
. . . . . σ]υρίξασα ι. . . .[. . . . .
. . . .]αἴνιγμ' ἢ μιαιφ[όνος   20
. . . . . . ἐ]πειποῦσ' ἐξά[μ]ετ[ρ . . . . . .
. . . .]εν; ξύνεσιν δ' ἔχο[ν . . . . . .
. . . . . δί]πουν τι τρίπο[υν . . . .
. . . .]νῇ τρισὶ δ'.[. . . . .
. . . .]ίνδ' ἄρσεν κα[ὶ   25
. . . . . .]. εὔεις ἢ πάλιν β[. . . . .
. . . . .]ὸν ὕμνον οπ[. . . . .
. . . . . .]ὑμεῖς λέξ[ατε. . . . .
. . . .]πουν[. . . . .

Pap. Ox. 2459, Fr. 1 und 2. Vers 2 f. = Nauck 540, Vers 7-9 = Nauck ad. 541.

ÖDIPUS

539 a

Gegen den Willen Apollons zeugte (Laios) einst ein Kind ...
(Anfang des Prologs)

540

... der Locken (Mähne?),
und den Schweif unter ihre Löwenpranken ringelnd
ließ sie sich nieder ... bringend nach den schnellflügeligen
... nach einiger Zeit
... schüttelte auseinander ... die Mähne.
... und den Strahlen den Flügel zuwendete;
wenn gegen das Sonnengespann gerichtet, schimmerte der Rük-
kenschmuck des Tieres golden, den dunklen Wolken zugekehrt
spiegelte er dunklen Glanz wie ein Regenbogen.

(Reste von 6 Versen, danach Lücke)

. . . .
. . . . verließen wir ...
. . . . stellend ...
. . . . pfeifend ...
. . . . Rätsel die blutbefleckte ...
. . . . sprechend ...
. . . . mit Verstand ...
. . . . zweifüßig, dreifüßig ...
. . . . mit dreien ...
. . . . männlich ...
. . . . oder wieder ...
. . . . Gesang ...
. . . . ihr sagtet ...
. . . . füßig ...

541 (722)

ἡμεῖς δὲ Πολύβου παῖδ' ἐρείσαντες πέδῳ
ἐξομματοῦμεν καὶ διόλλυμεν κόρας.

Schol. Eur. Phoin. 61.

542 (726)

οὗτοι νόμισμα λευκὸς ἄργυρος μόνον
καὶ χρυσός ἐστιν, ἀλλὰ κἀρετὴ βροτοῖς
νόμισμα κεῖται πᾶσιν, ᾗ χρῆσθαι χρεών.

Stob. 3, 1, 3.

543 (731)

μεγάλη τυραννὶς ἀνδρὶ τέκνα καὶ γυνή·
ἴσην γὰρ ἀνδρὶ συμφορὰν εἶναι λέγω
τέκνων θ' ἁμαρτεῖν καὶ πάτρας καὶ χρημάτων
ἀλόχου τε κεδνῆς, ὡς μόνων τῶν χρημάτων
ἢ κρεῖσσόν ἐστιν ἀνδρί, σώφρον' ἢν λάβῃ.   5

Stob. 4, 22, 1.

544 (733)

ἄλλως δὲ πάντων δυσμαχώτατον γυνή.

Stob. 4, 22, 140.

545 (732)

πᾶσα γὰρ δούλη πέφυκεν ἀνδρὸς ἡ σώφρων γυνή·   tr
ἡ δὲ μὴ σώφρων ἀνοίᾳ τὸν ξυνόνθ' ὑπερφρονεῖ.

Stob. 4, 22, 85.

546 (734)

πᾶσα γὰρ ἀνδρὸς κακίων ἄλοχος,   an
κἂν ὁ κάκιστος
γήμῃ τὴν εὐδοκιμοῦσαν.

Stob. 4, 22, 187.

547 (725)

ἑνὸς δ' ἔρωτος ὄντος οὐ μί' ἡδονή·
οἱ μὲν κακῶν ἐρῶσιν, οἱ δὲ τῶν καλῶν.

Stob. 1, 9, 2 a.

541

Wir aber hielten den Sohn des Polybos zu Boden und blendeten ihn und zerstörten seine Augen.

542

Nicht nur weißes Silber und Gold haben Geldeswert, sondern auch die Tüchtigkeit steht allen Menschen als Zahlungsmittel zur Verfügung. Man sollte Gebrauch davon machen.

543

Eine große Belastung sind für den Mann Weib und Kind; denn das Unglück ist für den Mann gleich groß, wenn er Kinder verliert oder sein Vaterland und sein Vermögen oder eine tüchtige Gattin; denn wenn der Mann eine verständige Frau bekommt, ist sie wahrhaftig wertvoller für ihn als Vermögen für sich allein genommen.

544

Am schwersten ist es, mit einer Frau fertig zu werden.

545

denn jede vernünftige Frau will von Natur aus ihrem Mann dienen, und die unvernünftige will sich aus Dummheit über den Lebensgefährten erheben.

546

denn jede Ehefrau ist schlechter als ihr Mann, auch wenn der größte Schuft das edelste Weib freit.

547

Obwohl es nur eine Liebe gibt, geht das Verlangen doch in zwei Richtungen: die einen lieben die Verworfenheit, die anderen die Schönheit.

548 (730)

νοῦν χρὴ θεᾶσθαι, νοῦν· τί τῆς εὐμορφίας
ὄφελος, ὅταν τις μὴ φρένας καλὰς ἔχῃ;

Stob. 4, 21, 19.

549 (736)

ἀλλ᾽ ἦμαρ ⟨ἓν⟩ τοι μεταβολὰς πολλὰς ἔχει.

Stob. 4, 41, 45.

550 (738)

ἐκ τῶν ἀέλπτων ἡ χαρὰ μείζων βροτοῖς
φανεῖσα μᾶλλον ἢ τὸ προσδοκώμενον

Stob. 4, 47, 4.

551 (728)

φθόνος δ᾽ ὁ πολλῶν φρένα διαφθείρων βροτῶν
ἀπώλεσ᾽ αὐτὸν κἀμὲ συνδιώλεσεν.

Stob. 3, 38, 9.

552 (727)

πότερα γενέσθαι δῆτα χρησιμώτερον
συνετὸν ἄτολμον ἢ θρασύν τε κἀμαθῆ;
τὸ μὲν γὰρ αὐτῶν σκαιόν, ἀλλ᾽ ἀμύνεται,
τὸ δ᾽ ἡσυχαῖον ἀργόν· ἐν δ᾽ ἀμφοῖν νόσος.

Stob. 3, 7, 9.

553 (737)

ἐκμαρτυρεῖν γὰρ ἄνδρα τὰς αὑτοῦ τύχας
εἰς πάντας ἀμαθές, τὸ δ᾽ ἐπικρύπτεσθαι σοφόν.

Stob. 4, 45, 6.

554.(735)

πολλάς γ᾽ ὁ δαίμων τοῦ βίου μεταστάσεις
ἔδωκεν ἡμῖν μεταβολάς τε τῆς τύχης.

Stob. 4, 41, 44.

554 a = 1049 (729)

ἐγὼ γὰρ ὅστις μὴ δίκαιος ὢν ἀνὴρ

548

Auf den Geist eines Menschen muß man schauen, auf den Geist! Was nützt gutes Aussehen, wenn keine Schönheit der Gesinnung dazukommt?

549

aber ein einziger Tag kann viele Veränderungen bringen

550

Das Unerwartete bereitet den Menschen größere Freude, da es deutlicher hervortritt als das, womit man rechnet.

551

Der Neid, der den Geist vieler Menschen verdirbt, richtete ihn zugrunde und mich mit ihm.

552

Ist es besser, klug und vorsichtig zu sein oder mutig und dumm? Das eine ist nämlich ungeschickt, aber setzt sich zur Wehr, der bedächtigen Ruhe dagegen fehlt die Tatkraft; in beidem steckt ein Fehler.

553

denn seine Angelegenheiten vor allen Leuten als Zeugen auszubreiten, ist dumm; sie zu verbergen, ist klug.

554

Die Gottheit verursachte viele Veränderungen in unserm Leben und ließ das Schicksal oft umschlagen.

554 a

Wenn ein Verbrecher am Altar sitzt, würde ich Gesetz Gesetz

βωμὸν προσίζει, τὸν νόμον χαίρειν ἐῶν
πρὸς τὴν δίκην ἄγοιμ' ἂν οὐ τρέσας θεούς·
κακὸν γὰρ ἄνδρα χρὴ κακῶς πάσχειν ἀεί.

Stob. 4, 5, 11.

555 (724)

οὐ δῆκταί πως κύνες οἱ θεοί,
ἀλλ' ἡ Δίκη γὰρ καὶ διὰ σκότου βλέπει.

Stob. 1. 3, 6.

556 (723)

τὸν ὑμνοποιὸν δόνα[χ', ὃν ἐκφύει Μέ]λας
ποταμὸς ἀηδόν' εὐπνόων αὐλῶν σοφήν

Pap. Ox. 2536; u. a.

557 (739)

ἄναρθρος

Hesych. 4544.

ΟΙΝΕΥΣ

558 (742)

'Ὦ γῆς πατρῴας χαῖρε φίλτατον πέδον
Καλυδῶνος, ἔνθεν αἷμα συγγενὲς φυγὼν
Τυδεύς, τόκος μὲν Οἰνέως, πατὴρ δ' ἐμός,
ᾤκησεν Ἄργος, παῖδα δ' Ἀδράστου λαβὼν
συνῆψε γένναν   5

Comment. Arist. 21, 2, 247.

559 (743)

ἐγὼ δὲ πατρὸς αἷμ' ἐτιμωρησάμην
σὺν τοῖς ἐφηβήσασι τῶν ὀλωλότων

Erotian. 85.

sein lassen und ihn der gerechten Strafe zuführen, ohne die Götter zu fürchten; denn einem schlechten Mann sollte es stets auch schlecht ergehen.

555
Die Götter sind keine bissigen Hunde, doch Dike kann auch im Dunkeln sehen.

556
das gesangspendende Rohr, das der Fluß (Melas wachsen läßt), das weise Mundstück der leicht zu blasenden Flöten

557
kraftlos

OINEUS

558
Sei gegrüßt, mein geliebtes Heimatland Kalydon, von wo mein Vater Tydeus, ein Sohn des Oineus, durch Verwandtenmord befleckt nach Argos floh, sich dort niederließ und durch seine Ehe mit der Tochter des Adrastos Familienbande knüpfte.

559
Ich aber rächte das Blut des Vaters gemeinsam mit den herangewachsenen Söhnen der Toten.

560 (751)

ἀλλ' ἄλλος ἄλλοις μᾶλλον ἥδεται τρόποις.

Clem. Alex., Strom. 6, 2, 7, 4.

561 (750)

σὺ δὲ τρέφοντά ⟨νιν⟩ τρέφεις;

Philostr. Her. 285.

562 (745)

πυκνοῖς δ' ἔβαλλον Βακχίου τοξεύμασιν
κάρα γέροντος· τὸν βαλόντα δὲ στέφειν
ἐγὼ ἐτετάγμην, ἆθλα κοσσάβων διδούς.

Athen. 15, 3.

563 (749)

σχολὴ μὲν οὐχί, τῷ δὲ δυστυχοῦντί πως
τερπνὸν τὸ λέξαι κἀποκλαύσασθαι πάλιν.

Stob. 4, 48, 16.

564 (744)

ὅταν κακοὶ πράξωσιν, ὦ ξένοι, καλῶς,
ἄγαν κρατοῦντες κοὺ νομίζοντες δίκην
δώσειν ἔδρασαν πάντ' ἐφέντες ἡδονῇ.

Stob. 4, 42, 4.

565 (746)

A σὺ δ' ὧδ' ἔρημος ξυμμάχων ἀπόλλυσαι;
B οἳ μὲν γὰρ οὐκέτ' εἰσίν, οἱ δ' ὄντες κακοί.

Schol. Aristoph. Frösche 72; u. a.

566 (747)

ὡς οὐδὲν ἀνδρὶ πιστὸν ἄλλο πλὴν τέκνων·
κέρδους δ' ἕκατι καὶ τὸ συγγενὲς νοσεῖ.

Stob. 4, 24, 3.

560

aber der eine hat mehr Freude an diesem, der andere an jenem.

561

du aber nährst den Nährer?

562

und fortwährend versuchten sie mit den Geschossen des Bakchios das Haupt des Alten zu treffen. Ich aber hatte die Aufgabe, denjenigen, der traf, zu bekränzen und ihm den Preis des Kottabos zu überreichen.

563

Es fehlt mir zwar die Zeit, doch wenn einen ein Leid getroffen hat, dann verschaffen das Erzählen und erneute Tränen eine gewisse Freude.

564

Wenn es schlechten Kerlen gut geht, ihr Fremden, und sie allzu mächtig sind und glauben, daß sie nicht zur Rechenschaft gezogen werden können, dann tun sie alles, wozu die Lust sie treibt.

565

A So entblößt von Helfern gehst du zugrunde?
B Die einen sind tot, die lebenden taugen nichts.

566

denn auf nichts kann man sich verlassen außer auf seine Kinder. Um schnöden Gewinnes willen zerbrechen jedoch auch Familienbande.

567 (752)

τὰς βροτῶν
γνώμας σκοπῶν ὥστε Μαγνῆτις λίθος
τὴν δόξαν ἕλκει καὶ μεθίστησιν πάλιν.

Phot. 1, 266; u. a.

568 (748)

καὶ γάρ εἰμ' ἄγαν
ὀχληρός. οὐ δοκῶν με κοιράνους στυγεῖν.

Schol. Aristoph. Acharn. 472.

569 (753)

ἀθράνευτον

Hesych. 1613; u. a.

570 (754)

ἀκρίζων

Hesych. 2564.

ΟΙΝΟΜΑΟΣ

571 (757)

ἀμηχανῶ δ' ἔγωγε κοὐκ ἔχω μαθεῖν,
εἴτ' οὖν ἄμεινόν ἐστι γίγνεσθαι τέκνα
θνητοῖσιν εἴτ' ἄπαιδα καρποῦσθαι βίον.
ὁρῶ γὰρ οἷς μὲν οὐκ ἔφυσαν, ἀθλίους·
ὅσοισι δ' εἰσίν, οὐδὲν εὐτυχεστέρους.   5
καὶ γὰρ κακοὶ γεγῶτες ἐχθίστη νόσος,
κἂν αὖ γένωνται σώφρονες, κακὸν μέγα,
λυποῦσι τὸν φύσαντα μὴ πάθωσί τι.

Stob. 4, 24, 17.

567

Er späht das Denken der Menschen aus und zieht ihre Gedanken und Meinungen an wie ein Magnet und lenkt sie in die entgegengesetzte Richtung.

568

denn ich falle allzu lästig in der Meinung, daß die Fürsten mich nicht hassen

569

ohne Streu

570

auf Zehenspitzen

OINOMAOS

571

Ich bin ratlos und finde nicht heraus, ob es für den Menschen besser ist, Kinder zu haben oder das Leben kinderlos zu verbringen; denn ich sehe, daß diejenigen, denen keine Kinder erwuchsen, zu bedauern sind, aber diejenigen, die Kinder haben, um nichts glücklicher daran sind. Denn wenn die Kinder nichts taugen, ist das eine ganz abscheuliche Sache, und wenn sie umgekehrt verständig sind, ist das Unglück groß, weil sie die Eltern mit der quälenden Sorge belasten, daß ihnen etwas zustoßen könnte.

572 (758)

ἓν ἔστι πάντων πρῶτον εἰδέναι τουτί,
φέρειν τὰ συμπίπτοντα μὴ παλιγκότως·
χοὖτός γ' ἀνὴρ ἄριστος αἵ τε συμφοραὶ
ἧσσον δάκνουσιν. ἀλλὰ ταῦτα γὰρ λέγειν
ἐπιστάμεσθα, δρᾶν δ' ἀμηχάνως ἔχει.　　　　5

Stob. 4, 35, 8.

573 (760)

ἀλλ' ἔστι γὰρ δὴ κἀν κακοῖσιν ἡδονὴ
θνητοῖς ὀδυρμοὶ δακρύων τ' ἐπιρροαί·
ἀλγηδόνας δὲ ταῦτα κουφίζει φρενῶν
καὶ καρδίας ἔλυσε τοὺς ἄγαν πόνους.

Stob. 4, 54, 8.

574 (762)

τεκμαιρόμεσθα τοῖς παροῦσι τἀφανῆ.

Clem. Alex., Strom. 6, 2, 18; u. a.

575 (759)

ὅστις δὲ θνητῶν βούλεται δυσώνυμον
εἰς γῆρας ἐλθεῖν, οὐ λογίζεται καλῶς·
μακρὸς γὰρ αἰὼν μυρίους τίκτει πόνους.

Stob. 4, 50, 39.

576 (756)

ὁ πλεῖστα πράσσων πλεῖσθ' ἁμαρτάνει βροτῶν.

Stob. 4, 16, 13.

577 (*761)

ἐγὼ μὲν εὖτ' ἂν τοὺς κακοὺς ὁρῶ βροτῶν
πίπτοντας, εἶναί φημι δαιμόνων γένος.

Orion, Flor. 5, 5.

572

Dies eine muß man vor allem können: sein Schicksal ohne Groll tragen. Wer das vermag, bewährt sich nicht nur als Mann, sondern er fühlt bei Schicksalsschlägen geringeren Schmerz. – Aber das ist leichter gesagt als getan.

573

Doch gibt es für den Menschen auch Lust im Leid: Klagen und Tränen. Sie lindern die Schmerzen unseres Gemüts und lösen die übermäßigen Beklemmungen des Herzens.

574

Aus dem Gegenwärtigen erschließen wir das Verborgene.

575

Wer sich wünscht, das übelbeleumdete Alter zu erreichen, macht sich falsche Vorstellungen; denn ein langes Leben bringt zahllose Leiden mit sich.

576

Wer viel tut, macht auch viele Fehler.

577

Wenn ich sehe, wie Schufte zu Fall kommen, glaube ich an Götter.

ΠΑΛΑΜΗΔΗΣ

578 (769)

τὰ τῆς γε λήθης φάρμακ' ὀρθώσας μόνος,
ἄφωνα φωνήεντα συλλαβὰς τιθεὶς
ἐξηῦρον ἀνθρώποισι γράμματ' εἰδέναι,
ὥστ' οὐ παρόντα ποντίας ὑπὲρ πλακὸς
τἀκεῖ κατ' οἴκους πάντ' ἐπίστασθαι καλῶς,   5
παισίν τ' ἀποθνήσκοντα χρημάτων μέτρον
γράψαντας εἰπεῖν, τὸν λαβόντα δ' εἰδέναι.
ἃ δ' εἰς ἔριν πίπτουσιν ἀνθρώποις κακά
δέλτος διαιρεῖ, κοὐκ ἐᾷ ψευδῆ λέγειν.

Stob. 2, 4, 8. – 6 uberl. γραμμάτων.

579 (776)

λαιε† πάλαι δή σ' ἐξερωτῆσαι θέλων,
σχολή μ' ἀπεῖργε

Schol. Hom. Il. 2, 353.

580 (774)

'Αγάμεμνον, ἀνθρώποισι πᾶσιν αἱ τύχαι
μορφὴν ἔχουσι, συντρέχει δ' εἰς ἓν τόδε·
τούτου δὲ πάντες, οἵ τε μουσικῆς φίλοι
ὅσοι τε χωρὶς ζῶσι, χρημάτων ὕπερ
μοχθοῦσιν, ὃς δ' ἂν πλεῖστ' ἔχῃ σοφώτατος.   5

Stob. 4, 31, 14.

581 (773)

στρατηλάται τἂν μυρίοι γενοίμεθα,
σοφὸς δ' ἂν εἷς τις ἢ δύ' ἐν μακρῷ χρόνῳ.

Stob. 4, 13, 6.

582 (775)

εἰ τῶν πολιτῶν οἷσι νῦν πιστεύομεν,

PALAMEDES

578

Ich allein erfand ein Mittel gegen das Vergessen, indem ich Silben als Verbindungen von Konsonanten und Vokalen definierte und die Menschen die Buchstaben lehrte; denn wer übers Meer fort ist, kann nun über alles zu Hause bestens unterrichtet sein, und wenn man stirbt, kann man den Kindern schriftlich eine Geldsumme aussetzen, und der Empfänger weiß genau Bescheid.
Auch die üblen Streitereien der Menschen untereinander schafft ein Schriftstück aus der Welt, und es verhindert das Betrügen.

579

Längst schon wollte ich dich fragen, doch Trägheit hielt mich ab.

580

Agamemnon, die Schicksalswege der Menschen haben ihre individuelle Gestalt, aber in einem Punkte treffen sie sich: Auf eins sind alle aus – Musenfreunde und Ungebildete –, alle streben nach Besitz, und wer am meisten hat, gilt als der Klügste.

581

Feldherren können wir zu Tausenden werden, aber wirklich kluge Männer gibt es nur einen oder zwei in vielen Jahren.

582

Wenn wir den Bürgern, denen wir jetzt vertrauen, kein Ver-

τούτοις άπιστήσαιμεν, οἶς δ' οὐ χρώμεθα,
τούτοισι χρησαίμεσθ', ἴσως σωθεῖμεν ἄν.

= Aristoph., Frösche 1446 ff.

583 (770)

ὅστις λέγει μὲν εὖ, τὰ δ' ἔργ' ἐφ' οἶς λέγει
αἰσχρ' ἐστί, τούτου τὸ σοφὸν οὐκ αἰνῶ ποτε.

Stob. 2, 15, 15.

584 (771)

εἶς τοι δίκαιος μυρίων οὐκ ἐνδίκων
κρατεῖ τὸ θεῖον τὴν δίκην τε συλλαβών.

Stob. 3, 9, 12.

585 (772)

τοῦ γὰρ δικαίου κἄν βροτοῖσι κἄν θεοῖς
ἀθάνατος ἀεὶ δόξα διατελεῖ μόνου.

Stob. 3, 9, 20.

586 (778)

†ουσαν Διονύσου   lyr
κομαν†, ὃς ἀν' "Ἰδαν
τέρπεται σὺν ματρὶ φίλᾳ
τυμπάνων Ἰακχαῖς

Strab. 10, 3, 14.

587 (779)

κώπην χρυσόκολλον

Pollux 10, 145.

588 (780)

ἐκάνετ' ἐκάνετε τὰν   lyr
πάνσοφον, ὦ Δαναοί,
τὰν οὐδέν' ἀλγύνουσαν ἀηδόνα μουσᾶν.

Philostr., Her. 313; u. a.

589 (777)

trauen mehr schenken, und diejenigen heranziehen, die wir
jetzt nicht heranziehen, können wir uns vielleicht retten.

583
Wer gut zu reden versteht, sich dabei aber für häßliche Dinge
einsetzt, dessen Geschicklichkeit werde ich niemals anerkennen.

584
Ein Gerechter ist stärker als Scharen von Ungerechten, da er
die Götter und das Recht auf seiner Seite hat.

585
denn nur der Gerechte genießt stets unsterblichen Ruhm bei
Göttern und Menschen.

586
... des Dionysos, der sich auf dem Ida zusammen mit seiner
Mutter am Ruf der Trommeln erfreut.

587
den goldgelöteten Griff

588
ihr habt getötet, getötet den allweisen, ihr Griechen, den Mu-
sensänger, der niemandem etwas zuleide tat

589

590 (781)

ἔμβολα

Hesych. 2307; u. a.

ΠΕΙΡΙΘΟΟΣ

591 (807)

Αἰακός

῎Εα, τί χρῆμα; δέρκομαι σπουδῇ τινα
δεῦρ' ἐγκονοῦντα καὶ μάλ' εὐτόλμῳ φρενί.
εἰπεῖν δίκαιον, ὦ ξέν', ὅστις ὢν τόπους
ἐς τούσδε χρίμπτῃ καὶ καθ' ἥντιν' αἰτίαν.

Ἡρακλῆς

οὐδεὶς ὄκνος πάντ' ἐκκαλύψασθαι λόγον·   5
ἐμοὶ πατρὶς μὲν ῎Αργος, ὄνομα δ' Ἡρακλῆς,
θεῶν δὲ πάντων πατρὸς ἐξέφυν Διός·
ἐμῇ γὰρ ἦλθε μητρὶ κεδνὰ πρὸς λέχη
Ζεύς, ὡς λέλεκται τῆς ἀληθείας ὕπο.
ἥκω δὲ δεῦρο πρὸς βίαν, Εὐρυσθέως   10
ἀρχαῖς ὑπείκων, ὅς μ' ἔπεμψ' ῎Αιδου κύνα
ἄγειν κελεύων ζῶντα πρὸς Μυκηνίδας
πύλας, ἰδεῖν μὲν οὐ θέλων, ἆθλον δέ μοι
ἀνήνυτον τόνδ' ᾤετ' ἐξηυρηκέναι.
τοιόνδ' ἰχνεύων πρᾶγος Εὐρώπης κύκλῳ   15
᾽Ασίας τε πάσης ἐς μυχοὺς ἐλήλυθα.

Joh. Log., Comment. Hermog.; u. a. - Vers 6–10 = Nauck 591.

592 (813)

ἵνα πλημοχόας τάσδ' εἰς χθόνιον   an
χάσμ' εὐφήμως προχέωμεν

Athen. 11, 93.

590

Stützen

PEIRITHOOS

591
Aiakos

Nanu, was gibt es? Ich sehe jemand eilig kommen, voller Wagemut. Es gehört sich, Fremder, zu sagen, wer du bist und warum du hierher kommst.

Herakles

Ich zögere nicht, alles zu enthüllen, was zu sagen ist. Meine Heimat ist Argos, mein Name ist Herakles, ich stamme von Zeus, dem Vater aller Götter; denn Zeus nahte dem züchtigen Lager meiner Mutter, wie zu Recht berichtet wird.
Ich komme hierher gegen meinen Willen auf Befehl des Eurystheus, der mich losschickte mit dem Auftrag, den Hadeshund lebendig zu den Toren von Mykenai zu bringen. Dabei will er ihn gar nicht sehen, sondern er meinte, damit für mich eine unerfüllbare Aufgabe gefunden zu haben. Dieser Angelegenheit auf der Spur bin ich in allen Winkeln Europas und Asiens herumgekommen.

592

damit wir diese Kannen in den Erdspalt schütten mit heiligen Worten

593 (815)
σὲ τὸν αὐτοφυᾶ τὸν ἐν αἰθερίῳ   an
ῥύμβῳ πάντων φύσιν ἐμπλέξανθ',
ὃν πέρι μὲν φῶς, πέρι δ' ὀρφναία
νὺξ αἰολόχρως, ἄκριτός τ' ἄστρων
ὄχλος ἐνδελεχῶς ἀμφιχορεύει   5

Clem. Alex., Strom. 5, 14, 114, 2; u. a.

594 (814)
ἀκάμας τε χρόνος περί γ' ἀενάῳ   an
ῥεύματι πλήρης φοιτᾷ τίκτων
αὐτὸς ἑαυτόν, δίδυμοί τ' ἄρκτοι
ταῖς ὠκυπλάνοις πτερύγων ῥιπαῖς
τὸν Ἀτλάντειον τηροῦσι πόλον   5

Clem. Alex., Strom. 5, 6, 361; u. a.

595 (*816)
αἰδοῦς ἀχαλκεύτοισιν ἔζευκται πέδαις

Plut., De amic. mult. 7.

596 (820)
οὐκ οὖν τὸ μὴ ζῆν κρεῖσσόν ἐστ' ἢ ζῆν κακῶς;

Stob. 4, 53, 23.

597 (819)
τρόπος δὲ χρηστὸς ἀσφαλέστερος νόμου·
τὸν μὲν γὰρ οὐδεὶς ἂν διαστρέψαι ποτὲ
λόγος δύναιτο, τὸν δ' ἄνω τε καὶ κάτω
ῥήτωρ σπαράσσων πολλάκις λυμαίνεται.

Stob. 3, 37, 15.

598 (818)
ὁ πρῶτος εἰπὼν οὐκ ἀγυμνάστῳ φρενὶ
ἔρριψεν ὅστις τόνδ' ἐκαίνισεν λόγον,
ὡς τοῖσιν εὖ φρονοῦσι συμμαχεῖ τύχη.

Stob. 2, 8, 4.

593

dich, den von selbst Entstandenen, der in den Himmelsum-
schwung die Natur aller Dinge eingeflochten hat, um den sich
das Licht des Tages und das schimmernde Dunkel der Nacht
und die ungezählte Schar der Sterne fortwährend drehen.

594

Die unermüdliche Zeit kreist herum, in ewigem Fluß sich er-
füllend und sich selbst erzeugend, und die zwei Bären mit
schnellem Flügelschwung bewachen den Pol des Atlas.

595

er ist mit den erzlosen Fesseln der sittlichen Scheu gebunden

596

Ist also Tod nicht besser, als schlecht zu leben?

597

Ein edler Charakter ist standfester als das Gesetz; denn er läßt
sich durch Worte niemals beirren, jenes aber wird oft durch
einen Redner, der es hin- und herzerrt, verfälscht.

598

Der es zuerst sagte, trat nicht ungeübt zum Wurf an, wer auch
immer diesen Spruch neu einführte, daß nämlich dem, der die
rechte Gesinnung hat, das Schicksal zur Seite steht.

599 (821)
ἔφεξις

Hesych. 7383; u. a.

600 (822)
θρᾶξαι

Hesych. 689.

600 + 1 (809)
(Reste von 6 Versen)

θεὸς δὲ μανια[.....................
ἔπεμψεν ἄτη[ν ....
νεφέλην γυναικ[..................
ἔσπειρεν εἰς τοὺς θ.[.............   10
θυγατρὶ μίσγοιτ᾽ ε[..............
τοίων δὲ κόμπω[ν ....
ποινὰς θεοῖς ἔτεισεν[............
μανίας τροχῷ περι[..............
οἰστρη[λ]άτοισιν ωχ[..............   15
ἄπυστο[ς] ἀνθρώποι[σι ....
ἔκρυψεν, ἀλλὰ βορε[α ....
διεσπα[ρ]άχθη σ[υ]ν μ[..........
πατὴ[ρ ἁ]μαρτὼν εἰς θε[οὺς ....
ἐγὼ [δ᾽ ἐκ]είνου π[ή]ματα[........   20

Pap. Ox. 2078, Fr. 1.

600 + 2 (810)
Θησεύς, Ἡρακλῆς
(Reste von 3 Versen)

..........].σοι το.[.....] ἡδὺ ν[ῦ]ν δοκεῖ
Θη ....]τος, Ἡράκλεις, [σὲ] μέμψομαι   5
    ....]η, πιστὸν γὰρ ἄνδρα καὶ φίλον
    ...... πρ]οδοῦναι δυσμ[εν]ῶς εἰλημμένον.
Ηρ σαυτῷ τε,] Θησεῦ, τῇ τ᾽ Ἀθηναίων πό[λει
    πρέπουτ᾽ ἔλεξας· τοῖσι δυσ[τυ]χοῦσι γάρ
    ἀεί ποτ᾽ εἶ σὺ σύμμαχος· σκῆψιν [δ᾽ ἐμ]οί   10

599
Vorwand

600
beunruhigen

600 + 1
(Reste von 6 Versen)
Gott aber Wahnsinn ...

schickte Verblendung ...

Wolken in der Gestalt einer Frau ...

säte in die ...

sich der Tochter (des Kronos) verband ...

solcher Prahlereien aber ...

zahlte den Göttern Strafe ...

des Wahnsinns auf einem Rad herum ...

den von der Bremse Gejagten ...

unbekannt den Menschen ...

verbarg, aber der Nordwind ...

wurde zerrissen mit ...

Vater, der sich gegenüber den Göttern verging ...

ich aber seine Leiden ...

600 + 2
Theseus, Herakles
(Reste von 3 Versen)
... scheint nun angenehm.

The   ... Herakles, ich tadle dich

     ... denn einen zuverlässigen Mann und Freund

     ... wie einen Feind preisgebend ertappt.

Her Du sprachst deiner und Athens würdig; denn immer schon
warst du ein Helfer der Unglücklichen. Mir aber bringt
es Schimpf, wenn ich nicht nach Hause komme, ohne

ἀεικές ἐστ' ἔχοντα πρὸς πάτραν μολεῖν.
Εὐρυσθέα γὰρ πῶς δοκεῖς ἄν, ἄσμενον
εἰ μοι πύθοιτο ταῦτα συμπράξαντά σε,
λέξειν ἄν ὡς ἄκραντος ἤθληται πόνος;
Θη ἀλλ' οὖ σὺ χρῄζεις π[. . . . .] ἐμὴν ἔχεις   15
εὔνοιαν, οὐκ ἔμπλ[ηκτον, ἀλλ' ἐλ]ευθέρως
ἐχθροῖσί τ' ἐχθρὰν [καὶ φίλοισι]ν εὐμενῆ.
πρόσθεν σ' ἐμοὶ τ[. . . . .]ει λόγος,
λέγοις δ' ἄν [. . . . .]ους λόγους

(Reste von 21 Versen)

Pap. Ox. 2078, Fr. 2.

ΠΕΛΙΑΔΕΣ

601 (787)

Μήδεια πρὸς μὲν δώμασιν τυραννικοῖς

Schol. Eur. Med. 693.

602 (788)

τί χρῆμα δράσας; φρᾴζε μοι σαφέστερον.

Schol. Eur. Med. 693.

603 (795)

αἰνῶ· διδάξαι δ' ὦ τέκνον σε βούλομαι.
ὅταν μὲν ᾗς παῖς, μὴ πλέον παιδὸς φρονεῖν,
ἐν παρθένοις δὲ παρθένου τρόπους ἔχειν,
ὅταν δ' ὑπ' ἀνδρὸς χλαῖναν εὐγενοῦς πέσῃς,

. . . .

τὰ δ' ἄλλ' ἀφεῖναι μηχανήματ' ἀνδράσιν.   5

Stob. 4, 23, 25.

fremde Hilfe in Anspruch genommen zu haben; denn was
meinst du, wird Eurystheus sagen, wenn er erfährt, daß
du mir bereitwillig geholfen hast, dies zu erledigen? Er
wird behaupten, daß die Aufgabe nicht gelöst wurde.

The Aber was du möchtest . . . . meine . . . hast
mein Wohlwollen, nicht . . . . frei
den Feinden Feindschaft, (den Freunden) gewogen
vorher mir . . . . Wort
doch du könntest sagen . . . . Worte
(Reste von 21 Versen)

PELIADEN

601
Medea beim Hause des Fürsten

602
Durch welche Tat? Sag es deutlicher!

603
Ich bin einverstanden, doch will ich dir einige Ratschläge
erteilen, mein Kind:
Solange du ein Kind bist, wolle nichts anderes als ein Kind
sein! Im Kreise der heranwachsenden Mädchen, benimm dich
wie ein Mädchen. Wenn du aber unter die Decke eines rechtschaffenen Mannes kommst,
. . . .
die anderen Kunstgriffe aber den Männern überlassen.

604 (793)
πρὸς κέντρα μὴ λάκτιζε τοῖς κρατοῦσί σου.

Stob. 3, 3, 22.

605 (794)
τὸ δ' ἔσχατον δὴ τοῦτο θαυμαστὸν βροτοῖς
τυραννίς, οὐχ εὕροις ἂν ἀθλιώτερον.
φίλους τε πορθεῖν καὶ κατακτανεῖν χρεών,
πλεῖστος φόβος πρόσεστι μὴ δράσωσί τι.

Stob. 4, 8, 9.

606 (789)
οὐκ ἔστι τὰ θεῶν ἄδικ', ἐν ἀνθρώποισι δὲ
κακοῖς νοσοῦντα σύγχυσιν πολλὴν ἔχει.

Stob. 2, 8, 2.

607 (796)
ὁρῶσι δ' οἱ διδόντες εἰς τὰ χρήματα.

Stob. 4, 31, 38.

608 (792)
ἐν τοῖσι μὲν δεινοῖσιν ὡς φίλοι φίλων·
ὅταν δὲ πράξωσ' εὖ, διωθοῦνται χάριν
αὐτοὶ δι' αὑτοὺς εὐτυχεῖν ἡγούμενοι.

Stob. 2, 46, 10.

609 (791)
ὁ γὰρ ξυνὼν κακὸς μὲν ἦν τύχῃ γεγώς,
τοιούσδε τοὺς ξυνόντας ἐκπαιδεύεται,
χρηστοὺς δὲ χρηστός· ἀλλὰ τὰς ὁμιλίας
ἐσθλὰς διώκειν, ὦ νέοι, σπουδάζετε.

Stob. 2, 31, 4.

610 (790)
φθείρου· τὸ γὰρ δρᾶν οὐκ ἔχων λόγους ἔχεις.

Stob. 2, 15, 20.

604

Löcke nicht gegen den Stachel bei denen, die über dich gebieten!

605

und das also, was die Menschen am meisten bewundern, die
Tyrannis, ist in Wirklichkeit das Allerelendeste; denn da der
Tyrann (manchmal auch) Freunde ruinieren und umbringen
muß, muß er fürchten, daß (auch) Freunde etwas gegen ihn
unternehmen.

606

Bei den Göttern gibt es kein Unrecht, bei den Menschen dagegen verursacht die Schlechtigkeit, an der sie kranken, viel
Unheil.

607

doch die Gebenden achten auf den Gewinn

608

... (benehmen sich), wenn sie in Not sind, wie Freunde von
Freunden; wenn es ihnen aber wieder gut geht, dann weisen
sie es weit von sich, eine Dankesschuld abzutragen, in der Meinung, sie hätten aus eigener Kraft ihr Schicksal gemeistert.

609

denn wenn einer der Gefährten schlecht ist, erzieht er auch
die anderen dazu, dagegen macht er sie gut und tüchtig, wenn
er es selbst ist. Daher bemüht euch, ihr jungen Leute, edlen
Umgang zu suchen.

610

Geh zugrunde; denn du handelst nicht, sondern redest nur!

611 (800)

ἀντεμμάσασθαι

Hesych. 5343.

612 (801)

ἀρταμεῖν

Hesych. 7479.

613 (798)

εὐστόχως

Antiatt. 95, 23.

614 (802)

κατηβολή

Hesych. 1741; u. a.

615 (799)

λύσιμον

Antiatt. 106, 27.

616 (797)

ὄβρια

Aelian. 7, 47; u. a.

ΠΗΛΕΥΣ

617 (826)

οὐκ ἔστιν ἀνθρώποισι τοιοῦτος σκότος,
οὐ χῶμα γαίας κλῃστόν, ἔνθα τὴν φύσιν
ὁ δυσγενὴς κρύψας ἂν εἴη σοφός.

Stob. 4, 30, 8.

611

heimzahlen (?)

612

zerstückeln

613

treffsicher

614

Auferlegen

615

lösbar

616

Tierjunge

PELEUS

617

Auf Erden gibt es keine solche Finsternis und keinen so festen
Erdhügel, daß ein unedler Mensch seine Natur dort verbergen
könnte, um als verständig zu gelten.

617 a = 1025 (824)

Θεοῦ γὰρ οὐδεὶς χωρὶς εὐτυχεῖ βροτός
οὐδ' εἰς τὸ μεῖζον ἦλθε· τὰς θνητῶν δ' ἐγώ
χαίρειν κελεύω θεῶν ἄτερ προθυμίας.

Stob. 1. 1. 17, u. a.

618 (827)

τὸν ὅλβον οὐδὲν οὐδαμοῦ κρίνω βροτοῖς,
ὅν γ' ἐξαλείφει ῥᾷον ἢ γραφὴν θεός.

Stob. 4, 31, 62.

619 (828)

τὸ γῆρας, ὦ παῖ, τῶν νεωτέρων φρενῶν
σοφώτερον πέφυκε κἀσφαλέστερον,
ἐμπειρία τε τῆς ἀπειρίας κρατεῖ.

Stob. 4, 50, 17.

620 (825)

κλύετ' ὦ μοῖραι Διὸς αἵ τε παρὰ   an
θρόνον ἀγχοτάτω θεῶν ἐζόμεναι

Stob. 1, 5, 10.

621 (831)

.... τὰ δ' ἔνθεν οὐκέτ' ἂν φράσαι λόγῳ
δακρύων δυναίμην χωρίς

Joh. Laur. Lyd., De magist. 3, 25.

622 (830)

πάρεσμεν, ἀλλ' οὐκ ἠσθάνου παρόντα με.

Etym. Gen., Reitz. 294.

623 (829)

βοάσομαί τἄρα τὰν ὑπέρτονον
βοάν· ἰώ, πύλαισιν ἤ τις ἐν δόμοις;

Schol. Aristoph. Wolken 1154.

617 a = 1025

denn kein Mensch erreicht Glück und Vorankommen ohne die
Götter, und menschlichem Wollen ohne die Götter gebe ich den
Abschied.

618

Der Reichtum ist meiner Meinung nach für den Menschen vollständig wertlos, da ihn die Gottheit leichter als einen Schrift-
zug auslöschen kann.

619

Das Alter, mein Kind, ist weiser und trittsicherer als jugend-
licher Sinn, und Erfahrung ist der Unerfahrenheit überlegen.

620

Hört, Zeus' Schicksalsgöttinnen, und ihr, die ihr am nächsten
am Thron der Götter sitzt

621

das weitere aber könnte ich nicht mehr ohne Tränen erzählen

622

Wir sind da, doch du hast meine Anwesenheit nicht bemerkt.

623

Ich werde also laut rufen: Heda, ist jemand an der Tür oder
im Haus?

624 (832)

ἀρκεῖ

Hesych. 7274; u. a.

ΠΛΕΙΣΘΕΝΗΣ

625 (835)
οὐ τὸν σὸν ἔκταν πατέρα, πολέμιόν γε μήν.

Schol. Hom. Il. 4, 319.

626 (839)
δήμῳ δὲ μήτε πᾶν ἀναρτήσῃς κράτος
μήτ' αὖ κακώσῃς, πλοῦτον ἔντιμον τιθείς,
μηδ' ἄνδρα δήμῳ πιστὸν ἐκβάλῃς ποτὲ
μηδ' αὖξε καιροῦ μεῖζον', οὐ γὰρ ἀσφαλές,
μή σοι τύραννος λαμπρὸς ἐξ ἀστοῦ φανῇ.   5
κόλουε δ' ἄνδρα παρὰ δίκην τιμώμενον·
πόλει γὰρ εὐτυχοῦντες οἱ κακοὶ νόσος.

Stob. 4, 7, 1.

627 (841)
εἰσὶν γὰρ εἰσὶ διφθέραι μελεγγραφεῖς
πολλῶν γέμουσαι Λοξίου γηρυμάτων

Anec. Oxon. Cramer 3, 373, 18.

628 (837)
μηλοσφαγεῖ τε δαιμόνων ἐπ' ἐσχάραις

Ammon. 113.

629 (836)
καὶ κάταιθε χὦτι λῇς πόει.

Etym. Magn. 564, 1.

624

hilft

PLEISTHENES

625

Ich tötete nicht deinen Vater, sondern einen Feind.

626

Überlaß dem Volk weder die ganze Macht noch korrumpiere es, indem du dem Reichtum einen Ehrenplatz anweist. Und schicke niemals einen Mann, dem das Volk vertraut, in die Verbannung, laß ihn aber auch nicht zu hoch steigen; denn das bringt die Gefahr mit sich, daß aus dem Bürger ein Tyrann wird, dessen Glanz dich überstrahlt. Einen Mann, der zu Unrecht in Ansehen steht, versuche zurückzuschneiden; denn es ist nicht gut für die Stadt, wenn schlechte Menschen vom Glück begünstigt werden.

627

denn es gibt beschriebene Häute, voll von zahllosen Aussprüchen Apollons.

628

und er schlachtet Schafe an den Altären der Götter

629

und zünde an und tue, was du willst

630 (834)

ἐγὼ δὲ Σαρδιανός, οὐκέτ' Ἀργόλας

Steph. Byz. 113, 6.

631 (838)

πολὺς δὲ κοσσάβων ἀραγμὸς　　　　　　　　lyr

Κύπριδος προσῳδὸν ἀχεῖ

μέλος ἐν δόμοισιν.

Athen. 15, 6; u. a.

632 (840)

πολλῶν τὰ χρήματ' αἴτι' ἀνθρώποις κακῶν.

Stob. 4, 31, 73.

633 (842)

μόμφος

Antiatt. 107, 19; u. a.

ΠΟΛΥΙΔΟΣ

634 (849)

ὅστις νέμει κάλλιστα τὴν αὑτοῦ φύσιν,

οὗτος σοφὸς πέφυκε πρὸς τὸ συμφέρον.

Stob. 3, 3, 20.

635 (850)

οἱ τὰς τέχνας δ' ἔχοντες ἀθλιώτεροι

τῆς φαυλότητος· καὶ γὰρ ἐν κοινῷ ψέγειν

ἅπασι κεῖσθαι δυστυχὲς κοὐκ εὐτυχές.

Stob. 4, 18, 1

630

ich bin aus Sardes, nicht mehr aus Argos

631

Das fortwährende Geräusch des Kottabos läßt das zugehörige
Lied der Kypris im Hause ertönen.

632

Das Geld ist für den Menschen Ursache vielen Unglücks.

633

Tadel

POLYIDOS

634

Wer seine eigene Natur in möglichst gutem Zustand erhält, der
weiß, was gut und nützlich ist.

635

Diejenigen, die irgendwelche Fertigkeiten besitzen, sind schlech-
ter daran als die Nichtskönner; denn auch der öffentlichen
Kritik ausgesetzt zu sein, ist ein Nachteil, und nicht etwa ein
Vorteil.

636 (845)

ἔα ἔα·
ὁρῶ γ' ἐπ' ἀκταῖς νομάδα κυματοφθόρον
ἁλιαίετον· τὸν παῖδα χερσεύειν μόρος.
εἰ μὲν γὰρ ἐκ γῆς εἰς θάλασσαν ἔπτατο
ὁ κύματ' οἰκῶν ὄρνις, ἡρμήνευσεν ἂν   5
τὸν παῖδ' ἐν ὑγροῖς κύμασιν τεθνηκέναι·
νῦν δ' ἐκλιπὼν ἤδη τε καὶ νομὸν βίου
δεῦρ' ἔπτατ'· οὐκ οὖν ἔσθ' ὁ παῖς ἐν οἴδμασιν.

Schol. Hermog.; u. a.

637 (402)

φεῦ φεῦ, τὸ γῆρας ὡς ἔχει πολλὰς νόσους.

Stob. 4, 50, 33.

638 (854)

τίς δ' οἶδεν εἰ τὸ ζῆν μέν ἐστι κατθανεῖν,
τὸ κατθανεῖν δὲ ζῆν κάτω νομίζεται;

Schol. Eur. Hipp. 191; u. a.

639 (846)

μάτην γὰρ οἴκῳ σὸν τόδ' ἐκβαίη τέλος

Schol. Hom. Il. 10, 56; u. a.

640 (853)

... ἀνθρώπων δὲ μαίνονται φρένες,
δαπάνας ὅταν θανοῦσι πέμπωσιν κενάς.

Stob. 4, 55, 1.

641 (850)

πλουτεῖς, τὰ δ' ἄλλα μὴ δόκει ξυνιέναι·
ἐν τῷ γὰρ ὄλβῳ φαυλότης ἔνεστί τις,
πενία δὲ σοφίαν ἔλαχε διὰ τὸ συγγενές.

Stob. 4, 18, 15.

636

Ja, natürlich! – sehe ich doch den Seeadler, der sonst über den Wogen jagt, über der Küste kreisen – der Knabe muß an Land sein! Denn wenn der Vogel, der über den Wogen zu Hause ist, vom Land aufs Meer hinaus geflogen wäre, hätte er damit angezeigt, daß der Knabe in den Wellen umgekommen ist. Nun aber wich er von seiner gewohnten Lebensweise ab und richtete seinen Flug hierher. Der Knabe befindet sich also nicht in der Wasserflut.

637

Ach, wie bringt doch das Alter vielerlei Leiden mit sich!

638

Wer weiß, ob nicht das Leben Tod ist und drunten das Totsein als Leben gilt.

639

denn nutzlos könnte dieser dein Aufwand für das Haus sein

640

doch es ist Wahnsinn, wenn die Menschen den Toten sinnlose Gaben senden.

641

Du bist reich, doch sonst kannst du nichts – bilde dir das nur nicht ein! –; denn der Reichtum bringt eine gewisse Unbeholfenheit mit sich. Zur Armut dagegen gehört die Klugheit, weil die beiden miteinander verwandt sind.

642 (851)
οὐ γὰρ παρὰ κρατῆρα καὶ θοίνην μόνον
τὰ χρήματ' ἀνθρώποισιν ἡδονὰς ἔχει,
ἀλλ' ἐν κακοῖσι δύναμιν οὐ μικρὰν φέρει.

Stob. 4, 31, 12.

643 (400)
βαρὺ τὸ φόρημ' οἴησις ἀνθρώπου κακοῦ.

Stob. 3, 22, 1. - überl. φρόνημ'.

644 (401)
ὅταν κακός τις ἐν πόλει πράσσῃ καλῶς,
νοσεῖν τίθησι τὰς ἀμεινόνων φρένας,
παράδειγμ' ἐχόντων τὴν κακῶν ἐξουσίαν.

Stob. 4, 4, 3.

645 (848)
συγγνώμονάς τοι τοὺς θεοὺς εἶναι δόκει,
ὅταν τις ὅρκῳ θάνατον ἐκφυγεῖν θέλῃ
ἢ δεσμὸν ἢ βίαια πολεμίων κακά,
ἢ παισὶν αὐθένταισι κοινωνῇ δόμων.
ἢτᾴρα θνητῶν εἰσιν ἀσυνετώτεροι   5
ἢ τἀπιεικῆ πρόσθεν ἡγοῦνται δίκης.

Stob. 1, 3, 40.

645 a (847)
⟨ὦ⟩ δύστηνοι καὶ πολύμοχθοι   .in
ματέρες 'Αιδῃ τέκνα τίκτουσαι

Phot. Berol. 48, 18.

646 (856)
διαβάλλω

Erotian. 31.

642

denn nicht nur beim Trinken und Essen erlaubt Reichtum den Menschen besondere Genüsse, sondern auch im Unglück/Verbrechen bietet er nicht geringe Möglichkeiten.

643

Schwer zu ertragen ist der Dünkel eines schlechten Mannes.

644

Wenn es einem Schuft in einer Stadt gut geht, untergräbt das die Moral der Rechtschaffenen, da sie ein Beispiel für den Erfolg der Schlechtigkeit vor Augen haben.

645

Du kannst überzeugt sein, daß die Götter Verständnis haben, wenn jemand durch einen Meineid dem Tod entfliehen will oder dem Gefängnis oder der Gewalt der Feinde, oder wenn er seine Kinder, die einen Mord begangen haben, bei sich im Hause wohnen läßt. Sie müßten also entweder uneinsichtiger sein als die Menschen oder sie ziehen die Angemessenheit der strengen Gerechtigkeit vor.

645 a

o unselige und mühebeladene Mütter, die ihr Kinder für Hades zur Welt bringt

646

ich verleumde

ΠΡΩΤΕΣΙΛΑΟΣ

646 a (860)
ἕπου δὲ μοῦνον ἀμπρεύοντί μοι

Phot. Berol. 95, 13.

647 (861)
ἄξιος δ' ἐμὸς
γαμβρὸς κέκλησαι παῖδά μοι ξυνοικίσας.

Phot. 2, 74, 4.

648 (862)
οὐ γὰρ θέμις βέβηλον ἅπτεσθαι δόμων

Schol. Soph. Oid. Kol. 10 u. a.

649 (870)
πέπονθεν οἷα καὶ σὲ καὶ πάντας μένει.

Stob. 4, 56, 8.

650 (869)
πόλλ' ἐλπίδες ψεύδουσι καὶ ἄλογοι βροτούς.

Stob. 4, 47, 5.

651 (868)
οὐ θαῦμ' ἔλεξας θνητὸν ὄντα δυστυχεῖν.

Stob. 4, 34, 51.

652 (867)
ὦ παῖδες οἷον φίλτρον ἀνθρώποις φρενός

Stob. 4, 24, 10.

653 (871)
κοινὸν γὰρ εἶναι χρῆν γυναικεῖον λέχος.

Clem. Alex., Strom. 6, 2, 24, 5.

PROTESILAOS

646 a
Folge mir nur, während ich vorangehe!

647
Du heißt mit Recht mein Schwiegervater, da du mir deine Tochter gabst.

648
denn es ist nicht recht, daß ein Unreiner ins Haus kommt.

649
Er erlitt, was auch dich und alle anderen erwartet.

650
Vielfach lassen sich die Menschen auch durch ganz sinnlose Hoffnungen täuschen.

651
Was du da sagtest, nämlich daß er unglücklich und elend ist, da er nun einmal ein Mensch ist, hat nichts Erstaunliches.

652
Ihr Kinder, was für ein Zauber für das menschliche Gemüt seid ihr!

653
denn die Frauen sollten Gemeingut sein.

654 (865)
δυοῖν λεγόντοιν, θατέρου θυμουμένου,
ὁ μὴ ἀντιτείνων τοῖς λόγοις σοφώτερος.

Stob. 3, 19, 3.

655 (863)
οὐκ ἂν προδοίην καίπερ ἄψυχον φίλον.

.Dio Chrvs.' 37, 46.

656 (864)
.. σα λαιμὸν ἢ πεσοῦσ' ἀπ' Ἰσθμίου
κευθμῶνα πηγαῖον ὕδωρ

Proverb. cod. Par. suppl. 676.

657 (866)
ὅστις δὲ πάσας συντιθεὶς ψέγει λόγῳ
γυναῖκας ἐξῆς, σκαιός ἐστι κοὐ σοφός·
πολλῶν γὰρ οὐσῶν τὴν μὲν εὑρήσεις κακήν,
τὴν δ' ὥσπερ αὕτη λῆμ' ἔχουσαν εὐγενές.

Stob. 4, 22, 76.

ΡΑΔΑΜΑΝΘΥΣ

658 (874)
οἳ γῆν ἔχουσ' Εὐβοΐδα πρόσχωρον πόλιν

Strab. 8, 3, 31.

659 (875)
ἔρωτες ἡμῖν εἰσὶ παντοῖοι βίου·
ὁ μὲν γὰρ εὐγένειαν ἱμείρει λαβεῖν,
τῷ δ' οὐχὶ τούτου φροντίς, ἀλλὰ χρημάτων

654

Wenn zwei sich streiten und der eine in Zorn gerät, dann ist derjenige, der Beschimpfungen nicht erwidert, der Klügere.

655

Den Freund gebe ich nicht preis, selbst wenn er tot ist.

656

(abschneidend) die Kehle oder stürzend vom Rand in die Tiefe des Brunnens

657

Wer aber alle Frauen ohne Unterschied und ohne Ausnahme tadelt, der ist ein Tölpel und nicht klug; denn es gibt viele Frauen, und bei der einen wirst du Schlechtigkeit finden, bei der anderen – wie bei dieser – edle Gesinnung.

RHADAMANTHYS

658

die das euböische Land innehaben, den angrenzenden Staat

659

Wir haben mancherlei Wünsche in unserm Leben:
Der eine möchte Adel und Vornehmheit erlangen. Der andere trachtet nicht danach, sondern möchte ein reicher Mann ge-

πολλῶν κεκλῆσθαι βούλεται πάτωρ δόμοις·
ἄλλῳ δ' ἀρέσκει μηδὲν ὑγιὲς ἐκ φρενῶν 5
λέγοντι πείθειν τοὺς πέλας τόλμῃ κακῇ·
οἳ δ' αἰσχρὰ κέρδη πρόσθε τοῦ καλοῦ βροτῶν
ζητοῦσιν· οὕτω βίοτος ἀνθρώπων πλάνη.
ἐγὼ δὲ τούτων οὐδενὸς χρῄζω τυχεῖν,
δόξαν ⟨δὲ⟩ βουλοίμην ἂν εὐκλείας ἔχειν. 10

Stob. 2, 8, 12. - 4 überl. πατήρ.

660 (876)

οὐδεὶς γὰρ ἡμᾶς ⟨ὅστις⟩ ἐξαιρήσεται.

Antiatt. 93, 31.

ΣΘΕΝΕΒΟΙΑ

661 (880)

Οὐκ ἔστιν, ὅστις πάντ' ἀνὴρ εὐδαιμονεῖ·
ἢ γὰρ πεφυκὼς ἐσθλὸς οὐκ ἔχει βίον
ἢ δυσγενὴς ὢν πλουσίαν ἀροῖ πλάκα.
πολλοὺς δὲ πλούτῳ καὶ γένει γαυρουμένους
γυνὴ κατῄσχυν' ἐν δόμοισι νηπία. 5
τοιᾷδε Προῖτος ⟨γῆς⟩ ἄναξ νόσῳ νοσεῖ·
ξένον γὰρ ἱκέτην τῆσδ' ἔμ' ἐλθόντα στέγης
λόγοισι πείθει καὶ δόλῳ θηρεύεται
κρυφαῖον εὐνῆς εἰς ὁμιλίαν πεσεῖν.
αἰεὶ γὰρ ἥπερ τῷδ' ἐφέστηκεν λόγῳ 10
τροφὸς γεραιὰ καὶ ξυνίστησιν λέχος,
ὑμνεῖ τὸν αὐτὸν μῦθον· ,,ὦ κακῶς φρονῶν,''
πείθει ,,τί μαίνῃ; τλῆθι δεσποίνης ἐμῆς

. . . .

κτῆσαι δ' ἄνακτος δώμαθ' ἓν πεισθεὶς βραχύ.''

heißen werden. Der dritte möchte seine Umgebung frech überreden können, auch wenn er nichts Brauchbares zu sagen hat.
Andere wieder suchen unerlaubten Gewinn statt des Guten und
Schönen. So ist das Leben des Menschen ein wirres Umherschweifen.
Ich aber will nichts derartiges, sondern möchte in gutem Ansehen stehen.

660
denn keiner wird uns das wegnehmen

STHENEBOIA

661
Niemand ist in jeder Hinsicht vom Glück begünstigt; denn entweder ist jemand edler Herkunft, aber arm, oder er ist niederer Herkunft, hat aber reiches Ackerland unter dem Pflug.
Viele aber, die mit Reichtum und Herkunft prunken können,
haben zu Hause ein törichtes Weib, das ihnen Schande bringt.
Und an dieser Krankheit leidet Proitos, der Herrscher dieses
Landes. Denn seit ich als schutzflehender Fremdling in dies
Haus kam, stellt sie mir listig nach und versucht mich zu überreden, mich auf ein heimliches Liebesverhältnis mit ihr einzu-
lassen; denn stets sang die alte Amme, die dabei das Wort
führte und als Kupplerin diente, dasselbe Lied: „O du Tor“,
drängt sie, „sei nicht dumm! Nimm's auf dich, meiner Herrin
... und gewinne durch ein kurzes Nachgeben das Haus des
Fürsten!“

ἐγὼ δὲ θεοὺς Ζῆνά θ᾽ ἱκέσιον σέβων 15
Προῖτόν τε τιμῶν, ὅς μ᾽ ἐδέξατ᾽ εἰς δόμους
λιπόντα γαῖαν Σισύφου φονῶν τ᾽ ἐμὰς
ἔνιψε χεῖρας αἷμ᾽ ἐπισφάξας νέον,
οὐπώποτ᾽ ἠθέλησα δέξασθαι λόγους,
οὐδ᾽ εἰς νοσοῦντας ὑβρίσαι δόμους ξένος, 20
μισῶν ἔρωτα δεινόν, ὅς φθείρει βροτούς.

διπλοῖ γ᾽ ἔρωτες ἐντρέφονται γὰρ χθονί·
ὁ μὲν γεγὼς ἔχθιστος εἰς Ἅιδην φέρει,
ὁ δ᾽ εἰς τὸ σῶφρον ἐπ᾽ ἀρετήν τ᾽ ἄγων ἔρως
3ηλωτὸς ἀνθρώποισιν, ὧν εἴην ἐγώ. 25
οὐκοῦν νομίζω καὶ θανεῖν γε σωφρονῶν.

ἀλλ᾽ εἰς ἀγρὸν γὰρ ἀπιέναι βουλήσομαι.
οὐ γάρ με λύει τοῖσδ᾽ ἐφήμενον δόμοις
κακορροθεῖσθαι μὴ θέλοντ᾽ εἶναι κακόν,
οὐδ᾽ αὖ κατειπεῖν καὶ γυναικὶ προσβαλεῖν 30
κηλῖδα Προίτου καὶ διασπάσαι δόμον.

Joh. Log., Comment. Hermog.; u. a. – Vers 1-3 = Nauck 661,
Vers 4-5 = Nauck 662.

662 = 661, 4–5

663 (882)
ποιητὴν δ᾽ ἄρα
Ἔρως διδάσκει, κἄν ἄμουσος ᾖ τὸ πρίν.

Schol. Aristoph. Wespen 1074; u. a.

664 (883)
πεσὸν δέ νιν λέληθεν οὐδὲν ἐκ χερός,
ἀλλ᾽ εὐθὺς αὐδᾷ 'τῷ Κορινθίῳ ξένῳ'.

Athen. 10, 30; u. a.

Ich aber scheute die Götter und besonders Zeus, unter dessen
Schutz ich stand, und wahrte die Achtung vor Proitos, der mich
in sein Haus aufgenommen hatte, als ich das Land des Sisyphos
verlassen mußte, und meine Hände durch erneut vergossenes
Blut vom Mord gereinigt hatte. Daher war ich niemals bereit,
auf ihre Worte zu hören und dem Haus, dessen Gast ich bin,
zur Krankheit noch den Schimpf hinzuzufügen; denn ich verabscheue diese schreckliche Art von Liebe, die den Menschen
nichts als Schaden bringt.
Es gibt auf Erden nämlich zwei Arten von Liebe. Die eine ist
unser größter Feind und bringt uns den Tod; die andere führt
zu Besonnenheit und Tugend, und sie ist hochgeschätzt bei
denjenigen Menschen, zu denen ich gehören möchte. Daher
werde ich wohl bis an mein Lebensende von jener Leiden-
schaft frei sein.
Aber ich will hinaus aufs Land; denn es hilft mir nicht, wenn
ich hier im Hause sitze und mir Beschimpfungen anhören muß,
wenn ich mich nicht auf eine Niederträchtigkeit einlassen will,
und es würde auch nicht helfen, die Gattin des Proitos offen
anzuklagen und ihr damit ein Schandmal anzuhängen und so
das Haus zu zerrütten.

662 = 661, 4–5

663

Eros macht einen also zum Poeten, auch wenn man vorher un-
musisch war.

664

und nichts übersah sie, wenn etwas herunterfiel, sondern rief
sogleich: „Für den Gast aus Korinth!"

665 (884)

τοιαῦτ' ἀλύει· νουθετούμενος δ' ἔρως
μᾶλλον πιέζει

Schol. Aristoph. Wespen 111.

665 a (885)

παίω Χιμαίρας εἰς σφαγάς, πυρὸς δ' ἀθήρ
βάλλει με καὶ τοῦδ' αἰθαλοῖ πυκνὸν πτερόν

Phot. Berol. 42, 20.

666 (382. 886)

ὦ παγκακίστη καὶ γυνή· τί γὰρ λέγων
μεῖζόν σε τοῦδ' ὄνειδος ἐξείποι τις ἄν;

Stob. 4, 22, 168.

667 (887)

τίς ἄνδρα τιμᾷ ξεναπάτην;

Phot. 1, 455, 8; u. a.

668 (888)

ἄνευ τύχης γάρ, ὥσπερ ἡ παροιμία,
πόνος μονωθεὶς οὐκέτ' ἀλγύνει βροτούς.

Stob. 3, 29, 36.

669 (359. 889)

πέλας δὲ ταύτης δεινὸς ἵδρυται Κράγος
ἔνθηρος, ᾗ λῃστῆρσι φρουρεῖται...
κλύδωνι δεινῷ καὶ βροτοστόνῳ βρέμει
πτηνὸς πορεύσει

Schol. Aristoph. Frieden 125

670 (890)

βίος δὲ πορφυροῦς θαλάσσιος
οὐκ εὐτράπεζος, ἀλλ' ἐπάκτιοι φάτναι.
ὑγρὰ δὲ μήτηρ, οὐ πεδοστιβὴς τροφὸς
θάλασσα· τήνδ' ἀροῦμεν, ἐκ ταύτης βίος   5
βρόχοισι καὶ πέδαισιν οἴκαδ' ἔρχεται.

Athen. 10, 18.

665

so verwirrt ist sie. Doch wenn man der Liebe mit Ermahnungen beikommen will, wird sie um so quälender.

665 a

ich durchhaue die Kehle der Chimaira, aber die Feuergarbe trifft mich und versengt ihm die schwirrenden Flügel

666

O du übles Stück und du Frau! – denn welches größere Schimpfwort könnte man dir sagen? – ...

667

Wer achtet einen Mann, der seinen Gastfreund hintergeht?

668

denn wie das Sprichwort sagt, tun Arbeit und Mühe für sich genommen – d. h. wenn keine Unbill des Schicksals hinzukommt – dem Menschen nicht weh.

669

doch nahe bei ihr liegt der wilde, tierreiche (Kragos), der von Seeräubern bewacht wird, mit schrecklichem Wogenschwall und Stöhnen und Tosen. Der geflügelte (Pegasos) wird (uns) hintragen ...

670

aber das Leben des Fischers am Meer ist kein gutgedeckter Tisch, sondern die Futterkrippen stehen in der Brandung. Das Wasser ist unsere Mutter, nicht das Land, unsere Amme ist das Meer. Hier pflügen wir, und von hier bringen wir mit Stricken und Schlingen unseren Lebensbedarf nach Hause.

671 (891)
κομίζετ' εἴσω τήνδε· πιστεύειν δὲ χρή
γυναικὶ μηδὲν ὅστις εὖ φρονεῖ βροτῶν.

Stob. 4, 28, 6.

672 = 661, 31–32

ΣΙΣΥΦΟΣ

673 (895)
χαίρω σέ τ', ὦ βέλτιστον Ἀλκμήνης τέκος,
... τόν τε μιαρὸν ἐξολωλότα.

Etym. Magn. 808, 5; u. a.

674 (896)
ἑλίσσων

Hesych. 2116.

ΣΚΙΡΩΝ

674 a (898)
'Ερμῆ, σὺ γὰρ δὴ [. . . . .] ἔχεις

Pap. Ox. 2455, Fr. 6.

675 (901)
καὶ τὰς μὲν ἄξῃ, πῶλον ἢν διδῷς ἕνα,
τὰς δ' ἢν ξυνωρίδ'· αἱ δὲ κἀπὶ τεσσάρων

671

Schafft sie herein! Aber wer bei klarem Verstand ist, wird
einer Frau kein Wort glauben.

672 = 661, 31–32

SISYPHOS (Satyrspiel)

673

Ich freue mich, bester Sohn der Alkmene, daß du ... und daß
der verfluchte Kerl zugrund gegangen ist.   .

674

(Worte) verdrehend

SKIRON (Satyrspiel)

674 a

Dem Hermes – denn du hast ... – ...
(Anfang des Prologs)

675

und die einen kannst du bekommen, wenn du ein Pferdchen
gibst, die anderen, wenn ein Zweigespann, die dritten aber

φοιτῶσιν ἵππων ἀργυρῶν. φιλοῦσι δὲ
τὸν ἐξ ᾿Αθηνῶν παρθένους ὅταν φέρῃ
πολλάς.

Pollux 9, 74.

676 (902)

σχεδὸν χαμεύνη σύμμετρος Κορινθίας
παιδός, κνεφάλλου δ᾿ οὐχ ὑπερτείνεις πόδα.

Pollux 10, 35.

677 (904)

οὐδὲ κωλῆνες νεβρῶν

Athen. 9, 6.

678 (900)
ἔστι τοι καλὸν
· κακοὺς κολάζειν

Stob. 4, 5, 6.

679 (903)
ἢ προσπηγνύναι
κράδαις ἐρινᾶς

Athen. 3, 10.

680 (905)

ἁμαρτεῖν

Hesych. 3456.

681 (906)

ἔμβολα

Hesych. 2307.

kommen nach bei vier Silberpferden. Sie lieben den, der aus Athen viele Mädchen mitbringt.

676
Du liegst so maßgerecht neben einem korinthischen Mädchen und streckst den Fuß nicht über den Rand deines Liegepolsters hinaus.

677
auch nicht Hirschkalbschinken

678
Schön ist es, die Bösen zu bestrafen.

679
oder befestigen mit Pflöcken aus Feigenholz

680
folgen

681
Stützen

ΣΚΥΡΙΟΙ

681 a (908)
'Ὦ Τυνδάρεια παῖ Λάκαινα [....

PSI 1286.

682 (909)

A ἡ παῖς νοσεῖ σου κἀπικινδύνως ἔχει.
B πρὸς τοῦ; τίς αὐτὴν πημονὴ δαμάζεται;
μῶν κρυμὸς αὐτῆς πλευρὰ γυμνάζει χολῆς;

Sext. Emp., Adv. math. 1, 308.

683 (913)
σοφοὶ δὲ συγκρύπτουσιν οἰκείας βλάβας.

Stob. 4, 45, 8.

*683 a = ad. 9 (*910)
σὺ δ' ὦ τὸ λαμπρὸν φῶς ἀποσβεννὺς γένους
ξαίνεις ἀρίστου πατρὸς Ἑλλήνων γεγώς;

Plut. De poet. aud. 13.

684 (912)
φεῦ, τῶν βροτείων ὡς ἀνώμαλοι τύχαι.
οἱ μὲν γὰρ εὖ πράσσουσι, τοῖς δὲ συμφοραὶ
σκληραὶ πάρεισιν εὐσεβοῦσιν εἰς θεούς,
καὶ πάντ' ἀκριβῶς κἀπὶ φροντίδων βίον
οὕτω δικαίως ζῶσιν αἰσχύνης ἄτερ.   5

Stob. 4, 41, 16.

685 (914)
ζεύγλας

Hesych. 121.

686 (915)
παρασάγγης

Claud. Cas. 397, 10.

SKYRIOI

681 a

O Kind des Tyndareos, aus Lakonien ...
(Anfang des Prologs)

682

A Deine Tochter ist krank und ist in Gefahr.
B Wodurch? Welches Leiden überwältigt sie? Quält etwa
Gallenerkältung ihre Seiten (Rippenfellentzündung)?

683

kluge Leute aber verbergen häusliche Schwierigkeiten.

683 a

du aber löschst das strahlende Licht des Stammes und krem-
pelst Wolle, der Sohn des besten Mannes unter den Griechen?

684

Ach, wie ungleich sind doch die Geschicke der Menschen!
Denn den einen geht es gut, die anderen werden von harten
Schicksalsschlägen getroffen, obwohl sie fromm und gottesfürchtig sind und ihr ganzes Leben lang sorgsam und bedäch-
tig auf dem Pfade des Rechts wandeln, fern von jeder Schand-
tat.

685

Joche

686

Bote

ΣΥΛΕΥΣ

687 (918)

πίμπρη, κάταιθε σάρκας, ἐμπλήσθητί μου
πίνων κελαινὸν αἷμα· πρόσθε γὰρ κάτω
γῆς εἰσιν ἄστρα, γῆ δ' ἄνεισ' ἐς αἰθέρα,
πρὶν ἐξ ἐμοῦ σοι θῶπ' ἀπαντῆσαι λόγον.

Philo Alex., Quod omn. prob. lib. sit 99.

688 (919)

ἥκιστα φαῦλος, ἀλλὰ πᾶν τοὐναντίον·
τὸ σχῆμα σεμνὸς κοὐ ταπεινὸς οὐδ' ἄγαν
εὔογκος ὡς ἂν δοῦλος, ἀλλὰ καὶ στολὴν
ἰδόντι λαμπρὸς καὶ ξύλῳ δραστήριος.

Philo Alex., - 101.

689 (919)

οὐδεὶς δ' ἐς οἴκους δεσπότας ἀμείνονας
αὑτοῦ πρίασθαι βούλεται· σὲ δ' εἰσορῶν
πᾶς τις δέδοικεν. ὄμμα γὰρ πυρὸς γέμεις,
ταῦρος λέοντος ὡς βλέπων πρὸς ἐμβολήν.

Philo Alex., - 101.

690 (919)

τό γ' εἶδος αὐτὸ σοῦ κατηγορεῖ
σιγῶντος ὡς εἴης ἂν οὐχ ὑπήκοος,
τάσσειν δὲ μᾶλλον ἢ ἐπιτάσσεσθαι θέλοις.

Philo Alex., - - 101.

691 (920)

κλίθητι καὶ πίωμεν· ἐν τούτῳ δέ μου
τὴν πεῖραν εὐθὺς λάμβαν' εἰ κρείσσων ἔσῃ.

Philo Alex., - - 103.

SYLEUS (Satyrspiel)

687

Zünde mich an, verbrenne mich, trinke dich an meinem Blut satt! Denn eher sinken die Sterne unter die Erde und steigt die Erde auf zum Äther, als daß du von mir ein Schmeichelwort hörst.

688

keineswegs kümmerlich, sondern ganz das Gegenteil: Seine Gestalt wirkt würdevoll und nicht schlicht, und er ist auch nicht schwerfällig wie ein Sklave, sondern nach seinen Kleidern und Waffen zu urteilen, ist er ein vornehmer Mann, der mit der Keule umzugehen versteht.

689

keiner aber will Leute für sein Haus kaufen, die bessere Herren sein würden als er selbst. Dich jedoch fürchtet man schon, wenn man dich nur ansieht; denn dein Auge ist voll Feuer, wie bei einem Stier, der den Angriff des Löwen erwartet.

690

schon dein Aussehen an sich – du brauchst kein Wort zu sagen – spricht dafür, daß du dich nicht unterordnen könntest und eher befehlen als gehorchen wollen würdest.

691

Lege dich hin und laß uns trinken! Du solltest gleich probieren, ob du mir darin überlegen bist!

692 (922)

τοῖς μὲν δικαίοις ἔνδικος, τοῖς δ' αὖ κακοῖς
πάντων μέγιστος πολέμιος κατὰ χϑόνα.

Stob. 4. 5. 1.

693 (923)

εἶα δή, φίλον ξύλον,
ἔγειρέ μοι σεαυτὸ καὶ γίγνου ϑρασύ.

Eustath. Hom. Il. 1. 302; u. a.

694 (924)

βαυβῶμεν εἰσελϑόντες· ἀπόμορξαι σέϑεν
τὰ δάκρυα.

Antiatt. 85, 10; u. a.

ΤΕΝΝΗΣ

695 (928)

φεῦ,
οὐδὲν δίκαιόν ἐστιν ἐν τῷ νῦν γένει.

Stob. 3, 2, 15.

ΤΗΛΕΦΟΣ

696 (932)

Τήλεφος

Ὦ γαῖα πατρίς, ἣν Πέλοψ ὁρίζεται,
χαῖρ', ὅς τε πέτρον Ἀρκάδων δυσχείμερον
Πὰν ἐμβατεύεις, ἔνϑεν εὔχομαι γένος.

692

gegenüber den Rechtschaffenen rechtlich, für die Bösewichter
aber der allergrößte Feind im ganzen Land

693

Wohlan, mein Holz, werde mir wach und fasse Mut!

694

wir wollen hineingehen und uns schlafen legen! Wische deine
Tränen ab!

TENNES

695

Wehe, kein Rechttun kennt das heutige Menschengeschlecht!

TELEPHOS

696

Telephos

O Land meiner Väter, dem Pelops den Namen gibt, sei gegrüßt,
und du, Pan, der du den wintersrauhen Arkaderfelsen durch-
streifst! Von hier stamme ich.

Αὔγη γὰρ Ἀλέου παῖς με τῷ Τιρυνθίῳ
τίκτει λαθραίως Ἡρακλεῖ· ξύνοιδ' ὄρος   5
Παρθένιον, ἔνθα μητέρ' ὠδίνων ἐμὴν
ἔλυσεν Εἰλείθυια, γίγνομαι δ' ἐγώ.
καὶ πόλλ' ἐμόχθησ', ἀλλὰ συντεμῶ λόγον.
ἦλθον δὲ Μυσῶν πεδίον, ἔνθ' εὑρὼν ἐμὴν
μητέρα κατοικῶ, καὶ δίδωσί μοι κράτη   10
Τεύθρας ὁ Μυσός, Τήλεφον δ' ἐπώνυμον
καλοῦσί μ' ἀστοὶ Μυσίαν κατὰ χθόνα·
τηλοῦ γὰρ οἰκῶν βίοτον ἐξιδρυσάμην.
Ἕλλην δὲ βαρβάροισιν ἦρχον ἐκτόνων †
πολλοῖς σὺν ὅπλοις πρίν γ' Ἀχαϊκὸς μολὼν   15
στρατὸς τὰ Μυσῶν πεδί' ἐπιστρωφᾷ...

Pap. Mediol. 1.

697 (935)

πτώχ' ἀμφίβληστρα σώματος λαβὼν ῥάκη
ἀλκτήρια τύχης

Diogenes Ep. 34, 2.

698 (936)

δεῖ γάρ με δόξαι πτωχὸν........
εἶναι μὲν ὅσπερ εἰμί, φαίνεσθαι δὲ μή.

= Aristoph. Ach. 440 f.

699 (963)

ἄνασσα πράγους τοῦδε καὶ βουλεύματος

= Aristpoh. Lys. 706.

700 (961)

ὦ Φοῖβ' Ἄπολλον Λύκιε

= Aristoph. Ritter 1240.

701 (970)

μοχθεῖν ἀνάγκη τοὺς θέλοντας εὐτυχεῖν.

Stob. 3, 29, 10 u. a.

Denn Auge, die Tochter des Aleos, gebar mich heimlich dem
Herakles aus Tiryns. Zeuge ist das Partheniongebirge, wo
Eileithyia meine Mutter von den Wehen erlöste und ich geboren wurde.
Viel habe ich erlitten – doch ich will mich kurzfassen: Ich kam
ins Land der Myser, wo ich meine Mutter wiederfand und mich
niederließ. Der Myser Teuthras übergab mir die Herrschgewalt, und die Bürger im Myserland nennen mich Telephos mit
Namen; denn ‚fern‘ von der Heimat richtete ich mein Leben
ein.
Ich, ein Grieche, herrschte über Barbaren (ohne Sorgen), bis
waffenstarrend das Achäerheer ins Land der Myser kam.
                    (Anfang des Prologs)

697

Bettlerlumpen als Kleider auf dem Leib zum Schutz gegen
böses Geschick

698

denn ich muß als Bettler erscheinen . . .
sein, der ich bin, doch nicht so scheinen

699

Herrin dieser Angelegenheit und dieses Plans

700

o Phoibos, lykischer Gott

701

Sich mühen muß, wer Erfolg haben will.

702 (972)

τόλμα σύ κἄν τι τραχύ νείμωσιν θεοί.

Stob. 4, 10, 10.

703 (951)

μή μοι φθονήσητ', ἄνδρες Ἑλλήνων ἄκροι,
εἰ πτωχός ὤν τέτληκ' ἐν ἐσθλοῖσιν λέγειν.

Schol. Aristoph. Ach. 497.

704 (945)

Μυσόν Τήλεφον

Olymp. Plat. Gorg. 521 b.

705 (933)

κώπης ἀνάσσων κἀποβάς εἰς Μυσίαν
ἐτραυματίσθην πολεμίῳ βραχίονι.

Arist. Rhet. 1405 a 29. - 2 überl. -σθη.

705 a (934)

ληστάς ἐλαύνων καί κατασπέρχων δορί

= Aristoph. Ach. 1188.

706 (968)

'Αγάμεμνον, οὐδ' εἰ πέλεκυν ἐν χεροῖν ἔχων
μέλλοι τις εἰς τράχηλον ἐμβαλεῖν ἐμόν,
σιγήσομαι δίκαιά γ' ἀντειπεῖν ἔχων.

Stob. 3, 13, 3.

707 (947)

καλῶς ἔχοι μοι· Τηλέφῳ δ' ἀγώ φρονῶ.

Schol. Aristoph. Ach. 446.

708 (952)

ἐρεῖ τις, οὐ χρῆν· ἀλλά τί ἐχρῆν εἴπατε.

= Aristoph. Ach. 540.

702
Verliere nicht den Mut, auch wenn die Götter dir ein widriges
Geschick auferlegen!

703
Nehmt es mir nicht übel, Griechenfürsten, wenn ich als Bettler
wage vor edlen Herren zu sprechen.

704
den Myser Telephos

705
Als Herr eines Schiffes kam ich nach Mysien und wurde von
Feindeshand verwundet.

705 a
Räuber jagend und mit der Waffe vertreibend

706
Agamemnon, auch nicht wenn jemand das Beil in den Händen
hielte und auf meinen Nacken zielte, werde ich schweigen;
denn was ich zu entgegnen habe, ist gerecht.

707
Möchte es mir gelingen! Dem Telephos aber (zuteil werden),
was ich denke!

708
Da wird jemand sagen: es hätte nicht geschehen dürfen; aber
sagt mir: was hätte geschehen sollen?

708 a (953)
φέρ' εἰ...ἐκπλεύσας σκάφει

= Aristoph. Ach. 541.

709 (954)
καθῆσθ' ἂν ἐν δόμοισιν; ἦ πολλοῦ γε δεῖ.

= Aristoph. Ach. 543.

710 (955)
τὸν δὲ Τήλεφον
οὐκ οἰόμεσθα; νοῦς ἄρ' ὑμῖν οὐκ ἔνι.

= Aristoph. Ach. 555 f.

711 (965)
εἶτα δὴ θυμούμεθα
παθόντες οὐδὲν μεῖζον ἢ δεδρακότες;

Schol. Aristoph. Thesm. 519.

712 (957)
ἅπασαν ἡμῶν τὴν πόλιν κακορροθεῖ

= Aristoph. Ach. 577.

713 (960)
ὦ πόλις Ἄργους, κλύεθ' οἷα λέγει.

Aristoph. Ritter 813; u. a.

714 (974)
τί γάρ με πλοῦτος ὠφελεῖ νόσον;
σμίκρ' ἂν θέλοιμι καὶ καθ' ἡμέραν ἔχων
ἄλυπος οἰκεῖν μᾶλλον ἢ πλουτῶν νοσεῖν.

Sext. Emp. adv. math. 11, 56; u. a.

715 (971)
οὔ τἄρ' Ὀδυσσεύς ἐστιν αἱμύλος μόνος·
χρεία διδάσκει, κἂν βραδύς τις ᾖ, σοφόν.

Stob. 3, 29, 55; u. a.

708 a
Wohlan, wenn ... zu Schiff fahrend

709
Hättet ihr da zu Hause gesessen? – Weit gefehlt!

710
von Telephos aber glauben wir es nicht? Ihr seid nicht bei Verstand!

711
und da zürnen wir? – haben wir doch nicht mehr erlitten, als wir selbst angetan haben.

712
Er schmäht unsere ganze Stadt.

713
O Bürger von Argos, hört, was er sagt!

714
Was nützt mir Reichtum, wenn ich krank bin? Lieber möchte ich ein bescheidenes tägliches Auskommen haben und ohne Schmerzen leben als reich und krank sein.

715
Nicht Odysseus allein kennt List und Täuschung. Die Not lehrt klugsein, auch wenn jemand trägen Geistes ist.

716 (985)

σὺ δ' εἶκ' ἀνάγκῃ καὶ θεοῖσι μὴ μάχου·
τόλμα δὲ προσβλέπειν με καὶ φρονήματος
χάλα. τά τοι μέγιστα πολλάκις θεὸς
ταπείν' ἔθηκε καὶ συνέστειλεν πάλιν.

Stob. 3, 22, 32; Pap. Ox. 2460, Fr. 32.

717 (949)

τί δ', ὦ τάλας; σὺ τῷδε πείθεσθαι μέλλεις;

Schol. Aristoph. Ach. 454.

718 (969)

ὥρα σε θυμοῦ κρείσσονα γνώμην ἔχειν.

Stob. 3, 20, 36.

719 (976)

Ἕλληνες ὄντες βαρβάροις δουλεύσομεν;

Clem. Alex., Strom. 6, 2, 16, 5.

720 (958)

κακῶς ὀλοίατ'· ἄξιον γὰρ Ἑλλάδι.

Schol. Aristoph. Ach. 8.

721 (975)

κακός τίς ἐστι προξένῳ σοὶ χρώμενος.

Ammon. 411.

722 (938)

ἴθ' ὅποι χρῄζεις· οὐκ ἀπολοῦμαι
τῆς σῆς Ἑλένης εἵνεκα

Schol. Aristoph. Wolken 891.

723 (939)

Σπάρτην ἔλαχες, κείνην κόσμει·
τὰς δὲ Μυκήνας ἡμεῖς ἰδίᾳ.

Stob. 3, 39, 9.

716

Du aber füge dich der Notwendigkeit und streite nicht wider
die Götter! Sieh mich an und mäßige deinen Stolz: Das Große
macht ein Gott oft wieder klein und demütigt es.

717

Wie, du Unglücklicher, du willst ihm glauben?

718

Es ist Zeit, daß dein Verstand über deinen Zorn siegt.

719

Als Griechen sollen wir Barbaren dienen?

720

... mag schlimm zugrunde gehen; denn das ist Griechenlands
würdig.

721

Er ist ein Gauner, der sich deines Schutzes bedient.

722

Geh, wohin du willst! Ich werde nicht deiner Helene wegen
sterben.

723

Du hast durchs Los Sparta erhalten – dort regiere! In Mykene
aber herrschen wir auf unsere Weise.

724 (967)

πριστοῖσι λόγχης θέλγεται ῥινήμασιν

Plut. De aud. 16.

725 (988)

λοχαῖον σῖτον

Etym. Gen. 27.

726 (989)

ψυκτήρ

Schol. Plat. Symp. 213 e.

727 (962)

ἀπέπτυσ' ἐχθροῦ φωτὸς ἔχθιστον τέκος.

Schol. Aristoph. Frieden 528.

727 + 1 (980)

A ....]το[.............
B τί οὖν σ' ἀπείργε[ι ....
A τὸ μὴ προδοῦναι[............
B ο]ὐ [π]ού τις ἐχ[θ]ρῶν[......
A ο]ὐκ οἶδα· δει[μ]αιν[........
B κλαίω[ν] πλανήσει.[........
A α[.]σεμνος..[...............
B]..ω[..]ι..α.[...............
A ἀλλα.ασι[γ]ᾶι[.]ε[...........
B ἧσσόν γ' ἂν οὖν[............
A 'Αγάμεμνον[................
B βλ[ά]πτειν τὸ κο[ινὸν........
A ο]ὐκ οἶσθ' 'Οδυσσ[..........
   ..]ἐν χρόνω[ι.]ν.αις[.......
   ...κ[.]ρα'....ωνσυ[........
   ...ω[.]ἀκοῦσαι καιρός[.......
   ...ἀ[γ]ρίου του φωτός[......
   ......]εχετ[.]λαμπρ[.........
   ......].ε.[...]υνεικο[.......

Pap. Ox. 2460, Fr. 10.

724

durch Späne, vom Speer gefeilt, wird sie bezaubert

725

reiches Mahl

726

Kühlgefäß

727

ich verabscheue verhaßten Mannes verhaßtes Kind

727 + 1

A   ....

B   Was hindert dich ....

A   Nicht preiszugeben ....

B   Keiner der Feinde ....

A   Ich weiß es nicht, fürchte aber ....

B   Weinend wirst du umherschweifen..

A   ... heilig ....

B   ....

A   Aber ....

B   Geringer jedenfalls ....

A   Agamemnon ....

B   Schaden dem (Gemeinwohl) ....

A   Du weißt nicht, daß Odysseus......

    ... Zeit ....

    ....

    .... hören, rechter Augenblick ....

    ... eines wilden Mannes ....

    .... leuchtend ....

727 + 2 (978)

]φ[

. . . .]κοιν[. .]έρχετα[ι

. . . .]ς Τήλε[φ'], ές τὰ Πέ[ργαμα
σήμαινε] να[ύτα]ις καὶ κ[υ]βερνή[ταις πόρον
. . . .π]αρώ[ν] έκ νυκ[τός]·εἶτα σ[. . . . .
. . . .]μεν [σύ]μβουλο[ς] έλθὲ τῷ [στόλῳ.
έπεὶ] γὰρ ἡμῶν, ὡς ὁ [μῦ]θός έστ', ἁ[γοὶ
δίκῃ τὰ π]ρῶτα καὶ νόμ[ο]ις Έλληνι[κοῖς
εἴργο]υσι χρῆσθαι, τ[ῆ]ς τύχης ἁμ[αρ]τ[άνων
τολμᾷ δόμ]οισιν έμπε[σ]εῖν· ἁστὸς γὰ[ρ] ὡς
εἶσ', ὂν τὸ] κηρύκειον ο[ὐ] δάκνει πλέον·
. . . . .]κοι σ' ἂν τῆσδ' ἀφ' έσπέρας γνάθο[ς
. . . . .]ὴν εὖ θώμεθ', [ἀ]μνηστεῖν σε χρὴ
τῶν εἰσέπει]τα· σοὶ δ' ὑπεξελεῖν πάρα
τοῖσδ' εἴ τι] μὴ πρόσχο[ρδ]ον, ὡς ἁνὴρ μόλῃ.

ἄγε σ]ὺν τούτοις τ[ῷ] μὲν ξείνῳ   an
συμπλε]ῖν πομπού[ς] παρατασσέσθω·
. . να]ύαρχος τίς [ἀν]ὴρ έσται;
τὸ δ' ἄρ'] έκ τούτω[ν αὐ]τὸς έγὼ πᾶν

Pap. Ryl. 482.

727 + 3 (982)

Χορός, 'Αχιλλεύς, 'Οδυσσεύς

Χο ἢ νότ[ου ἢ] ζεφύροιο δίνα
πέμψ[ει Τ]ρωιάδας ἀκτάς,
σύ τε π[ηδ]αλίῳ παρεδρεύω[ν
φράσει[ς τ]ῷ κατὰ πρῷραν
εὐθὺς 'Ιλ[ίο]υ πόρον   5
'Ατρείδα[ις] ἰδέσθαι.
σὲ γὰρ Τεγεᾶτις ἡμῖν,
'Ελλάς, οὐχὶ Μυσία, τίκτει
ναύταν σύν τινι δὴ θεῶν
καὶ πεμπτῆρ' ἁλίων έρετμῶν.   10

727 + 2
(Reste von 1 Vers)
. . . . kommt . . . . . .
. . . . Telephos nach (Troja)
(zeige) den Schiffern und Steuerleuten (den Weg)
. . . nachts erscheinend. Dann . . . .
. . . . . als Ratgeber komm der (Flotte.)
Denn (da), wie es heißt, unsere (Führer)
ihn anfangs (hindern, Recht) und griechische
Satzung wahrzunehmen, (wagt er) nach diesem
Mißerfolg (ins Haus) zu dringen; denn wie ein Bürger
wird er kommen, dem die Proklamation nichts ausmacht.
. . . . mit diesem Abend Vorgebirge
(und nicht), wenn wir geregelt haben, darfst du vergessen
(das Spätere). Du magst aber wegnehmen,
(was hierzu) nicht paßt, damit der Mann kommt.

Laß mit diesen zusammen dem Fremden
(für die Fahrt) Begleiter zuweisen.
. . . wer wird Schiffsherr sein?
Das weitere werde ich selbst alles

727 + 3
Chor, Achilleus, Odysseus
Ch   wirbelnder Wind aus Süd oder West
wird zu den troischen Küsten treiben,
und du wirst am Steuer sitzen
und den Ausguck am Bug veranlassen,
gleich den Weg nach Ilion
für die Atriden in den Blick zu bekommen.
Denn dich hat uns Tegea
in Hellas, nicht Mysien geboren
als Seefahrer durch das Wirken eines Gottes
und als Geleiter der Ruder auf dem Meer.

Αχ μῶν καὶ σὺ καινὸς ποντίας ἀπὸ χθονὸς
ἥκεις, 'Οδυσσεῦ; ποῦ 'στι σύλλογος φ[ί]λων;
τί μέλλετ'; οὐ χρῆν ἥσυχον κεῖσθαι π[ό]δα.
Οδ δοκεῖ στρατεύειν καὶ μέλει τοῖς ἐν τέλει
τάδ'· ἐν δέοντι δ' ἦλθες, ὦ παῖ Πηλέως.   15
Αχ οὐ μὴν ἐπ' ἀκταῖς γ' ἐστὶ κωπήρης στρατός,
οὔτ' οὖν ὁπλίτης ἐξετάζεται παρών.
Οδ ἀλλ' αὐτίκα· σπεύδειν γὰρ ἐν καιρῷ χρεών.

Αχ αἰεί ποτ' ἐστὲ νωχελεῖς καὶ μέλλετε,
ῥήσεις θ' ἕκαστος μυρίας καθήμενος   20
λέγει, τὸ δ' ἔργον οὐδαμοῦ περαίνεται.
κἀγὼ μέν, ὡς ὁρᾶτε, δρᾶν ἕτοιμος ὢν
ἥκω, στρατός τε Μ[υρ]μιδών, καὶ πλεύσ[ομαι
τὰ τῶν 'Ατρειδῶν οὐ μένων μελλήμ[ατα.

Pap. Bcrol. 9908, Kol. 2.

ΤΗΜΕΝΙΔΑΙ

728 (998)
.... φιλεῖ τοι πόλεμος οὐ πάντων τυχεῖν,
ἐσθλῶν δὲ χαίρει πτώμασιν νεανιῶν,
κακοὺς δὲ μισεῖ. τῇ πόλει μὲν οὖν νόσος
τόδ' ἐστί, τοῖς δὲ κατθανοῦσιν εὐκλεές.

Stob. 4, 9, 1.

729 (997)
εἰκὸς δὲ παντὶ καὶ λόγῳ καὶ μηχανῇ
πατρίδος ἐρῶντας ἐκπονεῖν σωτηρίαν.

Stob. 3, 39, 1.

730 (993)
ἅπασα Πελοπόννησος εὐτυχεῖ πόλις.

Pollux 9, 27.

Ach Bist etwa auch du gerade von deiner Insel gekommen,
Odysseus? Wo sind unsere Freunde versammelt?
Was zögert ihr? Man darf jetzt nicht ruhen!

Od Der Zug ist beschlossen, und die Anführer kümmern sich
darum. Zur rechten Zeit bist du gekommen, Peleussohn.

Ach Weder sind am Ufer Ruderer bereit
noch werden Bewaffnete gemustert.

Od Das wird sofort geschehen; denn wenn es Zeit ist, muß
man eilen.

Ach Immer seid ihr träge und langsam, und ihr sitzt da und
jeder hält Tausende von Reden, das Werk aber kommt
nicht voran.

Ich bin, wie ihr seht, zur Tat bereit, ebenso mein Myr-
midonenheer, und ich werde abfahren, ohne die Ver-
zögerungen durch die Atriden (abzuwarten).

TEMENIDEN

728

der Krieg pflegt nicht alle zu treffen, er freut sich am Tod
edler Jünglinge, die Feiglinge haßt er. Für den Staat ist das ein
Nachteil, den Toten jedoch bringt es Ruhm.

729

Es gehört sich aber, daß wir unser Vaterland lieben und uns
mit jedem Wort und jeder Maßnahme um sein Wohl bemühen.

730

Die ganze Bürgerschaft der Pelopsinsel befindet sich wohl.

731 (999)
οὐκ ἔστι κρεῖσσον ἄλλο πλὴν κρατεῖν δορί.

Stob. 4, 10, 2.

732 (1000)
ῥώμη δέ τ' ἀμαθὴς πολλάκις τίκτει βλάβην.

Stob. 4, 13, 18

733 (1003)
τοῖς πᾶσιν ἀνθρώποισι κατθανεῖν μένει.
κοινὸν δ' ἔχοντες αὐτὸ κοινὰ πάσχομεν
πάντες· τὸ γὰρ χρεών μεῖζον ἢ τὸ μὴ χρεών.

Stob. 4, 56, 29.

734 (994)
ἀρετὴ δὲ κἂν θάνῃ τις οὐκ ἀπόλλυται,
ζῇ δ' οὐκέτ' ὄντος σώματος· κακοῖσι δὲ
ἅπαντα φροῦδα συνθανόνθ' ὑπὸ χθονός.

Stob. 3, 1, 4; u. a.

735 (995)
ἀσύνετος ὅστις ἐν φόβῳ μὲν ἀσθενής,
λαβὼν δὲ μικρὸν τῆς τύχης φρονεῖ μέγα.

Stob. 3, 4, 10.

736 (1004)
ὡς σκαιὸς ἀνὴρ καὶ ξένοισιν ἄξενος
καὶ μνημονεύων οὐδὲν ὧν ἐχρῆν φίλου.
σπάνιον ἄρ' ἦν θανοῦσιν ἀσφαλεῖς φίλοι,
κἂν ὁμόθεν ὦσι· τὸ γὰρ ἔχειν πλέον κρατεῖ
τῆς εὐσεβείας· ἡ δ' ἐν ὀφθαλμοῖς χάρις   5
ἀπόλωλ', ὅταν τις ἐκ δόμων ἀνὴρ θάνῃ.

Stob. 4, 58, 6.

737 (996)
καλόν γ' ἀληθὴς κἀτενὴς παρρησία.

Stob. 3, 13, 2.

731

Es gibt nichts Stärkeres als Waffengewalt.

732

Kraft ohne Verstand richtet oft Schaden an.

733

Auf alle Menschen wartet der Tod. Da wir das gemeinsam haben, erleiden wir etwas, was für alle gilt; denn das Notwendige ist stärker als das Nicht-Notwendige.

734

Tüchtigkeit aber geht mit dem Tod nicht verloren; sie lebt, auch wenn der Körper nicht mehr existiert. Bei den Schlechten aber stirbt alles mit und verschwindet im Grab.

735

Unvernünftig ist, wer Furcht hat, solange er schwach ist, doch übermütig wird, sobald er ein bißchen Glück hat.

736

Wie tölpelhaft ist der Mann und ungastlich gegenüber Gastfreunden, und er gedenkt nicht des Freundes, wo er es sollte! Selten haben Tote treue Freunde, selbst wenn sie vom selben Stamm sind; denn die Habsucht ist stärker als die Pietät. Die Freundlichkeit, die man (dem Lebenden gegenüber) zeigte, ist dahin, wenn ein Mann tot das Haus verläßt.

737

Schön ist das offene und ehrliche Wort.

738 (1002)

πολλοὶ γεγῶτες ἄνδρες οὐκ ἔχουσ' ὅπως
δείξουσιν αὑτοὺς τῶν κακῶν ἐξουσίᾳ.

Stob. 4, 42, 11.

739 (1001)

φεῦ φεῦ, τὸ φῦναι πατρὸς εὐγενοῦς ἄπο
ὅσην ἔχει φρόνησιν ἀξίωμά τε.
κἂν γὰρ πένης ὢν τυγχάνῃ, χρηστὸς γεγὼς
τιμὴν ἔχει τιν', ἀναμετρούμενος δέ πως
τὸ τοῦ πατρὸς γενναῖον ὠφελεῖ τρόπῳ.   5

Stob. 4, 29, 41.

740 (992)

. . . . ἦλθεν δ'
ἐπὶ χρυσόκερων ἔλαφον, μεγάλων
ἄθλων ἕνα δεινὸν ὑποστάς,
κατ' ἔναυλ' ὀρέων ἀβάτους ἐπί τε
λειμῶνας ποίμνιά τ' ἄλση.   5

Aelian. 7, 39.

741 (1005)

—— · ——

ΤΗΜΕΝΟΣ

741 a (1007)

. . . . . . ω. ως ἀρείφατος τισ. . .

Pap. Ox. 2455.

742 (395. 1013)

ἄλλη πρὸς ἄλλο γαῖα χρησιμωτέρα.

Stob. 4, 15, 14.

738

Viele, obwohl zum Mann geboren, erhalten keine Gelegenheit, sich als Mann zu erweisen, weil die Schlechten die Macht haben.

739

Ach, wenn jemand von einem edlen Vater stammt, welches Selbstbewußtsein und welche Wertschätzung durch andere bringt das mit sich! Denn auch wenn derjenige arm ist, hat er doch wegen seiner guten Abstammung ein gewisses Maß an Ansehen, und wenn er gewissermaßen eine Replik der väterlichen Tüchtigkeit darstellt, nützt er durch seinen Charakter (?).

740

er aber zog aus nach dem goldgehörnten Hirsch, und nahm damit eine der großen Arbeiten auf sich, eine gefährliche, in den Berghöhlen und auf unzugänglichen Wiesen und in beweideten Wäldern.

741

TEMENOS

741 a

...... im Kampf gefallen
                    (*Anfang des Prologs*)

742

Jedes Land ist für etwas anderes geeignet.

743 (1011)

τὸ δὲ στρατηγεῖν τοῦτ' ἐγὼ κρίνω, καλῶς
γνῶναι τὸν ἐχθρὸν ᾗ μάλισθ' ἁλώσιμος.

Stob. 4. 13, 16.

744 (1012)

ἄρξεις ἄρ' οὕτω· χρὴ δὲ τὸν στρατηλάτην
ὁμῶς δίκαιον ὄντα ποιμαίνειν στρατόν.

Stob. 4, 13, 17.

745 (1010)

τολμᾶν δὲ χρεών· ὁ γὰρ ἐν καιρῷ   .111
μόχθος πολλὴν εὐδαιμονίαν
τίκτει θνητοῖσι τελευτῶν.

Stob. 4, 10, 3.

746 (1009)

αἰδὼς γὰρ ὀργῆς πλείον' ὠφελεῖ βροτούς.

Stob. 3. 31, 1.

747 (1014)

αἰσίως

Hesych. 2120.

748 (1015)

ἀνανομήν

Hesych. 4465.

749 (1016)

ἄπυργος

Hesych. 6893.

750 (1017)

κατηβολή

Hesych. 1741.

743

Unter Feldherrnkunst verstehe ich, genau zu erkennen, wo der Feind am ehesten zu fassen ist.

744

So wirst du also herrschen. Der Heerführer muß sich aber bei der Leitung des Heeres wie alle anderen an das Recht halten.

745

Man muß etwas wagen; denn Anstrengung zur rechten Zeit bringt den Menschen am Ende Wohlergehen in Fülle.

746

denn Scheu nützt den Menschen mehr als Zorn.

747

günstig

748

Aufteilung

749

ohne Mauern

750

Anteil / Anfall

751 (1018)

σφακελισμός

_ *Erotian 104.*

751 a (1019)

Χαλύβοις

Pap. Ox. 1087.

ΥΨΙΠΥΛΗ

752 (1025)

'Υψιπύλη

Διόνυσος, ὃς θύρσοισι καὶ νεβρῶν δοραῖς
καθαπτὸς ἐν πεύκαισι Παρνασὸν κάτα
πηδᾷ χορεύων παρθένοις σὺν Δελφίσιν

Schol. Aristoph. Frösche 1211.

752 + 1 (1030)

. . . .

Υψ ἦξε[ι. . . . . .] σπ.[. . . . . . ἀ]θύρμα[τ]α
ἃ σὰς [ὀ]δυρμῶν ἐκγαλη[νιεῖ φ]ρένας.

ὑμεῖς ἐκρούσατ', ὦ νεανία[ι, πύλα]ς;
ὦ μακαρία σφῷν ἡ τεκο[ῦσ', ἥ]τις ποτ' ἦν. 5
τί τῶ[ν]δε μελάθρων δε[όμε]νοι προσήλθετον;

Θο στέγ[η]ς κεχρήμεθ' [ἐ]ν[τὸς ἀ]χθῆναι, γύναι,
εἰ δυ[να]τὸν [ἡμῖ]ν νύκτ' ἐ[ναυλίσ]αι μίαν.
ἔχο[με]ν δ' ὅ[σ]ων δεῖ· τ[ί] πο[τ'; ἀ]λύ[π]ητ[ο]ι δό[μοις
ἐσό[μ]εθα τοῖσδε, τὸ δὲ σὸν ὡς ἔχει μ[εν]εῖ. 10
Υψ [ἀδέσ]ποτος μ[ὲν ο]ἶκ[ο]ς ἀρσένων κυ[ρε]ῖ

. . . .

Pap. Ox. 852 Fr. 1, Kol. 1.

751

Entzündung

751 a

den Chalybern

HYPSIPYLE

752

Hypsipyle

Dionysos, der mit Thyrsosstab und im Fell des Hirsch-
kalbs unter Kienfackeln auf dem Parnaß einherstürmt im
Tanz mit Delphis Mädchen

(Anfang des Prologs)

752 + 1

Hyp . . . .
wird kommen . . . . Spielzeug,
das den Kummer deines Herzens stillt.

(Thoas und Euneos treten auf)

Ihr habt ans Tor geklopft, ihr jungen Männer?
Glücklich zu preisen ist eure Mutter, wer sie auch war!
Mit welchem Begehren seid ihr zu diesem Haus gekom-
men?

Tho Wir möchten eingelassen werden, o Frau, wenn wir hier
für eine Nacht ein Lager finden können. Was wir sonst
brauchen, haben wir bei uns. Wir wollen dem Haus nicht
zur Last fallen. Du wirst ungestört bleiben.

Hyp Das Haus ist ohne seinen Herren . . .

752 + 2 (1031)

Υψ   . . . .

. . . .]ος ἰδέσθαι . .   lyr

. . . .] . . . χον ὡς ἐνόπτρου

. . . . . .]οφαῆ τιν' αὐγὰν

. . . . .] αὔξημα τὸ σὸν   5

. .] μνήσωμαι, τέκνον, εὐ-

ωποῖς ἢ θεραπείαις.

ἰδοὺ κτύπος ὅδε κορτάλων.

⟨ . . . . ⟩

οὐ τάδε πήνας, οὐ τάδε κερκίδος

ἱστοτόνου παραμύθια Λήμνια   10

Μοῦσα θέλει με κρέκειν, ὃ τι δ' εἰς ὕπνον

ἢ χάριν ἢ θεραπεύματα πρόσφορα

π]αιδὶ πρέπει νεαρῷ

τάδε μελῳδὸς αὐδῶ.

Χορός

τί σὺ παρὰ προθύροις, φίλα;   15

πότερα δώματος εἰσόδους

σαίρεις, ἢ δρόσον ἐπὶ πέδῳ

βάλλεις οἷά τε δούλα;

ἢ τὰν Ἀργὼ τὰν διὰ σοῦ

στόματος ἀεὶ κληζομέναν   20

πεντηκόντερον ᾄδεις

ἢ τὸ χρυσεόμαλλον

ἱερὸν δέρος ὃ περὶ δρυὸς

ὄζοις ὄμμα δράκοντος

φρουρεῖ, μναμοσύνα δέ σοι   25

τᾶς ἀγχιάλοιο Λήμνου,

τὰν Αἰγαῖος ἑλί[σ]σων

κυμοκτύπος ἀχεῖ;

δεῦρο δ' ἂν λειμῶνα Νέμει[ον·

ἀσ[τ]ράπ[τ]ει χαλκέοισιν ὅπλο[ις   80

Ἀργεῖον π[ε]δίον πᾶ[ν·

ἐπὶ τὸ τᾶς κιθάρας ἔρυμ[α,

τᾶς Ἀμφιονίας ἔργον [

752 + 2

Hyp . . . .
. . . . anzusehen . . . .
. . . . wie eines Spiegels
. . . . schimmernden Glanz
. . . . dein Aufwachsen
. . . bedenke ich, Kind, durch freund-
liches Umsorgen.
Hier, das Geräusch der Klapper!
. . . .

Hier lasse ich nicht bei Faden und tuchspannendem We-
berstab ein Lied wie auf Lemnos ertönen, das mich trö-
stet, sondern nur was man einem kleinen Kind singt,
wenn es schlafen soll oder wenn man mit ihm scherzt oder
wenn man sich um seine Pflege kümmert, singe ich hier.

Chor *(Parodos)*

Warum hier im Vorhof, meine Liebe?
Fegst du den Eingang des Hauses
oder spritzt du Wassertropfen auf den
Boden wie eine Magd?
Besingst du die Argo, deren Ruhm du immer auf
den Lippen hast, mit den fünfzig Rudern?
Oder das heilige goldene Vlies, das an den
Ästen der Eiche der Blick des Drachen bewacht?
Denkst du an die Insel Lemnos, die
das Ägäische Meer umgibt und vom
Wellenschlag ertönen läßt?
Hierher ins Gefilde von Nemea
(ist gekommen) mit ehernen Waffen
das ganze Argiverland.
Gegen die Feste, die Amphions
Leier erbaut, zieht der

ώ[κυ]πόδας *Α[δρ]ας[το]ς [
ὀ δ' ἐκάλεσε μένο[ς   35
ποικίλα σάματα [
τόξα τε χρύσεα [
καὶ μονοβάμονε[ς
ἀειρόμενοι χθ[ον
. . . .

Pap. Ox. 852 Fr. 1. Kol. 2.

752 + 3 (1032)

Υψ . . . .
. . . . Θ]ρᾳκίαν   1yr
. . . . .]σ[.]μενης ὀρού-
σας ἐπ' οἶδμα γαληνεί-
ας πρυμνήσι' ἀνάψαι   5
τὸν ἀ τοῦ ποταμοῖο παρ-
θένος Αἴγιν' ἐτέκνωσε Πη-
λέα, μέσῳ δὲ παρ' ἱστῷ
'Ασιάδ' ἔλεγον ἰήιον
Θρῆσσ' ἐβόα κίθαρις 'Ορφέως   10
μακροπόλων πιτύλων ἐρέτῃσι κε-
λεύσματα μελπομένα, τότε μὲν ταχύ-
πλουν, τότε δ' εἰλατίνας ἀνάπαυμα πλά-
τας. τάδε μοι τάδε θυμὸς ἰδεῖν ἵε-   15
ται, Δαναῶν δὲ πόνους
ἕτερος ἀναβοάτω.
Χο παρὰ σοφῶν ἔκλυον λόγους
πρότερον ὡς ἐπὶ κυμάτων
πόλιν καὶ πατρίους δόμους   20
Φοινίκας Τυρία παῖς
Εὐρώπα λιποῦσ' ἐπέβα
Διοτρόφον Κρήταν ἱερὰν
Κουρήτων τροφὸν ἀνδρῶν,
ἀ τέκνων ἀρότοισιν   25
τρισσοῖς ἔλιπεν κρά[τος
χώρας τ' ὄλβιον ἀρχάν.

schnellfüßige Adrastos.
Er hat aufgerufen die Macht . . .
vielfältige Kennzeichen . . .
und goldene Waffen . . .
und einzelngehende
sich über die Erde erhebend
. . . .

752 + 3

Hyp . . . .
. . . . die thrakische
. . . . eilend
über das Wasser der ruhigen See,
um die Hecktaue festzumachen,
Peleus, den Aigina, die Tochter
des Flusses, gebar;
in der Mitte aber beim Mast
ließ die thrakische Leier des Orpheus
eine asiatische Weise erklingen
und gab den Ruderern den Takt
für die weitausgreifenden Schläge
bald zu schneller Fahrt treibend,
bald zum Nachlassen der Fichtenruder.
Das möchte ich sehen, doch die
Leiden der Danaer
mag ein anderer besingen.
Ch Von weisen Männern habe ich gehört,
daß früher Europa, das Mädchen aus
Tyros, die Stadt und das Haus ihres Vaters
in Phönikien verließ und über die Wogen
nach dem heiligen Kreta kam, wo Zeus
aufwuchs und wo die Kureten leben.
Dreifacher Kindersaat hinterließ sie
Herrschgewalt und
reichen Landbesitz.

Ἀργείαν 9' ἑτέραν κλύω
...]τρῳ βασίλειαν 'Ιὼ
...]ρας ἀμφὶς ἀμεῖψαι   30
...]ασφόρον ἄταν.
...]τ' ἦν 9εὸς εἰς φροντίδα 9ῆ σοι
......]ς δή, φίλα, τὸ μέσον
             (Reste von 10 Versen)

                            Pap. Ox. 852 Fr. 1, Kol. 3.

               752 + 4 (1033)

Υψ   νεμον ἄγαγέ ποτε.[.........   1) r
     κυναγόν τε Πρόκριν τὰν πόσις ἕκτα
     κατεϑρήνησεν ἀοιδαῖς [......
     9άνατος ἔλαχε· τὰ δ' ἐμὰ πάϑε[α   5
     τίς ἂν ἢ γόος ἢ μέλος ἢ κιϑάρας
     ἐπὶ δάκρυσι μοῦσ' ἀνοδυρομένα
     μετὰ Καλλιόπας
     ἐπὶ πόνους ἂν ἔλϑοι;

Χο   ὦ Ζεῦ Νεμέας τῆσδ' ἄλσος ἔχων,   10
     τίνος ἐμπορίᾳ τούσδ' ἐγγὺς ὁρῶ
     πελάτας ξείνους Δωρίδι πέπλων
     ἐσϑῆτι σαφεῖς πρὸς τούσδε δόμους
     στείχοντας ἔρημον ἀν' ἄλσος;

              Ἀμφιάραος

     ὡς ἐχϑρὸν ἀνϑρώποισιν αἵ τ' ἐκδημίαι   15
     ὅταν τε χρείαν εἰσπεσὼν ὁδοιπόρος
     ἀγροὺς ἐρήμους καὶ μονοικήτους ἴδῃ
     ἄπολις ἀνερμήνευτος ἀπορίαν ἔχων
     ὅπῃ τράπηται· κἀμὲ γὰρ τὸ δυσχερὲς
     τοῦτ' εἰσβέβηκεν· ἄσμενος δ' εἶδον δόμ[ους   20
     τούσδ' ἐν Διὸς λειμῶνι Νεμεάδος χϑον[ός.
     καί σ', εἴτε δούλη τοῖσδ' ἐφέστηκας δόμ[οις
     εἴτ' οὐχὶ δοῦλον σῶμ' ἔχουσ', ἐρήσομαι·
     τίνος τάδ' ἀνδρῶν μηλοβοσκὰ δώματα
     Φλειουντίας γῆς, ὦ ξένη, νομίζεται;   25

Und ich höre, daß eine andere,
eine Argiverin
...... Königin Io
.... wechseln
.... Verderben
wenn ein Gott dir dies ins Herz gibt
......, Liebe, das mittlere
     (Reste von 10 Versen)

752 + 4

Hyp führte einst ....
 und besang Prokris, die auf der Jagd
 der Gatte tötete, in Klageliedern .....
 der Tod erloste. Doch meine Schmerzen –
 welche Klage, welches Lied, welcher Tränen-
 jammer der Kithara, selbst wenn
 Kalliope mitwirkte,
 könnte meinen Leiden gerecht werden?
Ch O Zeus, der du diesen Hain von Nemea bewohnst,
 in welcher Absicht kommen die Fremden, die ich
 in der Nähe sehe, in dorischem Gewand offenkundig,
 zu diesem Haus durch den einsamen Hain?

  A m p h i a r a o s *(tritt auf)*

Wie mißlich ist für den Menschen Aufenthalt in der
Fremde, und besonders wenn er unterwegs plötzlich etwas
braucht, und nur leere Felder verlassen daliegen sieht und
wenn keine Stadt in der Nähe ist und er keinen Wegfüh-
rer hat und nicht weiß, wohin er sich wenden soll. Denn
auch ich bin jetzt in dieser unglücklichen Lage. Froh war
ich daher, als ich dies Haus im Gefilde des nemeischen
Zeus erblickte.
Und ich will dich – gleich ob du nun dem Haus als Magd
dienst oder eine Freie bist – fragen:
Wem gehört dieser Hof und die Schafzucht, Fremde, hier
im Land von Phleius?

Υψ   ὄλβια Λυκούργου μέλαθρα κλήζεται τάδε
      ὃς ἐξ ἁπάσης αἱρεθεὶς 'Ασωπίας
      κληδοῦχός ἐστι τοὐπιχωρίου Διός.
Αμ   ῥυτὸν λαβεῖν [χ]ρ[ήζοιμ'] ἂν ἐν κρωσσοῖς ὕδωρ
      χέρνιβα θεοῖσιν ὅ[σιον] ὡς χεαίμεθα.   30
      στατῶν γὰρ ὑδάτων [ν]άματ' οὐ διειπετῆ,
      στρατοῦ δὲ πλήθει πάντα συνταράσσεται.
Υψ   τίν]ες μολόντες καὶ χθονὸς ποίας ἄπο;
Αμ   ἐκ τῶν Μυκηνῶν [ἐσ]μὲν 'Αργεῖοι γέν[ος,
      ὅ]ρια δ' ὑπερβαίνοντες εἰς ἄλλην χθόνα   35
      στρ]ατοῦ πρ[ο]θῦσαι βουλόμεσθα Δαν[α]ϊδῶ[ν.
      ἡ]μεῖς [..........]θα πρὸς Κάδμου πύλας,
      .... ε]ὐτυχῶς, γύναι.
Υψ   ....] σοῦ θέμι[ς μ]αθεῖν;
Αμ   ...... φυγ]άδα Π[ολυνεί]κη πάτρας.   40
               (Reste von 4 Versen)
                                          Pap. Ox. 852 Fr. 1, Kol. 4.

                    752 + 5 (1034)
                (19 vordere Vershälften)

Υψ   τί δῆτα θύειν δεῖ σε κατθανούμενον;   20

Αμ   ἄμεινον· οὐδε]ὶς κάμα[τος εὐσεβεῖν θεούς.
               (Lücke und 9 Versanfänge)
                                          Pap. Ox. 852 Fr. 1, Kol. 5.

                       753 (1035)
      δείξω μὲν 'Αργείοισιν 'Αχελώου ῥόον
                                          Macrob., Sat. 5, 18, 12.

                    753 + 1 (1038)
                (Reste von 5 Versen)
      νυ[............] ἐν κοίταισι παρ' αὐλᾷ [1yr
      ἐριδ[..... ἀ]μειβό[μ]ενοι

Hyp Man nennt dies das reichgesegnete Haus des Lykurgos,
    der aus dem ganzen Gebiet am Asopos erwählt wurde
    zum Priester des einheimischen Zeus.
Am Ich brauche fließendes Wasser für unsere Krüge, um den
    Göttern die Wegspende darzubringen; denn die stehen-
    den Gewässer sind trübe, unser großes Heer hat alles auf-
    gewühlt.
Hyp Wer seid ihr und woher kommt ihr?
Am Wir sind Argiver aus Mykene,
    und beim Überschreiten der Grenze zu einem anderen
    Land wollen wir für unser Danaerheer Opfer darbringen.
    Wir . . . . gegen die Tore des Kadmos
    . . . . glückliche, Frau
Hyp . . . . darf man erfahren?
Am . . . . Polyneikes, aus der Heimat vertrieben.
    (Reste von 4 Versen,
    in denen Amphiaraos seinen Namen nennt)

                    752 + 5
    (Reste einer Stichomythie von 19 Versen,
    in der Amphiaraos von dem verhängnisvollen Halsband
    erzählt)
Hyp Warum solltest du denn opfern, wenn du doch sterben
    mußt?
Am Besser so; man darf nicht nachlassen, die Götter zu ehren.
    (Reste von 13 Versen)

                    753
    Ich werde den Argivern eine Wasserquelle zeigen.

                    753 + 1
            (Reste von 5 Versen)
    nachts . . . . auf dem Lager im Hof
    Streit . . . . wechselseitig

σιδ[........]εσια
σφαγαι....]λον
κλισίας π[ερ]ὶ νυκτέρου   10
γενναίων π[α]τέρων
φ[υ]γάδες δορὶ θυμόν.
Φοίβου δ' ἐν[ο]πὰ[ς] β[ασ]ιλεὺς ἐνύχευ-
ε[ν] "Αδραστος ἔχων
τέκνα θηρσὶν [ʒ]εῦ[ξ]αι   15
(Reste von 3 Versen)

Pap. Ox. 852 Fr. 8.9.

754 (1042)

.... εἰς   lyr
τὸν λειμῶνα καθίσας ἔδρεπεν,
ἕτερον ἐφ' ἑτέρῳ αἱρόμενος
ἄγρευμ' ἀνθέων ἡδομένᾳ ψυχᾷ
τὸ νήπιον ἄπληστον ἔχων

Plut., De am. mult. 2.

754 + 1 (1044)

Υψ ὦ φ[ίλτα]ται γ[υναῖκες..........
    ἕστηκα μ[.]π.[.................
    ἀνά[ξι'] ἔξειν· οἱ φόβοι δ[.......
Χο εὐελπ[...]υτι[...]' ἔχεις ε[......
Υψ δέδο[ι]κα θ[αν]άτῳ παιδὸς οἷα πείσομ[αι.   7

Χο οὔκουν ἄπειρός γ', ὦ τάλαινα, σ[υμφορῶν.   8
Υψ ἔγνωκα κἀγὼ τοῦτο καὶ φυλάξ[ομαι.   9
Χο τί δῆτά γ' ἐξηύρηκας εἰς ἀλκ[ὴν   6
Υψ φεύγειν στ.[.]ων των [..]δρ[......   5
Χο ποῖ δῆτα τρέψῃ; τίς σε δ[έ]ξεται πό[λ]ις;   10

Υψ πόδες κριν[ο]ῦσι τοῦτο κα[ὶ π]ροθυμία.

Χο φυλάσ[σ]εται[ι] γῆ φρου[ρίο]ισιν ἐν κύκλῳ.
Υψ ν]ικᾷ[σ]· ἐῶ δὴ τοῦτ[ό] ⟨γ'⟩· ἀλλ' [ἀ]πέρχομαι.

Eisen . . . .
Mord . . . .
um das nächtliche Lager,
von edlen Vätern,
verbannt, den Mut mit der Waffe.
König Adrastos lag wach da; denn er hatte einen Spruch von
Apollon erhalten,
seine Töchter an wilde Tiere zu verheiraten
                    (Reste von 3 Versen)

                        754

er setzte sich auf die Wiese
und pflückte vergnügt
eine Blume nach der anderen,
unersättlich, wie Kinder
so sind

                      754 + 1

Hyp Ihr lieben Frauen,
       ich stehe . . . .
       Unwürdiges zu erleiden. Die Furcht . . .
Ch   Hoffnung . . . . hast du . . .
Hyp Ich fürchte mich: was wird mir wegen des Todes des Kin-
       des geschehen?
Ch   Nicht unerfahren bist du Arme ja im (Unglück) . . .
Hyp Das weiß ich und davor will ich mich bewahren.
Ch   Was hast du dir ausgedacht zur Abwehr . . . ?
Hyp Fliehen . . . .
Ch   Wohin willst du dich wenden? Welche Stadt wird dich
       aufnehmen?
Hyp Meine Füße werden das entscheiden und meine Entschlos-
       senheit.
Ch   Das Land ist von Posten rings bewacht.
Hyp Du hast recht. Dies lasse ich also. Doch ich gehe weg.

Χο σκόπει, φίλας [γὰ]ρ τά[σδε] συμβούλους ἔχεις.
Υψ τί δ' εἴ τιν' εὕρ[ο]ιμ' [ὅστ]ις ἐξάξε[ι] με γῆς;   15
Χο . . . .] δούλους ἄγειν.

. . . .

Pap. Ox. 852 Fr. 20/21.

754 + 2 (1046)

κρήνη [σ]κιαз[. . . . .
δράκων πάροικ[ος . . . .
[γ]οργωπὰ λεύσσω[ν . . . .
πήληκα σείων, οὗ φοβ[. . . . .
ποιμένες ἐπεὶ [σ]ῖγ' ἐν [. . . . .
ταν[. .]δια δρᾶσαι καὶ ρυ[. . . . . . .
φ[. . γυ]ναικὶ πάντα γίγνε[ται. . . .
. . . . .]ς ἥκει· φύλακα δ' οὐ π[. . . . . . .

. . . .

Pap. Ox. 852 Fr. 18.

755 (1071)
ἀνὰ τὸ δωδεκαμήχανον ἄστρον

Schol. Aristoph. Frösche 1328.

756 (1072)
περίβαλ', ὦ τέκνον, ὠλένας

= Aristoph. Frösche 1322.

757 (1057)
Χορός, Εὐρυδίκη, 'Υψιπύλη, 'Αμφιάραος
(Reste von 8 Versen)
Χο γενν[αῖ' ἔ]λε[ξας 22.   9
ἐν σώφροσιν [γ]ὰρ κἄμ' ἀριθμεῖσθα[ι θέλω.   10
Ευρ τί ταῦτ[α κ]ομψῶς ἀντιλάзυσαι λ[όγων
. . . .].εχουσα μηκύνεις μ[ακράν,   60.   1
κτανοῦς' 'Οφέ]λτην, τῶν ἐμῶν ὅσσω[ν χαράν;
. . . .]. . μηδ' ἀναμνησ . . . . . .
. ν. π.[. . . .]. . . ποι παιδί θ' ὃν διώ[λεσας.

Ch So überlege! – denn in uns hast du Freunde und Ratgeber.
Hyp Wenn ich jemand fände, der mich aus dem Land bringt?
Ch .... Sklaven führen.
    . . . .

                        754 + 2
Quelle beschattet ....
Schlange dabei wohnend ....
starr blickend ....
den ,Helm' schüttelnd. Furcht davor .....
die Hirten; denn lautlos im.............
.... zu tun und ....
.... geschieht der Frau alles ....
...... kommt, den Wächter aber nicht ...
. . . .

                        755
durch das zwölfkünstige Gestirn hin

                        756
umarme mich, Kind!

                        757
    Chor, Eurydike, Hypsipyle, Amphiaraos
              (Reste von 8 Versen)
Ch Edel hast du gesprochen ....
    denn auch ich möchte zu den Besonnenen gezählt werden.
Eur Warum führst du so spitzfindige Reden,
    .... und dehnst das lange aus,
    da du doch Opheltes getötet hast, die Freude meiner Au-
    gen?
    .... und nicht ......
    .... dem Kind, das du getötet hast.

Υψ οὕτω δοκεῖ με, πότνι', ἀποκτείνε[ιν . . .   5
   ὀργῇ πρὶν ὀρθῶς πρᾶγμα διαμαθε[ῖν τόδε;
   σιγᾷς, ἀμείβῃ δ' οὐδέν; ὦ τάλαιν' ἐγ[ώ.
   ὡς τοῦ θανεῖν μὲν οὕνεκ' οὐ μέγα στ[έν]ω,
   εἰ δὲ κτανεῖν τὸ τέκνον οὐκ ὀρθ[ῶ]ς δοκῶ,
   τοὐμὸν τιθήνημ', ὃν ἐπ' ἐμαῖσιν ἀγκάλαις   10
   πλὴν οὐ τεκοῦσα τἄλλα γ' ὡς ἐμὸν τέκνον
   στέργους' ἔφερβον, ὠφέλημ' ἐμοὶ μέγα.
   ὦ πρῷρα καὶ λευκαῖνον ἐξ ἅλμης ὕδωρ
   'Αργοῦς, ἰὼ παῖδ', ὡς ἀπόλλυμαι κακῶς.
   ὦ μάντι πατρὸς Οἰκλέους, θανούμεθα.   15
   ἄρηξον, ἐλθέ, μή μ' ἴδῃς ὑπ' αἰτίας
   αἰσχρᾶς θανοῦσαν, διὰ σὲ γὰρ διόλλυμαι.
   ἐλθ', οἶσθα γὰρ δὴ τἀμά, καὶ σὲ μάρτυρα
   σαφέστατον δέξαιτ' ἂν ἥδ' ἐμῶν κακῶν.
   ἄγετε, φίλων γὰρ οὐδέν' εἰσορῶ πέλας   20
   ὅστις με σώσει· κενὰ δ' ἐπηδέσθην ἄρα.

Αμ ἐπίσχες, ὦ πέμπουσα τήνδ' ἐπὶ σφαγάς,
   δόμων ἄνασσα· τῷ γὰρ εὐπρεπεῖ σ' ἰδὼν
   τοὐλευθερόν σοι προστίθημι τῇ φύσει.
Υψ ὦ πρός σε γονάτων ἱκέτις, 'Αμφιαρέω, πίτνω,   25
   κ]αὶ πρ[ὸ]ς [γ]ενείο[υ τ]ῆς ⟨τ'⟩ 'Απόλλωνος τέχνης,
   καιρὸν γὰρ ἥκεις τοῖς ἐμοῖσιν ἐν κακοῖς,
   ῥῦσαί με· διὰ γὰρ σὴν ἀπόλλυμαι χάριν.
   μέλλω τε θνήσκειν, δεσμίαν τέ μ' εἰσορᾷς
   πρὸς σοῖσι γόνασιν, ᾗ τόθ' εἰπόμην ξένοις·   30
   ὅσια δὲ πράξεις ὅσιος ὤν· προδοὺς δέ με
   ὄνειδος 'Αργείοισιν Ἕλλησίν τ' ἔσῃ.
   ἀλλ' ὦ δι' ἁ[γνῶ]ν ἐμπύρων λεύσσων τύχας
   Δαναοῖσιν, [εἰπ]ὲ τῇδε συμφορὰν τέκνου,
   παρὼν γὰ[ρ οἶσ]θα· φησὶ δ' ἥδ' ἑκουσίως   35
   κτανεῖν μ[ε π]αῖδα κἀπιβουλεῦσαι δόμοις.

Hyp Willst du mich, Herrin, so im Zorn ... töten,
bevor du die Sache genau erfahren hast?
Du schweigst, antwortest nichts? O ich Unglückliche.
Nicht weil ich sterben soll, klage ich so, sondern
weil ich zu Unrecht als Mörderin des Kindes gelte,
dessen Amme ich war, das ich – außer daß ich es nicht
selbst geboren habe – wie mein eigenes geliebt und in
meinen Armen genährt habe, mein größter Trost.
O Bug der Argo und weiße Meeresgischt,
ach meine Söhne, wie elend gehe ich zugrunde!
O Seher, Sohn des Oikles, ich soll sterben!
Hilf mir, komm herbei, laß mich nicht sterben unter
solch häßlicher Anklage! Denn deinetwegen komme ich um.
Komm; denn du kennst meine Sache, und dich würde sie
hier wohl als Zeugen, der mein Unglück genau kennt,
akzeptieren. –
Ans Werk denn! Ich sehe keinen Freund hier in der Nähe,
der mich retten könnte. Nutzlos war also meine Ehrfurcht.

(Amphiaraos tritt auf)

Am Halt ein, die du diese töten lassen willst,
Herrin des Hauses! – Denn bei deinem Anblick schließe
ich von der schönen Gestalt auf die edle Natur.
Hyp Bei deinen Knien – bittflehend falle ich nieder, Amphiaraos –
und bei deinem Kinn und bei Apollons Seherkunst,
zur rechten Zeit kommst du in meinem Unglück:
rette mich; denn deinetwegen gehe ich zugrunde!
Ich soll sterben, und du siehst mich in Fesseln
bei deinen Knien, die ich zuvor die Fremden geleitete.
Ein frommer Mann wirst du fromm handeln. Gibst du mich
preis, bringt das dir Schande bei Argivern und Hellenen.
O der du im heiligen Opferfeuer die Geschicke der Danaer
vorhersiehst, berichte ihr hier vom Unglück des Kindes;
denn du warst dabei und kennst es. Sie sagt nämlich, ab-
sichtlich hätte ich das Kind getötet, um dem Haus zu
schaden.

Αμ εἰδὼς ἀφῖγμαι τὴν τύχην θ' ὑπειδόμην
τὴν σὴν ἃ πείσῃ τ' ἐκπεπνευκότος τέκνου,
ἥκω δ' ἀρήξων συμφοραῖσι ταῖσι σαῖς,
τὸ μὲν βίαιον οὐκ ἔχων, τὸ δ' εὐσεβές.   40
αἰ[σχρ]ὸν γὰρ εὖ μὲν ἐξεπίστασθαι παθεῖν
δρᾶσαι δὲ μηδὲν εὖ παθόντα πρὸς σέθεν.
πρῶτον μὲν οὖν σὸν δεῖξον, ὦ ξένη, κάρα·
σῶφρον γὰρ ὄμμα τοὐμὸν Ἑλλήνων λόγος
πολὺς διήκει· καὶ πέφυχ' οὕτως, γύναι,   45
κοσμεῖν τ' ἐμαυτὸν καὶ τὰ διαφέρονθ' ὁρᾶν.
ἔπειτ' ἄκουσον, τοῦ τάχους δὲ τοῦδ' ἄνες·
εἰς μὲν γὰρ ἄλλο πᾶν ἁμαρτάνειν χρεών,
ψυχὴν δ' ἐς ἀνδρὸς ἢ γυναικὸς οὐ καλόν.

Ευρ ὦ ξένε πρὸς Ἄργει πλησίαν ναίων χθόνα,   50
πάντων ἀκούουσ' οἶδά σ' ὄντα σώφρονα·
οὐ γάρ ποτ' εἰς τόδ' ὄμμ' ⟨ἂν⟩ ἔβλεψας παρών.
νῦν δ' εἴ τι βούλῃ, καὶ κλύειν σέθεν θέλω
καί σ' ἐκδιδάσκειν· οὐκ ἀνάξιος γὰρ εἶ.

Αμ γύναι, τὸ τῆσδε τῆς ταλαιπώρου κακὸν   55
ἀγρίως φέρουσάν σ' ἤπιον θ[έσθαι θέλ]ω,
οὐ τήνδε μᾶλλον ἢ τὸ τῆς δ[ί]κης ὁ[ρ]ῶν.
αἰσχύνομαι δὲ Φοῖβον οὗ δι' ἐμπύρ[ω]ν
τέχνην ἐπασκῶ, ψεῦδος ε[ἴ τ]ι λέξομεν.
ταύτην ἐγὼ 'ξέπεισα κρηναῖον [γά]νος   60
δεῖξαι δι' ἀγνῶν ῥευμάτων [ὅπως λάβω
στρατιᾶς πρόθυμ', Ἀργεῖον ὡς δ[. . . .

(Lücke von 3 Versen)
(Anfänge von 23 Versen)

ἃ γ' οὖν παραινῶ, ταῦτά μου δέξαι, γύναι.
ἔφυ μὲν οὐδεὶς ὅστις οὐ πονεῖ βροτῶν,   90
θάπτει τε τέκνα χἄτερ' αὖ κτᾶται νέα,
αὐτός τε θνήσκει· καὶ τάδ' ἄχθονται βροτοί,

Am Ich weiß es und bin gekommen, und ich sah voraus, welches Schicksal du wegen des toten Kindes erleiden solltest.
Ich komme dir in deinem Unglück zu Hilfe,
nicht mit Waffengewalt, sondern mit frommer Bitte;
denn es wäre schändlich, sich wohltun zu lassen,
doch nichts zu tun für dich, die Wohltäterin.
Zuerst magst du dein Haupt enthüllen, o Fremde; denn
daß mein Blick den Anstand wahrt, sagen die Griechen
weit und breit. Und so bin ich von Natur, Frau:
ich habe mich in der Gewalt und sehe, worauf es ankommt.
Als zweites hör mich an und übereile nichts!
Denn bei allem mag man Fehler machen, doch wenn es
um das Leben eines Mannes oder einer Frau geht, wäre
das schlimm.

Eur Fremder, der du das Land nahe bei Argos bewohnst, ich
habe es von allen gehört und weiß, daß du besonnen bist;
denn sonst hättest du mir nicht ins Auge blicken dürfen.
Doch nun zu deinem Anliegen: ich will dich anhören und
auch selbst dich unterrichten. Du verdienst es.

Am Frau, ich möchte dich, die das Mißgeschick dieser Armen
erbittert, besänftigen, nicht nur ihretwegen,
sondern im Hinblick auf die Sache des Rechts.
Scheu vor Phoibos, dessen Kunst ich bei der Opferflamme
ausübe, würde mich hindern, Lügen auszusprechen.
Ich überredete diese Frau, mir eine glitzernde Quelle
zu zeigen, damit ich mit heiligem Wasser (darbrächte)
ein Opfer für das Heer, die Argivische (Grenze über-
schreitend) ...

(Lücke von 3 Versen, dann Anfänge von 23 Versen,
in denen Amphiaraos vom Angriff der Schlange
und vom Zug der Sieben berichtet)

Doch höre auf meinen Rat, Frau!
Kein Mensch ist frei von Leid:
er begräbt Kinder, bekommt neue
und stirbt selbst. Und das nehmen die Menschen schwer:

εἰς γῆν φέροντες γῆν. ἀναγκαίως δ' ἔχει
βίον θερίζειν ὥστε κάρπιμον στάχυν,
καὶ τὸν μὲν εἶναι, τὸν δὲ μή· τί ταῦτα δεῖ   95
στένειν, ἅπερ δεῖ κατὰ φύσιν διεκπερᾶν;
δεινὸν γὰρ οὐδὲν τῶν ἀναγκαίων βροτοῖς.   96a

(Anfänge von 16 Versen)

ὦ παῖ, τὸ μέν σοι τ[. . . . .
. .] ἧσσον ἢ μην[. . . . .
πρὸς τὰς φύσεις χρὴ καὶ τὰ πράγματα σκοπεῖν
καὶ τὰς διαίτας τῶν κακῶν τε κἀγαθῶν,   115
πειθὼ δὲ τοῖς μὲν σώφροσιν πολλὴν ἔχειν,
τοῖς μὴ δικαίοις δ' οὐδὲ συμβάλλειν χρεών.

Pap. Ox. 852 Fr. 22 und 60. – Vers 89–96 a = Nauck 757.

Vers 114–117 = Nauck 759.

757 + 1 (1063)

'Υψιπύλη, Ἀμφιάραος, Εὔνηος, Θόας

Υψ   τέκνα τ' ἀνὰ μίαν ὁδὸν   lyr
    ἀνάπαλιν ἐτρόχασεν
    ἐπὶ φόβον ἐπὶ   60
    χάριν ἑλίξας,
    χρόνῳ δ' ἐξέλαμψεν εὐάμερος.

Αμ   τὴν μὲν παρ' ἡμῶν, ὦ γύναι, φέρῃ χάριν,
    ἐπεὶ δ' ἐμοὶ πρόθυμος ἦσθ' ὅτ' ἠντόμην,
    ἀπέδωκα κἀγώ σοι πρόθυμ' ἐς παῖδε σώ.   65
    σῴζου δὲ δὴ σύ, σφὼ δὲ τήνδε μητέρα,
    καὶ χαίρεθ'· ἡμεῖς δ', ὥσπερ ὡρμήμεσθα δή,
    στράτευμ' ἄγοντες ἥξομεν Θήβας ἔπι.

υἱοί   εὐδαιμονοίης, ἄξιος γάρ, ὦ ξένε.
    εὐδαιμονοίης δῆτα· τῶν δὲ σῶν κακῶν,   70
    τάλαινα μῆτερ, θεῶν τις ὡς ἄπληστος ἦν.

Υψ   αἰαῖ φυγὰς ἐμέθεν ἃς ἔφυγον,
    ὦ τέκνον, εἰ μάθοις, Λήμνου ποντίας,
    πολιὸν ὅτι πατέρος οὐκ ἔτεμον κάρα.

wenn sie Erde zu Erde tragen! Notwendig wird
das Leben abgeerntet wie Kornähren:
der eine lebt, der andere ist tot. Warum soll man über
etwas klagen, was jeder von Natur aus durchmachen muß?
Denn das Unausweichliche hat für den Menschen nichts
Schreckliches.

(Anfänge von 16 Versen)

Eur O mein Kind, dir . . . .
. . . weniger . . . .
Man muß auf das Wesen und die Sache sehen
und die Lebensweise der Schlechten und der Guten;
den Verständigen soll man großes Vertrauen entgegen-
bringen, mit denen, die das Recht mißachten, keinen Ver-
kehr pflegen.

757 + 1
Hypsipyle, Amphiaraos, Euneos (Thoas)

Hyp (mich) und meine Kinder läßt (das Schicksal)
wieder fahren auf gemeinsamem Weg.
Bald hatte es uns zu Furcht, bald
zu Freude hingelenkt,
endlich aber strahlte es wie ein heiterer Tag.

Am Du hast unsern Dank, o Frau; denn du warst
mir wohlgesonnen, als ich bat. Und ich zahlte
dir bereitwillig zurück für deine Söhne.
Bewahre du sie, und ihr beide die Mutter,
und lebt wohl! Wir aber werden, wozu wir aufgebrochen
sind, mit dem Heer nach Theben gelangen.

Söh- Glück sei mit dir; denn du hast es verdient, Fremder!
ne Ja, das Glück sei mit dir. An deinem Unglück aber, o Mutter, konnte sich wohl einer der Götter nicht genug tun.

Hyp Ach, wenn du meine Flucht kenntest,
Kind, von Lemnos übers Meer,
weil ich das graue Haupt meines Vaters schonte.

Ευν ἦ γάρ σ' ἔταξαν πατέρα σὸν κατακτανεῖν;   75
Υψ φόβος ἔχει με τῶν τότε κακῶν· ἰὼ
 τέκν', οἷά τε Γοργάδες ἐν λέκτροις
 ἔκανον εὐνέτας.
Ευν σὺ δ' ἐξέκλεψας πῶς πόδ' ὥστε μὴ θανεῖν;
Υψ ἀκτὰς βαρυβρόμους ἱκόμαν   80
 ἐπί τ' οἶδμα θαλάσσιον, ὀρνίθων
 ἔρημον κοίταν.
Ευν κἀκεῖθεν ἦλθες δεῦρο πῶς τίνι στόλῳ;
Υψ ναῦται κώπαις
 Ναύπλιον εἰς λιμένα ξενικὸν πόρον   85
 ἀγαγόν με δουλοσύνας τ' ἐπέβασαν, ἰὼ τέκνον,
 ἐνθάδε νάϊον μέλεον ἐμπολάν.
Ευν οἴμοι κακῶν σῶν.
Υψ μὴ στέν' ἐπ' εὐτυχίαισιν.
 ἀλλὰ σὺ πῶς ἐτράφης ὅδε τ' ἐν τίνι   90
 χειρί, τέκνον, ὦ τέκνον;
 ἔνεπ' ἔνεπε ματρὶ σᾷ.
Ευν Ἀργώ με καὶ τόνδ' ἤγαγ' εἰς Κόλχων πόλιν.
Υψ ἀπομαστίδιόν γ' ἐμῶν στέρνων.
Ευν ἐπεὶ δ' Ἰάσων ἔθαν' ἐμός, μῆτερ, πατήρ —   95
Υψ οἴμοι κακὰ λέγεις, δάκρυά τ' ὄμμασιν,
 τέκνον, ἐμοῖς δίδως.
Ευν Ὀρφεύς με καὶ τόνδ' ἤγαγ' εἰς Θρᾴκης τόπον.
Υψ τίνα πατέρι ποτὲ χάριν ἀθλίῳ
 τιθέμενος; ἔνεπέ μοι, τέκνον.   100
Ευν μοῦσάν με κιθάρας Ἀσιάδος διδάσκεται,
 τοῦτον δ' ἐς Ἄρεως ὅπλ' ἐκόσμησεν μάχης.
Υψ δι' Αἰγαίου δὲ τίνα πόρον
 ἐμ[όλ]ετ' ἀκτὰν Λημνίαν;
Ευν Θόας κομίζει σὸς πάτηρ †δυοιν τέκνω.   105
Υψ ἦ γὰ[ρ] σέσ[ω]στ[α]ι;
Ευν   Βα[κ]χ[ίου] γε μηχαναῖς.

(Reste von 5 Versen)

Eun Hat man dir wirklich befohlen, den Vater zu töten?
Hyp Mich schaudert beim Gedanken an jene gräßliche Tat:
O Kinder, wie Gorgonen töteten sie
ihre Männer im Schlaf.
Eun Wie aber entgingst du dem Tod?
Hyp Ich gelangte zur lautrauschenden
Küste des Meeres, zu den einsamen
Plätzen der Vögel.
Eun Und wie kamst du von dort hierher? Mit wem?
Hyp Seeleute mit ihren Rudern führten mich
den Weg in die Fremde zum Hafen Nauplia
und machten mich zur Sklavin, Kind,
eine elende Ware hier.
Eun Wehe über dein Unglück!
Hyp Klage nicht im Glück!
Aber wie bist du aufgewachsen und dein Bruder hier,
durch wessen Hand, Kind, o Kind?
Sag es deiner Mutter, sag es!
Eun Uns führte die Argo ins Kolcherland.
Hyp Als Säuglinge von meiner Brust gerissen!
Eun Als aber Jason, mein Vater, starb, Mutter, –
Hyp Wehe, Schlimmes sagst du und Tränen
treibst du mir in die Augen, Kind.
Eun – da brachte uns Orpheus nach Thrakien.
Hyp In welcher Weise zeigte er sich
eurem unglücklichen Vater dankbar, Kind?
Eun Er lehrte mich die Kunst der asiatischen Leier.
Diesen aber erzog er für den Waffenkampf.
Hyp Und auf welchem Weg kamt ihr über das
Ägäische Meer zur Küste von Lemnos?
Eun Thoas, dein Vater, brachte die beiden Kinder hin.
Hyp So ist er gerettet worden?
Eun   Durch das Wirken des Bakchios.

(Reste von 5 Versen)

758 (1053)
κακοῖς τὸ κέρδος τῆς δίκης ὑπέρτερον.

Stob. 3. 10. 26.

759 (557)

760 (1054)
ἔξω γὰρ ὀργῆς πᾶς ἀνὴρ σοφώτερος.

Stob. 3, 20, 31.

761 (1073)
ἄελπτον οὐδέν, πάντα δ' ἐλπίζειν χρεών.

Stob. 4, 46, 16.

762 (1074)
εὔφημα καὶ σᾶ καὶ κατεσφραγισμένα

Eustath. Hom. Il. 13. 773.

763 (1075)
ἢ ἑτέρᾳ φράσω;

Schol. Aristoph. Frösche 64.

764 (1029)
ἰδού, πρὸς αἰθέρ' ἐξαμίλλησαι κόρας
γραπτούς ⟨τ' ἐν αἰετ⟩οῖσι πρόσβλεψον τύπους.

Galen. 18. 1. 519.

765 (1076)
οἰνάνθα τρέφει τὸν ἱερὸν βότρυν

Schol. Aristoph. Frösche 1320.

766 (1077)
ἀναδρομαί

Hesych. 4281.

767 (1078)
ἄρκτος

Harpokr. 34. 16.

758

Den Schlechten geht Gewinn über Recht.

759 = 757

760

denn ohne Zorn ist man klüger.

761

Es gibt nichts Unerwartetes und man muß mit allem rechnen.

762

lautlos und unversehrt und versiegelt

763

oder soll ich's anders sagen?

764

Sieh, kehre die Augen gen Himmel und schaue die bemalten Reliefs am Giebel!

765

die Weinblüte läßt die heilige Traube wachsen

766

Sprießen

767

Bärin

768 (1033)

ἐκδημία

Antiatt. 93, 26.

769 (1079)

κροταλισάσης

Phot. 1, 353, 8.

770 (1031)

νεαρός

Antiatt. 109, 15.

*770 + 1 (1064)

ὦ θνητὰ παραφρονήματ' ἀνθρώπων, μάτην
οἵ φασιν εἶναι τὴν τύχην ἀλλ' οὐ θεούς·
εἰ γὰρ τύχη μὲν ἔστιν, οὐδὲν δεῖ θεοῦ,
εἰ δ' οἱ θεοὶ σθένουσιν, οὐδὲν ἡ τύχη.

Lyd. De mens. 4, 7.

ΦΑΕΘΩΝ

771 (1087)

Μέροπι τῆσδ' ἄνακτι γῆς,
ἣν ἐκ τεθρίππων ἁρμάτων πρώτην χθόνα
Ἥλιος ἀνίσχων χρυσέᾳ βάλλει φλογί.
καλοῦσι δ' αὐτὴν γείτονες μελάμβροτοι
Ἕω φαεννὰς Ἡλίου θ' ἱπποστάσεις.   5

Strab. 1, 2, 27.

772 (1088)

θερμὴ δ' ἄνακτος φλὸξ ὑπερτέλλουσα γῆς
καίει τὰ πόρρω, τἀγγύθεν δ' εὔκρατ' ἔχει.

Stob. 1, 25, 6. Vitruv. 9, 1, 13.

768

Abwesenheit

769

klappernd

770

jung

770 + 1

O sterbliche Unvernunft derjenigen Menschen, die sinnlos behaupten, es gebe das Schicksal, doch keine Götter! Denn wenn
es ein Schicksal gibt, dann ist darüber hinaus kein ‚Gott‘ nötig,
wenn es aber göttliches Walten gibt, braucht man kein ‚Schicksal‘.

PHAETHON

771

... Merops, dem Herren dieses Landes, das Helios als erstes
beim Aufstieg von seinem Viergespann aus mit der goldenen
Flamme trifft. Die dunkelfarbigen Nachbarn nennen es die
leuchtenden Stallungen der Eos und des Helios.

772

die heiße Flamme aber des Herrschers, die sich über die Erde
erhebt, verbrennt die ferneren Gegenden, was in der Nähe ist,
wärmt er mäßig.

773 (1089)

Κλυμένη, Φαέθων

Κλ μνησθεὶς ὅ μοί ποτ' εἶφ' ὅτ' ἠνάσθη θεός.
αἰτοῦ τί χρῄζεις ἕν· πέρα γὰρ οὐ θέμις
λαβεῖν σε· κἂν μὲν τυγχάνῃς ε ...
θεοῦ πέφυκας· εἰ δὲ μή, ψευδὴς ἐγώ.

Φα πῶς οὖν πρόσειμι δῶμα θερμὸν 'Ηλίου;   5

Κλ κείνῳ μελήσει σῶμα μὴ βλάπτειν τὸ σόν.

Φα εἴπερ πατὴρ πέφυκεν, οὐ κακῶς λέγεις.
Κλ σάφ' ἴσθι· πεύσῃ δ' αὐτὸ τῷ χρόνῳ σαφῶς.
Φα ἀρκεῖ· πέποιθα γάρ σε μὴ ψευδῆ λέγειν.
    ἀλλ' ἕρπ' ἐς οἴκους· καὶ γὰρ αἵδ' ἔξω δόμων   10
    δμῳαὶ περῶσιν, αἳ πατρὸς κατὰ σταθμοὺς
    σαίρουσι δῶμα καὶ δόμων κειμήλια
    καθ' ἡμέραν φοιβῶσι κἀπιχωρίοις
    ὀσμαῖσι θυμιῶσιν εἰσόδους δόμων.
    ὅταν δ' ὕπνον γεραιὸς ἐκλιπὼν πατὴρ   15
    πύλας ἀμείψῃ καὶ λόγους γάμων πέρι
    λέξῃ πρὸς ἡμᾶς, 'Ηλίου μολὼν δόμους
    τοὺς σοὺς ἐλέγξω, μῆτερ, εἰ σαφεῖς λόγοι.

Χορός

ἤδη μὲν ἀρτιφανὴς   lyr στρ
'Εως ..... κατὰ γᾶν.   20
ὑπὲρ δ' ἐμᾶς κεφαλᾶς
Πλειὰ ....
μέλπει δὲ δένδρεσι λεπτὰν
ἀηδὼν ἁρμονίαν
ὀρθρευομένα γόοις   25
"Ιτυν "Ιτυν πολύθρηνον.

σύριγγας δ' οὐριβάται   ἀντ
κινοῦσιν ποιμνᾶν ἐλάται·

773
Klymene, Phaethon

Kly und denke an das, was mir der Gott einst sagte, als er meinem Lager nahte, und äußere einen Wunsch, nur einen; denn mehr kannst du nicht erfüllt bekommen! Und wenn du ...... erlangst, bist du der Sohn des Gottes, andernfalls bin ich eine Lügnerin.

Pha Wie kann ich denn dem glutheißen Haus des Helios nahen?

Kly Er selbst wird Sorge tragen, daß du keinen Schaden nimmst.

Pha Wenn er mein Vater ist, dann hast du sicher recht.

Kly Dessen sei gewiß, aber du wirst das bald genau erfahren.

Pha Das ist mir genug; denn ich glaube, daß du die Wahrheit sagst. Doch geh ins Haus; denn hier kommen die Mägde aus dem Haus, die im Palast meines Vaters die Zimmer fegen und täglich die Möbel reinigen und den Hauseingang mit einheimischen Wohlgerüchen durchräuchern.

Wenn aber der Greis, mein Vater, vom Schlaf erwacht und vor die Tür getreten ist und mich wegen der Hochzeit angesprochen hat, dann werde ich zum Haus des Helios gehen und die Probe machen, ob deine Worte wahr sind.

Chor (Parodos)

Schon ..... die eben erschienene Morgenröte über die Erde, und über meinem Haupt ..... die Pleiaden, und die Nachtigall singt in den Bäumen ihr zartes Lied, in der Frühe Itys, den vielbetrauerten Itys beklagend.

Die Viehirten auf den Bergen lassen ihre Flöten erklingen, Gespanne hellfarbener Pferde fangen an zu weiden,

ἔγρονται δ' εἰς βοτάναν
ξανθᾶν πώλων συζυγίαι.   30
ἤδη δ' εἰς ἔργα κυναγοὶ
στείχουσιν θηροφόνοι,
παγαῖς τ' ἐπ' Ὠκεανοῦ
μελιβόας κύκνος ἀχεῖ.

ἄκατοι δ' ἀνάγονται ὑπ' εἰρεσίας   στρ 35
ἀνέμων τ' εὐάεσσιν ῥοθίοις,
ἀνὰ δ' ἱστία . . . . . ἀειράμενοι
ἀχοῦσιν· . . . . . πότνι' αὔρα
. . . . ἀκύμονι πομπᾷ
σιγώντων ἀνέμων   40
. . . . τε καὶ φιλίας ἀλόχους.
σινδὼν δὲ πρότονον ἐπὶ μέσον πελάζει.

τὰ μὲν οὖν ἑτέροισι μέριμνα πέλει·   ἀντ
κόσμον δ' ὑμεναίων δεσποσύνων
ἐμὲ καὶ τὸ δίκαιον ἄγει καὶ ἔρως   45
ὑμνεῖν· δμωσὶν γὰρ ἀνάκτων
εὐαμερίαι προσιοῦσαι
μολπᾷ θράσος αἴρουσ'
ἐπιχάρματα· εἰ δὲ τύχα τι τέκοι,
βαρὺν βαρεῖα φόβον ἔπεμψεν οἴκοις.   50

ὁρίζεται δὲ τόδε φάος γάμων τέλος,
τὸ δή ποτ' εὐχαῖς ἐγὼ
λισσομένα προσέβαν
ὑμέναιον ἀεῖσαι
φίλον φίλων δεσποτᾶν.   55
θεὸς ἔδωκε, χρόνος ἔκρανε
λέχος ἐμοῖσιν ἀρχέταις.
ἴτω τελεία γάμων ἀοιδά.

ἀλλ' ὅδε γὰρ δὴ βασιλεὺς πρὸ δόμων
κῆρύξ θ' ἱερὸς καὶ παῖς Φαέθων   60

und schon machen sich die wildtötenden Jäger ans Werk
und an den Wassern des Okeanos läßt der Schwan seine
süße Stimme ertönen.

Und Schiffe fahren hinaus von Rudern getrieben und vom
kräftigen Wehen rauschender Winde, und die (Seeleute)
ziehen die Segel auf und rufen: „..... Windhauch, Herrin ..... in wogenlosem Geleit, wenn die Stürme schweigen ..... und unseren Frauen!", und das Segel sich gegen
das vordere Tau wölbt.

Andere mögen sich um anderes kümmern, mich aber treiben die Pflicht und der eigene Wunsch, den schönen Hochzeitsgesang für meinen Herren anzustimmen; denn den
Mägden geben die nahenden Festtage ihrer Gebieter Mut
im Gesang und Freude. Wenn aber böses Geschick am
Werke ist, lastet es schwer und schickt beklemmende
Furcht ins Haus.

Dieser Tag bringt der Hochzeit die Vollendung, den er-
flehend ich nun endlich den lieben Hochzeitsgesang für
meinen geliebten Herren angestimmt habe. Der Gott
schenkte, die Zeit erfüllte die Ehe meines Herrschers. Der
vollendende Hochzeitsgesang möge ertönen!

Aber hier treten der König und der heilige Herold und
sein Sohn Phaethon aus dem Haus, ich muß stillschwei-

βαίνουσι, τριπλοῦν ζεῦγος, ἔχειν χρὴ
στόμ' ἐν ἡσυχίᾳ·
περὶ γὰρ μεγάλων γνώμας δείξει,
παῖδ' ὑμεναίοις, ὥς φησι, θέλων
ζεῦξαι νύμφης τε λεπάδνοις.   65

Κῆρυξ

Ὠκεανοῦ πεδίων οἰκήτορες,
εὐφαμεῖτ', ὦ,
ἐκτόπιοί τε δόμων ἀπαείρετε,
ὦ ἴτε, λαοί.
κηρύσσω δ' ὁσίαν βασιλήιον,   70
αἰτῶ δ' αὐδὰν
εὐτεκνίαν τε γάμοις, ὧν ἔξοδος
ἅδ' ἕνεχ' ἥκει,
παιδὸς πατρός τε τῇδ' ἐν ἡμέρᾳ λέχη
κρᾶναι θελόντων· ἀλλὰ σῖγ' ἔστω λεώς.   75

Μέροψ

. . . .
. . . . εἰ γὰρ εὖ λέγω
Cod. Claromont. – Pap. Berl. 9771.

774 (1089)
(Anfänge von 3 Versen)
ναῦν τοι μί' ἄγκυρ' οὐχ ὁμῶς σώζειν φιλεῖ
ὡς τρεῖς ἀφέντι· προστάτης θ' ἁπλοῦς πόλει
σφαλερός, ὑπὼν δὲ κἄλλος οὐ κακὸν πέλει.
(Anfänge von 30 Versen)
Cod. Claromont. – Stob. 4, 1, 3.

775 (1093)
ἐλεύθερος δ' ὢν δοῦλός ἐστι τοῦ λέχους,
πεπραμένον τὸ σῶμα τῆς φερνῆς ἔχων.
Eustath. Hom. Od. 13, 15.

gen; denn zu wichtigen Dingen wird er seine Gedanken
kundtun, da er sein Kind, wie er sagt, durch Hochzeitsgesang und Ehezügel binden will.

Herold

Bewohner des Landes am Okeanos,
wahrt Schweigen,
und tretet heraus aus den Häusern,
kommt herbei, ihr Völker!
Ich melde die heilige Macht des Königs (?),
ihm aber ...
und Kindersegen für die Ehe, deretwegen sie
jetzt heraustreten,
da Vater und Sohn an diesem Tag die Vermählung
vornehmen wollen. Das Volk aber schweige!

Merops

. . . .
. . . . denn wenn ich Richtiges sage

774

(Anfänge von 3 Versen)

Ein einziger Anker pflegt ein Schiff nicht ebenso zu halten,
wie wenn man drei auswirft; und ein einzelner Regent ist für
die Stadt gefährlich – kommt ein zweiter hinzu, ist das nicht
schlecht.

(Anfänge von 30 Versen)

775

ein freier Mann aber wird zum Knecht seiner Frau, wenn er
sich um den Preis der Mitgift verkauft hat.

776 (1092)
δεινόν γε, τοῖς πλουτοῦσι τοῦτο δ' ἔμφυτον,
σκαιοῖσιν εἶναι· τί ποτε τοῦτο ταἴτιον;
ἆρ' ὄλβος αὐτοῖς ὅτι τυφλὸς συνηρετεῖ,
τυφλὰς ἔχουσι τὰς φρένας καὶ τῆς τύχης;

Stob. 4. 31. 54.

777 (1090)
ὡς πανταχοῦ γε πατρὶς ἡ βόσκουσα γῆ.

Stob. 3. 40. 2.

778 (1102)
εὐδαιμονίζων ὄχλος ἐξέπληξέ με.

Plut. De tranqu. 1.

779 (1094)
Ἔλα δὲ μήτε Λιβυκὸν αἰθέρ' εἰσβαλών·
κρᾶσιν γὰρ ὑγρὰν οὐκ ἔχων, ἀψῖδα σὴν
κάτω διήσει................
ἵει δ' ἐφ' ἑπτὰ πλειάδων ἔχων δρόμον.
τοσαῦτ' ἀκούσας παῖς ἔμαρψεν ἡνίας·   5
κρούσας δὲ πλευρὰ πτεροφόρων ὀχημάτων
μεθῆκεν, αἱ δ' ἔπταντ' ἐπ' αἰθέρος πτυχάς.
πατὴρ δ' ὄπισθε νῶτα Σειρίου βεβὼς
ἵππευε παῖδα νουθετῶν· ἐκεῖσ' ἔλα,
τῇδε στρέφ' ἅρμα, τῇδε.   10

Vom Erhabenen 15.

780 (1095)

———

781 (1101)

Κλ   πυρός τ' ἐρινὺς ἐν νεκροῖς θ ....
ζῶσ' ἠδ' ἀνίησ' ἀτμὸν ἐμφανῆ ....
ἀπωλόμην· οὐκ οἴσετ' εἰς δόμους νέκυν;

776

Es ist schlimm, aber die Reichen sind von Natur ohne Verstand. Was ist die Ursache? – Weil der blinde Reichtum ihnen zur Seite steht, macht er ihren Verstand blind auch gegenüber dem Schicksal.

777

denn überall ist Vaterland die nährende Erde.

778

Die jubelnde Menge erschreckte mich.

779

gerate aber bei deiner Fahrt nicht in den Himmel über Libyen, denn da er keine Feuchtigkeit besitzt, wird er dir die Felge unter dir zerstören ...... richte aber den Lauf auf die sieben Pleiaden hin!"
All dies hörte der Sohn an und ergriff die Zügel. Er peitschte die Seiten des geflügelten Gespanns und ließ es los, sie aber flogen zu den Schluchten des Äthers.
Der Vater aber bestieg den Rücken des Sirius, ritt hinterher und mahnte den Sohn: „Dorthin lenke! – Hierher wende den Wagen, hierher!"

780

———

781

Klymene, Chor, Merops, Diener

Kly und des Feuers Erinye in den Toten ...
solange sie lebt (die Flamme?), läßt sie deutlich Rauch aufsteigen. – Ich bin verloren! Bringt sofort den Leichnam

νοεῖς; πόσις μοι πλησίον γαμηλίους
μολπὰς ἀυτεῖ παρθένοις ἡγούμενος.   5
οὐ θᾶσσον; οὐ σταλαγμὸν ἐξομόρξετε,
εἴ πού τις ἔστιν αἵματος χαμαὶ πεσών;
ἐπείγετ' εἶα, δμωίδες· κρύψω δέ νιν
ξεστοῖσι θαλάμοις, ἔνθ' ἐμῷ κεῖται πόσει
χρυσός· μόνη δὲ κλῇθρ' ἐγὼ σφραγίζομαι.   10
ὦ καλλιφεγγὲς Ἥλι', ὥς μ' ἀπώλεσας
καὶ τόνδ'· Ἀπόλλων δ' ἐν βροτοῖς ὀρθῶς καλῇ,
ὅστις τὰ σιγῶντ' ὀνόματ' οἶδε δαιμόνων.

Χο Ὑμὴν Ὑμήν,   lyr
     τὰν Διὸς οὐρανίαν ἀείδομεν   15
     τὰν ἐρώτων πότνιαν, τὰν παρθένοις
     γαμήλιον Ἀφροδίταν.
     πότνια, σοὶ τάδ' ἐγὼ νυμφεῖ' ἀείδω,
     Κύπρι θεῶν καλλίστα,
     τῷ τε νεόζυγι σῷ   20
     πώλῳ, τὸν ἐν αἰθέρι κρύπτεις
     σῶν γάμων γένναν·

     ἃ τὸν μέγαν
     τᾶσδε πόλεως βασιλῆ νυμφεύεται,
     ἀστερωποῖσιν δόμοισιν χρυσέοις   25
     ἀρχόν, φίλον Ἀφροδίτᾳ.
     ὦ μακάρων βασιλεὺς μείζων ἔτ' ὄλβον·
     ὃς θεὰν κηδεύσεις
     καὶ μόνος ἀθανάτων
     γαμβρὸς δι' ἀπείρονα γαῖαν   30
     θνατὸς ὑμνήσῃ.

Με χώρει σὺ καὶ τάσδ' εἰς δόμους ἄγων κόρας
     γυναῖκ' ἄνωχθι πᾶσι τοῖς κατὰ στόμα
     θεοῖς χορεῦσαι καὶ κυκλώσασθαι δόμους

ins Haus! Mein Gatte ist in der Nähe und singt Hoch-
zeitslieder und führt den Jungfrauenchor an.
Schneller! Wischt jeden Blutstropfen auf, der auf den
Boden gefallen ist.
Eilt, ihr Mägde! Ich will ihn in dem Gemach aus geglät-
tetem Stein verbergen, wo mein Gatte das Gold aufbe-
wahrt; ich allein verfüge über das Türsiegel.
O schönleuchtende Sonne, Helios, du hast mich vernichtet
und diesen hier! Apollon, ‚Verderber‘, wirst du unter den
Menschen mit Recht genannt, die den verborgenen Sinn
der Götternamen kennen.

Ch Hymen, Hymen!
Die himmlische Tochter des Zeus besingen wir,
die Herrin aller Liebesleidenschaft, die du den Jungfrauen
die Ehe bringst, Aphrodite.
Herrin, dir singe ich diesen Brautgesang,
Kypris, schönste der Göttinnen,
und für dein neuvermähltes Kind,
das du im Äther birgst,
den Sproß deiner Ehe,

die den großen
König dieser Stadt zur Ehe geleitet,
einen Herrscher im goldenen Palast
der Sterne, lieb ist er Aphrodite.
O seliger Mann, o König, dessen Glück noch größer ist,
da du dich einer Göttin vermählst
und allein unter allen Sterblichen
auf der ganzen Erde als Schwiegersohn
der Unsterblichen besungen wirst.

Me Geh und bring diese Mädchen ins Haus und sag der Frau,
man solle alle Götterbilder in den Gemächern im Tanz
ehren und durch das Haus ziehen mit feierlichen Gesän-

σεμνοῖσιν ὑμεναίοισιν, Ἑστίας θ' ἕδος,   35
ἀφ' ἧς γε σώφρων πᾶς ἂν ἄρχεσθαι θέλοι
εὐχὰς πο[εῖσθαι . . . .

(Lücke von 4 Versen)
                                                          40
θεᾶς προσελθεῖν τέμενος ἐξ ἐμῶν δόμων.

Θε   ὦ δέσποτ', ἔστρεψ' ἐκ δόμων ταχὺν πόδα.
     οὗ γὰρ σὺ σῴζῃ σεμνὰ θησαυρίσματα
     χρυσοῦ, δι' ἀρμῶν ἐξαμείβεται πύλης   45
     καπνοῦ μέλαιν' ἄησις ἔνδοθεν στέγης.
     προσθεὶς πρόσωπον φλόγα μὲν οὐχ ὁρῶ πυρός,
     γέμοντα δ' οἶκον μέλανος ἔνδοθεν καπνοῦ.
     ἀλλ' ἔσιθ' ἐς οἶκον, μή τιν' Ἥφαιστος χόλον
     δόμοις ἐπεισφρεὶς μέλαθρα συμφλέξῃ πυρὶ   50
     ἐν τοῖσιν ἡδίστοισι Φαέθοντος γάμοις.

Με   πῶς φής; ὅρα μὴ θυμάτων πυρουμένων
     κατ' οἶκον ἀτμὸν κεῖσ' ἀποσταλέντ' ἴδης.

Θε   ἅπαντα ταῦτ' ᾔθρησ'· ἀκαπνώτως ἔχει.
Με   οἶδεν δ' ἐμὴ τάδ' ἢ οὐκ ἐπίσταται δάμαρ;   55
Θε   θυηπολοῦσα θεοῖς ἐκεῖσ' ἔχει φρένας.
Με   ἀλλ' εἶμ', ἐπεί τοι καὶ φιλεῖ τὰ τοιάδε
     ληφθέντα φαύλως ἐς μέγαν χειμῶν' ἄγειν.
     σὺ δ' ὦ πυρὸς δέσποινα, Δήμητρος κόρη,
     Ἥφαιστέ τ' εἴητ' εὐμενεῖς δόμοις ἐμοῖς.   60

Χο   τάλαιν' ἐγώ, τάλαινα, ποῖ πόδα   lyr
     πτερόεντα καταστάσω;
     ἀν' αἰθέρ'; ἢ γᾶς ὑπὸ κεῦθος ἄφαν-
     τον ἐξαμαυρωθῶ;
     ἰώ μοί μοι, κακὰ φανήσεται·   65
     βασίλεια τάλαινα παῖς τ' ἔσω
     κρυφαῖος νέκυς.

gen, und den Sitz der Hestia, wo jeder Verständige mit
den Gebeten, die er an die Götter richtet, beginnt ...

(Lücke von 4 Versen)

zu dem Tempel der Göttin gehen von meinem Haus aus.

Die Herr, ich wendete rasch meinen Schritt zurück aus dem
Haus; denn wo du den heiligen Goldschatz aufbewahrst,
dringt durch die Spalten der Tür schwarzer Rauch von
innen aus dem Gemach.
Ich hielt mein Auge daran und sah zwar keine Flammen,
doch den Raum von innen her durch schwarzen Qualm
erfüllt. Geh ins Haus, damit nicht auch noch der Feuer-
gott im Hause zu wüten anfängt und den Palast in Flammen setzt an diesem Freudentag, der Hochzeit des Phaethon!

Me Meinst du das wirklich? Hast du nicht vielleicht Rauch
gesehen, der vom Opferfeuer dorthin ins Haus gezogen
ist?

Die All das habe ich geprüft: alles sonst ist frei von Rauch.

Me Weiß es meine Gattin oder nicht?

Die Sie opfert den Göttern und richtet darauf ihren Sinn.

Me So will ich gehen; denn dergleichen pflegt, wenn man es
geringschätzt, zu einem großen Sturm zu führen. Du aber,
Herrin des Feuers, Tochter der Demeter, und du, Hephaistos, seid genädig meinem Haus!

Ch Ich Unglückliche, wohin lenke ich meinen Fuß, auf Flü-
geln in den Äther hinauf, oder soll ich in der unsicht-
baren Tiefe der Erde verschwinden?
Wehe, Wehe!
Schlimmes wird offenbar:
Die unglückliche Königin und ihr Sohn,
den sie drinnen als Toten verborgen hat,

ὀτοτοτοῖ, κεραύνιαί τ' ἐκ Διὸς
πυρίβολοι πλαγαὶ λέχεά θ' Ἀλίου.
ὢ δυστάλαινα τῶν ἀμετρήτων κακῶν·　　　　　70
Ὠκεανοῦ κόρα,
πατρὸς Ἴθι πρόσπεσε
γόνυ λιταῖς, σφαγὰς
σφαγὰς οἰκτρὰς ἀρκέσαι σᾶς δειρᾶς.
Με ἰώ μοί μοι.　　　　　　　　　　　　　　75
Χο ἠκούσατ' ἀρχὰς δεσπότου στεναγμάτων;
Με ἰὼ τέκνον.
Χο καλεῖ τὸν οὐ κλύοντα δυστυχῆ γόνον
.... των ὁρᾶν σαφῆ.

Cod. Claromont.

782 (1103)
ψυκτήρια
δένδρεα φίλαισιν ὠλέναισι λέξεται.

Athen. 11, 109.

783 (1097)
χρυσέα βῶλος

Diog. Laert. 2, 10.

784 (1091)
ἐν τοῖσι μώροις τοῦτ' ἐγὼ κρίνω βροτῶν,
ὅστις τῶν πατέρων παισὶ μὴ φρονοῦσιν εὖ
ἢ καὶ πολίταις παραδίδωσ' ἐξουσίαν.

Stob. 4, 1, 2.

785 (1100)
μισῶ δὲ .... ἀγκύλον
τόξον κρανείας, γυμνάσια δ' οἰχοίατο.

Plut. Consol. ad uxorem 3.

786 (1098)
φίλος δέ μοι
ἄλουτος ἐν φάραγξι σήπεται νέκυς.

Plut. Symp. 4, 2, 3.

o Jammer, und die Blitze des Zeus,
Feuerschläge, und das Liebeslager des Helios.
O du Unselige, deine Leiden sind unermeßlich!
Tochter des Okeanos,
wirf dich dem Vater bittend zu Füßen, damit er einen
jammervollen Tod von deinem Nacken abwendet.

Me *(von innen)* Weh mir, weh!
Ch Hört ihr, wie der Herr zu klagen beginnt?
Me *(von innen)* Mein Kind!
Ch Er ruft den unglücklichen Sohn, der nicht mehr hört.
. . . . deutlich sehen.

782
kühlende Bäume werden ihn mit liebenden Armen aufnehmen.

783
goldene Erdscholle (= Sonne)

784
Zu den Torheiten der Menschen rechne ich es, wenn ein Vater
einen unvernünftigen Sohn an der Macht teilhaben läßt oder
überhaupt einen unvernünftigen Bürger.

785
Ich hasse aber . . . . die gekrümmte Waffe aus Hart-
riegelholz und die Übungsplätze kümmern mich nicht.

786
doch ein lieber Toter fault mir ungebadet in der Schlucht.

ΦΙΛΟΚΤΗΤΣ

787 (1106)

πῶς δ᾽ ἂν φρονοίην, ᾧ παρῆν ἀπραγμόνως
ἐν τοῖσι πολλοῖς ἠριθμημένῳ στρατοῦ
ἴσον μετασχεῖν τῷ σοφωτάτῳ τύχης;

Arist., Eth. Nic. 1142 a 3; u. a.

788 (1106)

οὐδὲν γὰρ οὕτω γαῦρον ὡς ἀνὴρ ἔφυ·
τοὺς γὰρ περισσοὺς καί τι πράσσοντας πλέον
τιμῶμεν ἄνδρας τ᾽ ἐν πόλει νομίζομεν.

Stob. 3, 29, 15; u. a.

789 (1106)

ὀκνῶν δὲ μόχθων τῶν πρὶν ἐκχέαι χάριν
καὶ τοὺς παρόντας οὐκ ἀπωθοῦμαι πόνους.

Plut., De laud. 14.

790 (1113)

δύσμορφα μέντοι τἄνδον εἰσιδεῖν, ξένε.

Plut., De cur. 12.

**790 a = ad. 389 (1114)

οὐκ ἔστ᾽ ἐν ἄντροις λευκός, ὦ ξέν᾽, ἄργυρος

Plut., De pud. 10.

791 (1123)

ἅλις, ὦ βιοτά· πέραινε,   lyr
πρίν τινα συντυχίαν
ἢ κτεάτεσσιν ἐμοῖς ἢ σώματι τῷδε γενέσθαι.

Stob. 4, 52, 29.

792 (1116)

φαγέδαιν᾽ ἀεί μου σάρκα θοινᾶται ποδός

Arist. Poet. 1458 b 23.

PHILOKTET

787

Wie aber kann ich bei Verstand sein, da es mir freistand, in aller Bequemlichkeit als einfacher Mann in der Masse des Heeres den gleichen Anteil zu erhalten wie der Klügste?

788

denn nichts ist so ehrgeizig wie der Mensch; denn wir ehren diejenigen, die sich herausheben und etwas Besonderes leisten, und halten sie für die eigentlichen Männer in der Stadt.

789

und da ich zögere, den Dank für frühere Mühen aufs Spiel zu setzen, lehne ich auch die gegenwärtigen Aufgaben und Anstrengungen nicht ab.

790

doch häßlich ist der Anblick drinnen, Fremder.

790 a

In der Höhle ist kein weißes Silber, Fremder.

791

Genug, o Leben, geh zu Ende,
bevor ein Unglück
meinem Besitz oder meinem Leib zustößt!

792

Das Geschwür frißt ständig das Fleisch meines Fußes.

793 (1121)

μακάριος ὅστις εὐτυχῶν οἴκοι μένει·
ἐν γῇ δ' ὁ φόρτος, καὶ πάλιν ναυτίλλεται.

Stob. 3, 39, 13; u. a.

794 (1125)

ὁρᾶτε δ' ὡς κἀν θεοῖσι κερδαίνειν καλόν,
θαυμάζεται δ' ὁ πλεῖστον ἐν ναοῖς ἔχων
χρυσόν. τί δῆτα καὶ σὲ κωλύει...
κέρδος, παρόν γε κἀξομοιοῦσθαι θεοῖς;

,Justin.', De mon. S.

795 (1119)

τί δῆτα θάκοις μαντικοῖς ἐνήμενοι
σαφῶς διόμνυσθ' εἰδέναι τὰ δαιμόνων,
οἱ τῶνδε χειρώνακτες ἄνθρωποι λόγων;
ὅστις γὰρ αὐχεῖ θεῶν ἐπίστασθαι πέρι,
οὐδέν τι μᾶλλον οἶδεν ἢ πείθειν λέγων.   5

Stob. 2, 1, 2.

796 (1118)

ὑπέρ γε μέντοι παντὸς Ἑλλήνων στρατοῦ
αἰσχρὸν σιωπᾶν, βαρβάρους δ' ἐᾶν λέγειν.

Plut., Adv. Col. 2.

797 (1117)

λέξω δ' ἐγώ, κἄν μου διαφθείρας δοκῇ
λόγους ὑποστὰς αὐτὸς ἠδικηκέναι·
ἀλλ' ἐξ ἐμοῦ γὰρ τἀμὰ μαθήσῃ κλύων,
ὃ δ' αὐτὸς αὐτὸν ἐμφανιεῖ σοι λέγων.

Rhet. ad Alex. 18, 15.

798 (1122)

πατρὶς καλῶς πράσσουσα εὐτυχοῦντ' ἀεὶ
μείζω τίθησι, δυστυχοῦσα δ' ἀσθενῆ.

Stob. 3, 40, 1.

793

Selig ist, wer sich wohlbefindet und zu Hause bleibt. – Kaum
aber ist die Ladung an Land, sticht man schon wieder in See.

794

und seht, wie auch bei den Göttern der Zuwachs an Besitz als
schön gilt und derjenige bewundert wird, der das meiste Gold
in seinen Tempeln hat. Was also hindert dich, auf Gewinn aus-
zugehen, da du dabei sogar gottähnlich werden kannst.

795

Warum thront ihr dann auf euren Sehersitzen und schwört, den
Willen der Götter zu kennen, ihr Verfertiger dieser Sprüche?
Denn wer behauptet, etwas über die Götter zu wissen, weiß
nur eins, nämlich wie man Leute mit Worten beschwatzt.

796

Doch zu schweigen, wenn es um das ganze Heer der Griechen
geht, und Barbaren reden zu lassen, ist eine Schande.

797

Ich werde aber sprechen, auch wenn er meine Worte zu des-
avouieren scheint und selbst zugibt, Unrecht getan zu haben;
denn was ich zu sagen habe, sollst du von mir hören, er aber
wird sich dir gegenüber mit seinen eigenen Worten erklären.

798

Wenn es dem Staat gut geht, wird das Wohlergehen des Einzelnen noch verstärkt, wenn aber schlecht, wird es beeinträchtigt.

799 (1120)

ὥσπερ δὲ θνητὸν καὶ τὸ σῶμ' ἡμῶν ἔφυ,
οὕτω προσήκει μηδὲ τὴν ὀργὴν ἔχειν
ἀθάνατον ὅστις σωφρονεῖν ἐπίσταται.

Stob. 3, 20, 17.

799 a (1115)

ἀνδρὸς κακῶς πράσσοντος ἐκποδὼν φίλοι

Schol. Eur. Phoe. 402. = Soph. 733 P.

800 (1124)

φεῦ, μήποτ' εἴην ἄλλο πλὴν θεοῖς φίλος
ὡς πᾶν τελοῦσι, κἂν βραδύνωσιν χρόνῳ.

Orion Flor. 5, 4.

801 (1128)

ἀπέπνευσεν αἰῶνα

Hesych. 2216.

802 (1127)

αἱρεῖς

Hesych. 2068.

803 (1129)

ἀκριβές

Hesych. 2569.

ΦΟΙΝΙΞ

803 + 1 = 813 (1131)

ὦ πλοῦθ', ὅσῳ μὲν ῥᾷστον εἶ βάρος φέρειν,
πόνοι δὲ κἄν σοὶ καὶ φθοραὶ πολλαὶ βίου
ἔνεισ'· ὁ γὰρ πᾶς ἀσθενὴς αἰὼν βροτοῖς.

Stob. 4, 31, 10; u. a.

799

ebenso aber wie unser Körper sterblich ist, so wird auch kein
vernünftiger Mensch zürnen, als ob sein Zorn unsterblich sei.

799 a

Wenn es einem schlecht geht, sind die Freunde verschwunden.

800

Ach, ich möchte nie etwas anderes, als von den Göttern geliebt
werden; denn sie vollenden alles, auch wenn sie langsam sind
und sich Zeit lassen.

801

er hauchte sein Leben aus

802

du vermutest

803

spitz

PHOINIX

803 + 1 = 813

O Reichtum, du bist eine Last, die sich leicht trägt, aber du
birgst in dir auch Leiden und Tod; denn das ganze Leben der
Menschen ist schwach und unbeständig.

(Anfang des Prologs)

804 (1139)

μοχθηρόν ἐστιν ἀνδρὶ πρεσβύτῃ τέκνα

....

δίδωσιν ὅστις οὐκέθ᾽ ὡραῖος γαμεῖ·
δέσποινα γὰρ γέροντι νυμφίῳ γυνή.

Stob. 4, 22, 109.

805 (1143)

ὦ γῆρας, οἷον τοῖς ἔχουσιν εἶ κακόν.

Stob. 4, 50, 74.

806 (1138)

ἀλλ᾽ οὔποτ᾽ αὐτὸς ἀμπλακὼν ἄλλον βροτὸν
παραινέσαιμ᾽ ἂν παισὶ προσθεῖναι κράτη
πρὶν ἂν κατ᾽ ὄσσων τυγχάνῃ με καὶ σκότος,
εἰ χρὴ διελθεῖν πρὸς τέκνων νικώμενον.

Stob. 4, 1, 16.

807 (1140)

πικρὸν νέᾳ γυναικὶ πρεσβύτης ἀνήρ.

Men. Monost. 191.

808 (1141)

γυνή τε πάντων ἀγριώτατον κακόν.

Stob. 4, 22, 191.

809 (1133)

.... πεῖραν οὐ δεδωκότες
μᾶλλον δοκοῦντες ἢ πεφυκότες σοφοί

Stob. 2, 15, 11.

810 (1142)

μέγιστον ἄρ᾽ ἦν ἡ φύσις· τὸ γὰρ κακὸν
οὐδεὶς τρέφων εὖ χρηστὸν ἂν θείη ποτέ.

Stob. 4, 30, 7.

804
Eine Last ist es für einen alten Mann, Kinder
. . . .
gibt, wer heiratet, wenn er über die Jugend hinaus ist; denn bei
einem betagten Ehemann hat die Frau das Sagen.

805
O Greisenalter, was für ein Übel bist du für die Betroffenen!

806
aber niemals würde ich, der ich diesen Fehler selbst gemacht
habe, einem anderen raten, den Söhnen die Macht zu überlassen, bevor das Dunkel meine Augen deckt – wenn jemand
reden darf, der von seinen Kindern unterjocht wird.

807
Nicht angenehm ist für eine junge Frau ein alter Mann.

808
und die Frau ist das allerschlimmste Übel

809
Leute ohne Erfahrung sind eher scheinbar als wirklich klug.

810
Das Entscheidende war die Natur; denn das Schlechte kann
man auch durch gute Erziehung nicht gutmachen.

811 (1145)

τάφανῆ τεκμηρίοισιν εἰκότως ἁλίσκεται.

Clem. Alex., Strom. 6. 2, 18, 2.

812 (1134)

ἤδη δὲ πολλῶν ᾑρέθην λόγων κριτὴς
καὶ πόλλ' ἁμιλληθέντα μαρτύρων ὕπο
τἀναντί' ἔγνων συμφορᾶς μιᾶς πέρι.
κἀγὼ μὲν οὕτω χὤστις ἔστ' ἀνὴρ σοφὸς
λογίζομαι τἀληθές, εἰς ἀνδρὸς φύσιν   5
σκοπῶν δίαιτάν θ' ἥντιν' ἡμερεύεται·
ὅστις δ' ὁμιλῶν ἥδεται κακοῖς ἀνήρ,
οὐ πώποτ' ἠρώτησα, γιγνώσκων ὅτι
τοιοῦτός ἐστιν οἷσπερ ἥδεται ξυνών.

Aeschin., c. Tim. 152.

813 = 803 + 1

**813 a = ad. 515 (1135)

καὶ τῷδε δηλώσαιμ' ἄν, εἰ βούλοιο σύ,
τάληθές, ὡς ἔγωγε καὐτὸς ἄχθομαι,
ὅστις λέγειν μὲν εὐπρεπῶς ἐπίσταται,
τὰ δ' ἔργα χείρω τῶν λόγων παρέσχετο

Stob. 2, 15, 25.

814 (1136)

φθόνον οὐ σέβω,   lyr
φθονεῖσθαι δὲ θέλοιμ' ἂν ἐπ' ἐσθλοῖς.

Stob. 3, 38, 14.

815 (1146)

δμωσὶν δ' ἐμοῖσιν εἶπον ὡς†ταυτηρίαις
πυρίδες†καὶ διιπετῆ κτεῖναι

Erotian. 34.

816 (1144)

καίτοι ποτ' εἴ τιν' εἰσίδοιμ' ἀνὰ πτόλιν
τυφλὸν προηγητῆρος ἐξηρτημένον,

811

Was man nicht sehen kann, wird natürlicherweise aus Anzeichen erschlossen.

812

Man hat mich schon oft zum Richter bei Auseinandersetzungen gemacht und ich habe viele gegensätzliche Zeugenaussagen zu ein und derselben Sache erlebt und ich erschließe – wie jeder kluge Mann – die Wahrheit, indem ich mir den Lebenswandel der Zeugen ansehe, und wenn jemand gern in schlechter Gesellschaft verkehrt, dann habe ich ihn gar nicht erst befragt, weil ich weiß, daß er ebenso ist wie diejenigen, mit denen er so gern umgeht.

813 = 803 + 1

813 a = ad. 515

und ich würde ihm offen die Wahrheit sagen, wenn du es willst; denn auch ich selbst verabscheue es, wenn jemand zwar schön zu reden versteht, aber schlechtere Taten als Worte aufzuweisen hat.

814

Neid schätze ich nicht,
aber beneidet werden wegen edler Eigenschaften, das möchte ich schon!

815

meinen Sklaven aber befahl ich . . . . . zu töten.

816

Doch wenn ich früher einen Blinden in der Stadt sah, wie er an seinem Führer hing vom Unglück getroffen, dann sagte ich

ἀδημονοῦντα συμφοραῖς ἐλοιδόρουν,
ὡς δειλὸς εἴη θάνατον ἐκποδὼν ἔχων.
καὶ νῦν λόγοισι τοῖς ἐμοῖς ἐναντίως   5
πέπτωχ' ὁ τλήμων· ὦ φιλόζωοι βροτοί,
οἳ τὴν ἐπιστείχουσαν ἡμέραν ἰδεῖν
ποθεῖτ' ἔχοντες μυρίων ἄχθος κακῶν.
οὕτως ἔρως βροτοῖσιν ἔγκειται βίου·
τὸ ζῆν γὰρ ἴσμεν, τοῦ θανεῖν δ' ἀπειρίᾳ   10
πᾶς τις φοβεῖται φῶς λιπεῖν τόδ' ἡλίου.

Stob. 4, 53, 10.

817 (1137)

σὺ δ', ὦ πατρῷα χθὼν ἐμῶν γεννητόρων,
χαῖρ'· ἀνδρὶ γάρ τοι, κἂν ὑπερβάλλῃ κακοῖς,
οὐκ ἔστι τοῦ θρέψαντος ἥδιον πέδον.

Stob. 3, 39, 10.

818 (1147)

ἀμνήστευτος γυνή

Hesych. 3724.

ΦΡΙΞΟΣ

819 (1155)

Σιδώνιόν ποτ' ἄστυ Κάδμος ἐκλιπών,
Ἀγήνορος παῖς, ἦλθε Θηβαίαν χθόνα
Φοῖνιξ πεφυκώς, ἐκ δ' ἀμείβεται γένος
Ἑλληνικόν, Διρκαῖον οἰκήσας πέδον.
ᾗ δ' ἦλθ' ἀνάγκῃ πεδία Φοινίκης λιπών,   5
λέγοιμ' ἄν. ἦσαν τρεῖς Ἀγήνορος κόροι·
Κίλιξ, ἀφ' οὗ καὶ Κιλικία κικλήσκεται,
Φοῖνιξ ⟨θ'⟩, ὅθεν περ τοὔνομ' ἡ χώρα φέρει,
καὶ Θάσος

Schol. Aristoph. Frösche 1225; u. a.

wohl tadelnd, daß er feige sei, weil er dem Tod aus dem Wege gehe.

Und jetzt bin ich Elender in Widerspruch zu meinen eigenen Worten geraten. O ihr Menschen, die ihr das Leben liebt und die ihr den kommenden Tag sehen wollt, auch wenn ihr eine Last von unzähligen Übeln zu tragen habt!

So steckt im Menschen die Liebe zum Leben; denn das Leben kennen wir, weil wir aber den Tod nicht kennen, fürchtet sich jeder, das Licht der Sonne zu verlassen.

817

Du aber, Heimat meiner Väter, lebe wohl! Denn dem Menschen ist auch im äußersten Unglück kein Land lieber als dasjenige, wo er aufgewachsen ist.

818

Kebse

PHRIXOS

819

Kadmos, Agenors Sohn, verließ einst die Stadt Sidon und kam ins Land von Theben. Von Geburt ein Phöniker, wurde er zum Griechen, als er sich in der Ebene des Dirkequells ansiedelte.

Wodurch gezwungen er Phönikien verließ und er hierher kam, will ich sagen. Agenor hatte drei Söhne: Kilix, nach dem Kilikien benannt wird, Phoinix, dessen Namen das Land trägt, und Thasos . . .

(Anfang des zweiten Phrixos)

820 (1156)

---

821 (1151)

εἰ μὲν τόδ' ἦμαρ πρῶτον ἦν κακουμένῳ
καὶ μὴ μακρὰν δὴ διὰ πόνων ἐναυστόλουν,
εἰκὸς σφαδᾴζειν ἦν ἂν ὡς νεόζυγα
πῶλον χαλινὸν ἀρτίως δεδεγμένον·
νῦν δ' ἀμβλύς εἰμι καὶ κατηρτυκὼς κακῶν.   5

Galen. 5, 418; u. a.

822 (1159)
(Reste von 9 Versen)

γυνὴ γὰρ ἐν κακοῖσι καὶ νόσοις πόσει   10
ἥδιστόν ἐστι, δώματ' ἢν οἰκῇ καλῶς,
ὀργήν τε πραΰνουσα καὶ δυσθυμίας
ψυχὴν μεθιστᾶσ'· ἡδὺ κἀπάται φίλων.
(Reste von 10 Versen)

Pap. Ox. 2685. – 10-13 = Nauck 822.

823 (1159)

δίκαι' ἔλεξε· χρὴ γὰρ εὐναίῳ πόσει
γυναῖκα κοινῇ τὰς τύχας φέρειν ἀεί.

Stob. 4, 23, 31.

824 (1165)

ὡς οὐδὲν ὑγιές φασι μητρυιὰς φρονεῖν
νόθοισι παισίν, ὧν φυλάξομαι ψόγον.

Stob. 4, 22, 197.

825 (1166)

κρείσσων δὲ βαιὸς ὄλβος ἀβλαβὴς βροτοῖς
ἢ δῶμα πλούτῳ δυσσεβῶς ὠγκωμένον.

Stob. 4, 31, 94.

826 (1160)

δι' ἐλπίδος ζῇ καὶ δι' ἐλπίδος τρέφου.

Etym. Magn. 410, 32.

820

821

Wenn mein Unglück mit diesem Tag begonnen hätte und ich
nicht schon lange auf der See der Leiden segelte, wäre es
natürlich, wenn ich mich ungestüm sträubte wie ein junges
Pferd, dem man eben den Zügel angelegt hat. Jetzt aber bin
ich abgestumpft und ans Unglück gewöhnt.
(Anfang des ersten Phrixos)

822

(Reste von 9 Versen)
denn die Frau ist dem Mann in Unglück und Krankheit der
beste Trost, wenn sie das Haus gut verwaltet und seinen Un-
mut besänftigt und trübe Gedanken verscheucht. Angenehm
sind auch (tröstende) Vorspiegelungen von Freunden.
(Reste von 10 Versen)

823

er/sie hatte recht; denn die Frau muß mit ihrem Ehemann das
Schicksal gemeinsam tragen.

824

denn es heißt, Stiefmütter seien fremden Kindern nicht wohlgesonnen. Vor dem Tadel werde ich mich hüten.

825

besser aber ist für die Menschen bescheidener Besitz der niemandem schadet, als ein Haus, das durch unrechtes Gut groß
geworden ist.

826

Von Hoffnung lebe, von Hoffnung nähre dich!

827 (1157)
καὶ μὴν ἀνοῖξαι μὲν σιροὺς οὐκ ἠξίουν

Etym. Magn. 714. 16.

828 (1163)
αἱ γὰρ πόλεις εἰσ' ἄνδρες, οὐκ ἐρημία.

Stob. 4, 1, 4.

829 (1162)
ἀνὴρ δ' ὃς εἶναι φής, ἀνδρὸς οὐκ ἄξιον
δειλὸν κεκλῆσθαι καὶ νοσεῖν αἰσχρὰν νόσον.

Stob. 3, 8. 7.

830 (1152)
λάτρις πενέστης ἀμὸς ἀρχαίων δόμων

Athen. 6, 85.

831 (1164)
πολλοῖσι δούλοις τοὔνομ' αἰσχρόν, ἡ δὲ φρὴν
τῶν οὐχὶ δούλων ἐστ' ἐλευθερωτέρα.

Stob. 4, 19, 39.

832 (1169)
εἰ δ' εὐσεβὴς ὢν τοῖσι δυσσεβεστάτοις
εἰς ταὔτ' ἔπρασσον, πῶς τάδ' ἂν καλῶς ἔχοι;
ἢ Ζεὺς ὁ λῷστος μηδὲν ἔνδικον φρονεῖ;

Justin.' De mon. S.

833 (854. 1167)
τίς δ' οἶδεν εἰ ζῆν τοῦθ' ὃ κέκληται θανεῖν,
τὸ ζῆν δὲ θνῄσκειν ἐστί; πλὴν ὅμως βροτῶν
νοσοῦσιν οἱ βλέποντες, οἱ δ' ὀλωλότες
οὐδὲν νοσοῦσιν οὐδὲ κέκτηνται κακά.

Stob. 4, 52, 38; u. a.

834 (1168)
καὶ γὰρ πέφυκε τοῦτ' ἐν ἀνθρώπου φύσει·

827
und ich meinte, man solle die Korngruben nicht öffnen.

828
denn die Städte bestehen aus Männern, nicht aus Einöde.

829
und der du behauptest ein Mann zu sein: eines Mannes ist es nicht würdig, als Feigling zu gelten und an dieser schandbaren Krankheit zu leiden.

830
Knecht und Diener meines alten Hauses

831
Viele Sklaven tragen zwar diesen häßlichen Namen, aber ihr Sinn ist freier als der von Nichtsklaven.

832
Wenn einem frommen Mann wie mir dasselbe widerfährt wie den Gottlosen, wie kann das dann in Ordnung sein? Oder hat Zeus, der doch selbst der Beste ist, keinen Sinn für Gerechtigkeit?

833
Wer aber weiß, ob nicht das, was man Totsein nennt, Leben ist und das Leben Totsein? Dabei muß man allerdings davon absehen, daß die Lebenden leiden müssen, die Toten aber keine Leiden und Übel kennen.

834
denn auch das gehört zur Natur des Menschen: Auch wenn je-

ἣν καὶ δίκη θνήσκη τις, οὐχ ἧσσον ποθεῖ
πᾶς τις δακρύειν τοὺς προσήκοντας φίλους.

Stob. 4, 54, 11.

835 (1161)

ὅστις δὲ θνητῶν οἴεται τοὖφ' ἡμέραν
κακόν τι πράσσων τοὺς θεοὺς λεληθέναι,
δοκεῖ πονηρὰ καὶ δοκῶν ἁλίσκεται,
ὅταν σχολὴν ἄγουσα τυγχάνη Δίκη.

Stob. 1, 3, 15; u. a.

836 (1171)

πώγωνα πυρός

Phot. 2, 125, 4.

837 (1172)

ἰλλάδας

Hesych. 571.

838 (1170)

───────

ΧΡΥΣΙΠΠΟΣ

839 (1176)

Γαῖα μεγίστη καὶ Διὸς Αἰθήρ,   an
ὃ μὲν ἀνθρώπων καὶ θεῶν γενέτωρ,
ἡ δ' ὑγροβόλους σταγόνας νοτίας
παραδεξαμένη τίκτει θνητούς,
τίκτει βοτάνην φῦλά τε θηρῶν·   5
ὅθεν οὐκ ἀδίκως

mand zu Recht den Tod erleidet, wünscht er sich doch nichts-
destoweniger, daß die Angehörigen und Freunde ihn beweinen.

835

wenn aber jemand meint, tagaus tagein Böses tun zu können,
ohne daß die Götter es bemerken, dann ist das ein ganz schänd-
licher Glaube, der als Irrglaube entlarvt wird, wenn Dike diesen Menschen nach einer Weile einholt.

836

den Bart des Feuers (= Flamme)

837

zusammengemischte (Erzeugung)

838

CHRYSIPPOS

839

Die Erde ist am größten und der Äther des Zeus:
er ist der Erzeuger von Menschen und Göttern,
sie aber nimmt die nässenden Tropfen des Regens
auf und gebiert die Menschen,
gebiert die Pflanzen und Stämme der Tiere;
deswegen hält man sie nicht zu Unrecht

μήτηρ πάντων νενόμισται.
χωρεῖ δ' ὀπίσω
τὰ μὲν ἐκ γαίας φύντ' εἰς γαῖαν,
τὰ δ' ἀπ' αἰθερίου βλαστόντα γονῆς   10
εἰς οὐράνιον πάλιν ἦλθε πόλον·
θνῄσκει δ' οὐδὲν τῶν γιγνομένων,
διακρινόμενον δ' ἄλλο πρὸς ἄλλου
μορφὴν ἑτέραν ἀπέδειξεν.

Sext. Emp., Adv. math. 17; u. a.

840 (1177)

λέληθεν οὐδὲν τῶνδέ μ' ὧν σὺ νουθετεῖς,
γνώμην δ' ἔχοντά μ' ἡ φύσις βιάζεται.

Clem. Alex., Strom. 2, 14, 63, 2.

841 (1178)

αἰαῖ, τόδ' ἤδη θεῖον ἀνθρώποις κακόν,
ὅταν τις εἰδῇ τἀγαθόν, χρῆται δὲ μή.

Stob. 3, 3, 33; u. a.

842 (1181)

γνώμης σόφισμα καὶ χέρ' ἀνδρείαν ἔχων
δύσμορφος εἴην μᾶλλον ἢ καλὸς κακός.

Stob. 4, 21, 20.

843 (1182)

ὦ δέσποτ', οὐδεὶς οἶδεν ἄνθρωπος γεγὼς
οὔτ' εὐτυχοῦς ἀριθμὸν οὔτε δυστυχοῦς.

Stob. 4, 41, 13.

844 (1184)

εἰάζων

Hesych. 712.

für die Mutter von allem.
Was aber aus der Erde entstanden ist,
geht wieder in die Erde zurück,
und was dem Äther entstammt,
kehrt wieder zu den Höhen des Himmels zurück.
Was entsteht, stirbt nicht,
sondern löst sich in seine Bestandteile auf
und zeigt sich in neuer Gestalt.

840

Nichts von dem, worauf deine Mahnungen zielen, ist mir unbekannt, aber meine Natur siegt über meine Einsicht.

841

Ach, was für ein gottgesandtes (?) Übel ist es für die Menschen, wenn jemand das Gute weiß, aber keinen Gebrauch davon macht.

842

Ich möchte lieber klug und tatkräftig sein, und dabei häßlich, als schön, aber schlecht.

843

Herr, kein Mensch kennt das Maß des Glücks und des Unglücks.

844

‚wohlan!‘ rufend

INCERTARVM FABVLARVM FRAGMENTA

845 (153)
ἀπρόσειλος

Hesych. 6842.

846 (282)
Αἴγυπτος, ὡς ὁ πλεῖστος ἔσπαρται λόγος,
ξὺν παισὶ πεντήκοντα ναυτίλῳ πλάτῃ
Ἄργος κατασχών

Aristoph. Frösche 1206 ff.

847 (–)
εἰ μὴ γὰρ ἴδιον ἔλαβον εἰς χεῖρας μύσος

Schol. Aristoph. Plut. 907.

848 (–)
γαυριᾶν

Antiatt. 87, 29.

849 (1191)
ἀκανθώδη ῥάχιν

Etym. Magn. 702, 47.

850 (1284)
ἡ γὰρ τυραννὶς πάντοθεν τοξεύεται
δεινοῖς ἔρωσιν, ἧς φυλακτέον πέρι.

Stob. 4, 8, 4.

851 (–)

_____

852–854 (–)

FRAGMENTE
AUS NICHTIDENTIFIZIERTEN STÜCKEN

845

nicht von der Sonne erwärmt

846

Aigyptos kam, wie es weithin heißt, mit fünfzig Söhnen zu
Schiff nach Argos und ...
(Anfang des Prologs)

847

denn wenn ich nicht eine eigene Abscheulichkeit in die Hände
genommen hätte

848

stolz sein

849

dorniges Rückgrat

850

denn die Tyrannis wird von schrecklichen Begierden von allen
Seiten ins Visier genommen; man muß sich davor hüten.

851

———

852–854 s. Band II S. 266 f.

855 (1192)

ἀναδρομαί

Hesych. 4281.

856 (1193)

ἀλκυόνες, αἱ παρ' ἀενάοις θαλάσσας
κύμασιν στωμύλλετε,
τέγγουσαι νοτίοις πτερῶν
ῥανίσι χρόα διανιζόμεναι

Schol. Aristoph. Frösche 1310.

857 (–)

Ἔλαφον δ' Ἀχαιῶν χερσὶν ἐνθήσω φίλαις
κεροῦσσαν, ἣν σφάζοντες αὐχήσουσι σὴν
σφάζειν θυγατέρα

Aelian. 7, 39.

858 (1195)

ὦ θερμόβουλον σπλάγχνον

Schol. Aristoph. Ach. 119.

859 (1196)

διαβάλλω

Erotian 31.

860 (1246)

———

861 (518)

δείξας γὰρ ἄστρων τὴν ἐναντίαν ὁδὸν
δήμους τ' ἔσῳσα καὶ τύραννος ἰζόμην.

Achill. Tat. 28.

862 (1197)

ὀθούνεκα

ἐν ..... αὐτῷ πάντα συλλαβὼν ἔχει

Achill. Tat. 47.

855

Sprießen

856

Eisvögel, die ihr bei den immer strömenden
Wogen des Meeres schwatzt
und beim Baden den Leib
flügelschlagend mit Wassertropfen benetzt

857

und ich werde in die Hände der Achäer eine gehörnte Hirsch-
kuh geben; die werden sie opfern und glauben, deine Tochter
zu opfern (s. Band V, S. 252).

858

o hitziges Herz

859

ich verleumde

860

_____

861

denn ich zeigte den entgegengesetzten Weg der Sterne und
rettete das Volk und wurde Herrscher.

862

weil es alles in sich umfaßt

863 (1198)

ἥκει δ' ἐπ' ὤμοις ἢ συὸς φέρων βάρος
ἢ τὴν ἄμορφον λύγκα, δύστοκον δάκος.

Aelian. 14, 6.

864 (333)

παίζω· μεταβολὰς γὰρ πόνων ἀεὶ φιλῶ.

Stob. 3, 18, 19.

865 (1199)

φήμη τὸν ἐσθλὸν κἄν μυχοῖς δείκνυσι γῆς.

Aeschin., c. Tim. 128.

866 (1200)

ἀλλ' ἥδε μ' ἐξέσωσεν, ἥδε μοι τροφός,
μήτηρ, ἀδελφή, δμωίς, ἄγκυρα στέγης.

Rhet. Gr. 3, 17.

867 s. 64 + 1 (60)

868 (1436)

θεοὶ χθόνιοι   lvr
ζοφερὰν ἀδίαυλον ἔχοντες
ἕδραν φθειρομένων 'Αχεροντίαν λίμνην

Anec. Gr. Bekker 1, 343, 31.

869 (1437)

ἄδωρος χάρις·

Anec. Gr. Bekker, 1, 346, 19.

870 (1438)

δράκοντος αἱματωπὸν ὄμμα

Anec. Gr. Bekker 1, 362, 7.

871 (1439)

αἱματοσταγῆ

κηλῖδα τέγγῃ

Anec. Gr. Bekker 1, 362, 9.

863

und er kommt und trägt auf den Schultern ein gewichtiges Schwein oder den häßlichen Luchs, die Bestie zum Unglück geboren.

864

Ich spiele; denn ich liebe stets den Wechsel zwischen Arbeit und Entspannung.

865

Sein guter Ruf macht uns den edlen Mann sichtbar, auch wenn er in den Tiefen der Erde begraben liegt.

866

aber sie hat mich gerettet; sie ist mir Amme, Mutter, Schwester, Dienerin – der Anker des Hauses.

867 s. 64 + 1

868

die unterirdischen Götter,
die den dunklen Sitz innehaben, der keine Rückkehr kennt,
den Acherontischen See, wo die Toten wohnen.

869

gabenlose Gunst

870

der Schlange blutstarrendes Auge

871

er/sie benetzt den Fleck von Blutstropfen

872 (1441)

ἀκόμπαστος λόγος

Anec. Gr. Bekker 1, 369, 18.

873 (1442)

ἀκόμπαστος φάτις

Anec. Gr. Bekker 1, 369, 18.

874 (1443)

οὔ σοι παραινῶ μηχανωμένῃ κακὰ
ἐχθροῖσι, σαυτῇ προσβαλεῖν ἀλάστορα.

Anec. Gr. Bekker 1, 382, 31.

875 (1201)

ὦ Κύπρις, ὡς ἡδεῖα καὶ μοχθηρός

Anonym. De barb. 291.

876 (1332)

τρομὸν δράμημα γηραιοῦ ποδός

Anec. Oxon. Cramer 1, 122, 3.

877 (1333)

ἀλλ' αἰθὴρ τίκτει σε, κόρα,   lyr
Ζεὺς ὃς ἀνθρώποις ὀνομάζεται.

Anec. Oxon. Cramer 1, 181, 31.

878 (1220)

τίς ἔσθ' ὁ μέλλων σκόλοπος ἢ λευσμοῦ τυχεῖν;

Anec. Oxon. Cramer 2, 258, 2.

879 (1239)

ὁ λῷστος οὗτος καὶ φιλοξενέστατος

Anec. Oxon. Cramer 2, 452, 17.

880 (911)

οὐκ ἐν γυναιξὶ τοὺς νεανίας χρεὼν
ἀλλ' ἐν σιδήρῳ κἄν ὅπλοις τιμὰς ἔχειν.

Chrys. StVF 2, 180, 8.

872

Rede ohne Prahlen

873

Spruch ohne Prahlen

874

Ich rate dir, wenn du etwas Böses gegen deine Feinde ins Werk setzt, dir nicht selbst zu schaden.

875

O Kypris, wie angenehm und mühselig

876

wankender Schritt des greisen Fußes

877

aber der Äther erzeugt dich, Mädchen,
Zeus heißt er bei den Menschen.

878

Wer ist es, der gepfählt und gesteinigt werden soll?

879

er ist der beste Mann und freundlichste Gastgeber

880

Nicht bei den Frauen sollen junge Leute sich auszeichnen, sondern mit Eisen und Waffen.

881 (208)

882 (1203)

ἅλα πορφυρέην

Aristid. 347, 8.

882 a (1205. 1341)
οὐδὲν γὰρ ὧδε Θρέμμ' ἀναιδὲς ὡς γυνή

Aristoph. Lys. 368.

883 (964)
ἀλλ' αἰσχρὸν εἰπεῖν καὶ σιωπῆσαι βαρύ.

Aristoph. Lys. 713.

884 = 696, 13 (932)

885 (1409)
ἄληθες, ὦ παῖ τῆς Θαλασσίας Θεοῦ;

Schol. Aristoph. Frösche 840.

886 (1204)
μισῶ πολίτην ὅστις ὠφελεῖν πάτραν
βραδὺς φανεῖται, μεγάλα δὲ βλάπτειν ταχύς,
καὶ πόριμον αὐτῷ, τῇ πόλει δ' ἀμήχανον.

Aristoph. Frösche 1422 ff.

887 (775)
ὅταν τὰ νῦν ἄπιστα πίσθ' ἡγώμεθα,
τὰ δ' ὄντα πίστ' ἄπιστα

Aristoph. Frösche 1443.

888 (1126)
βέβληκ' 'Αχιλλεὺς δύο κύβω καὶ τέσσαρα

Aristoph. Frösche 1400.

889 = 156 + 1 (176)

881

———

882

das dunkle Meer

882 a

denn kein Lebewesen ist so unverschämt wie die Frau.

883

aber schändlich wäre es, zu reden, und bedrückend, zu schweigen.

884 = 696, 13

885

Wirklich, o Kind der Meeresgöttin?

886

Ich verabscheue einen Bürger, der langsam ist, wenn es gilt dem Vaterland zu nützen, aber rasch dabei ist, ihm großen Schaden zuzufügen, und der sich selbst zu helfen weiß, aber nicht der Stadt.

887

wenn wir das, was jetzt unglaubhaft erscheint, für glaubhaft halten, und das Glaubhafte für unglaubhaft.

888

Achilleus hat zwei und vier gewürfelt

889 = 156 + 1

*889 a = ad. 68 (1206)

τί δ' ἔστιν, ὦ παῖ; παῖδα γάρ, κἂν ᾖ γέρων,
καλεῖν δίκαιον ὅστις ἂν ...

Aristoph. Wespen 1297 f.; u. a.

890 (1207)

λόγων δίκαιον μισθὸν ἂν λόγους φέροις,
ἔργον δ' ἐκεῖνος ἔργον ὃς παρέσχετο.

Aristot. Eth. Eud. 1244 a 10.

891 (1208)

───

892 (1211)

ἐπεὶ τί δεῖ βροτοῖσι πλὴν δυοῖν μόνον,
Δήμητρος ἀκτῆς πώματός θ' ὑδρηχόου,
ἅπερ πάρεστι καὶ πέφυχ' ἡμᾶς τρέφειν;
ὧν οὐκ ἀπαρκεῖ πλησμονή· τρυφῇ δέ τοι·
ἄλλων ἐδεστῶν μηχανὰς θηρεύομεν.   5

Athen. 4, 48; u. a.

893 (1212)

ἀρκεῖ μετρία βιοτά μοι   lyr
σώφρονος τραπέζης,
τὸ δ' ἄκαιρον ἅπαν ὑπερβάλ-
λον τε μὴ προσείμαν.

Athen; 4, 48; u. a.

894 (1467)

τἀλλότρια.. τὸν καλῶς εὐδαίμονα

Theopomp. Com., Fr. 34, 2.

895 (1213)

ἐν πλησμονῇ τοι Κύπρις, ἐν πεινῶντι δ' οὔ.

Athen. 6, 99.

889 = ad. 68

Was ist es, Kind? – Denn selbst einen Greis muß man Kind
nennen, wenn er ...

890

Für deine Worte erhältst du Worte als gerechten Lohn, Tat
aber erfährt, wer Taten bot.

891

892

denn was braucht der Mensch außer zwei Dingen, nämlich
Brotgetreide und Wassertrank, unserer natürlichen Nahrung?
Uns damit zu sättigen, genügt uns nicht, sondern aus Genuß-
sucht bemühen wir uns um andere, raffinierte Nahrungsmittel.

893

Mir genügt ein maßvolles Leben
an bescheidenem Tisch;
alles Unzeitige und Übertriebene
will ich nicht dulden.

894

daß, wer mit Anstand reich und glücklich ist, alles Unpassende
(meidet)

895

Bei der Völlerei wohnt Kypris, nicht bei den Hungernden.

896 (1214)
Βακχίου φιλανθέμου
Αἴθοπα πεπαίνοντ' ὀρχάτους ὀπωρινούς,
ἐξ οὗ βροτοὶ καλοῦσιν οἶνον αἴθοπα.

Athen. 11, 13.

897 (1215)
παίδευμα δ' Ἔρως σοφίας ἀρετῆς   Jn
πλεῖστον ὑπάρχει,
καὶ προσομιλεῖν οὗτος ὁ δαίμων
πάντων ἥδιστος ἔφυ θνητοῖς·
καὶ γὰρ ἄλυπον τέρψιν τιν' ἔχων   5
εἰς ἐλπίδ' ἄγει. τοῖς δ' ἀτελέστοις
τῶν τοῦδε πόνων μήτε συνείην
χωρίς τ' ἀγρίων ναίοιμι τρόπων.
τὸ δ' ἐρᾶν προλέγω τοῖσι νέοισιν
μήποτε φεύγειν,   10
χρῆσθαι δ' ὀρθῶς, ὅταν ἔλθῃ.

Athen. 13, 11.

898 (1216)
τὴν Ἀφροδίτην οὐχ ὁρᾷς ὅση θεός;
ἣν οὐδ' ἂν εἴποις οὐδὲ μετρήσειας ἂν
ὅση πέφυκε κἀφ' ὅσον διέρχεται.
αὕτη τρέφει σὲ κἀμὲ καὶ πάντας βροτούς.
τεκμήριον δέ, μὴ λόγῳ μόνον μάθῃς,   5
ἔργῳ δὲ δείξω τὸ σθένος τὸ τῆς θεοῦ.
ἐρᾷ μὲν ὄμβρου γαῖ', ὅταν ξηρὸν πέδον
ἄκαρπον αὐχμῷ νοτίδος ἐνδεῶς ἔχῃ·
ἐρᾷ δ' ὁ σεμνὸς οὐρανὸς πληρούμενος
ὄμβρου πεσεῖν εἰς γαῖαν Ἀφροδίτης ὕπο·   10
ὅταν δὲ συμμιχθῆτον ἐς ταὐτὸν δύο,
φύουσιν ἡμῖν πάντα καὶ τρέφουσ' ἅμα,
δι' ὧν βρότειον ζῇ τε καὶ θάλλει γένος.

Athen. 13, 73; u. a.

896

den Aithops (der Funkelnde), der die herbstlichen Weingärten
des blütenliebenden Bakchios zur Reife bringt, weswegen die
Menschen den Wein funkelnd nennen.

897

Eros aber erzieht zur Weisheit
und ist der Anfang aller Tugend,
und dieser Gott ist für die Menschen
am allerangenehmsten im Umgang;
denn er bietet auch Freude ohne Schmerz
und läßt uns hoffen. Mit denjenigen aber,
die mit seinen Mühen nicht vertraut sind, möchte ich
nicht zusammensein, und weit weg von solchen rohen Sitten
möchte ich wohnen. Den jungen Leute aber rate ich,
die Liebe niemals zu fliehen, sondern sie
richtig zu gebrauchen, wenn sie kommt.

898

Siehst du nicht, welch große Göttin Aphrodite ist?
Ihre Größe läßt sich weder aussprechen noch ermessen,
auch nicht die Reichweite ihrer Macht.
Sie nährt mich und dich und alle Menschen.
Der Beweis: – du sollst das nicht nur aus meiner Behauptung
entnehmen, sondern ich will dir die Macht der Göttin in der
Wirklichkeit zeigen – die Erde verlangt nach Regen, wenn der
trockene Boden vor Dürre unfruchtbar ist und Feuchtigkeit
braucht, den hehren Himmel andererseits verlangt es, wenn er
mit Regen gefüllt ist, unter dem Zwang Aphrodites auf die
Erde herniederzufallen, und wenn die beiden sich vereinigen,
erzeugen sie und lassen sie alles wachsen, wovon das Menschengeschlecht lebt und gedeiht.

898 a = ad. 98 (959)

ἐγὼ δὲ φεύξομαί ⟨γ'⟩ ἐλεύθερος γεγώς

Aristoph. Ach. 203.

899 (1217)

εἴ μοι τὸ Νεστόρειον εὔγλωσσον μέλος
'Αντήνορός τε τοῦ Φρυγὸς δοίη θεός,
οὐκ ἂν δυναίμην μὴ στέγοντα πιμπλάναι,
σοφοὺς ἐπαντλῶν ἀνδρὶ μὴ σοφῷ λόγους.

Athen. 15, 1.

900 (1209)

ὤφειλε δῆθεν, εἴπερ ἔστ' ἐν οὐρανῷ
Ζεύς, μὴ τὸν αὐτὸν δυστυχῆ καθιστάναι.

Athenag. Suppl. p. Chr. 5.

901 (1210)

πολλάκι μοι πραπίδων διῆλθε φροντίς,   lyr
εἴτε τύχα ⟨τις⟩ εἴτε δαίμων τὰ βρότεια κραίνει,
παρά τ' ἐλπίδα καὶ παρὰ δίκαν
τοὺς μὲν ἀπ' οἴκων δ' †ἐναπίπτοντας
ἀτὰρ θεοῦ†, τοὺς δ' εὐτυχοῦντας ἄγει.   5

Athenag. Suppl. p. Chr. 25.

902 (1218)

τὸν ἐσθλὸν ἄνδρα, κἂν ἑκὰς ναίῃ χθονός,
κἂν μήποτ' ὄσσοις εἰσίδω, κρίνω φίλον.

Basil. d. Gr. Ep. 63.

903 (1219)

ἄφρων ἂν εἴην, εἰ τρέφοιν τὰ τῶν πέλας.

Anec. Oxon. Cramer 4, 424, 1.

904 (1221)

ἀλλ' ἄκρας εὐηθίας
ἅπτοιτ' ἂν ὅστις τὴν φύσιν νικᾶν θέλει.

Choricius 135.

898 = ad. 98

Ich werde davonkommen, da ich frei geboren bin.

899

Wenn mir ein Gott das redegewandte Lied (?) Nestors und des
Phrygers Antenor gäbe, könnte ich doch ein leckes Gefäß nicht
füllen, indem ich kluge Worte in einen unklugen Mann
schöpfte.

900

Wenn es Zeus im Himmel gibt, dann sollte er nicht immer denselben unglücklich sein lassen.

901

Oft ging mir der Gedanke durch den Sinn, ob wohl der Zufall
oder ein Gott das Leben des Menschen bestimmt und sich über
alle Erwartungen und alles Recht hinwegsetzt und die einen
aus ihrem Haus (ins Elend treibt?), die anderen reich und glücklich macht.

902

Jeden anständigen Menschen – auch wenn er weit weg wohnt
und ich ihn nie zu Gesicht bekomme – betrachte ich als Freund.

903

Ich wäre dumm, wenn ich die Sache anderer Leute förderte.

904

aber es wäre der Gipfel der Torheit, wenn jemand die Natur
besiegen will.

905 (1222)

μισῶ σοφιστήν, ὅστις οὐχ αὑτῷ σοφός.

Cicero Ad fam. 13, 15. 2.

906 (1223)

ψῦχος δὲ λεπτῷ χρωτὶ πολεμιώτατον.

Cicero Ad fam. 16, 8, 2.

907 (921)

κρέασι βοείοις χλωρὰ σῦκ' ἐπήσθιεν
ἄμουσ' ὑλακτῶν ὥστε βαρβάρῳ μαθεῖν.

Clem. Alex., Protr. 7, 76, 5; u. a.

908 (1225)

τὸ μὴ γενέσθαι κρεῖσσον ἢ φῦναι βροτοῖς.
ἔπειτα παῖδας σὺν πικραῖς ἀλγηδόσιν
τίκτω; τεκοῦσα δ' ἢν μὲν ἄφρονας τέκω,
στένω ματαίως, εἰσορῶσα ⟨μὲν⟩ κακούς,
χρηστοὺς δ' ἀπολλῦσ'· ἢν δὲ καὶ σεσῳσμένους,   5
τήκω τάλαιναν καρδίαν ὀρρωδίᾳ.
τί τοῦτο δὴ τὸ χρηστόν; οὐκ ἀρκεῖ μίαν
ψυχὴν †ἀπολύειν† κἀπὶ τῇδ' ἔχειν πόνους;

Clem. Alex., Strom. 3, 3, 22; u. a.

908 a = ad. 111 (1226)

... ἔμοιγε νῦν τε καὶ πάλαι δοκεῖ
παῖδας φυτεύειν οὔποτ' ἀνθρώπους ἐχρῆν
πόνους ὁρῶντας εἰς ὅσους φυτεύομεν

Clem. Alex., Strom. 3, 3, 22

*908 b = ad. 112 (1227)

ὡς δυστυχεῖν φὺς καὶ κακῶς πεπραγέναι,
ἄνθρωπος ἐγένου καὶ τὸ δυστυχὲς βίου
ἐκεῖθεν ἔλαβες, ὅθεν ἅπασιν ἤρξατο
τρέφειν ὅδ' αἰθὴρ ἐνδιδοὺς θνητοῖς πνοάς·
μή νυν τὰ θνητὰ θνητὸς ὢν ἀγνωμόνει   5

Clem. Alex., Strom. 3, 3, 22

905

Ich hasse den ‚Klugen‘, der sich nicht selbst zu helfen weiß.

906

Kälte aber ist für einen zarten Leib ein großer Feind.

907

Zum Rindfleisch aß er grüne Feigen und gab mißtönendes Gebell von sich, so daß das auch einem Nichtgriechen auffallen mußte.

908

Nicht geboren zu werden ist für den Menschen besser als geboren zu werden. Soll ich da unter bitteren Schmerzen Kinder zur Welt bringen? Wenn ich aber gebäre und Dummköpfe zur Welt bringe, dann jammere ich vergeblich, wenn diejenigen, die nichts taugen, am Leben bleiben, ich die tüchtigen dagegen verliere. Wenn diese aber am Leben bleiben, dann vergeht mein armes Herz vor Furcht um sie. Was ist also Gutes daran? Genügt es nicht, eine einzige Seele zu … und ihretwegen Leiden ertragen zu müssen.

908 a

Seit langem bin ich der Meinung, die Menschen sollten keine Kinder zeugen mit Rücksicht auf die Mühen und Leiden, für die wir sie zeugen.

908 b = ad. 112

denn zu Unglück und Leid bist du als Mensch geboren, und das Unglück, das dein Leben bestimmt, hast du gleich mitbekommen, als der Äther anfing uns alle zu nähren durch den Atem, den er uns gab. Menschliches mußt du angemessen beurteilen – als Mensch.

909 (732)

οὐδεμίαν ὤνησε κάλλος εἰς πόσιν ξυνάορον,   tr
ἀρετὴ δ' ὤνησε πολλάς· πᾶσα γὰρ ἀγαθὴ γυνὴ
ἥτις ἀνδρὶ συντέτηκε σωφρονεῖν ἐπίσταται.
πρῶτα μέν γε τοῦθ' ὑπάρχει· κἂν ἄμορφος ᾖ πόσις,
χρὴ δοκεῖν εὔμορφον εἶναι τῇ γε νοῦν κεκτημένῃ·   5
οὐ γὰρ ὀφθαλμὸς τὸ κρίνειν..ἐστὶν ἀλλὰ νοῦς.
εὖ λέγειν δ', ὅταν τι λέξῃ, χρὴ δοκεῖν, κἂν μὴ λέγῃ,
κἀκπονεῖν ἂν τῷ ξυνόντι πρὸς χάριν μέλλῃ τελεῖν.
ἡδὺ δ', ἢν κακὸν πάθῃ τι, συσκυθρωπάζειν πόσει
ἄλοχον ἐν κοινῷ τε λύπης ἡδονῆς τ' ἔχειν μέρος...   10
σοὶ δ' ἔγωγε καὶ νοσοῦντι συννοσοῦσ' ἀνέξομαι
καὶ κακῶν τῶν σῶν ξυνοίσω, κοὐδὲν ἔσται μοι πικρόν.

                                        Clem. Alex., Strom. 4, 8, 63.

910 = 227 + 1 (1229)

911 (321)

χρύσεαι δή μοι πτέρυγες περὶ νώτῳ   lyr
καὶ τὰ σειρήνων πτερόεντα πέδιλα ἁρμόζεται,
βάσομαί τ' εἰς αἰθέριον πόλον ἀρθεὶς
Ζηνὶ προσμείξων

                                        Clem. Alex., Strom. 4, 26, 171, u. a.

912 (636)

σοὶ τῷ πάντων μεδέοντι χοὴν   an
πέλανόν τε φέρω, Ζεὺς εἴτ' Ἀίδης
ὀνομαζόμενος στέργεις· σὺ δέ μοι
θυσίαν ἄπυρον παγκαρπείας
δέξαι πλήρη προχυθεῖσαν.   5
σὺ γὰρ ἔν τε θεοῖς τοῖς οὐρανίδαις
σκῆπτρον τὸ Διὸς μεταχειρίζεις
χθονίων θ' Ἀίδῃ μετέχεις ἀρχῆς.
πέμψον δ' ἐς φῶς ψυχὰς ἐνέρων
τοῖς βουλομένοις ἄθλους προμαθεῖν   10

909

Keiner Frau noch war die Schönheit von Nutzen gegenüber
ihrem Gatten, die Tüchtigkeit dagegen vielen; denn jede gute
Ehefrau, die ihrem Mann wirklich verbunden ist, versteht klug
zu sein. Vor allem hat sie dies: Auch wenn der Mann häßlich
ist, muß er einer klugen Frau schön erscheinen; denn nicht das
Auge entscheidet, sondern der Verstand. Und wenn er etwas
sagt, muß ihr das bedeutend erscheinen, auch wenn das nicht
zutrifft, und sie muß sich überlegen, was sie dem Gefährten
zu Gefallen sagen will. Angenehm ist es, wenn sie im Unglück
ein ebenso trauriges Gesicht macht wie ihr Mann und wenn
sie mit ihm Freud und Leid teilt: Wenn du aber leidest, werde
ich gern mit dir leiden und deine Sorgen mit dir tragen, und
nichts wird mir da zuwider sein.

910 = 227 + 1

911

Schon sind goldene Flügel an meinem Rücken und schon werden die geflügelten Sohlen der Sirenen angetan, und ich erhebe
mich in Himmelshöhen, um Zeus zu besuchen.

912

Dir, dem Herrn über alles, bringe ich Opferguß und Kuchen-
spende dar, ob du nun Zeus oder lieber Hades genannt werden willst. Du aber nimm mein feuerloses Opfer an, allerlei
Früchte reichlich dargeboten; denn unter den himmlischen Göttern hast du teil am Szepter des Zeus und mit Hades herrschst
du über die Unterirdischen.
Schicke ans Licht herauf Seelen von Toten
für diejenigen, die Kämpfe vorherwissen möchten

πόθεν ἔβλαστον, τίς ῥίζα κακῶν,
τίνα δεῖ μακάρων ἐκθυσαμένους
εὑρεῖν μόχθων ἀνάπαυλαν.

Clem. Alex. 5, 11, 70; u. a.

913 (1231)

τίς ἀτιμ]όθεος [κ]αὶ [βα]ρυδαίμ[ων]　　　an
[ὃς] τάδε λεύσσων οὐ προδι[δ]άσκει
ψυχὴν αὑτοῦ θεὸν ἡ[γεῖ]σθαι,
μετεωρολόγων δ' ἑκὰς ἔρριψεν
σκολιὰς ἀπάτας, ὧν τολμηρὰ　　　5
γλῶσσ' εἰκοβολεῖ περὶ τῶν ἀφανῶν
οὐδὲν γνώμης μετέχουσα

Clem. Alex., Strom. 5, 14, 137; u. a.

914 (1232)

κακὸν γυναῖκα πρὸς νέον ζεῦξαι νέαν·
ὁ μὲν γὰρ ἄλλης λέκτρον ἱμείρει λαβεῖν,
ἢ δ' ἐνδεὴς τοῦδ' οὖσα βουλεύει κακά.

Clem. Alex., Strom. 6, 2, 8.

915 (1233)

νικᾷ δὲ χρεία μ' ἡ κακῶς τ' ὀλουμένη
γαστήρ, ἀφ' ἧς δὴ πάντα γίγνεται κακά.

Clem. Alex., Strom. 6, 2, 12.

916 (1234)

ὦ πολύμοχθος βιοτὴ θνητοῖς,　　　an
ὡς ἐπὶ παντὶ σφαλερὰ κεῖσαι,
καὶ τὰ μὲν αὔξεις, τὰ δ' ἀποφθινύθεις·
κοὐκ ἔστιν ὅρος κείμενος οὐδεὶς
εἰς ὅντινα χρὴ κέλσαι θνητοῖς,　　　5
πλὴν ὅταν ἔλθῃ κρυερὰ Διόθεν
θανάτου πεμφθεῖσα τελευτή.

Clem. Alex., Strom. 6, 2, 13.

und wissen, woraus sie entstanden, welches die Wurzel der
Übel ist, welchem Gott man opfern muß, um Erholung von
den Leiden zu finden.

913

(Wer ist so gottlos und schicksalsgeschlagen,
daß) er bei diesem Anblick seine Seele
nicht lehrt, an Gott zu glauben,
und die krummen Betrügereien
der Sterndeuter weit von sich weist,
deren Zunge freche Vermutungen anstellt
über verborgene Dinge, ohne Einsicht zu besitzen.

914

Es ist nicht gut, eine junge (?) Frau mit einem jungen Mann zu
verheiraten; denn er sehnt sich nach dem Lager einer anderen,
sie aber sinnt Böses, weil dieser sie meidet.

915

es besiegt mich aber die Not und der verfluchte Bauch, von
dem alles Übel seinen Anfang nimmt.

916

O mühseliges Leben der Menschen,
wie bist du doch durch und durch trügerisch
und läßt das eine wachsen, das andere dahinschwinden;
und es gibt keine feste Grenze,
bis zu der der Mensch kommen soll,
außer wenn von Zeus geschickt
das eisige Ende des Todes kommt.

917 (1235)

ὅσοι δ' ἰατρεύειν καλῶς,
πρὸς τὰς διαίτας τῶν ἐνοικούντων πόλιν
τὴν γῆν ⟨τ'⟩ ἰδόντας τὰς νόσους σκοπεῖν χρεών.

Clem. Alex., Strom. 6. 2, 22

918 (956)

πρὸς ταῦϑ' ὅτι χρὴ καὶ παλαμάσϑων   an
καὶ πᾶν ἐπ' ἐμοὶ τεκταινέσϑων·
τὸ γὰρ εὖ μετ' ἐμοῦ
καὶ τὸ δίκαιον ξύμμαχον ἔσται,
κοὺ μή ποϑ' ἁλῶ κακὰ πράσσων.   5

Clem. Alex., Strom. 6, 14, 113; u. a.

919 (1314)

κορυφὴ δὲ ϑεῶν ὁ πέριξ χϑόν' ἔχων   an
φαεννὸς αἰϑήρ

Cornut. 20.

920 = 265 a (334)

920 a = 479 (649)

φιμώσ[ατ' α]ὑτοῦ κἀποκλείσα[τε στό]μα

Demetr. Lac. 85.

921 (1237)

ἀωρὶ πόντου κύματ' εὐρέος περᾷ . . .
σμικραῖς ἑαυτοὺς ἐπιτρέπουσιν ἐλπίσιν,
τριδάκτυλον σῴζει ⟨σφε⟩ πεύκινον ξύλον

Dion Chrys. 64, 9.

922 = 312 a (643)

923 (1236)

οὐκ ἐγγυῶμαι, ζημίαν φιλεγγύων
σκοπῶν· τὰ Πυϑοῖ δ' οὐκ ἐᾷ με γράμματα.

Diodor. 9, 10, 4

917

die aber richtig die Heilkunst ausüben (wollen), müssen auf die
Lebensweise der Einwohner und die Beschaffenheit des Landes
achten, wenn sie die Krankheiten untersuchen.

918

dagegen mögen sie, was sie wollen, ins Werk setzen
und sich für mich alle möglichen Tricks ausdenken;
denn Recht und Gerechtigkeit werden auf meiner Seite
und werden mir Bundesgenossen sein,
und niemals wird man mich bei üblem Tun ertappen!

919

Haupt der Götter (ist der) strahlende Äther, der die Erde rings
umfaßt.

920 = 265 a

920 a

knebelt ihn und verschließt seinen Mund

921

zur Unzeit fährt er über die Wogen des weiten Meeres ... sie
geben sich schwachen Hoffnungen hin, und eine Fichtenplanke,
drei Finger dick, schützt ihr Leben.

922 = 312 a

923

Ich leiste keine Bürgschaft, da ich die Strafe derjenigen sehe,
die gern Bürgschaft leisten; die delphischen Sprüche hindern
mich daran.

924 (1238)

μή μοι λεπτῶν θίγγανε μύθων, ψυχή· **an**
τί περισσὰ φρονεῖς; εἰ μὴ μέλλεις
σεμνύνεσθαι παρ' ὁμοίοις.

Dion. Hal., De comp. verb. 4.

925 (1240)

925 a (1241)

γενύων τ' ἀμυχάς

Etym. Magn. 88, 7.

925 b (1242)

ἄρδην φερούσῃ

Etym. Magn. 137, 46.

926 (1243)

γλώσσῃ διαψαίρουσα μυκτήρων πόρους

Etym. Magn. 271, 56.

926 a = ad. 152 (1244)

ἤδη ταῦτ' ἐγὼ φράσαι καλῶς

Etym. Gen. Reitz. 293.

927 (1250)

ἔνδον γυναικῶν καὶ παρ' οἰκέταις λόγος

Eustath. Hom. Il. 5, 413.

928 (1251)

οὐ γὰρ ἀσφαλὲς
περαιτέρω τὸ κάλλος ἢ μέσον λαβεῖν.

Galen., Protr. 8.

929 (1255)

ἐῷος ἡνίχ' ἱππότης ἐξέλαμψεν ἀστήρ

Hephaist. 15, 17.

924

Laß dich nicht auf allzu subtiles Reden ein, meine Seele!
Warum denkst du dir Spitzfindigkeiten aus? Es sei denn, du
willst damit unter Gleichgesinnten prunken.

925

———

925 a

die Schrammen am Kinn

925 b

hochgehoben tragend

926

mit der Zunge die Nasenöffnungen auswischend

926 a

das wußte ich richtig zu sagen

927

Drinnen und bei der Dienerschaft haben die Frauen das Sagen.

928

denn es ist gefährlich, schöner als das Mittelmaß zu sein.

929

als der berittene Morgenstern erstrahlte

929 a = ad. 187 (1313)

δισσὰ πνεύματα πνεῖς, Ἔρως   gl

Herm. Comment. Plat. Phaidr. 34. 2!; u. a.

930 (1256)

οἴμοι, δράκων μου γίγνεται τὸ ἥμισυ·
τέκνον, περιπλάκηθι τῷ λοιπῷ πατρί.

Hermog. 2003, 19.

931 (1257)

λωτίνας ἀηδόνας

Hesych. 1500 ; u. a.

932 (1258)

Αἰγυπτία ἐμπολή

Hesych. 1743 ; u. a.

933 = 379 a (487)

934 (1317)

νοῦν ἔχοντος
φίλον πρίασθαι χρημάτων πολλῶν σαφῆ.

Liban. Ep 571.

935 = 42 a (61)

936 (808)

οὔκ· ἀλλ' ἔτ' ἔμπνουν 'Αίδης μ' ἐδέξατο.

Lukian., Nekyom. 2.

937 (1318)

μὴ κτεῖνε· τὸν ἱκέτην γὰρ οὐ θέμις κτανεῖν.

Lukian. Hal. 3.

938 (1319)

νῦν οὖν ἕκατι ῥημάτων κτενεῖτέ με;

Lukian, Hal. 3.

929 a

du hast doppelten Atem, Eros

930

Wehe, ich werde halb zur Schlange! Umarme, mein Kind, was vom Vater noch bleibt!

931

Nachtigallen aus Lotosholz (= Flöten)

932

ägyptische Ware

933 = 379 a

934

Wer Verstand hat, würde für einen echten Freund viel Geld geben.

935 = 42 a

936

Nein, sondern Hades nahm mich noch lebend auf.

937

töte nicht! Denn den Bittflehenden darf man nicht töten.

938

Nun wollt ihr mich also der Worte wegen töten?

939 (1320)

ὦ παγκάκιστα χθόνια γῆς παιδεύματα

Lukian., Zeus trag. 1.

940 (1321)

τί δ' ἔστι; πρὸς χορὸν γὰρ οἰκείων ἐρεῖς.

Lukian., Zeus trag. 2.

941 (1322)

ὁρᾷς τὸν ὑψοῦ τόνδ' ἄπειρον αἰθέρα
καὶ γῆν πέριξ ἔχονθ' ὑγραῖς ἐν ἀγκάλαις;
τοῦτον νόμιζε Ζῆνα, τόνδ' ἡγοῦ θεόν.

Lukian., Zeus trag. 41; u. a.

⁺941 a (1323)

...ὅμως τἀληθὲς οὐ προδώσομεν
εἴξαντες ὄκνῳ

,Lukian.', Erot. 31.

942 s. 770 + 1 (1064)

942 a (1316)

'Αθάνα

Lyd., De mens. 4, 22.

943 (1324)

─────

944 (1325)

καὶ Γαῖα μῆτερ· 'Εστίαν δέ σ' οἱ σοφοὶ
βροτῶν καλοῦσιν ἡμένην ἐν αἰθέρι.

Macrob., Sat. 1, 23, 8; u. a.

944 a (1328)

                    τὰς γὰρ συμφορὰς
ἀπροσδοκήτους δαίμον[ες δι]ώρισαν

Menand., Aspis 83 f.

939
o ihr üblen Sprößlinge der Erde

940
Was aber ist es? Denn du sprichst zu einer Schar von Freunden.

941
Siehst du den unendlichen Äther in der Höhe, der die Erde auch ringsum in feuchten Armen hält? Den halte für Zeus, den betrachte als Gott!

941 a
dennoch werden wir die Wahrheit nicht preisgeben und bedenklich zurückweichen.

942 s. 770 + 1

942 a
Athene

943
———

944
und Mutter Erde, Hestia aber nennen dich die Gelehrten, da du im Äther ruhst.

944 a
denn die Götter teilten unvorhersehbare Schicksalsschläge zu.

945 (1334)
ἀεί τι καινὸν ἡμέρα παιδεύεται.

Orion, Flor. 8, 1.

946 (1335)
εὖ ἴσθ᾽, ὅταν τις εὐσεβῶν θύῃ θεοῖς,
κἂν μικρὰ θύῃ, τυγχάνει σωτηρίας.

Orion, Flor. Eur.p. 2.

947 = 13 a (21)

948 (1336)
θεοὺς ἀρέσκου· πᾶν γὰρ ἐκ θεῶν τέλος.

Orion, Flor. Eurip. 6.

949 (1337)
καὶ τοῖς τεκοῦσιν ἀξίαν τιμὴν νέμειν

Orion, Flor. Eurip. 10; u. a.

950 (1338)
ὡς ἡδὺ πατέρα παισὶν ἤπιον κυρεῖν
καὶ παῖδας εἶναι πατρὶ μὴ στυγουμένους.

Orion, Flor. Eurip. 12.

951 (1339)
ἢν οἱ τεκόντες τοῦτο γιγνώσκωσ᾽ ὅτι
νέοι ποτ᾽ ἦσαν, ἠπίως τὴν τῶν τέκνων
οἴσουσι κύπριν, φύντες οὐ σκαιοὶ φύσιν.

Orion, Flor. Eurip. 13.

952 (1340)
ὅστις πατὴρ πρὸς παῖδας ἐκβαίνει πικρός,
τὸ γῆρας οὗτος ἑρματίζεται βαρύ.

Orion, Flor. Eurip. 14.

953 (–)

945

Jeder Tag lehrt etwas Neues.

946

Wisse: wenn jemand in Frömmigkeit den Göttern opfert, erlangt er auch bei kleiner Opfergabe Rettung.

947 = 13 a

948

Gewinn die Gunst der Götter! Denn von den Göttern hängt alles Vollbringen ab.

949

und den Eltern die angemessene Ehre erweisen

950

Wie erfreulich ist es, wenn Kinder einen nachsichtigen Vater haben und der Vater zutrauliche Kinder hat.

951

Wenn die Eltern einsehen, daß sie selbst einmal jung waren, werden sie die Liebesaffären ihrer Kinder nachsichtig dulden, jedenfalls wenn sie keine Toren sind.

952

Wenn ein Vater sich gegenüber seinen Kindern lieblos und hart zeigt, lädt er sich ein schweres Alter auf.

953

954 (1346)

954 a = ad. 25 (1345)

πρὸς σὲ πελάζω

τὸν ὀπισθοβάτην πόδα γηροκομῶν

Philodem., De poem. 262.

955 (1344)

Δήμητρος λάτριν

Philodem., De pietate 42.

955 a (1446)

ἀμαυρὰ γλῶσσα

Phot. Berol. 88, 15.

955 b (1447)

βρύττος μέγας

Phot. Berol. 90, 3.

955 c (1448)

*Ἄφιδνε, γαίας υἱὲ τῆς ἀμήτορος

Phot. Berol. 91, 18.

955 d (1449)

ὡς ἀμφιπρύμνω δύο μ' ἐλέγχετον λόγω

Phot. Berol. 103, 17.

955 e (1450)

ἀναβεβίωκα

Phot. Berol. 107, 5.

955 f (1451)

ἀνάστατα ποιεῖν

Phot. Berol. 122, 20.

954

954 a = ad. 25
Ich nähere mich dir, ein Greis mit schleppendem Schritt.

955
die Dienerin der Demeter

955 a
undeutliche Zunge

955 b
großer Seeigel

955 c
Aphidnos, Sohn der mutterlosen Erde

955 d
wie widerlegen mich zwei Doppelworte

955 e
ich bin wieder lebendig

955 f
vertreiben

955 g (1452)

ἀνθηρὸς ᾠδός

Phot. Berol. 139, 14

955 h (1453)

ἄνυδρα δ᾽ ᾠκηκὼς ἄναξ
κριωπὸς ῎Αμμων δάπεδα θεσπίζει τάδε

Phot. Berol. 151, 5.

955 i (1455)

ἁπαλά

Phot. Berol. 155, 22.

956 (1347)

εὔξῃ τοιοῦτον ἄνδρα σοι παρεστάναι.

‚Platon‘ Ep. 1, 309 d

957 (1366)

μικρὸν φρονεῖν χρὴ τὸν κακῶς πεπραγότα.

Plut., De aud. poet. 9.

958 (1367)

τίς δ᾽ ἔστι δοῦλος τοῦ θανεῖν ἄφροντις ὤν;

Plut., De aud. poet. 13.

959 (1368)

ἐγὼ δ᾽   lyr
οὐδὲν πρεσβύτερον νομί-
ζω τᾶς σωφροσύνας, ἐπεὶ
τοῖς ἀγαθοῖς ἀεὶ ξύνεστιν.

Plut., De aud. poet. 14; u. a.

960 (1369)

τιμᾶν τὰν τέτασθε, πλούτῳ δ᾽ ἀρετὰν κατεργά-   lyr
σασθαι δοκεῖτ᾽, ἐν ἐσθλοῖς δὲ καθήσεσθ᾽ ἄνολβοι.

Plut., De aud. poet. 14; u. a.

955 g

blütenreicher Sänger

955 h

der Herr, der die Wüste bewohnt, Ammon mit dem Widder-
antlitz, gibt hier Orakel

955 i

zart

956

du wirst wünschen, daß dir ein solcher Mann hilft

957

Bescheiden muß sein, wer im Unglück steckt.

958

Wer aber muß Sklave sein, wenn er den Tod nicht scheut?

959

Ich aber halte nichts für ehrwürdiger
als die Besonnenheit;
denn sie findet sich stets bei den Guten.

960

... die Ehre, um die ihr euch bemüht. Ihr meint aber, durch
Reichtum zur Tugend zu gelangen, und werdet daher unter
wirklich anständigen Leuten wie Bettler dasitzen.

961 (407)

φεῦ, τοῖσι γενναίοισιν ὡς ἅπαν καλόν.

Plut. De prof. 15; u. a.

962 (1380)

...ἀλλ' ἐπ' ἄλλη φάρμακον κεῖται νόσῳ·
λυπουμένῳ μὲν μῦθος εὐμενὴς φίλων,
ἄγαν δὲ μωραίνοντι νουθετήματα.

Plut., Consol. ad Ap. 2.

963 (1381)

μηδ' εὐτύχημα μηδὲν ὧδ' ἔστω μέγα,
ὅ σ' ἐξεπαρεῖ μεῖζον ἢ χρεὼν φρονεῖν,
μηδ' ἤν τι συμβῇ δυσχερές, δουλοῦ πάλιν·
ἀλλ' αὐτὸς αἰεὶ μίμνε τὴν σαυτοῦ φύσιν
σῴζων βεβαίως ὥστε χρυσὸς ἐν πυρί.   5

Plut., Consol. ad Ap. 4

964 (817)

ἐγὼ δὲ .... παρὰ σοφοῦ τινος μαθὼν
εἰς φροντίδας νοῦν συμφοράς τ' ἐβαλλόμην,
φυγάς τ' ἐμαυτῷ προστιθεὶς πάτρας ἐμῆς
θανάτους τ' ἀώρους καὶ κακῶν ἄλλας ὁδούς,
ἵν' εἴ τι πάσχοιμ' ὧν ἐδόξαζον φρενί,   5
μή μοι νεῶρες προσπεσὸν μᾶλλον δάκοι.

Plut., Consol. ad Ap. 21.

965 (1382)

ὅστις δ' ἀνάγκη συγκεχώρηκεν βροτῶν,
σοφὸς παρ' ἡμῖν καὶ τὰ θεῖ' ἐπίσταται.

Plut., Consol. ad Ap. 29.

966 (1383)

βίος γὰρ ὄνομ' ἔχει πόνος γεγώς.

Plut., Consol. ad Ap. 34.

961
Ach, wie dem Edlen doch alles schön ist!

962
aber der einen Krankheit entspricht dies Heilmittel, der anderen jenes: dem Bekümmerten das wohlwollende Wort der Freunde, demjenigen aber, der allzusehr der Torheit nachgibt, Mahnungen.

963
Kein Erfolg gelte als so groß, daß er dich übermütig macht, und durch kein Mißgeschick laß dich niederdrücken, sondern bleibe immer derselbe und halte an deiner Natur fest wie das Gold im Feuer.

964
Ich aber lernte von einem klugen Mann und verlegte mein Denken auf Sorgen und Unglücksfälle, und ich stattete mich aus mit Verbannung aus der Heimat, unzeitigem Tod und anderen Pfaden des Unglücks; denn wenn mir wirklich etwas von dem zustieße, was ich mir in Gedanken vorgestellt hatte, sollte mir nichts Neues geschehen können und mir besondere Schmerzen zufügen.

965
wer sich aber dem Zwang der Notwendigkeit fügt, der ist klug in menschlichen Dingen und versteht sich auf das Göttliche.

966
denn das Leben hat seinen Namen, weil es Mühe ist.

967 (1378)

εἴης μοι, μέτριος δέ πως   lyr
εἴης μηδ' ἀπολείποις.

Plut., De san. 19.

968 = 42 c (86)

969 (1354)

οὐ βούλομαι πλουτοῦντι δωρεῖσθαι πένης,
μή μ' ἄφρονα κρίνῃς ἢ διδοὺς αἰτεῖν δοκῶ.

Plut., De EI Delph. 1.

970 = 481, 11 (665)

971 (1096)

ὁ δ' ἄρτι θάλλων σάρκα διοπετὴς ὅπως
ἀστὴρ ἀπέσβη, πνεῦμ' ἀφεὶς ἐς αἰθέρα.

Plut., De def. or. 13.

972 (1365)

πολλαῖσι μορφαῖς οἱ θεοὶ σοφισμάτων
σφάλλουσιν ἡμᾶς κρείσσονες πεφυκότες.

Plut., De def. or. 38; u. a.

973 (1355)

μάντις δ' ἄριστος ὅστις εἰκάζει καλῶς.

Plut., De def. or. 40; u. a.

974 (1349)

τῶν ἄγαν γὰρ ἅπτεται
θεός, τὰ μικρὰ δ' εἰς τύχην ἀφεὶς ἐᾷ.

Plut., De cohib. ira 16; u. a.

975 (1358)

χαλεποὶ πόλεμοι γὰρ ἀδελφῶν.

Plut., De frat. am. 5; u. a.

967

möchtest du dich mir widmen, doch mäßig, und möchtest du
mich nie im Stich lassen!

968 = 42 c

969

Ich will als Armer einem Reichen keine Geschenke machen, damit du mich nicht für unvernünftig hältst oder ich den Eindruck erwecke, meine Gabe sei eine Bitte.

970 = 481, 11

971

er aber, eben noch blühenden Leibes, verlöschte wie ein Stern,
der vom Himmel fällt, und verhauchte seinen Atem in den
Äther.

972

Durch vielgestaltige Tricks bringen uns die Götter zu Fall, da
sie stärker sind als wir.

973

der beste Seher aber ist derjenige, der gut zu mutmaßen versteht.

974

denn die Gottheit legt Hand an das Herausragende, um das
Kleine dagegen kümmert sie sich nicht und überläßt es dem
Zufall.

975

denn schlimm ist Bruderkrieg.

976 (1359)
ἀκόλασϑ' ὁμιλεῖν γίγνεται δούλων τέκνα.

Plut., De cup. div. 7; u. a.

977 (1350)
ἡ γὰρ σιωπὴ τοῖς σοφοῖσιν ἀπόκρισις.

Plut., De vit. pud. 10; u. a.

978 (1353)
εἰ δ' ἦσαν ἀνϑρώποισιν ὠνητοὶ λόγοι,
οὐδεὶς ἂν αὐτὸν εὖ λέγειν ἐβούλετο·
νῦν δ', ἐκ βαϑείας γὰρ πάρεστιν αἰϑέρος
λαβεῖν ἀμοχϑί, πᾶς τις ἥδεται λέγων
τά τ' ὄντα καὶ μή· ζημίαν γὰρ οὐκ ἔχει.

Plut., De laud. 1; u. a.

979 (1356)
οὔτοι προσελϑοῦσ' ἡ Δίκη σε, μὴ τρέσῃς,
παίσει πρὸς ἧπαρ οὐδὲ τῶν ἄλλων βροτῶν
τὸν ἄδικον, ἀλλὰ σῖγα καὶ βραδεῖ ποδὶ
στείχουσα μάρψει τοὺς κακούς, ὅταν τύχῃ.

Plut., De sera num. vind. 2; u. a.

980 (1357)
τὰ τῶν τεκόντων σφάλματ' εἰς τοὺς ἐκγόνους
οἱ ϑεοὶ τρέπουσιν.

Plut., De sera num. vind. 12.

981 (1360)
εἰ δὲ πάρεργον χρή τι κομπάσαι, γύναι,
οὐρανὸν ὑπὲρ γῆς ἔχομεν εὖ κεκραμένον,
ἵν' οὔτ' ἄγαν πῦρ οὔτε χεῖμα συμπίτνει·
ἃ δ' Ἑλλὰς Ἀσία τ' ἐκτρέφει κάλλιστα, γῆν
δέλεαρ ἔχοντες ⟨τήνδε⟩ συνϑηρεύομεν. 5

Plut., De exil. 13.

976
Sklavenkinder werden zuchtlos im Umgang

977
denn Schweigen ist für die Klugen eine Antwort.

978
Wenn die Menschen ihre Worte bezahlen müßten, dann würde keiner wünschen, gut reden zu können.
Jetzt aber – denn man kann sie mühelos aus der ganzen Weite des Äthers herholen – hat jeder Spaß daran, so daherzureden über alles, was es gibt und nicht gibt; denn er bleibt ungestraft.

979
Dike wird nicht gegen dich vorgehen – das brauchst du nicht zu fürchten – und dich erschlagen, sondern schweigend schreitet sie langsam voran und ergreift die Übeltäter, wenn es sich gerade trifft.

980
Die Vergehen der Eltern rechnen die Götter den Kindern zu.

981
wenn ich aber nebenbei ein rühmendes Wort sagen darf, Frau, – wir haben ein ausgeglichenes Klima, wo es weder Hitze noch Kälte im Übermaß gibt, und die schönsten Dinge, die Hellas und Asien hervorbringen, bekommen wir, da wir dies Land als Köder haben.

982 (1099)

πολλοὺς δὲ βροντῆς πνεῦμ' ἄναιμον ὤλεσεν.

Plut., Symp. 4, 2, 4.

983 (1375)

οἶνος περάσας πλευμόνων διαρροάς

Plut., Symp. 7, 1, 3; u. a.

984 (1376)

ἄλλην θέλουσιν εἰσαγώγιμον λαβεῖν

Plut., Symp. 7, 8, 4.

985 (1377)

ὁ πετόμενος ἱερὸν ἀνὰ Διὸς αἰθέρα γοργοφόνος

Plut., Symp. 9, 15, 2.

986 (1348)

πλούτῳ χλιδῶσα θνητὰ δὴ γύναι φρόνει.

Plut., Am. 11.

987 (1361)

εἴθ' ἦν ἄφωνον σπέρμα δυστήνων βροτῶν.

Plut., Praec. ger. rei publ. 5.

988 (1362)

τέκτων γὰρ ὢν ἔπρασσες οὐ ξυλουργικά.

Plut., Praec. ger. rei publ. 15.

989 (1363)

ὁ τῆς τύχης παῖς κλῆρος

Plut., Symp. 2, 10, 2; u. a.

989 a (1364)

θεῶν κήρυκας

Plut., De soll. an. 22.

982
und viele hat der unblutige Hauch des Blitzes getötet

983
Wein, der in die Bronchien dringt

984
sie wollen eine andere von außen her bekommen

985
der Gorgotöter, der zum heiligen Äther des Zeus emporfliegt

986
Obwohl du im Reichtum schwelgst, vergiß nicht, daß du ein Mensch bist, Frau!

987
Wenn doch das unselige Menschengeschlecht keine Stimme zum Reden hätte!

988
denn obwohl du Zimmermann bist, hast du nicht Holzarbeiten ausgeführt.

989
das Kind des Zufalls, das Los

989 a
Herolde der Götter (= Vögel)

990 (1352)

φίλης τ' ὀπώρας διπτύχους ἧρός τ' ἴσους

Plut.. De an. procr. in Tim. 31.

991 (1351)

ἀλλ' ἔστι, κεῖ τις ἐγγελᾷ λόγῳ,
Ζεὺς καὶ θεοὶ βρότεια λεύσσοντες πάθη.

Plut., De stoic repug. 15.

992 (1373)

ἀμφίπολος ῎Αρεος ἀνιέρου

Plut., Comp. Demetr. et Ant. 2.

993 (1379)

φίλων λαβεῖν. . . . πεῖραν οὐ σμικρὸν κακόν.

Plut.. Vita Fab. 17.

994 (1374)

εἰ δὲ θανεῖν θέμις, ὧδε θανεῖν καλόν,
εἰς ἀρετὴν καταλυσαμένους βίον.

Plut., Comp. Pelop. et Marc. 3.

995 (1372)

πολλοῖσι πολλήν, δὶς τόσοις δὲ πλείονα

Plut., Vita Sol. 22.

996 = 472 a (637)

997 = 472 a + 1, 12 (637)

998 (1392)

αἰεὶ †πρασίμοχθοι† κοὖποθ' ἥσυχοι δορί

Polyb. 5, 106, 4.

990

je zwei (Monate) für Herbst und Frühling

991

aber es gilt, auch wenn jemand darüber spottet: Zeus und die Götter sehen die Leiden der Menschen.

992

Diener des unheiligen Ares

993

Freunde auf die Probe zu stellen, bedeutet kein geringes Risiko.

994

wenn wir aber sterben müssen, ist es schön, auf diese Weise zu sterben und das Leben für die Tugend hinzugeben.

995

vielen viel, doppelt so vielen aber mehr

996 = 472 a

997 = 472 a + 1, 12

998

immer auf Kampf aus und niemals den Speer ruhen lassend

999 (1384)

ἀγήρων ἀρετήν

Pollux 2. 14.

1000 (1385)

Ζεὺς συγγένειος

Pollux 3, 5.

1001 (1387)

λίνου κλωστῆρα περιφέρει λαβών

Pollux 7, 31.

1002 (1389)

κορμοῖσι πεύκης

Pollux 7, 109.

1003 (1391)

λῦε πηκτὰ δωμάτων

Pollux 10, 27; u. a.

1004 (1393)

————

1005 (1394)

ἐγὼ δ᾽ ἐμός εἰμι

Priscian. 17, 110.

1006 (1395)

οὐχ ἑσπέρας φάσ᾽, ἀλλὰ καὶ μεσημβρίας
τούτους ἀφεστήκασιν ἡμέραν τρίτην.

Priscian. 18, 166.

1007 (1459)

λευκοὺς λίθους χέοντες αὐχοῦσιν μέγα.

Phot. 1, 388.

999

Tugend, die nicht altert

1000

Zeus, der Schützer der Familie

1001

er faßt den Leinenfaden und dreht ihn

1002

mit Fichtenstämmen

1003

löse die Riegel des Hauses

1004

1005

ich aber bin mein . . .

1006

nicht abends, heißt es, sondern auch mittags sind sie diesen seit
drei Tagen ferngeblieben.

1007

Sie schütten weiße Steine hin und prahlen gewaltig.

1007 a (1396)

Βοσπό]ρου πέρα

Ν[είλου] τε ναυστολοῦσι χρημάτων χάριν

ἀστρο[σκο]ποῦντες [ἐνα]λίαν τρικυ[μί]αν

Sat. vit. Eur. fr. 38 col. 3, 8.

1007 b (1397)

θύραθεν [οὐ] θέλοιμ' ἂν [ἐλθ]οῦσαν μα[κράν]

χρυσοῦν [τὸν] "Ιστρον [οὐ]δὲ Βόσπο[ρον λα]βών

Sat. vit. Eur. fr. 38 col. 3, 14.

1007 c (1398)

λ]άθρᾳ δὲ τούτων δρωμένων τίνας φοβῇ;

τοὺς μείζονα βλέποντας ἀνθρώπων θεούς.

Sat. vit. Eur. fr. 39 col. 2, 4.

1007 d (1399)

κτήσασθ' ἐν ὑστέροισιν εὔκλειαν χρόνοις

ἅπασαν ἀντλή[σαν]τες ἡμέραν [πόν]ον

ψυχαῖς [. . . .]ερ[. . .]ε[

Sat. vit. Eur. fr. 39 col. 4, 32.

1007 e (1400)

]οδ. .ησ| . . . . .υστ.τα. | . . . .χ]ρεών

καὶ] τ[ῷ] τεκόν[τι] πατρὶ δυσμενέστατοι.

δόμων γὰρ ἄρχειν εἰς ἔρωτ' ἀφιγμένοι

τοῖς φιλτάτοις κυροῦσι πολεμιώτατοι

Sat. vit. Eur. fr. 39 col. 6, 1.

1007 f (1401)

σμικροὶ γέροντι παῖδες ἡδίους πατρί

Sat. vit. Eur. fr. 39 col. 6, 11.

1007 g? (1402)

1007 a

sie segeln über den Bosporos und den Nil hinaus des Geldes
wegen und nach den Sternen blickend die dritte Meereswoge...

1007 b

ich möchte nicht die große, die von draußen hereinkommt, den
goldenen Istros und auch nicht den Bosporos ...

1007 c

A Wenn aber dies heimlich geschieht, wen fürchtest du dann?
B Die Götter, die besser sehen als die Menschen.

1007 d

Erwerbt euch Ruhm für spätere Zeiten und müht euch jeden
Tag...

1007 e

und dem Vater, der sie gezeugt, die größten Feinde; denn wenn
sie Lust bekommen, im Hause zu herrschen, werden sie die
Gegner der engsten Angehörigen.

1007 f

einem alten Vater sind kleine Kinder lieber.

1007 g?

1008 (1405)
τί σιγᾷς; μῶν φόνον τιν' εἰργάσω;

Schol. Aisch. Eum. 276.

1009 (1406)
γλαυκῶπίς τε στρέφεται μήνη

Schol. Apoll. Rhod. 1, 1280.

1009 a (1342)

———

1010 (1407)
ἤπειρον εἰς ἄπειρον ἐκβάλλων πόδα

Schol. Apoll. Rhod.; u. a.

1011 (1411)
τί χρέος ἔβα δῶμα;

Schol. Aristoph. Wolken 30.

1012 (1414)
ἀεί ποτ' ⟨ἐστὶ⟩ σπέρμα κηρύκων λάλον.

Schol. Eur. Or. 896.

1013 (1415)
τὸ μὲν τέθνηκε σῶμα, τοῦτο δ' ἀναβλέπει.

Schol. Eur. Tro. 632.

1014 (1416)
πόλεως μὲν ἀρχῷ, φωτὶ δ' οὐκ ἔτῃ πρέπων

Schol. Hom. Il. 6, 239.

1015 (1417)
αἰεὶ δὲ μήτηρ φιλότεκνος μᾶλλον πατρός·
ἢ μὲν γὰρ αὑτῆς οἶδεν ὄνθ', ὃ δ' οἴεται.

Schol. Hom. Od. 4, 387.

1008
Was schweigst du? Hast du einen Mord begangen?

1009
und der bläuliche Mond dreht sich

1009 a

1010
auf die unendliche Erde den Fuß hinaussetzend

1011
Was für eine Not kam ins Haus?

1012
Stets ist das Geschlecht der Herolde geschwätzig.

1013
Der Körper ist tot, dies aber lebt.

1014
einem Führer der Stadt, nicht einem einfachen Mann zukommend

1015
Immer aber liebt die Mutter die Kinder mehr als der Vater;
denn sie weiß, daß sie ihre sind, der Vater nimmt das nur an.

1016 (1419)

―――

1017 (1420)

τὸν εὐτυχοῦντα καὶ φρονεῖν νομίζομεν.

Schol. Pind. Nem. 1; 11. a.

1018 (1421)

ὁ νοῦς γὰρ ἡμῶν ἐστιν ἐν ἑκάστῳ θεός.

Schol. Pind. Nem. 6; 11. a.

1019 (1422)

δούλοισι γάρ τε ӡῶμεν οἱ ἐλεύθεροι.

Schol. Pind. Pyth. 4, 41.

1020 (1423)

ὃ δ' ἐσφάδαӡεν οὐκ ἔχων ἀπαλλαγάς.

Schol. Soph. Aia; 833.

1021 (1424)

―――

1022 (1425)

―――

1023 ≈ 182 a (237)

1024 (1426)

ἔπειτα χρῆσθαι[. . . . .
ὅσοι δοκοῦσιν εἰδ[έναι . . . .
εἰδὼς ὁθούνεκ' ἀ[. . . . .
φθείρουσιν ἤθη χρήσθ' ὁμιλίαι κακαί

Pap. Hibeh 1, 7 Fr. 1. – Vers 4 = Nauck 1024.

1025 = 617 a (824)

1016

_____

1017
Wer Glück hat, hat auch Verstand, glauben wir.

1018
denn unser Verstand ist ein Gott, den jeder einzelne in sich trägt.

1019
denn wir Freien leben durch die Sklaven.

1020
er aber zappelte, da er nicht freikommen konnte.

1021

_____

1022

_____

1023 = 182 a

1024
dann gebrauchen . . . .
die meinen . . . .
wissend, daß . . . .
schlechter Umgang verdirbt gute Sitten

1025 = 617 a

1026 (1260)
τὰ πλεῖστα θνητοῖς τῶν κακῶν αὐθαίρετα.

Stob. 2, 8, 11.

1027 (1175)
παῖς ὢν φυλάσσου πραγμάτων αἰσχρῶν ἄπο·
ὡς ἢν τραφῇ τις μὴ κακῶς, αἰσχύνεται
ἀνὴρ γενόμενος αἰσχρὰ δρᾶν· νέος δ' ὅταν
πόλλ' ἐξαμάρτῃ, τὴν ἁμαρτίαν ἔχει
εἰς γῆρας αὐτοῦ τοῖς τρόποισιν ἔμφυτον.		5

Stob. 2, 31, 2.

1028 (1194)
ὅστις νέος ὢν μουσῶν ἀμελεῖ,		an
τόν τε παρελθόντ' ἀπόλωλε χρόνον
καὶ τὸν μέλλοντα τέθνηκεν.

Stob. 2, 31, 24.

1029 (1262)
οὐκ ἔστιν ἀρετῆς κτῆμα τιμιώτερον·
οὐ γὰρ πέφυκε δοῦλον οὔτε χρημάτων
οὔτ' εὐγενείας οὔτε θωπείας ὄχλου.
ἀρετὴ δ' ὅσῳ περ μᾶλλον ἂν χρῆσθαι θέλῃς,
τοσῷδε μείζων αὔξεται τελουμένη.		5

Stob. 3, 1, 6; u. a.

1030 (1263)
ἀρετὴ μέγιστον τῶν ἐν ἀνθρώποις καλόν.

Stob. 3, 1, 13.

1031 (1264)
τὸ μὴ εἰδέναι σε μηδὲν ὧν ἁμαρτάνεις,
ἔκκαυμα τόλμης ἱκανόν ἐστι καὶ θράσους.

Stob. 3, 4, 2.

1026

Die meisten Übel haben sich die Menschen selbst ausgesucht.

1027

Als Kind hüte dich vor häßlichem Tun; denn wenn man fern von dergleichen aufwächst, schämt man sich als Mann, etwas Häßliches zu tun. Wenn aber ein junger Mensch oft etwas Schlechtes tut, ist damit die Schlechtigkeit seinem Charakter zur zweiten Natur geworden und er bleibt so bis ins hohe Alter.

1028

Wer sich in der Jugend nicht um die Musen kümmert, der lebt ohne Vergangenheit und Zukunft.

1029

Es gibt keinen wertvolleren Besitz als die Tugend; denn sie ist weder vom Geld noch von edler Geburt noch von der Volksgunst abhängig. Je mehr du dich ihrer aber befleißigst, um so mehr wächst sie und vervollkommnet sie sich.

1030

Die Tugend ist das größte Gut des Menschen.

1031

Wenn du deine Verfehlungen nicht erkennst, ist das Zunder für Übermut und Frechheit.

1032 (1265)

τὸ δ' ὠκὺ τοῦτο καὶ τὸ λαιψηρὸν φρενῶν
εἰς συμφορὰν καθῆκε πολλὰ δὴ βροτούς.

Stob. 3, 4, 21.

1033 (1266)

εὖ γὰρ τόδ' ἴσθι, κεῖ σ' ἐλάνθανεν πάρος,
τὸ σκαιὸν εἶναι πρῶτ' ἀμουσίαν ἔχει.

Stob. 3, 4, 30.

1034 (1267)

φεῦ φεῦ, τὸ νικᾶν τἄνδιχ' ὡς καλὸν γέρας,
τὰ μὴ δίκαια δ' ὡς ἀπανταχοῦ κακόν·
καὶ γλῶσσα φλαύρα καὶ φθόνος τοῦ μὴ φθονεῖν
ὅσῳ κάκιον μὴ καλῶς ὠγκωμένοις.

Stob. 3, 9, 14.

1035 (1268)

δύστηνος ὅστις τὰ καλὰ καὶ ψευδῆ λέγων
οὐ τοῖσδε χρῆται τοῖς κακοῖς ἀληθέσιν.

Stob. 3, 12, 1.

1036 (1269)

πότερα θέλεις σοι μαλθακὰ ψευδῆ λέγω
ἢ σκλήρ' ἀληθῆ; φράζε· σὴ γὰρ ἡ κρίσις.

Stob. 3, 13, 1.

1037 (1270)

ἀτὰρ σιωπᾶν τά γε δίκαι' οὐ χρή ποτε.

Stob. 3, 13,6.

1038 (291)

ὀργαὶ γὰρ ἀνθρώποισι συμφορᾶς ὕπο
δειναί, πλάνος τε καρδίᾳ προσίσταται.

Stob. 3, 20, 26.

1032

Übereilung und Jähzorn haben Menschen schon oft ins Unglück gestürzt.

1033

denn wisse wohl, auch wenn es dir bisher entgangen ist: Torheit bedeutet zunächst einmal Unkenntnis der Musen.

1034

Ach, wie gilt doch der Sieg über das Recht als schönes Geschenk, und der über das Unrecht überall als Unglück, und um wieviel schlimmer erscheinen Schmähung und Tadel als das Nichttadeln, wenn sie jemand gelten, der auf üble Weise zu Ansehen gekommen ist. (?)

1035

Unselig ist, wer schöne Lügen ausspricht und sich nicht an die vorliegende häßliche Wahrheit hält.

1036

Soll ich dir sanfte Lügen oder harte Wahrheit sagen? Sprich, denn bei dir liegt die Entscheidung!

1037

aber das Recht darf man nie verschweigen.

1038

denn durch ein unglückliches Ereignis geraten die Menschen oft in großen Zorn und ihr Herz ist verwirrt.

1039 (1271)

ὁ θυμὸς ἀλγῶν ἀσφάλειαν οὐκ ἔχει.

Stob. 3, 20, 38.

1040 (1272)

ἐὰν ἴδῃς πρὸς ὕψος ἠρμένον τινὰ
λαμπρῷ τε πλούτῳ καὶ γένει γαυρούμενον
ὀφρύν τε μεῖζω τῆς τύχης ἐπηρκότα,
τούτου ταχεῖαν νέμεσιν εὐθὺς προσδόκα.

Stob. 3, 22, 5; u. a.

1041 (1273)

κρινεῖ τίς αὐτὸν πώποτ' ἀνθρώπων μέγαν,
ὃν ἐξαλείφει πρόφασις ἢ τυχοῦσ' ὅλον;

Stob. 3, 22, 6.

1042 (1274)

ἅπαντές ἐσμεν εἰς τὸ νουθετεῖν σοφοί,
αὐτοὶ δ' ἁμαρτάνοντες οὐ γιγνώσκομεν.

Stob. 3, 23, 5; u. a.

1043 (1275)

οὐδεὶς ἔπαινον ἡδοναῖς ἐκτήσατο.

Stob. 3, 29, 31.

1044 (1277)

οὔτ' ἐκ χερὸς μεθέντα καρτερὸν λίθον
ῥᾷον κατασχεῖν οὔτ' ἀπὸ γλώσσης λόγον.

Stob. 3, 36, 14; u. a.

1045 (1278)

μὴ κάμνε πατρίδα σὴν λαβεῖν πειρώμενος.

Stob. 3, 39, 2.

1046 (1279)

πολλοῦ γὰρ χρυσοῦ καὶ πλούτου   au

1039
Ein schmerzendes Gemüt ist unzuverlässig.

1040
Wenn du einen siehst, der hoch oben steht, mit dem Glanz seines Reichtums und seiner edlen Abstammung prunkt und sich stolz über das Schicksal erhebt, dann rechne sogleich mit seiner schnellen Bestrafung.

1041
Wer unter den Menschen wird sich selbst jemals für groß halten, da ihn doch der erste beste Anlaß vollständig austilgen kann?

1042
Wir alle sind groß im Ermahnen anderer, unsere eigenen Fehler dagegen erkennen wir nicht.

1043
Keiner gewann sich Ruhm durch Vergnügungen.

1044
Weder kann man einen harten Stein, den man aus der Hand geschleudert hat, leicht wieder anhalten noch ein Wort, das der Zunge entflohen ist.

1045
Werde nicht müde bei dem Versuch, dein Vaterland wiederzugewinnen!

1046
denn der Verständige schätzt das Wohnen in der Heimat höher

κρείσσων πάτρα σώφρονι ναίειν.
τὸ δὲ σύντροφον ἁδύ τι Ͽνητοῖς
ἐν βίῳ χωρεῖ.

Stob. 3, 39, 4.

1047 (1329)

ἅπας μὲν ἀὴρ αἰετῷ περάσιμος,
ἅπασα δὲ χϿὼν ἀνδρὶ γενναίῳ πατρίς.

Muson. in Stob. 3, 40, 9.

1048 (1280)

οὐκ ἔστιν οὐδὲν τῶν ἐν ἀνϿρώποις ἴσον·
χρῆν γὰρ τύχας μὲν τὰς μάτην πλανωμένας
μηδὲν δύνασϿαι, τἀμφανῆ δ' ὑψήλ' ἄγειν.
ὅστις κατ' ἰσχὺν πρῶτος ὢν ἠτάζετο
ἢ τόξα πάλλων ἢ μάχῃ δορὸς σϿένων.   5
τοῦτον τυραννεῖν τῶν κακιόνων ἐχρῆν.

Stob. 4, 1, 13; u. a.

1049 = 554 a (729)

1050 (1282)

ἀλλ' οὐ πρέπει τύραννον, ὡς ἐγὼ φρονῶ,
οὐδ' ἄνδρα χρηστὸν νεῖκος αἴρεσϿαι κακοῖς·
τιμὴ γὰρ αὕτη τοῖσιν ἀσϿενεστέροις.

Stob. 4, 7, 4.

1051 (1285)

σὺν τοῖσι δεινοῖς αὔξεται κλέος βροτοῖς.

Stob. 4, 10, 7.

1052 (1286)

νεανίας γὰρ ὅστις ὢν Ἄρη στυγῇ,
κόμη μόνον καὶ σάρκες, ἔργα δ' οὐδαμοῦ.
ὁρᾷς τὸν εὐτράπεζον ὡς ἡδὺς βίος
ὅ τ' ὄλβος ἔξωϿέν τίς ἐστι πραγμάτων·

als Gold und Reichtum. Und das, womit der Mensch aufgewachsen ist, bleibt ihm lieb sein ganzes Leben hindurch.

1047

Überall in der Luft ist der Adler zu Hause, auf der ganzen
Erde hat der edle Mann sein Vaterland.

1048

Es gibt keine Gleichheit im Bereich der Menschen; denn der
sinnlos umherschweifende Zufall sollte außer Kraft gesetzt sein
und er sollte das, was sich auszeichnet, an die Spitze führen:
Wer sich als der Stärkste erwiesen hat beim Speerschleudern
oder im Lanzenkampf, der sollte über die Schwächeren herrschen.

1049 = 554 a

1050

aber meiner Meinung nach soll weder ein Herrscher noch ein
Mann von Adel einen Streit mit einem kleinen Mann anfan-
gen; denn das wäre eine Ehre für den Schwächeren.

1051

Mit den Gefahren wächst der Ruhm eines Mannes.

1052

denn ein junger Mann, der Ares haßt, ist nur Haar und Kör-
per, träge und tatenlos.
Du siehst, wie angenehm das Leben an gedeckter Tafel ist und
Wohlstand, der sich von jeder Tätigkeit fernhält. Aber es gibt

ἀλλ' οὐκ ἔνεστι στέφανος οὐδ' εὐανδρία,   5
εἰ μή τι καὶ τολμῶσι κινδύνου μέτα·
οἱ γὰρ πόνοι τίκτουσι τὴν εὐανδρίαν,
ἡ δ' εὐλάβεια σκότον ἔχει καθ' Ἑλλάδα,
τὸ διαβιῶναι μόνον ἀεὶ θηρωμένη.

Stob. 4. 10. 26. u. a

1053 (1287)
μισῶ δ' ὅταν τις καὶ χθονὸς στρατηλάτης
μὴ πᾶσι πάντων προσφέρῃ μειλίγματα.

Stob. 4, 13, 14.

1054 = 156 + 2 (191)

1055 (1288)
οἰκοφθόρον γὰρ ἄνδρα κωλύει γυνὴ
ἐσθλὴ παραζευχθεῖσα καὶ σῴζει δόμους.

Stob. 4, 22, 9.

1056 (1289)
οὐ πάντες οὔτε δυστυχοῦσιν ἐν γάμοις
οὔτ' εὐτυχοῦσι· συμφορὰ δ' ὃς ἂν τύχῃ
κακῆς γυναικός, εὐτυχεῖ δ' ἐσθλῆς τυχών.

Stob. 4, 22, 70.

1057 (1290)
μακάριος ὅστις εὐτυχεῖ γάμον λαβὼν
ἐσθλῆς γυναικός, δυστυχεῖ δ' ὁ μὴ λαβών.

Stob. 4, 22, 72.

1058 (1291)
ἐγὼ γὰρ ἕξω λέκτρα ἃ αὐτοῖς καλῶς ἔχειν
δίκαιόν ἐστιν οἷσι συγγηράσομαι.

Stob 4, 22, 113.

auch keinen Ehrenkranz und keine männliche Tüchtigkeit,
wenn man nicht Gefahren auf sich nimmt und etwas wagt;
denn Anstrengungen erzeugen Tüchtigkeit, von einem Vorsich-
tigen aber spricht niemand in ganz Griechenland, da er immer
nur ans Überleben denkt.

1053

Ich aber hasse es, wenn jemand und gar der Feldherr des Landes nicht allen von allem freundlich Gaben zuteilt.

1054 = 156 + 2

1055

denn wenn ein Mann sein Vermögen verschwendet, dann hindert ihn eine tüchtige Frau an seiner Seite und wahrt den Besitz.

1056

In der Ehe haben weder alle Glück noch sind alle vom Unglück geschlagen, sondern ein Unglück ist es, wenn jemand eine
schlechte Frau bekommen hat, ein Glück, wenn eine gute.

1057

Selig, wer Glück hat und eine tüchtige Frau bekommt, vom
Unglück geschlagen aber ist, wem das nicht gelingt.

1058

denn ich werde eine Ehe haben, die für diejenigen eine glückliche Ehe sein dürfte, an deren Seite ich altern werde.

1059 (1292)

δεινὴ μὲν ἀλκὴ κυμάτων θαλασσίων,
δειναὶ δὲ ποταμῶν καὶ πυρὸς θερμοῦ πνοαί,
δεινὸν δὲ πενία, δεινὰ δ' ἄλλα μυρία,
ἀλλ' οὐδὲν οὕτω δεινὸν ὡς γυνὴ κακόν·
οὐδ' ἂν γένοιτο γράμμα τοιοῦτον γραφῇ   5
οὐδ' ἂν λόγος δείξειεν. εἰ δέ του θεῶν
τόδ' ἐστὶ πλάσμα, δημιουργὸς ὢν κακῶν
μέγιστος ἴστω καὶ βροτοῖσι δυσμενής.

Stob 4. 22. 136.

1060 = 459 + 1, 40 (601)

1061 (1293)

μοχθοῦμεν ἄλλως θῆλυ φρουροῦντες γένος·
ἥτις γὰρ αὐτὴ μὴ πέφυκεν ἔνδικος,
τί δεῖ φυλάσσειν κἀξαμαρτάνειν πλέον;

Stob. 4. 23. 10.

1062 (1294)

γυναικὶ δ' ὄλβος, ἢν πόσιν στέργοντ' ἔχῃ.

Stob. 4. 23. 15

1063 (1295)

δεῖ πυνθάνεσθαι γάρ σε νῦν χἠμᾶς σέθεν.
τὸ μὲν μέγιστον, οὔποτ' ἄνδρα χρὴ σοφὸν
λίαν φυλάσσειν ἄλοχον ἐν μυχοῖς δόμων·
ἐρᾷ γὰρ ὄψις τῆς θύραθεν ἡδονῆς·
ἐν δ' ἀφθόνοισι τοῖσδ' ἀναστρωφωμένη   5
βλέπουσά τ' εἰς πᾶν καὶ παροῦσα πανταχοῦ
τὴν ὄψιν ἐμπλήσασ' ἀπήλλακται κακῶν·
τό τ' ἄρσεν ἀεὶ τοῦ κεκρυμμένου λίχνον.
ὅστις δὲ μοχλοῖς καὶ διὰ σφραγισμάτων
σῴζει δάμαρτα, δρᾶν τι δὴ δοκῶν σοφὸν   10
μάταιός ἐστι καὶ φρονῶν οὐδὲν φρονεῖ·
ἥτις γὰρ ἡμῶν καρδίαν θύραζ' ἔχει,

1059
Schrecklich ist der Ansturm der Meereswogen, schrecklich der
Flüsse und des Feuers Hauch, schrecklich die Armut und
schrecklich viel anderes mehr,
aber nichts ist ein so schreckliches Übel wie die Frau, weder in
Schrift noch Rede könnte man das darlegen. Wenn sie aber von
einem Gott erschaffen worden ist, dann ist er wahrhaftig der
größte Hersteller von Unglück und ein Feind der Menschen.

1060 = 459 + 1, 40

1061
Wir mühen uns vergeblich, die Frauen zu überwachen. Denn
wenn eine nicht von Natur sittsam ist, warum soll man sie
dann bewachen und um so eher dabei scheitern?

1062
Es ist ein Segen für eine Frau, wenn sie einen liebenden Gatten
hat.

1063

denn du sollst von uns und wir von dir lernen. Das wichtigste
ist: ein kluger Mann darf niemals seine Frau zu sehr im Innern des Hauses halten wollen; denn die Augen lieben das
Vergnügen draußen. Wenn sie sich ungehindert bewegen kann
und überall dabei ist und sich sattsehen kann, dann erliegt sie
nicht schlechten Versuchungen. Auch die Männer sind stets
lüstern nach dem, was sie nicht sehen dürfen.
Wer aber seine Frau mit Türbalken und Siegeln hüten will, der
kommt sich klug vor und treibt doch Unsinn und denkt, ohne
nachzudenken; denn wenn die Wünsche und Gedanken einer
Frau draußen vor der Tür weilen, gibt sie ihnen schneller nach,

θᾶσσον μὲν οἰστοῦ καὶ πτεροῦ χαρίζεται,
λάθοι δ' ἂν Ἄργου τὰς πυκνοφθάλμους κόρας·
καὶ πρὸς κακοῖσι τοῦτο δὴ μέγας γέλως,   15
ἀνήρ τ' ἀχρεῖος χἠ γυνὴ διοίχεται.

Stob. 4, 23, 26.

1064 (1296)

ἀλλ' ἴσθ', ἐμοὶ μὲν οὗτος οὐκ ἔσται νόμος,
τὸ μὴ οὐ σὲ μῆτερ προσφιλῆ νέμειν ἀεὶ
καὶ τοῦ δικαίου καὶ τόκων τῶν σῶν χάριν.
στέργω δὲ τὸν φύσαντα τῶν πάντων βροτῶν
μάλισθ'· ὁρίζω τοῦτο, καὶ σὺ μὴ φθόνει·   5
κείνου γὰρ ἐξέβλαστον· οὐδ' ἂν εἷς ἀνὴρ
γυναικὸς αὐδήσειεν, ἀλλὰ τοῦ πατρός.

Stob. 4, 25, 27.

1065 (1259)

καὶ τῶν παλαιῶν πόλλ' ἔπη καλῶς ἔχει·
λόγοι γὰρ ἐσθλοὶ φάρμακον φόβου βροτοῖς.

Stob. 2, 4, 4.

1066 (973)

εἰ τοῖς ἐν οἴκῳ χρήμασιν λελείμμεθα,
ἡ δ' εὐγένεια καὶ τὸ γενναῖον μένει.

Stob. 4, 29, 40.

1067 (1298)

τὸν σὸν δὲ παῖδα σωφρονοῦντ' ἐπίσταμαι
χρηστοῖς θ' ὁμιλοῦντ' εὐσεβεῖν τ' ἠσκηκότα.
πῶς οὖν ἂν ἐκ τοιοῦδε σώματος κακὸς
γένοιτ' ἄν; οὐδεὶς τοῦτό μ' ἂν πίθοι ποτέ.

Stob. 4, 29, 47.

1068 (114)

οὐ γάρ τις οὕτω παῖδας εὖ παιδεύσεται,
ὥστ' ἐκ πονηρῶν μὴ οὐ κακοὺς πεφυκέναι.

Stob. 4, 30, 3.

als ein Pfeil oder ein Vogel fliegen kann, und sie würde auch
den vieläugigen Blicken des Argus entgehen, und bei den Spöt-
tern macht sich der Mann lächerlich: er ist ein Stümper und
die Frau ist auf und davon.

1064
doch sollst du wissen: für mich wird immer gelten, daß ich
dich liebe, Mutter, weil es meine Pflicht ist und weil du mich
geboren hast. Aber ich liebe meinen Vater am meisten von
allen Menschen. Diese Grenze ziehe ich, und du nimm es mir
nicht übel! Denn von ihm stamme ich, und kein Mann würde
sagen, er stamme von der Mutter, sondern stets nur, vom
Vater.

1065
Auch viele Sprüche aus alter Zeit sind gut und nützlich; denn
ein aufrechtes Wort ist ein Mittel gegen die Furcht.

1066
Wenn im Hause kein Vermögen mehr ist, so bleiben uns doch
Adel und Anstand.

1067
und ich weiß, daß dein Sohn Vernunft hat, er in anständiger
Gesellschaft verkehrt und sich in Frömmigkeit übt. Wie sollte
er da zum Verbrecher werden? Davon könnte mich niemand
jemals überzeugen.

1068
denn niemand kann Kinder so gut erziehen, daß nicht die
Kinder übler Eltern auch selbst schlecht wären.

1069 (1299)

χρυσοῦ σὲ πλήθει, τούσδε δ' οὐ χαίρειν χρεών;
σκαιὸν τὸ πλουτεῖν κἄλλο μηδὲν εἰδέναι.

Stob. 4, 31, 59; u. a.

1070 (1300)

ὅστις δὲ λύπας φησὶ πημαίνειν βροτούς,
δεῖν δ' ἀγχονῶν τε καὶ πετρῶν ῥίπτειν ἄπο,
οὐκ ἐν σοφοῖσιν ἔστιν, εὐχέσθω δ' ὅμως
ἄπειρος εἶναι τῆς νόσου ταύτης ἀεί.

Stob. 4, 35, 4.

1071 (1301)

λῦπαι γὰρ ἀνθρώποισι τίκτουσιν νόσους.

Stob. 4, 35. 10; u. a.

1072 (1302)

μέλλων τ' ἰατρὸς τῇ νόσῳ διδοὺς χρόνον
ἰάσατ' ἤδη μᾶλλον ἢ τεμὼν χρόα.

Stob. 4, 38, 2.

1073 (1303)

οὐ χρή ποτ' ὀρθαῖς ἐν τύχαις βεβηκότα
ἕξειν τὸν αὐτὸν δαίμον' εἰς ἀεὶ δοκεῖν·
ὁ γὰρ θεός πως, εἰ θεόν σφε χρὴ καλεῖν,
κάμνει ξυνὼν τὰ πολλὰ τοῖς αὐτοῖς ἀεί.
θνητῶν δὲ θνητὸς ὄλβος· οἱ δ' ὑπέρφρονες   5
καὶ τῷ παρόντι τοὐπιὸν πιστούμενοι
ἔλεγχον ἔλαβον τῆς τύχης ἐν τῷ παθεῖν.

Stob. 4, 41, 8.

1074 (1304)

βέβαια δ' οὐδεὶς εὐτυχεῖ θνητὸς γεγώς.

Stob. 4, 41, 41.

1069

A Du darfst dich an der Fülle des Goldes freuen, sie nicht?

B Wie töricht ist es, reich zu sein und nichts anderes zu
kennen.

1070

Wer aber meint, Leid und Kummer seien für den Menschen
schmerzhaft, und man solle sich deswegen aufhängen oder von
einem Felsen herabstürzen, der ist nicht klug. Dennoch aber
soll er beten, von dieser Krankheit stets frei zu sein.

1071

denn Kummer macht die Menschen krank.

1072

Ein Arzt, der abwartet und der Krankheit Zeit läßt, bringt
eher Heilung, als wenn er schneidet.

1073

Im Glück darf man nicht meinen, man werde für immer und
ewig dies Schicksal haben; denn der Gott – wenn man hier
von ‚Gott‘ sprechen darf – wird es irgendwie müde, immer
denselben zur Seite zu stehen: Der Sterblichen Glück und
Reichtum ist sterblich. Die Übermütigen aber, die aus der Gegenwart auf die Zukunft schließen und sich darauf verlassen,
können ihr Schicksal testen, wenn sie leiden müssen.

1074

aber niemandes Glück ist beständig, da wir Menschen sind.

1075 (1306)

θνητὸς γὰρ ὢν καὶ θνητὰ πείσεσθαι δόκει·
⟨ἢ⟩ θεοῦ βίον ζῆν ἀξιοῖς ἄνθρωπος ὤν;

Stob. 4, 44, 31.

1076 (1308)

πάντων ἄριστον μὴ βιάζεσθαι θεούς,
στέργειν δὲ μοῖραν· τῶν ἀμηχάνων δ᾽ ἔρως
πολλοὺς ἔθηκε τοῦ παρόντος ἀμπλακεῖν.

Stob. 4, 44, 53.

1077 (1305)

πέπονθας οἷα χἄτεροι πολλοὶ βροτῶν·
τὰς γὰρ παρούσας οὐχὶ σῴζοντες τύχας
ὤλοντ᾽ ἐρῶντες μειζόνων ἀβουλίᾳ.

Stob. 4, 44, 18.

1078 (1307)

ἀνδρῶν τάδ᾽ ἐστὶν ἐνδίκων τε καὶ σοφῶν,
κἄν τοῖς κακοῖσι μὴ τεθυμῶσθαι θεοῖς.

Stob. 4, 44, 36; u. a.

1079 (1309)

οὐκ ἔστι λύπης ἄλλο φάρμακον βροτοῖς
ὡς ἀνδρὸς ἐσθλοῦ καὶ φίλου παραίνεσις·
ὅστις δὲ ταύτῃ τῇ νόσῳ ξυνὼν ἀνὴρ
μέθῃ ταράσσει καὶ γαληνίζει φρένα,
παραυτίχ᾽ ἡσθεὶς ὕστερον στένει διπλᾶ.   5

Stob. 4, 48, 23.

1080 (1310)

ὦ γῆρας, οἵαν ἐλπίδ᾽ ἡδονῆς ἔχεις,
καὶ πᾶς τις εἰς σὲ βούλετ᾽ ἀνθρώπων μολεῖν·
λαβὼν δὲ πεῖραν, μεταμέλειαν λαμβάνει,
ὡς οὐδὲν ἔστι χεῖρον ἐν θνητῷ γένει.

Stob. 4, 50, 40.

1075

denn da du sterblich bist, mußt du auch damit rechnen, Menschenlos zu erfahren, oder willst du das Leben eines Gottes führen, der du ein Mensch bist?

1076

Das Allerbeste ist, die Götter nicht zwingen zu wollen und mit seinem Schicksal zufrieden zu sein. Der Wunsch nach dem Unerreichbaren hat schon viele das Vorhandene verfehlen lassen.

1077

Dir ist es gegangen wie vielen anderen auch: sie haben das nicht festgehalten, was ihnen das Schicksal darbot, und haben es verloren, da sie aus Torheit nach Größerem strebten.

1078

Rechtschaffene und kluge Männer werden auch im Unglück den Göttern nicht zürnen.

1079

In Leid und Kummer gibt es für den Menschen kein anderes Heilmittel als den Zuspruch eines edlen Freundes. Wer aber bei solcher Krankheit durch Trinken sein Gemüt benebelt und beschwichtigt, der ist im Moment froh, und klagt nachher doppelt so heftig.

1080

O Greisenalter, welche Hoffnung auf Freude bietest du! – und doch wollen alle Menschen dich erreichen. Wenn man dich aber kennengelernt hat, bereut man es; denn nichts ist schlimmer hier unter uns Menschen.

1081 (1311)

τύμβῳ γὰρ οὐδεὶς πιστὸς ἀνθρώπων φίλος.

Stob. 4, 58, 1.

1082 (1428)

Ζεὺς γὰρ κακὸν μὲν Τρωσί, πῆμα δ' Ἑλλάδι
θέλων γενέσθαι ταῦτ' ἐβούλευσεν πατήρ.

Strab. 4, 1, 7.

1083 (1429)

πολὺν μὲν ἄροτον, ἐκπονεῖν δ' οὐ ῥᾴδιον·
κοίλη γὰρ ὄρεσι περίδρομος τραχεῖά τε
δυσείσβολός τε πολεμίοις ....
.... καλλίκαρπον ....
κατάρρυτόν τε μυρίοισι νάμασιν   5
καὶ βουσὶ καὶ ποίμναισιν εὐβοτωτάτην,
οὔτ' ἐν πνοαῖσι χείματος δυσχείμερον
οὔτ' αὖ τεθρίπποις ἡλίου θερμὴν ἄγαν
....
γαίας Λακαίνης κύριον φαύλου χθονός
....
ἀρετὴν ἐχούσης μεῖζον' ἢ λόγῳ φράσαι   10
....
Παμισὸν εἰς θάλασσαν ἐξορμώμενον
....
πρόσω.. ναυτίλοισιν ....
πρόσω δὲ βάντι ποταμὸν Ἦλις ἡ Διὸς
γείτων κάθηται.

Strab. 8, 5, 6.

1084 (1430)

ἦκω περίκλυστον προλιποῦσ' Ἀκροκόρινθον,
ἱερὸν ὄχθον, πόλιν Ἀφροδίτας.

Strab. 8, 6, 21.

1081
denn einem Grab bleibt kein Freund treu.

1082
denn weil Zeusvater den Troern Übel und den Griechen Leid
zugedacht hatte, faßte er diesen Plan.

1083
viel Ackerland, aber nicht leicht zu bearbeiten;
denn eine Senke von Bergen umgeben, rauh
und Feinden schwer zugänglich . . . .
. . . . mit schöner Frucht . . . .
durchflossen von unzähligen Bächen
und eine gute Weide für Rinder und Schafherden,
weder bei Winterstürmen sehr kalt
noch durch das Sonnengespann zu warm
. . . .
entscheidend über den schlechteren Boden Lakoniens
. . . .
von einer Qualität, die sich nicht sagen läßt
. . . .
den Pamisos, der ins Meer fließt
. . . .
fern den Seeleuten . . . .
wenn man weiter dem Fluß folgt, liegt dort
Elis, Nachbarin des Zeus

1084
Ich komme vom meerumspülten Akrokorinth, der heiligen
Höhe, der Stadt Aphrodites.

1085 (1431)

τὰς διωνομασμένας
ναίειν Κελαινὰς ἐσχάτοις Ἴδης τόποις

Strab. 13, 1, 70.

1086 (1432)

ἄλλων ἰατρὸς αὐτὸς ἕλκεσιν βρύων

Suda ε 3691; ιι. π

1087 (1433)

εὐφημία γὰρ παρὰ σπονδαῖσι κάλλιστον

Suda ε 3795.

1088 (1434)

ἀρχαῖον εἴρηκας

Suda π 54.

1089 (1463)

σῶσαι γὰρ ὁπόταν τῷ θεῷ δοκῇ,
πολλὰς προφάσεις δίδωσιν εἰς σωτηρίαν.

Theophil., Ad Aut. 2, 8.

1090 (1464)

ἀνέχου πάσχων· δρῶν γὰρ ἔχαιρες.

Theophil., Ad Aut. 2, 37.

1091 (1465)

νόμου τὸν ἐχθρὸν δρᾶν, ὅπου λάβῃς, κακῶς

Theophil., Ad Aut. 2, 37.

1092 (1466)

ἐχθροὺς κακῶς δρᾶν ἀνδρὸς ἡγοῦμαι μέρος.

Theophil., Ad Aut. 2, 37.

1093 (1470)

1085

das bekannte Kelainai an den äußersten Ausläufern des Ida bewohnen

1086

anderer Leute Arzt, doch selbst voll von Geschwüren

1087

denn Schweigen ist bei der Opferspende am schönsten.

1088

du hast ihn rückständig genannt

1089

denn wenn der Gott retten will, gibt er viele Gelegenheiten zur Rettung.

1090

Ertrage es, wenn es dir widerfährt; denn du hast es mit Freuden anderen angetan!

1091

Es ist Brauch, dem Feind zu schaden, wo man ihn trifft.

1092

Ich meine, dem Feind zu schaden, gehört zu den Pflichten des Mannes.

1093

1094 (160)

———

1095 (1440)

αἱμύλη

Anec. Gr. Bekker 1. 363.

1096 = 155 a (206)

1097 (1454)

ἀπάγου

Anec. Gr. Bekker 1. 414.

1097 a (−)

ἀπηύρων

Hesych. 6183.

1098 (1202)

ἀρκεσίγυιος

Athen. 10, 65.

1098 a (1456)

αὔξιμον

Lex. Sabb. 1, 4.

1099 (1247)

ἐμβριμώμενος

Etym. Gud. 641.

1100 (1390)

εὐπαιδευσία

Pollux 9, 161.

1100 a (1458)

ʒύγαστρον

Paus. Att.

1094

_____

1095

schmeichelnd

1096 = 155 a

1097

Scher dich fort!

1097 a

sie nahmen weg

1098

gliederstärkend

1098 a

wachsend

1099

tadelnd

1100

gute Erziehung

1100 a

Kiste

1101 (1404)

θυστάς

Schol. Aisch. Sieben 269.

1102 (1427)

Ξάνθιος

Steph. Byz. 480.

1103 (1386)

ξενοφόνον

Pollux 3, 58.

1104 (1248)

ἐπροξένει

Anec. Par. Cramer 4, 114.

1105 (1460)

ῥαχίζειν

Anec. Par. Cramer 4, 174.

1106 (1461)

χνοῦν

Anec. Gr. Bachmann 1. 418.

1101

Opfergewand

1102

Bürger von Xanthos

1103

der den Fremden / Gast tötet

1104

er wirkte als Proxenos

1105

zerstücken

1106

Belag

DER KYKLOP

ΚΥΚΛΩΨ

Τὰ τοῦ δράματος πρόσωπα

Σιληνός · Χορὸς σατύρων ·
Ὀδυσσεύς · Κύκλωψ

Σιληνός

Ὦ Βρόμιε, διὰ σὲ μυρίους ἔχω πόνους
νῦν χὤτ' ἐν ἥβῃ τοὐμὸν εὐσθένει δέμας·
πρῶτον μέν, ἡνίκ' ἐμμανὴς Ἥρας ὕπο
Νύμφας ὀρείας ἐκλιπὼν ᾤχου τροφούς·
ἔπειτά γ' ἀμφὶ γηγενῆ μάχην δορὸς   5
ἐνδέξιος σῷ ποδὶ παρασπιστὴς γεγὼς
Ἐγκέλαδον ἰτέαν εἰς μέσην θενὼν δορὶ
ἔκτεινα — φέρ' ἴδω, τοῦτ' ἰδὼν ὄναρ λέγω;
οὐ μὰ Δί', ἐπεὶ καὶ σκῦλ' ἔδειξα Βακχίῳ.
καὶ νῦν ἐκείνων μείζον' ἐξαντλῶ πόνον.   10
ἐπεὶ γὰρ Ἥρα σοι γένος Τυρσηνικὸν
λῃστῶν ἐπῶρσεν, ὡς ὁδηθείης μακράν,
⟨ἐγὼ⟩ πυθόμενος σὺν τέκνοισι ναυστολῶ
σέθεν κατὰ ζήτησιν. ἐν πρύμνῃ δ' ἄκρᾳ
αὐτὸς λαβὼν ηὔθυνον ἀμφῆρες δόρυ,   15
παῖδες δ' ἐρετμοῖς ἥμενοι γλαυκὴν ἅλα
ῥοθίοισι λευκαίνοντες ἐζήτουν σ', ἄναξ.
ἤδη δὲ Μαλέας πλησίον πεπλευκότας
ἀπηλιώτης ἄνεμος ἐμπνεύσας δορὶ
ἐξέβαλεν ἡμᾶς τήνδ' ἐς Αἰτναίαν πέτραν,   20
ἵν' οἱ μονῶπες ποντίου παῖδες θεοῦ
Κύκλωπες οἰκοῦσ' ἄντρ' ἔρημ' ἀνδροκτόνοι.
τούτων ἑνὸς ληφθέντες ἐσμὲν ἐν δόμοις
δοῦλοι· καλοῦσι δ' αὐτὸν ᾧ λατρεύομεν

DER KYKLOP

Personen des Dramas

Silenos · Chor der Satyrn · Odysseus · Kyklop

*Schauplatz ist die Küste Siziliens in der Nähe des Ätna,
vor der Höhle des Kyklopen*

Silenos

Um deinetwillen, Bakchos, duld' ich tausend Mühn
Noch heut, wie damals, als ich blüht' in Jugendkraft.
Erst, als mit Wahnsinn Hera dich erfüllt und du
Den Oreaden, welche dich gepflegt, entliefst,
Dann, als du rangest mit den Erdgeborenen,
Stand ich, ein treuer Kampfgenoß, zur Seite dir,
Erschlug, nachdem ich seinen Schild entzweigebohrt,
Enkelados. Laß sehen: hat mir das geträumt?
Nein, nein! Die Beute wies ich ja dem Bakchios.
Und nun besteh' ich größre Not, als jene war.
Denn als dir Hera Räuberbrut Tyrrheniens
Zusandte, dich zu verkaufen in die weite Welt:
So fuhr ich, das vernehmend, samt den Söhnen aus,
Dich aufzusuchen. Auf des Spiegels Höhe saß
Ich selbst und lenkte mein behendes Ruderschiff;
Die Söhn', am Ruder schaltend und die graue See
Mit Schaum bedeckend, suchten dich, o König, auf.
Doch als wir schon Malea nahe steuerten,
Da blies ein Wind aus Osten auf mein Schiff herein,
Und warf an diesen Felsen uns des Ätna, wo
Einsam des Flutengottes Söhn', einäugige
Kyklopen, hausen, gierig nach der Menschen Blut.
Von diesen fing uns einer, dem im Hause wir
Als Knechte dienen; Polyphemos nennt man ihn;

Πολύφημον· ἀντὶ δ' εὐίων βακχευμάτων   25
ποίμνας Κύκλωπος ἀνοσίου ποιμαίνομεν.
παῖδες μὲν οὖν μοι κλιτύων ἐν ἐσχάτοις
νέμουσι μῆλα νέα νέοι πεφυκότες,
ἐγὼ δὲ πληροῦν πίστρα καὶ σαίρειν στέγας
μένων τέταγμαι τάσδε, τῷδε δυσσεβεῖ   30
Κύκλωπι δείπνων ἀνοσίων διάκονος.
καὶ νῦν, τὰ προσταχθέντ', ἀναγκαίως ἔχει
σαίρειν σιδηρᾷ τῇδέ μ' ἁρπάγῃ δόμους,
ὡς τόν τ' ἀπόντα δεσπότην Κύκλωπ' ἐμὸν
καθαροῖσιν ἄντροις μῆλά τ' ἐσδεχώμεθα.   35
ἤδη δὲ παῖδας προσνέμοντας εἰσορῶ
ποίμνας. τί ταῦτα; μῶν κρότος σικινίδων
ὁμοῖος ὑμῖν νῦν τε χὥτε Βακχίῳ
κῶμοι συνασπίζοντες 'Αλθαίας δόμους
προσῇτ' ἀοιδαῖς βαρβίτων σαυλούμενοι;   40

Χορός

πᾷ γενναίων μὲν πατέρων   στρ.
γενναίων τ' ἐκ τοκάδων,
πᾷ δή μοι νίσῃ σκοπέλους;
οὐ τᾷδ' ὑπήνεμος αὔρα
καὶ ποιηρὰ βοτάνα;   45
δινᾶέν θ' ὕδωρ ποταμῶν
ἐν πίστραις κεῖται πέλας ἄντρων, οὗ σοι βλαχαὶ τεκέων;

ψύττ'· οὐ τᾷδ' οὔ; οὐ τᾷδε νεμῇ
κλιτὺν δροσεράν;   50
ὠή, ῥίψω πέτρον τάχα σου
— ὕπαγ' ὦ ὕπαγ' ὦ κεράστα —

Und seine Herden weiden wir dem frevelnden
Kyklopen, statt uns Bakchos' Lust harmlos zu weihn.
Nun hüten meine Söhne fern am äußersten
Abhang die Lämmer, Knaben, frisch in Jugendmut;
Ich muß die Tröge füllen, muß daheim das Haus
Ihm nach Geheiß ausfegen, muß dem greulichen
Kyklopen zubereiten sein verruchtes Mahl.
Auch heute muß ich, wie des Dienstes harte Pflicht
Gebeut, die Wohnung säubern mit dem Eisenkarst,
Daß meinen Herrn, den Kyklopen, wenn er wiederkommt,
Ein reinlich Haus empfange samt der Lämmerschar.
Schon weiden, seh' ich, meine Knaben dort das Vieh
Heran. Was soll das? Tanzt ihr den Sikinistanz
Heut wieder, wie vor Zeiten, als, dem Bakchios
Gesellt im Festchor, ihr zum Haus Althaias zogt,
Entzückt zum Wonnetaumel durch der Lauten Klang?

Der Chor tritt singend unter lärmenden Tänzen auf,
zugleich die Schafe vor sich hertreibend

Chor

Strophe

Wohin, du dort, trefflicher Väter Geschlecht,
Von trefflichen Müttern erzeugt,
Läufst du mir fort durch Klippen, wohin?
Hier bläst ein leichter Luftzug,
Hier sproßt grünendes Kraut;
Auch wirbelnd Wasser des Quells
Fließt in Trögen dir nahe der Grotte,
Wo Lämmerblöken dich ruft.

Weide mir hier, he! Weide doch hier,
Am tauigen Abhang!
Hoho, hoho, du Gehörnter,
Gleich, gleich werf' ich den Stein nach dir;

μηλοβότα στασιωρὸν
Κύκλωπος ἀγροβάτα.

σπαργῶντας μαστοὺς χάλασον·   ἀντ.
δέξαι θηλαῖσι σπορὰς   56
ἃς λείπεις ἀρνῶν θαλάμοις.
ποθοῦσί σ' ἁμερόκοιτοι
βλαχαὶ σμικρῶν τεκέων.
εἰς αὐλὰν πότ' ἀμφιβαλεῖς   60
ποιηροὺς λείπουσα νομοὺς
Αἰτναίων εἴσω σκοπέλων;

οὐ τάδε Βρόμιος, οὐ τάδε χοροὶ   ἐπῳδός
Βάκχαι τε θυρσοφόροι,
οὐ τυμπάνων ἀλαλαγμοὶ   65
κρήναις παρ' ὑδροχύτοις,
οὐκ οἴνου χλωραὶ σταγόνες·
οὐδ' ἐν Νύσᾳ μετὰ Νυμφᾶν
ἴακχον ἴακχον ᾠδὰν
μέλπω πρὸς τὰν 'Αφροδίταν,   70
ἃν θηρεύων πετόμαν
Βάκχαις σὺν λευκόποσιν
ὦ φίλος·
ὦ φίλε Βακχεῖε, ποῖ οἰοπολεῖς;
ξανθὰν χαίταν σείεις,   75
ἐγὼ δ' ὁ σὸς πρόπολος
θητεύω Κύκλωπι
τῷ μονοδέρκτᾳ δοῦλος ἀλαίνων
σὺν τᾷδε τράγου χλαίνᾳ μελέᾳ   80
σᾶς χωρὶς φιλίας.

He! komme zurück, zurück,
Zu wachen am Tore der Höhle
Des weidenden Kyklopen!

Gegenstrophe

Von Milch strotzt dein Euter, erleichtere dich,
Und nimm an die Zitzen dein Lamm,
Das du ließest im Lager daheim.
Dich ruft der zarten Lämmer
Geblök, das schlummert am Tag.
Kehrst du nicht in den Hof
Heim vom grünen Rasen der Trift,
Heim in Ätnas Felsengeklüft?

Schlußgesang

Hier ruft kein Bromios, ruft kein Tanz,
Noch Bakchen, bewehrt mit dem Thyrsos,
Noch hallen schmetternde Pauken
An schäumender Quellen Erguß;
Kein frischlabender Wein winkt hier,
Noch in Nysa mit den Nymphen
bakchisches, bakchisches Festlied
Stimm' ich dir an, Aphrodite:
Einst jagt' ich im Fluge dir nach,
Weißfüßigen Bakchen gesellt.
Lieber, Lieber, wo schwärmest du, Bakchos, allein,
Blondlockiges Haupthaar schüttelnd?
Ich, Herr, dein treuer Gesell,
Diene dem wilden Kyklopen,
Dem Einäugigen,
Schweife in ärmliche Geißfelle gehüllt,
Sein Diener, umher,
Von deiner Liebe getrennt.

Σι σιγήσατ', ὦ τέκν', ἄντρα δ' ἐς πετρηρεφῆ
   ποίμνας ἀθροῖσαι προσπόλους κελεύσατε.
Χο χωρεῖτ'· ἀτὰρ δὴ τίνα, πάτερ, σπουδὴν ἔχεις;
Σι ὁρῶ πρὸς ἀκταῖς ναὸς Ἑλλάδος σκάφος   85
   κώπης τ' ἄνακτας σὺν στρατηλάτῃ τινὶ
   στείχοντας ἐς τόδ' ἄντρον· ἀμφὶ δ' αὐχέσι
   τεύχη φέρονται κενά, βορᾶς κεχρημένοι,
   κρωσσούς θ' ὑδρηλούς. ὦ ταλαίπωροι ξένοι,
   τίνες ποτ' εἰσίν; οὐκ ἴσασι δεσπότην   90
   Πολύφημον οἷός ἐστιν, ἄξενον στέγην
   τήνδ' ἐμβεβῶτες καὶ Κυκλωπίαν γνάθον
   τὴν ἀνδροβρῶτα δυστυχῶς ἀφιγμένοι.
   ἀλλ' ἥσυχοι γίγνεσθ', ἵν' ἐκπυθώμεθα
   πόθεν πάρεισι Σικελὸν Αἰτναῖον πάγον.   95

                    Ὀδυσσεύς

   ξένοι, φράσαιτ' ἂν νᾶμα ποτάμιον πόθεν
   δίψης ἄκος λάβοιμεν, εἴ τέ τις θέλει
   βορὰν ὁδῆσαι ναυτίλοις κεχρημένοις;
   — τί χρῆμα; Βρομίου πόλιν ἔοιγμεν ἐσβαλεῖν·
   Σατύρων πρὸς ἄντροις τόνδ' ὅμιλον εἰσορῶ.   100
   χαίρειν προσεῖπα πρῶτα τὸν γεραίτατον.

Σι χαῖρ', ὦ ξέν', ὅστις δ' εἶ φράσον πάτραν τε σήν.
Οδ Ἴθακος Ὀδυσσεύς, γῆς Κεφαλλήνων ἄναξ.
Σι οἶδ' ἄνδρα, κρόταλον δριμύ, Σισύφου γένος.
Οδ ἐκεῖνος οὗτός εἰμι· λοιδόρει δὲ μή.   105
Σι πόθεν Σικελίαν τήνδε ναυστολῶν πάρει;
Οδ ἐξ Ἰλίου γε κἀπὸ Τρωικῶν πόνων.
Σι πῶς; πορθμὸν οὐκ ᾔδησθα πατρῴας χθονός;
Οδ ἀνέμων θύελλαι δεῦρό μ' ἥρπασαν βίᾳ.
Σι παπαῖ· τὸν αὐτὸν δαίμον' ἐξαντλεῖς ἐμοί.   110
Οδ ἦ καὶ σὺ δεῦρο πρὸς βίαν ἀπεστάλης;
Σι λῃστὰς διώκων οἳ Βρόμιον ἀνήρπασαν.

Si Nun schweigt, o Kinder, und ins felsumgürtete
    Geklüft das Vieh zu treiben, weist die Diener an.
Ch Geht; aber Vater, was für Eile hast du denn?
Si Ich seh' am Meergestade dort ein Griechenschiff
    Und Ruderknechte, die mit einem Obersten
    Zur Höhle kommen; jeder trägt ein leer Gefäß
    Um seinen Nacken für gewünschten Mundbedarf,
    Auch Wassereimer. Beklagenswerte Fremdlinge!
    Wer sind sie nur? Sie kennen Polyphemos' Art
    Wohl nicht, des Herrn hier, daß sie dies ungastliche
    Wohnhaus betreten und dem menschenfressenden
    Kyklopenschlunde sich vertraun in blindem Wahn.
    Doch haltet euch nur ruhig, daß wir hören erst,
    Woher sie kamen zum sizilischen Ätnaberg.

    Odysseus kommt mit einigen Begleitern

Odysseus

    Ihr Freunde, sagt uns, wo wir frisches Wasser hier,
    Den Durst zu löschen, finden, ob bedürftigen
    Schiffsleuten einer Speise wohl verkaufen mag?
    Was ist das?
    In eine Stadt des Bakchos, scheint es, kamen wir;
    Ein Schwarm von Satyrn flattert um die Höhle dort.
    Vor allen ruf' ich meinen Gruß dem ältesten.
Si Dank, Herr! Doch sage, wer du bist, aus welchem Land.
Od Odysseus, Kephallenerfürst aus Ithaka.
Si Den Schwätzer kenn' ich, Sisyphos' verschmitzten Sohn.
Od Der eben bin ich; aber lästre nicht, o Freund.
Si Von wannen schiffend kamst du nach Sizilien?
Od Aus Troja, von den Kämpfen dort um Ilion.
Si Wie? Fandest du zum Vaterlande nicht den Weg?
Od Sturmwirbel rafften mit Gewalt hierher mich fort.
Si Potz! Da geschah dir eben das, was mir geschah.
Od So riß auch dich der Winde Sturmgewalt hierher?
Si Den Räubern folgt' ich, die geraubt den Bromios.

Οδ τίς δ' ἥδε χώρα καὶ τίνες ναίουσί νιν;
Σι Αἰτναῖος ὄχθος Σικελίας ὑπέρτατος.
Οδ τείχη δὲ ποῦ 'στι καὶ πόλεως πυργώματα;   115
Σι οὐκ εἴσ'· ἔρημοι πρῶνες ἀνθρώπων, ξένε.
Οδ τίνες δ' ἔχουσι γαῖαν; ἦ θηρῶν γένος;
Σι Κύκλωπες, ἄντρ' ἔχοντες, οὐ στέγας δόμων.
Οδ τίνος κλύοντες; ἦ δεδήμευται κράτος;
Σι νομάδες· ἀκούει δ' οὐδὲν οὐδεὶς οὐδενός.   120
Οδ σπείρουσι δ' — ἦ τῷ ζῶσι; — Δήμητρος στάχυν;
Σι γάλακτι καὶ τυροῖσι καὶ μήλων βορᾷ.
Οδ Βρομίου δὲ πῶμ' ἔχουσιν, ἀμπέλου ῥοαῖς;
Σι ἥκιστα· τοιγὰρ ἄχορον οἰκοῦσι χθόνα.
Οδ φιλόξενοι δὲ χὤσιοι περὶ ξένους;   125
Σι γλυκύτατά φασι τὰ κρέα τοὺς ξένους φορεῖν.
Οδ τί φής; βορᾷ χαίρουσιν ἀνθρωποκτόνῳ;
Σι οὐδεὶς μολὼν δεῦρ' ὅστις οὐ κατεσφάγη.
Οδ αὐτὸς δὲ Κύκλωψ ποῦ 'στιν; ἦ δόμων ἔσω;
Σι φροῦδος πρὸς Αἴτνῃ θῆρας ἰχνεύων κυσίν.   130
Οδ οἶσθ' οὖν ὃ δρᾶσον, ὡς ἀπαίρωμεν χθονός;
Σι οὐκ οἶδ', Ὀδυσσεῦ· πᾶν δέ σοι δρώ̣ημεν ἄν.
Οδ ὄδησον ἡμῖν σῖτον, οὗ σπανίζομεν.
Σι οὐκ ἔστιν, ὥσπερ εἶπον, ἄλλο πλὴν κρέας.
Οδ ἀλλ' ἡδὺ λιμοῦ καὶ τόδε σχετήριον.   135
Σι καὶ τυρὸς ὀπίας ἔστι καὶ βοὸς γάλα.
Οδ ἐκφέρετε· φῶς γὰρ ἐμπολήμασιν πρέπει.
Σι σὺ δ' ἀντιδώσεις, εἰπέ μοι, χρυσὸν πόσον;
Οδ οὐ χρυσόν, ἀλλὰ πῶμα Διονύσου φέρω.
Σι ὦ φίλτατ' εἰπών, οὗ σπανίζομεν πάλαι.   140
Οδ καὶ μὴν Μάρων μοι πῶμ' ἔδωκε, παῖς θεοῦ.
Σι ὃν ἐξέθρεψα ταῖσδ' ἐγώ ποτ' ἀγκάλαις;
Οδ ὁ Βακχίου παῖς, ὡς σαφέστερον μάθῃς.
Σι ἐν σέλμασιν νεώς ἐστιν, ἦ φέρεις σύ νιν;
Οδ ὅδ' ἀσκός, ὃς κεύθει νιν· ὡς ὁρᾷς, γέρον.   145
Σι οὗτος μὲν οὐδ' ἂν τὴν γνάθον πλήσειέ μου.
Οδ ναί·
   δὶς ⟨γὰρ⟩ τόσον πῶμ' ὅσον ἂν ἐξ ἀσκοῦ ῥυῇ.

Od Doch welches Land ist dieses, und wer wohnt darin?
Si Du siehst Siziliens höchsten Berg, den Ätna hier.
Od Wo sind die Türme, wo die Mauern einer Stadt?
Si Du suchst umsonst, Herr; menschenleer sind diese Höhn.
Od Wer wohnt in diesem Lande? Wilde Tiere wohl?
Si In Höhlen, nicht in Häusern, wohnt Kyklopenvolk.
Od Wer ist ihr Herrscher? Oder ruht im Volk die Macht?
Si Sie wohnen einzeln; keiner hört auf andrer Wort.
Od Bebaun sie Felder? Oder wovon leben sie?
Si Von Milch und Käse nährt man sich und Hammelfleisch.
Od Den Trank des Bakchos kennen sie, der Rebe Saft?
Si O nein; ein freudenloses Land bewohnen sie.
Od Doch sind sie gastlich, freundlich wohl mit Fremdlingen?
Si Die Fremden bringen, sagen sie, das beste Fleisch.
Od Was? Sind es Wilde, schlingen Menschenfleisch hinab?
Si Kein Fremder kam noch, welcher nicht geschlachtet ward.
Od Wo weilt er selbst, der Kyklop? Hier in der Höhle wohl?
Si Mit seinen Hunden jagt er Wild auf Ätnas Höhn.
Od Was ist zu tun? Wie entfliehn wir aus dem Lande hier?
Si Weiß nicht, Odysseus; doch ich will dir alles tun.
Od Wohlan, verkauf uns Speise; daran fehlt es uns.
Si Wir haben nichts hier, wie gesagt, nichts außer Fleisch.
Od Auch das genügt uns, wenn es nur den Hunger stillt.
Si Auch Feigenkäse steht zu Dienst, auch Milch der Kuh.
Od Heraus damit; was man kauft, besieht man gern bei Licht.
Si Wieviel des Goldes, sage, gibst du mir dafür?
Od Kein Gold; den Trank des Dionysos bring' ich euch.
Si Du nennst, o Bester, was wir lange schon ersehnt.
Od Und Maron gab mir diesen Trank, des Gottes Sohn.
Si Er, den in meinen Armen einst ich großgenährt?
Od Der Sohn des Bakchos, daß du nicht mehr zweifeln magst.
Si Ist er im Schiff, oder bringst du gleich ihn mit?
Od Du siehst den Schlauch hier, welcher ihn verbirgt, o Greis.
Si Mit diesem Tröpflein füll' ich kaum die Backen mir.
Od Zweimal so viel noch hab' ich, als dem Schlauch entströmt.

Σι καλήν γε κρήνην εἶπας ἡδεῖάν τ' ἐμοί.
Οδ βούλη σε γεύσω πρῶτον ἄκρατον μέθυ;
Σι δίκαιον· ἦ γὰρ γεῦμα τὴν ὠνὴν καλεῖ. 150

Οδ καὶ μὴν ἐφέλκω καὶ ποτῆρ' ἀσκοῦ μέτα.
Σι φέρ' ἐκπάταξον, ὡς ἀναμνησθῶ πιών.
Οδ ἰδού.
Σι   παπαιάξ, ὡς καλὴν ὀσμὴν ἔχει.
Οδ εἶδες γὰρ αὐτήν;
Σι   οὐ μὰ Δί', ἀλλ' ὀσφραίνομαι.
Οδ γεῦσαί νυν, ὡς ἂν μὴ λόγῳ 'παινῇς μόνον. 155

Σι βαβαί· χορεῦσαι παρακαλεῖ μ' ὁ Βάκχιος.
ᾶ ᾶ ᾶ.
Οδ μῶν τὸν λάρυγγα διεκάναξέ σου καλῶς;
Σι ὥστ' εἰς ἄκρους γε τοὺς ὄνυχας ἀφίκετο.
Οδ πρὸς τῷδε μέντοι καὶ νόμισμα δώσομεν. 160
Σι χάλα τὸν ἀσκὸν μόνον· ἔα τὸ χρυσίον.
Οδ ἐκφέρετέ νυν τυρεύματ' ἢ μήλων τόκον.
Σι δράσω τάδ', ὀλίγον φροντίσας γε δεσποτῶν.
ὡς ἐκπιεῖν γ' ἂν κύλικα μαινοίμην μίαν,
πάντων Κυκλώπων ἀντιδοὺς βοσκήματα, 165
ῥῖψαι τ' ἐς ἅλμην Λευκάδος πέτρας ἄπο,
ἅπαξ μεθυσθεὶς καταβαλών τε τὰς ὀφρῦς.
ὡς ὅς γε πίνων μὴ γέγηθε μαίνεται·
ἵν' ἔστι τουτί τ' ὀρθὸν ἐξανιστάναι
μαστοῦ τε δραγμὸς καὶ παρεσκευασμένου 170
ψαῦσαι χεροῖν λειμῶνος, ὀρχηστύς θ' ἅμα
κακῶν τε λῆστις. εἶτ' ἐγὼ ⟨οὐ⟩ κυνήσομαι
τοιόνδε πῶμα, τὴν Κύκλωπος ἀμαθίαν
κλαίειν κελεύων καὶ τὸν ὀφθαλμὸν μέσον;

Χο ἄκου', Ὀδυσσεῦ· διαλαλήσωμέν τί σοι. 175
Οδ καὶ μὴν φίλοι γε προσφέρεσθε πρὸς φίλον.
Χο ἐλάβετε Τροίαν τὴν Ἑλένην τε χειρίαν;

Si Ja, eine schöne Quelle, die mir munden soll!

Od Verlangst du nicht vom unvermischten Wein zuerst?

Si Natürlich; denn die Probe lockt den Kauf herbei.

Od *zieht den Becher hervor*
    Hier, samt dem Schlauche bring' ich auch den Becher mit.

Si Auf, eingeschenkt! Dann trink' ich und entschließe mich.

Od Da nimm.

Si   Der Tausend! Welchen süßen Duft er hat!

Od Du sahst ihn also?

Si   Nimmermehr! Ich riech' ihn nur.

Od So koste, daß du nicht allein mit Worten lobst.

Si *trinkt*
    Juchhei! Zum Reigentanze ruft mich Bakchos auf!
    Ha ha ha!

Od Nun, rieselt er durch deine Gurgel leicht hinab?

Si Bis auf die Zehenspitzen drang's hinunter mir.

Od Und obendrein noch zahlen wir ein Sümmchen dir.

Si O laß das Geld sein, und erleichtre nur den Schlauch.

Od So schafft die Käse, schafft die Lämmer nun heraus.

Si Das will ich, kümmre wenig um den Herren mich.
    Die Herden aller Kyklopen gäb' ich gern dafür,
    Um einen einzigen Becher auszuschlürfen nur,
    Und stürzte mich von Leukas' Fels ins Meer hinab
    Um einen Rausch mit unumwölkten Augenbraun.
    Wer nicht am Trinken Freude hat, der ist ein Narr;
    Da werden alle Geister wach, da schließen sich
    Der Frauen Reize voller auf, Umarmungen
    Und Drücke, Küsse folgen und ich weiß nicht was,
    Und alles Leids Vergessen. Sollt' ich solchen Trank
    Nicht küssen und des Kyklopen ungeschlachten Kopf
    Froh fahren lassen samt dem einen Auge vorn?

            geht in die Höhle

Ch Vernimm, Odysseus; plaudern wir ein wenig noch!

Od Recht! Als Freunde redet keck mit eurem Freund!

Ch Ihr nahmet Trojas Mauern samt der Helena?

Οδ καὶ πάντα γ' οἶκον Πριαμιδῶν ἐπέρσαμεν.
Χο οὔκουν, ἐπειδὴ τὴν νεᾶνιν εἵλετε,
     ἅπαντες αὐτὴν διεκροτήσατ' ἐν μέρει,   180
     ἐπεί γε πολλοῖς ἥδεται γαμουμένη;
     τὴν προδότιν, ἣ τοὺς θυλάκους τοὺς ποικίλους
     περὶ τοῖν σκελοῖν ἰδοῦσα καὶ τὸν χρύσεον
     κλῳὸν φοροῦντα περὶ μέσον τὸν αὐχένα
     ἐξεπτοήθη, Μενέλεων, ἀνθρώπιον   185
     λῷστον, λιποῦσα. μηδαμοῦ γένος ποτὲ
     φῦναι γυναικῶν ὤφελ' — εἰ μὴ 'μοὶ μόνῳ.

Σι ἰδοὺ τάδ' ὑμῖν ποιμένων βοσκήματα,
     ἄναξ 'Οδυσσεῦ, μηκάδων ἀρνῶν τροφαί,
     πηκτοῦ γάλακτός τ' οὐ σπάνια τυρεύματα.   190
     φέρεσθε· χωρεῖθ' ὡς τάχιστ' ἄντρων ἄπο,
     βότρυος ἐμοὶ πῶμ' ἀντιδόντες εὐίου.
Οδ οἴμοι· Κύκλωψ ὅδ' ἔρχεται· τί δράσομεν;
     ἀπολώλαμεν γάρ, ὦ γέρον· ποῖ χρὴ φυγεῖν;
Σι ἔσω πέτρας τῆσδ', οὗπερ ἂν λάθοιτέ γε.   195
Οδ δεινὸν τόδ' εἶπας, ἀρκύων μολεῖν ἔσω.
Σι οὐ δεινόν· εἰσὶ καταφυγαὶ πολλαὶ πέτρας.
Οδ οὐ δῆτ'· ἐπεί τἂν μεγάλα γ' ἡ Τροία στένοι,
     εἰ φευξόμεσθ' ἕν' ἄνδρα, μυρίον δ' ὄχλον
     Φρυγῶν ὑπέστην πολλάκις σὺν ἀσπίδι.   200
     ἀλλ', εἰ θανεῖν δεῖ, κατθανούμεθ' εὐγενῶς,
     ἢ ζῶντες αἶνον τὸν πάρος συσσώσομεν.

                          Κύκλωψ

     ἄνεχε· πάρεχε· τί τάδε; τίς ἡ ῥᾳθυμία;
     τί βακχιάζετ'; οὐχὶ Διόνυσος τάδε,
     οὐ κρόταλα χαλκοῦ τυμπάνων τ' ἀράγματα.   205
     πῶς μοι κατ' ἄντρα νεόγονα βλαστήματα;
     ἢ πρός γε μαστοῖς εἰσι χὐπὸ μητέρων

Od Und König Priamos' ganzes Haus zerstörten wir.

Ch Nicht wahr: sobald das schöne Weibchen euer war,
    Habt ihr es alle nacheinander durchgeküßt?
    Denn Freude macht der Wechsel vieler Männer ihr.
    Die falsche Schlange! Da sie kaum die scheckigen
    Pumphosen um die Schenkel sah, die goldene
    Halskette, die dem Phryger um den Nacken hing:
    So ward sie närrisch, und verließ den besten Kerl,
    Den Menelaos. Wäre doch der Frau'n Geschlecht
    Gar nie geschaffen worden – als allein für mich!

Silenos kommt aus der Höhle zurück

Si Hier habt ihr alles, Stücke von dem Weidevieh,
    O Fürst Odysseus, zarter Lämmer blökenden
    Nachwuchs, und Käse, dick und fett, im Überfluß.
    Jetzt fort damit, und ungesäumt von der Höhle weg:
    Nur gebt mir erst der Rebe frohen Trank dafür!

Od Dor seh' ich, ach! den Kyklopen! Was beginnen wir?
    Wir sind verloren, Alter! Wo, wo fliehn wir hin?

Si In diese Felskluft, wo du dich verbergen kannst.

Od Das wäre mißlich, gingen wir so selbst ins Netz.

Si Bewahre! Viel Schlupfwinkel hat die Felsenkluft.

Od Nein, nein! Gewaltig täten da die Troer groß,
    Wenn wir vor einem flöhen: und ich hielt doch oft
    Vor vielen tausend Phrygern stand mit meinem Schild.
    Nein! Soll der Tod uns treffen, sei's ein edler Tod:
    Und wenn wir leben, retten wir den alten Ruhm.

Er tritt mit seinen Gefährten auf die Seite

Kyklop

Halt! Sachte! He, was gibt es? Welch ein toller Mut?
Wozu der wilde Jubel? Nicht des Bakchos Lust,
Nicht eh'rne Klappern schalten hier, kein Paukenschlag.
Wie steht's im Stalle mit den jungen Lämmern? Sind
Sie schon am Euter, laufen sie den Müttern nach,

πλευρὰς τρέχουσι, σχοινίνοις τ' ἐν τεύχεσιν
πλήρωμα τυρῶν ἐστιν ἐξημελγμένον;
τί φατε; τί λέγετε; τάχα τις ὑμῶν τῷ ξύλῳ   210
δάκρυα μεθήσει· βλέπετ' ἄνω καὶ μὴ κάτω.
Χο   ἰδού, πρὸς αὐτὸν τὸν Δί' ἀνακεκύφαμεν,
καὶ τἄστρα καὶ τὸν 'Ωρίωνα δέρκομαι.
Κυ   ἄριστόν ἐστιν εὖ παρεσκευασμένον;
Χο   πάρεστιν. ὁ φάρυγξ εὐτρεπὴς ἔστω μόνον.   215
Κυ   ἦ καὶ γάλακτός εἰσι κρατῆρες πλέῳ;
Χο   ὥστ' ἐκπιεῖν γέ σ', ἢν θέλῃς, ὅλον πίθον.
Κυ   μήλειον ἢ βόειον ἢ μεμιγμένον;
Χο   ὧν ἂν θέλῃς σύ, μὴ 'μὲ καταπίῃς μόνον.
Κυ   ἥκιστ'· ἐπεί μ' ἂν ἐν μέσῃ τῇ γαστέρι   220
πηδῶντες ἀπολέσαιτ' ἂν ὑπὸ τῶν σχημάτων.

ἔα· τίν' ὄχλον τόνδ' ὁρῶ πρὸς αὐλίοις;
λῃσταί τινες κατέσχον ἢ κλῶπες χθόνα;
ὁρῶ γέ τοι τούσδ' ἄρνας ἐξ ἄντρων ἐμῶν
στρεπταῖς λύγοισι σῶμα συμπεπλεγμένους.   225
τεύχη τε τυρῶν συμμιγῆ, γέροντά τε
πληγαῖς πρόσωπον φαλακρὸν ἐξῳδηκότα.
Σι   ὤμοι, πυρέσσω συγκεκομμένος τάλας.
Κυ   ὑπὸ τοῦ; τίς ἐς σὸν κρᾶτ' ἐπύκτευσεν, γέρον;
Σι   ὑπὸ τῶνδε, Κύκλωψ, ὅτι τὰ σ' οὐκ εἴων φέρειν.   230
Κυ   οὐκ ᾖσαν ὄντα θεόν με καὶ θεῶν ἄπο;
Σι   ἔλεγον ἐγὼ τάδ'· οἳ δ' ἐφόρουν τὰ χρήματα·
καὶ τόν γε τυρὸν οὐκ ἐῶντος ᾔσθιον
τούς τ' ἄρνας ἐξεφοροῦντο· δήσαντες δὲ σὲ
κλῳῷ τριπήχει κατὰ τὸν ὀμφαλὸν μέσον   235
τὰ σπλάγχν' ἔφασκον ἐξαμήσεσθαι βίᾳ,
μάστιγί τ' εὖ τὸ νῶτον ἀποθλίψειν σέθεν,
κἄπειτα συνδήσαντες ἐς θἀδώλια
τῆς νηὸς ἐμβαλόντες ἀποδώσειν τινὶ
πέτρους μοχλεύειν, ἢ 'ς μυλῶνα καταβαλεῖν.   240
Κυ   ἄληθες; οὔκουν κοπίδας ὡς τάχιστ' ἰὼν

Frischweg zu saugen? Ist in Binsenkörben schon
Des fetten Käses Fülle, den ihr ausgepreßt?
Wie? Sprecht, redet! Oder gleich soll dieses Holz
Euch weinen machen! Blickt auf-, nicht unterwärts!

Ch Sieh da! Zu Zeus selbst heben wir das Haupt empor,
Und sehn' Orion droben und der Sterne Heer.

Ky Ist unser Mittagessen hübsch zurecht gemacht?

Ch Ja freilich; sei die Kehle nur bereit dazu!

Ky Sind auch die Trinkgefäße schon mit Milch gefüllt?

Ch Austrinken kannst du, wenn du willst, ein ganzes Faß.

Ky Schaf- oder Kuhmilch, oder ist's gemischter Trank?

Ch Wonach dich lüstet; trinke mich nur nicht hinab.

Ky Bewahre! Denn ihr spränget mir im Bauch herum,
Und risset Possen, daß ich müßt' alsbald vergehn.

Er bemerkt plötzlich den Odysseus mit seinen Gefährten

Ho! welchen Haufen seh' ich dort am Stalle stehn?
Seeräuber oder Diebe sind im Lande wohl.
Aus meiner Höhle seh' ich hier die Lämmerchen
Mit schwanken Weiden festgeschnürt, dazwischen auch
Die Käsekörbe stehen, auch den Alten dort,
Und ganz von Schlägen aufgeschwellt sein kahles Haupt.

Si Ach, ach! Ich habe Fieber; so zerklopft bin ich!

Ky Von wem, o Greis! Wer übt' an deinem Kopf die Faust?

Si Hier diese, weil ich dein Gehöft nicht plündern ließ.

Ky Daß ich von Göttern stamm' ein Gott, sie wußten's nicht?

Si Ich sagt' es ihnen; doch sie trugen alles fort,
Und deinen Käse schmausten sie, so sehr ich schalt,
Und schleppten weg die Lämmer; ja sie drohten, dich
Zu binden mit dreiellendicker Kette, dir
Das Eingeweide mitten aus dem Bauch zu ziehn,
Mit Geißeln dir den Rücken wacker durchzubläu'n,
Darauf geknebelt auf die Ruderbänke dich
Des Schiffes hinzuwerfen, um als Mühlenknecht
Dich wegzuhandeln oder daß du Steine schleppst.

Ky Wahrhaftig? Gehst du nicht geschwind, ein großes Beil

θήξεις μαχαίρας καὶ μέγαν φάκελον ξύλων
ἐπιθεὶς ἀνάψεις; ὡς σφαγέντες αὐτίκα
πλήσουσι νηδὺν τὴν ἐμὴν ἀπ' ἄνθρακος
θερμὴν ἔδοντος δαῖτα τῷ κρεανόμῳ,   245
τὰ δ' ἐκ λέβητος ἐφθὰ καὶ τετηκότα.
ὡς ἔκπλεώς γε δαιτός εἰμ' ὀρεσκόου·
ἅλις λεόντων ἐστί μοι θοινωμένῳ
ἐλάφων τε, χρόνιος δ' εἰμ' ἀπ' ἀνθρώπων βορᾶς.
Σι   τὰ καινά γ' ἐκ τῶν ἠθάδων, ὦ δέσποτα,   250
ἡδίον' ἐστίν. οὐ γὰρ αὖ νεωστί γε
ἄλλοι πρὸς ἄντρα σοι ἐσαφίκοντο ξένοι.
Οδ   Κύκλωψ, ἄκουσον ἐν μέρει καὶ τῶν ξένων.
ἡμεῖς βορᾶς χρήζοντες ἐμπολὴν λαβεῖν
σῶν ἆσσον ἄντρων ἤλθομεν νεὼς ἄπο.   255
τοὺς δ' ἄρνας ἡμῖν οὗτος ἀντ' οἴνου σκύφου
ἀπημπόλα τε κἀδίδου πιεῖν λαβὼν
ἑκὼν ἑκοῦσι, κοὐδὲν ἦν τούτων βίᾳ.
ἀλλ' οὗτος ὑγιὲς οὐδὲν ὧν φησιν λέγει,
ἐπεὶ κατελήφθη σοῦ λάθρᾳ πωλῶν τὰ σά.   260
Σι   ἐγώ; κακῶς γὰρ ἐξόλοι'.
Οδ   εἰ ψεύδομαι.
Σι   μὰ τὸν Ποσειδῶ τὸν τεκόντα σ', ὦ Κύκλωψ,
μὰ τὸν μέγαν Τρίτωνα καὶ τὸν Νηρέα,
μὰ τὴν Καλυψὼ τάς τε Νηρέως κόρας,
τὰ θ' ἱερὰ κύματ' ἰχθύων τε πᾶν γένος,   265
ἀπώμοσ', ὦ κάλλιστον ὦ Κυκλώπιον,
ὦ δεσποτίσκε, μὴ τὰ σ' ἐξοδᾶν ἐγὼ
ξένοισι χρήματ'. ἢ κακῶς οὗτοι κακοὶ
οἱ παῖδες ἀπόλοινθ', οὓς μάλιστ' ἐγὼ φιλῶ.
Χο   αὐτὸς ἔχ'. ἔγωγε τοῖς ξένοις τὰ χρήματα   270
περνάντα σ' εἶδον· εἰ δ' ἐγὼ ψευδῆ λέγω,
ἀπόλοιθ' ὁ πατήρ μου· τοὺς ξένους δὲ μὴ ἀδίκει.
Κυ   ψεύδεσθ'· ἔγωγε τῷδε τοῦ Ῥαδαμάνθυος
μᾶλλον πέποιθα καὶ δικαιότερον λέγω.
θέλω δ' ἐρέσθαι· πόθεν ἐπλεύσατ', ὦ ξένοι;   275
ποδαποί; τίς ὑμᾶς ἐξεπαίδευσεν πόλις;

Zu schleifen, bringst ein mächtig Bündel Holz daher,
Es anzuzünden? Denn ich schlachte sie sogleich,
Und fülle meinen Magen mit dem warmen Fleisch,
Das auf der Kohle bratet, mein Vorleger selbst,
Und schling' hinunter, was mir sonst im Kessel kocht.
Des Fleisches aus dem Walde bin ich übersatt,
Ich habe Löwen und Hirsche schon genug verspeist;
Doch ist es lang her, daß ich Menschenfleisch genoß.

Si   Das Neue nach dem langgewohnten Alten, Herr,
Schmeckt immer besser. Freilich war's nicht neulich erst,
Daß Fremde hier in deiner Höhle dich besucht.

Od   Kyklop, vernimm auch andrerseits uns Fremdlinge.
Wir wünschten Nahrungsmittel einzukaufen, und
Verfügten uns zu deiner Höhle her vom Schiff.
Die Lämmer hat uns dieser um den Becher Wein
Verkauft und übergeben, als er ausgezecht;
Wir waren einig, nirgends ward ein Zwang geübt.
Nun schwatzt er lauter unvernünftig Zeug, nachdem
Man ihn auf bösem Schacher traf mit deinem Gut.

Si   Was? Ich? Verdirb, Elender!

Od   Wenn ich Lügen sprach.

Si   Nein, beim Poseidon, welcher dich erzeugt, Kyklop,
Beim allgewaltigen Triton, bei Kalypso, bei
Nereus und Nereus' Töchtern, bei den heiligen
Meeresfluten schwör' ich und dem ganzen Fischgeschlecht,
Mein allerschönstes Herrchen, mein vortreffliches
Kyklopchen, daß ich nie dein Gut den Fremdlingen
Verkaufte. Wenn ich lüge, treffe böser Tod
Hier diese bösen Buben, die mein Liebstes sind!

Ch   Du stirb! Ich selbst sah, wie du dort den Fremdlingen
Das Gut verkauftest. Wenn ich unwahr rede, soll
Mein Vater sterben; doch die Fremden laß in Ruh.

Ky   Ihr lügt! Auf diesen Alten bau' ich fester noch
Als auf Rhadamanthys, und gerechter nenn' ich ihn.
Nun will ich Antwort: Freunde, sagt, woher ihr kamt,
Woher ihr stammet, welche Stadt euch auferzog.

Οδ 'Ιθακήσιοι μὲν τὸ γένος, 'Ιλίου δ' ἄπο,
    πέρσαντες ἄστυ, πνεύμασιν θαλασσίοις
    σὴν γαῖαν ἐξωσθέντες ἥκομεν, Κύκλωψ.
Κυ ἢ τῆς κακίστης οἳ μετῆλθεθ' ἁρπαγὰς   280
    'Ελένης Σκαμάνδρου γείτον' 'Ιλίου πόλιν;
Οδ οὗτοι, πόνον τὸν δεινὸν ἐξηντληκότες.
Κυ αἰσχρὸν στράτευμά γ', οἵτινες μιᾶς χάριν
    γυναικὸς ἐξεπλεύσατ' ἐς γαῖαν Φρυγῶν.
Οδ θεοῦ τὸ πρᾶγμα· μηδέν' αἰτιῶ βροτῶν.   285
    ἡμεῖς δέ σ', ὦ θεοῦ ποντίου γενναῖε παῖ,
    ἱκετεύομέν τε καὶ λέγομεν ἐλευθέρως·
    μὴ τλῇς πρὸς ἄντρα σοι ἐσαφιγμένους φίλους
    κτανεῖν βοράν τε δυσσεβῆ θέσθαι γνάθοις·
    οἳ τὸν σόν, ὦναξ, πατέρ' ἔχειν νεῶν ἕδρας   290
    ἐρρυσάμεσθα γῆς ἐν 'Ελλάδος μυχοῖς.
    ἱερεύς τ' ἄθραυστος Ταινάρου μένει λιμὴν
    Μαλέας τ' ἄκροι κευθμῶνες ἥ τε Σουνίου
    δίας 'Αθάνας σῶς ὑπάργυρος πέτρα
    Γεραίστιοί τε καταφυγαί· τὰ θ' 'Ελλάδος   295
    † δύσφρον' ὀνείδη Φρυξὶν οὐκ ἐδώκαμεν· †
    ὧν καὶ σὺ κοινοῖ· γῆς γὰρ 'Ελλάδος μυχοὺς
    οἰκεῖς ὑπ' Αἴτνῃ, τῇ πυριστάκτῳ πέτρᾳ.
    νόμος δὲ θνητοῖς, εἰ λόγους ἀποστρέφῃ,
    ἱκέτας δέχεσθαι ποντίους ἐφθαρμένους   300
    ξένιά τε δοῦναι καὶ πέπλοις ἐπαρκέσαι,
    οὐκ ἀμφὶ βουπόροισι πηχθέντας μέλη
    ὀβελοῖσι νηδὺν καὶ γνάθον πλῆσαι σέθεν.
    ἅλις δὲ Πριάμου γαῖ' ἐχήρωσ' 'Ελλάδα,
    πολλῶν νεκρῶν πιοῦσα δοριπετῆ φόνον,   305
    ἀλόχους τ' ἀνάνδρους γραῦς τ' ἀπαιδας ὤλεσεν
    πολιούς τε πατέρας. εἰ δὲ τοὺς λελειμμένους
    σὺ συμπυρώσας δαῖτ' ἀναλώσεις πικράν,
    ποῖ τρέψεταί τις; ἀλλ' ἐμοὶ πιθοῦ, Κύκλωψ·
    πάρες τὸ μάργον σῆς γνάθου, τὸ δ' εὐσεβὲς   310
    τῆς δυσσεβείας ἀνθελοῦ· πολλοῖσι γὰρ
    κέρδη πονηρὰ ζημίαν ἠμείψατο.

Od Wir sind vom Eiland Ithaka; von Ilion,
　　Das unser Arm zerstörte, kamen wir, Kyklop,
　　An dein Gestade durch des Meeres Wut verstürmt.
Ky Ihr zogt der schnöden Helena, der Entführten, nach
　　Zur Feste Trojas, zu Skamandros' Nachbarin?
Od Ja, wir; die schweren Mühen überstanden wir.
Ky Schmachvoller Heereszug, einem einzigen Weib zulieb
　　In Schiffen auszuziehen nach der Phryger Land!
Od Die Götter wollten's: keinen Menschen schilt darum!
　　Doch wir – zu dir, Herr, flehen wir, dem edlen Sohn
　　Des Meerbeherrschers, sagen frank und ohne Scheu:
　　Nicht morde deine Freunde, die dein Felsenhaus
　　Besuchten, nicht zum Greuelmahle schlachte sie!
　　Denn wir, o Herr, wir bauten Tempelsitze ja
　　In Griechenlands Meeresbuchten deinem Vater einst.
　　Und unzerstört ist Tainaros' geweihter Port,
　　Der hohe Busen Maleas, der göttlichen
　　Athene silberreicher Fels auf Sunion,
　　Der Ankerplatz Geraistos; und die schwere Schmach,
　　Verübt an Hellas, schenkten wir den Phrygern nicht:
　　Der Ruhm ist auch der deine, weil du Hellas auch
　　Bewohnst an Ätnas feuersprühndem Felsenhaupt!
　　Nach Menschensitte wende dich zu meinem Flehn,
　　In deinen Schutz nimm arme Schiffbruchleidende,
　　Und gastlich gib uns Gaben, hilf mit Kleidern aus,
　　Und unsre Glieder stecke nicht, gleich Ochsenfleisch,
　　An Spieße, Schlund und Magen dir zu sättigen!
　　Genug bereits hat Troja Hellas' Land verwaist;
　　Es trank das Blut so vieler, die sein Eisen traf,
　　Entriß den Fraun die Männer, machte alte Mütter
　　Und graue Väter kinderlos. Wenn du den Rest
　　Am Feuer röstet und verzehrst als grauses Mahl,
　　Wo soll es dann hinkommen? Folge mir, Kyklop,
　　Gebiete deiner Lüsternheit, zieh frommen Sinn
　　Dem gottvergeßnen Frevel vor; denn manchem Mann
　　Hat böse Gier mit schwerer Strafe schon gelohnt.

Σι παραινέσαι σοι βούλομαι· τῶν γὰρ κρεῶν
    μηδὲν λίπῃς τοῦδ', ἤν τε τὴν γλῶσσαν δάκῃς,
    κομψὸς γενήσῃ καὶ λαλίστατος, Κύκλωψ.   315
Κυ ὁ πλοῦτος, ἀνθρωπίσκε, τοῖς σοφοῖς θεός,
    τὰ δ' ἄλλα κόμποι καὶ λόγων εὐμορφίαι.
    ἄκρας δ' ἐναλίας ἃς καθίδρυται πατὴρ
    χαίρειν κελεύω· τί τάδε προύστήσω λόγῳ;
    Ζηνὸς δ' ἐγὼ κεραυνὸν οὐ φρίσσω, ξένε,   320
    οὐδ' οἶδ' ὅ τι Ζεύς ἐστ' ἐμοῦ κρείσσων θεός.
    οὔ μοι μέλει τὸ λοιπόν· ὡς δ' οὔ μοι μέλει,
    ἄκουσον. ὅταν ἄνωθεν ὄμβρον ἐκχέῃ,
    ἐν τῇδε πέτρᾳ στέγν' ἔχων σκηνώματα,
    ἢ μόσχον ὀπτὸν ἤ τι θήρειον δάκος   325
    δαινύμενος, εὖ τέγγων τε γαστέρ' ὑπτίαν,
    ἐπεκπιὼν γάλακτος ἀμφορέα, πέδον
    κρούω, Διὸς βρονταῖσιν εἰς ἔριν κτυπῶν.
    ὅταν δὲ βορέας χιόνα Θρήκιος χέῃ,
    δοραῖσι θηρῶν σῶμα περιβαλὼν ἐμὸν   330
    καὶ πῦρ ἀναίθων — χιόνος οὐδέν μοι μέλει.
    ἡ γῆ δ' ἀνάγκῃ, κἂν θέλῃ κἂν μὴ θέλῃ,
    τίκτουσα ποίαν τἀμὰ πιαίνει βοτά.
    ἀγὼ οὔτινι θύω πλὴν ἐμοί, θεοῖσι δ' οὔ,
    καὶ τῇ μεγίστῃ, γαστρὶ τῇδε, δαιμόνων.   335
    ὡς τοὔμπιεῖν γε κἀμφαγεῖν τοὐφ' ἡμέραν
    Ζεὺς οὗτος ἀνθρώποισι τοῖσι σώφροσιν,
    λυπεῖν δὲ μηδὲν αὑτόν. οἱ δὲ τοὺς νόμους
    ἔθεντο ποικίλλοντες ἀνθρώπων βίον,
    κλαίειν ἄνωγα· τὴν ⟨δ'⟩ ἐμὴν ψυχὴν ἐγὼ   340
    οὐ παύσομαι δρῶν εὖ — κατεσθίων τε σέ.
    ξένιά τε λήψῃ τοιάδ', ὡς ἄμεμπτος ὦ,
    πῦρ καὶ πατρῷον τόνδε λέβητά γ', ὃς ζέσας
    σὴν σάρκα δυσφόρητον ἀμφέξει καλῶς.
    ἀλλ' ἕρπετ' εἴσω, τῷ κατ' αὔλιον θεῷ   345
    ἵν' ἀμφὶ βωμὸν στάντες εὐωχῆτέ με.

Si Ich will dir raten: laß von dieses Mannes Fleisch
Nichts ungenossen; speisest du die Zunge weg,
So wirst du gar beredsam, gar gewandt, Kyklop.

Ky Du gutes Menschlein, Reichtum ist des Weisen Gott,
Das andre Dunst und eitle Wortgebilde nur.
Die Meeresfesten, die mein Vater aufgebaut,
Die lass' ich laufen; was erwähnst du sie mir auch?
Mir ist Kronions Donnerkeil nicht schrecklich, Freund;
Kein stärkrer Gott auch scheint mir Zeus als ich zu sein.
Das andre sind mir Possen nur: das sollst du gleich
Vernehmen. Wann er aus den Höhn Platzregen schickt,
Beut diese Felsenhöhle mir ein dichtes Dach.
Ein Kalb zum Mahle brat' ich mir, ein wildes Tier,
Und strecke meinen Bauch empor, befeucht' ihn wohl,
Austrinkend einen Eimer Milch, stampf' auf den Grund
Und schlage mit Zeus' Donnern um die Wette Lärm.
Gießt dann der Thraker Boreas uns Schnee herab,
So hüll' ich warme Pelze mir von Tieren um
Und mache Feuer, und der Schnee – nicht acht' ich ihn.
Die Erde muß mir, mag sie wollen oder nicht,
Gras wachsen lassen, daß die Herde fetter wird.
Die schlacht' ich keinem, außer mir (den Göttern nicht)
Und meinem Bauch hier, aller Götter Könige.
Denn voll sich essen jeden Tag, voll trinken sich,
Und sich um nichts abhärmen, das, das ist der Zeus,
den weise Männer ehren. Die mit künstlicher
Gesetze Kram der Menschen Leben buntgefärbt,
Die mag der Henker holen! Ich will meinem Sinn,
Ohn' abzulassen, gütlich tun, und schmause dich.
Und nimm zum Gastgeschenke, daß niemand mich schilt,
Das Feuer dir und meines Vaters Kessel dort,
Der, wenn er siedet, warm umhüllt dein zähes Fleisch.
Nun geht hinein, ihr! Tretet um den heiligen
Altar des Höhlengottes, mir ein leckrer Schmaus!

Er geht mit den gefangenen Schiffern in die Höhle

Οδ αἰαῖ, πόνους μὲν Τρωικοὺς ὑπεξέδυν
θαλασσίους τε, νῦν δ' ἐς ἀνδρὸς ἀνοσίου
γνώμην κατέσχον ἀλίμενόν τε καρδίαν.
ὦ Παλλάς, ὦ δέσποινα Διογενὲς θεά,   850
νῦν νῦν ἄρηξον· κρείσσονας γὰρ 'Ιλίου
πόνους ἀφῖγμαι κἀπὶ κινδύνου βάθρα.
σύ τ', ὦ φαεννῶν ἀστέρων οἰκῶν ἕδρας
Ζεῦ ξένι', ὅρα τάδ'· εἰ γὰρ αὐτὰ μὴ βλέπεις,
ἄλλως νομίζῃ Ζεὺς τὸ μηδὲν ὢν θεός.   855

Χο Εὐρείας φάρυγγος, ὦ Κύκλωψ,
ἀναστόμου τὸ χεῖλος· ὡς ἕτοιμά σοι
ἑφθὰ καὶ ὀπτὰ καὶ ἀνθρακιᾶς ἄπο
χναύειν, βρύκειν,
κρεοκοπεῖν μέλη ξένων,
δασυμάλλῳ ἐν αἰγίδι κλινομένῳ.   860
Μή μοι μὴ προσδίδου·
μόνος μόνῳ γέμιζε πορθμίδος σκάφος.
χαιρέτω μὲν αὖλις ἅδε,
χαιρέτω δὲ θυμάτων
ἀποβώμιος ἃν ἔχει θυσίαν   865
Κύκλωψ Αἰτναῖος ξενικῶν
κρεῶν κεχαρμένος βορᾷ.
Νηλής, ὦ τλᾶμον, ὅστις [δωμάτων]
ἐφεστίους ξενικοὺς ἱκτῆρας ἐκθύει δόμων,   870
κόπτων βρύκων
ἑφθά τε δαινύμενος, μυσαροῖσί τ' ὀδοῦσιν
ἀνθρώπων θέρμ' ἀπ' ἀνθράκων κρέα.

Od Ach, ach! Entflohen bin ich wohl des Troerkriegs,
 Des Meers Gefahren; aber nun geriet ich hier
 An dieses Frevlers Felsenherz und scheitere!
 O Pallas, Göttin, Zeusgeborne Königin,
 Nun, nun errette! Grauser als vor Ilion
 Ist unsre Not, am Todesabgrund schweben wir.
 Und du, bewohnend lichter Sterne Sitz, o Zeus,
 Der Fremden Hort, schau dieses! Siehst du solches nicht,
 Wähnt nur der Tor dich einen Gott, bist du ein nichts!

Er geht in die Höhle

Chor

Öffne deinen weiten Schlund, Kyklop,
Sperr auf den Rachen; dir bereit und fertig schon
Dampft in den Kohlen Gekochtes, Gebratenes:
Schling es hinab denn!
Und zerleg und zerhack und zerbeiße sie,
Die Glieder der Fremdlinge,
Auf zottigem Geißfell niedergestreckt!
Nein, nein, gib mir nichts davon
Und füll du dir allein den Bauch des Schiffs.
Fahre wohl, du Lagerstatt, fahre hin das Opfermahl,
Das Ätnas Sohn,
Der wilde Kyklop, verschlingt,
Der sich selbst an dem Fleische labt
Der Fremden, keinem Altar es bringt!
O grausam ist er, grausam,
Der die Fremden schlachtet, die
An seinem Haus und Herde Schutz gesucht,
Sie zerstückt und zerreißt,
Und das Gesottene schmaust mit gräßlichem Zahne,
Gekocht auf heißer Kohle, Menschenfleisch!

Odysseus kommt aus der Höhle zurück

Οδ ὦ Ζεῦ, τί λέξω, δείν' ἰδὼν ἄντρων ἔσω   875
κοὐ πιστά, μύθοις εἰκότ', οὐδ' ἔργοις βροτῶν;
Χο τί δ' ἔστ', 'Οδυσσεῦ; μῶν τεθοίναται σέθεν
φίλους ἑταίρους ἀνοσιώτατος Κύκλωψ;
Οδ δισσούς γ' ἀθρήσας κἀπιβαστάσας χεροῖν,
οἳ σαρκὸς εἶχον εὐτραφέστατον πάχος.   880
Χο πῶς, ὦ ταλαίπωρ', ἦτε πάσχοντες τάδε;
Οδ ἐπεὶ πετραίαν τήνδ' ἐσήλθομεν χθόνα,
ἀνέκαυσε μὲν πῦρ πρῶτον, ὑψηλῆς δρυὸς
κορμοὺς πλατείας ἐσχάρας βαλὼν ἔπι,
τρισσῶν ἁμαξῶν ὡς ἀγώγιμον βάρος.   885
ἔπειτα φύλλων ἐλατίνων χαμαιπετῆ
ἔστρωσεν εὐνὴν πλησίον πυρὸς φλογί.
κρατῆρα δ' ἐξέπλησεν ὡς δεκάμφορον,
μόσχους ἀμέλξας, λευκὸν ἐσχέας γάλα.
σκύφος τε κισσοῦ παρέθετ' εἰς εὖρος τριῶν   890
πήχεων, βάθος δὲ τεσσάρων ἐφαίνετο.
καὶ χάλκεον λέβητ' ἐπέζεσεν πυρί,
ὀβελούς τ', ἄκρους μὲν ἐγκεκαυμένους πυρί,
ξεστοὺς δὲ δρεπάνῳ τἄλλα, παλιούρου κλάδων,
Αἰτναῖά τε σφαγεῖα πελέκεων γνάθοις.   895
ὡς δ' ἦν ἕτοιμα πάντα τῷ θεοστυγεῖ
Ἅιδου μαγείρῳ, φῶτε συμμάρψας δύο
ἔσφαζ' ἑταίρων τῶν ἐμῶν, ῥυθμῷ θ' ἑνὶ
τὸν μὲν λέβητος ἐς κύτος χαλκήλατον,
τὸν δ' αὖ, τένοντος ἁρπάσας ἄκρου ποδός,   400
παίων πρὸς ὀξὺν στόνυχα πετραίου λίθου,
ἐγκέφαλον ἐξέρρανε, καὶ καθαρπάσας
λάβρῳ μαχαίρᾳ σάρκας ἐξώπτα πυρί,
τὰ δ' ἐς λέβητ' ἐφῆκεν ἕψεσθαι μέλη.
ἐγὼ δ' ὁ τλήμων δάκρυ' ἀπ' ὀφθαλμῶν χέων   405
ἐχριμπτόμην Κύκλωπι κἀδιακόνουν·
ἄλλοι δ' ὅπως ὄρνιθες ἐν μυχοῖς πέτρας
πτήξαντες εἶχον, αἷμα δ' οὐκ ἐνῆν χροΐ.
ἐπεὶ δ' ἑταίρων τῶν ἐμῶν πλησθεὶς βορᾶς
ἀνέπεσε, φάρυγος αἰθέρ' ἐξιεὶς βαρύν,   410

Od Was sag' ich, Götter! Grauses mußt' ich sehn im Fels;
   Unglaublich ist es, Fabeln gleich, nicht Menschenwerk!
Ch Was gibt's Odysseus? Hat der gottvergessene
   Kyklop die lieben Freunde dir hinabgewürgt?
Od Er faßte zwei ins Auge, wog in den Händen sie,
   Die stärksten unter allen und genährtesten.
Ch Wie widerfuhr euch solches, Unglückseliger?
Od Nachdem wir eingetreten hier ins Felsenhaus,
   Entflammt' er erst des Feuers Glut auf breitem Herd,
   Auf den er hoher Stämme Last von Eichen warf,
   So viel sich auf drei Güterwagen laden läßt.
   Dann nahm er Fichtenblätter und bereitete
   Auf niedrem Grund ein Lager, nächst der Flamme Glut.
   Und einen Trinknapf füllt' er, der zehn Kannen hielt,
   Und goß gemelkter Kühe weiße Milch hinein,
   Stellt' einen Efeubecher sich daneben, der
   Drei Ellen breit schien, aber wohl vier Ellen tief,
   Und hing den ehernen Kessel über dem Feuer auf,
   Und brannte spitze Pfähle vorn im Feuer hart,
   Geglättet mit der Sichel, doch aus Dornenholz,
   Gehaun am Ätnaberge dort mit scharfem Beil.
   Drauf, als der gottverhaßte Koch der Unterwelt
   Gerüstet alles, packt' er mir und mordete
   Zwei meiner Fahrtgenossen mit gewandter Faust;
   Er warf den einen in des Kessels eh'rnen Schlund,
   Den andern wieder faßt' er hoch am Fußgelenk,
   Und schmettert ihn an eines Felsen spitzen Zahn,
   Daß ihm das Hirn verspritzte, nahm sein grauses Beil
   Und schlug das Fleisch herunter, briet's am Feuer gar,
   Warf andres, um es zu kochen, in des Kessels Bauch.
   Ich weinte helle Zähren, ich Unseliger,
   Und schaltet' um den Kyklopen, und bedient' ihn rasch;
   Die andern hielten, Vögeln gleich, sich bang versteckt
   In Felsenlöchern, todesblaß im scheuen Blick.
   Nun, als er meiner Freunde genug hinabgewürgt,
   Und ekle Luft ausatmend auf den Rücken fiel,

ἐσῆλθέ μοί τι θεῖον· ἐμπλήσας σκύφος
Μάρωνος αὐτῷ τοῦδε προσφέρω πιεῖν,
λέγων τάδ'· 'Ὠ τοῦ ποντίου θεοῦ Κύκλωψ,
σκέψαι τόδ' οἷον 'Ελλὰς ἀμπέλων ἄπο
θεῖον κομίζει πῶμα, Διονύσου γάνος.   415
ὁ δ' ἔκπλεως ὢν τῆς ἀναισχύντου βορᾶς
ἐδέξατ' ἔσπασέν ⟨τ'⟩ ἄμυστιν ἑλκύσας
κἀπήνεσ' ἄρας χεῖρα· Φίλτατε ξένων,
καλὸν τὸ πῶμα δαιτὶ πρὸς καλῇ δίδως.
ἡσθέντα δ' αὐτὸν ὡς ἐπῃσθόμην ἐγώ,   420
ἄλλην ἔδωκα κύλικα, γιγνώσκων ὅτι
τρώσει νιν οἶνος καὶ δίκην δώσει τάχα.
καὶ δὴ πρὸς ᾠδὰς εἷρπ'. ἐγὼ δ' ἐπεγχέων
ἄλλην ἐπ' ἄλλῃ σπλάγχν' ἐθέρμαινον ποτῷ.
ᾄδει δὲ παρὰ κλαίουσι συνναύταις ἐμοῖς   425
ἄμουσ', ἐπηχεῖ δ' ἄντρον. ἐξελθὼν δ' ἐγὼ
σιγῇ, σὲ σῶσαι κἄμ', ἐὰν βούλῃ, θέλω.
ἀλλ' εἴπατ' εἴτε χρῄζετ' εἴτ' οὐ χρῄζετε
φεύγειν ἄμεικτον ἄνδρα καὶ τὰ Βακχίου
ναίειν μέλαθρα Δαναΐδων νυμφῶν μέτα.   430
ὁ μὲν γὰρ ἔνδον σὸς πατὴρ τάδ' ᾔνεσεν.
ἀλλ' ἀσθενὴς γὰρ κἀποκερδαίνων ποτοῦ,
ὥσπερ πρὸς ἰξῷ τῇ κύλικι λελημμένος
πτέρυγας ἀλύει· σὺ δέ — νεανίας γὰρ εἶ —
σώθητι μετ' ἐμοῦ καὶ τὸν ἀρχαῖον φίλον   435
Διόνυσον ἀνάλαβ', οὐ Κύκλωπι προσφερῆ.
Χο   ὦ φίλτατ', εἰ γὰρ τήνδ' ἴδοιμεν ἡμέραν,
Κύκλωπος ἐκφυγόντες ἀνόσιον κάρα.
ὡς διὰ μακροῦ γε τὸν σίφωνα τὸν φίλον
χηρεύομεν. — τὸν δ' οὐκ ἔχομεν κατ' αὖ φυγεῖν.   440
Οδ   ἄκουε δή νυν ἣν ἔχω τιμωρίαν
θηρὸς πανούργου σῆς τε δουλείας φυγήν.
Χο   λέγ', ὡς 'Ασιάδος οὐκ ἂν ἥδιον ψόφον
κιθάρας κλύοιμεν ἢ Κύκλωπ' ὀλωλότα.
Οδ   ἐπὶ κῶμον ἕρπειν πρὸς κασιγνήτους θέλει   445
Κύκλωπας ἡσθεὶς τῷδε Βακχίου ποτῷ.

Gab eine Gottheit mir es ein: mit reinem Trank
Des Maron füll' ich einen Napf, und bring' es ihm,
Und spreche: „Du, des Meerbeherrschers Sohn, Kyklop,
Hier siehe, welchen Göttertrank Hellenenland
Aus Rebenblut bereitet, des Dionysos Lust!"
Er, übersatt vom schauervollen Menschenmahl,
Nimmt ihn, und ziehend schlürft er ihn mit einmal aus,
Und hebt die Hand und schmunzelt: „Bester fremder Mann,
Wohl schönen Trank zu schönem Mahle beutst du da!"
Sobald ich merkte, daß der Trank ihn hoch erfreut,
Bot ich den zweiten Becher ihm; mir ahnte, daß
Ihn bald der Wein verderben, daß er büßen wird.
Und schon zu singen hob er an; ich aber goß
Ihm Becher ein auf Becher, und berauscht' ihn ganz.
Er singt und johlt, indessen meine Gefährten laut
Aufheulen, daß die Höhle dröhnt. Ich schlüpfte still
Hinaus, und will dich retten, wenn du willst, und mich.
So sprechet: wollt ihr oder wollt ihr nicht entfliehn
Dem Mann, dem ungeschlachten, und um Bakchios'
Altäre wohnen bei der Nymphen froher Schar?
Dein Vater drinnen stimmt damit vollkommen ein.
Doch ist er schwach durch Alter und vom Wein betäubt,
Und hängt am Becher zappelnd, wie an Vogelleim,
Und senkt die Flügel. Aber du bist Jüngling noch;
So rette dich mit mir, und deinen alten Freund,
Den Bakchos, suche wieder auf, der kein Kyklop!

Ch O mein Geliebter, daß ich sähe diesen Tag,
Da wir des Ungetümes frevlem Haupt entfliehn!
Wenn schon so lange fehlt der holde Becher mir,
Und aus der Haft zu kommen weiß ich keinen Rat.

Od So höre nun die Strafe, die wir ausgedacht
Dem Ungetüm, und wie du deiner Haft entfliehst.

Ch Sprich! Asiatischer Kithara Laut vernähm' ich nicht
So freudig wie des Ungeheuers Untergang.

Od Zum Schmause will er gehen, dort den Brüdern nach,
Den Kyklopen, hoch mit seinem Bakchostrank vergnügt.

Χο ξυνῆκ'· ἔρημον ξυλλαβὼν δρυμοῖσί νιν
σφάξαι μενοινᾶς, ἢ πετρῶν ὦσαι κάτω.

Οδ οὐδὲν τοιοῦτον· δόλιος ἡ 'πιθυμία.

Χο πῶς δαί; σοφόν τοί σ' ὄντ' ἀκούομεν πάλαι.   450

Οδ κώμου μὲν αὐτὸν τοῦδ' ἀπαλλάξαι, λέγων
ὡς οὐ Κύκλωψι πῶμα χρὴ δοῦναι τόδε,
μόνον δ' ἔχοντα βίοτον ἡδέως ἄγειν.
ὅταν δ' ὑπνώσσῃ Βακχίου νικώμενος,
ἀκρεμὼν ἐλαίας ἔστιν ἐν δόμοισί τις,   455
ὃν φασγάνῳ ⟨'γὼ⟩ τῷδ' ἀποξύνας ἄκρον,
ἐς πῦρ καθήσω· κᾆθ', ὅταν κεκαυμένον
ἴδω νιν, ἄρας θερμὸν ἐς μέσην βαλῶ
Κύκλωπος ὄψιν, ὄμμα τ' ἐκτήξω πυρί.
ναυπηγίαν δ' ὡσεί τις ἁρμόζων ἀνὴρ   460
διπλοῖν χαλινοῖν τρύπανον κωπηλατεῖ,
οὕτω κυκλώσω δαλὸν ἐν φαεσφόρῳ
Κύκλωπος ὄψει καὶ συναυανῶ κόρας.

Χο ἰοὺ ἰού,
γέγηθα, μαινόμεσθα τοῖς εὑρήμασιν.   465

Οδ κἄπειτα καὶ σὲ καὶ φίλους γέροντά τε
νεὼς μελαίνης κοῖλον ἐμβήσας σκάφος
διπλαῖσι κώπαις τῆσδ' ἀποστελῶ χθονός.

Χο ἔστ' οὖν ὅπως ἂν ὡσπερεὶ σπονδῆς θεοῦ
κἀγὼ λαβοίμην τοῦ τυφλοῦντος ὄμματα   470
δαλοῦ; φόνου γὰρ τοῦδε κοινωνεῖν θέλω.

Οδ δεῖ γοῦν· μέγας γὰρ δαλός· οὗ ξυλληπτέον.

Χο ὡς κἂν ἁμαξῶν ἑκατὸν ἀραίμην βάρος,
εἰ τοῦ Κύκλωπος τοῦ κακῶς ὀλουμένου
ὀφθαλμὸν ὥσπερ σφηκιὰν ἐκθύψομεν.   475

Οδ σιγᾶτε νῦν· δόλον γὰρ ἐξεπίστασαι·
χὤταν κελεύω, τοῖσιν ἀρχιτέκτοσι
πείθεσθ'. ἐγὼ γὰρ ἄνδρας ἀπολιπὼν φίλους
τοὺς ἔνδον ὄντας οὐ μόνος σωθήσομαι.
καίτοι φύγοιμ' ἄν, κἀκβέβηκ' ἄντρου μυχῶν·   480
ἀλλ' οὐ δίκαιον ἀπολιπόντ' ἐμοὺς φίλους,
ξὺν οἷσπερ ἦλθον δεῦρο, σωθῆναι μόνον.

Ch Ich merke: draußen denkt ihr ihn in Waldesnacht
    Zu morden, oder stürzet ihn vom Fels hinab.
Od O nichts dergleichen; schlauer hab' ich's ausgedacht.
Ch Wie denn? Von deinen Listen hört' ich schon vorlängst.
Od Ich rate diesen Gang ihm ab, und stell' ihm vor:
    Kyklopen soll er diesen Wein nicht schenken, nein,
    Ihn selbst allein behaltend sich des Lebens freun.
    Und schläft er nun, von Bakchos überwältiget,
    Dann ist im Haus hier eines Ölbaums Ast, und den
    Hau' ich mit diesem Schwert herab, und spitz ihn zu,
    Leg' ihn ins Feuer, und sobald er angebrannt,
    Ergreif' ich, stoße glühend ihn dem Kyklopen ins
    Gesicht, und brenn' ihm mitten aus des Auges Licht.
    Gleichwie der Zimmrer, der ein Schiff zusammenfügt,
    Den Bohrer tüchtig an den zwei Handhaben dreht,
    So dreh' ich meinen Balken um im leuchtenden
    Kyklopenauge, bis der Stern vertrocknet ist.
Ch Juchhei! Juchhei!
    Wir sind entzückt, wir rasen! Wie fein ausgedacht!
Od Dann bring ich euch, den Alten und die Freunde dort
    In meines dunkeln Schiffes weit gewölbten Bauch,
    Und Doppelruder tragen euch aus diesem Land.
Ch Sprich, kann ich nicht auch, dir gesellt in heiligem
    Bündnis, den Baumast, der das Aug' ihm blenden soll,
    Anfassen? Gerne nähm' ich teil am blut'gen Werk.
Od Das sollst du: viele Hände braucht der große Pfahl.
Ch Die Last von hundert Wagen höb' ich wohl empor,
    Wenn ich dem Unhold, der mir schlimm verderben soll,
    Ausbrennen kann sein Auge wie ein Wespennest.
Od So schweiget alle, (denn ihr kennt nun meine List,)
    Und wann ich euch gebiete, folgt des Meisters Wort.
    Denn nicht verlassen will ich, die da drinnen sind,
    Die Freunde, mag nicht ohne sie gerettet sein.
    Wohl könnt' ich fliehen, bin zur Höhle schon heraus;
    Doch wär' es unrecht, wollt' ich sie, mit welchen ich
    Hierher gekommen, lassen und allein entfliehn.

Χο ἄγε, τίς πρῶτος, τίς δ' ἐπὶ πρώτῳ
ταχθεὶς δαλοῦ κώπην ὀχμάσας
Κύκλωπος ἔσω βλεφάρων ὤσας   485
λαμπρὰν ὄψιν διακναίσει;

(ᾠδὴ ἔνδοθεν)

σίγα σίγα. καὶ δὴ μεθύων
ἄχαριν κέλαδον μουσιζόμενος
σκαιὸς ἀπῳδὸς καὶ κλαυσόμενος   490
χωρεῖ πετρίνων ἔξω μελάθρων
φέρε νιν κώμοις παιδεύσωμεν
τὸν ἀπαίδευτον·
πάντως μέλλει τυφλὸς εἶναι.

μάκαρ ὅστις εὐιάζει   στρ.
βοτρύων φίλαισι πηγαῖς   495
ἐπὶ κῶμον ἐκπετασθείς,
φίλον ἄνδρ' ὑπαγκαλίζων
ἐπὶ δεμνίοις τε ξανθὸν
χλιδανῆς ἔχων ἑταίρας   500
μυρόχριστος λιπαρὸν βό-
στρυχον, αὐδᾷ δέ· Θύραν τίς οἴξει μοι;

Κυ παπαπᾶ· πλέως μὲν οἴνου,   ἀντ. α
γάνυμαι ⟨δὲ⟩ δαιτὸς ἥβῃ,
σκάφος ὁλκὰς ὣς γεμισθεὶς   505
ποτὶ σέλμα γαστρὸς ἄκρας.
ὑπάγει μ' ὁ χόρτος εὔφρων
ἐπὶ κῶμον ἦρος ὥραις

Chor

Wohlauf, wer stellt sich voran? Wer folgt
Auf den ersten sofort, und ergreift das Gebälk,
Und bohrt dem Kyklopen ins Aug es hinein
Und zerschmettert den funkelnden Stern ihm?

Man hört Gesang aus der Höhle

Sei still, sei still! Da kommt er berauscht,
Mißtönigen Laut, reizlosen Gesang
Anstimmend, hervor aus dem Felsengemach;
Bald soll er mir jammern und heulen.
Wohlan, er lerne von uns den Gesang,
Den er nimmer gelernt!
Durchaus, ha! muß er erblinden!

Strophe

O Beglückter, der mit Jubeln
An dem holden Quell der Trauben,
Zu dem Festgelag sich ausstreckt,
Den Geliebten froh im Arm hält,
Und im Lager mit den Locken
Des geliebten Mädchens spielend,
Und von Öl duftend das Haupthaar,
An der Tür harrt und hineinruft: „Wer macht auf?"

Erste Gegenstrophe

Ky *aus der Höhle herausgetreten*
Lalala! Ich bin von Wein voll,
Und genoß des schönsten Mahles,
Bin befrachtet, gleich dem Lastschiff,
Bis hinauf zum Bauchverdecke.
Mich verlockt der Wiese Prangen
In des Lenzes Grün zum Schmause,

ἐπὶ Κύκλωπας ἀδελφούς.
φέρε μοι, ξεῖνε, φέρ', ἀσκὸν ἔνδος μοι.　　　　510

Χο　καλὸν ὄμμασιν δεδορκὼς　　　　　　　　ἀντ. β
　　Καλὸς ἐκπερᾷ μελάθρων.
　　— ⟨παπαπᾶ·⟩ φιλεῖ τις ἡμᾶς. —
　　λύχνα δ' ἀμμένει δαΐα σὸν
　　χρόα χώς τέρεινα νύμφα　　　　　　　　　515
　　δροσερῶν ἔσωθεν ἄντρων.
　　στεφάνων δ' οὐ μία χροιὰ
　　περὶ σὸν κρᾶτα τάχ' ἐξομιλήσει.

Οδ　Κύκλωψ, ἄκουσον· ὡς ἐγὼ τοῦ Βακχίου
　　τούτου τρίβων εἴμ', ὃν πιεῖν ἔδωκά σοι.　　520
Κυ　ὁ Βάκχιος δὲ τίς θεὸς νομίζεται;
Οδ　μέγιστος ἀνθρώποισιν ἐς τέρψιν βίου.
Κυ　ἐρυγγάνω γοῦν αὐτὸν ἡδέως ἐγώ.
Οδ　τοιόσδ' ὁ δαίμων· οὐδένα βλάπτει βροτῶν.
Κυ　θεὸς δ' ἐν ἀσκῷ πῶς γέγηθ' οἴκους ἔχων;　　525
Οδ　ὅπου τιθῇ τις, ἐνθάδ' ἐστὶν εὐπετής.
Κυ　οὐ τοὺς θεοὺς χρὴ σῶμ' ἔχειν ἐν δέρμασιν.
Οδ　τί δ', εἴ σε τέρπει γ'; ἢ τὸ δέρμα σοι πικρόν;
Κυ　μισῶ τὸν ἀσκόν· τὸ δὲ ποτὸν φιλῶ τόδε.
Οδ　μένων νυν αὐτοῦ πῖνε κεὐθύμει, Κύκλωψ.　　530
Κυ　οὐ χρή μ' ἀδελφοῖς τοῦδε προσδοῦναι ποτοῦ;
Οδ　ἔχων γὰρ αὐτὸς τιμιώτερος φανῇ.
Κυ　διδοὺς δὲ τοῖς φίλοισι χρησιμώτερος.
Οδ　πυγμὰς ὁ κῶμος λοίδορόν τ' ἔριν φιλεῖ.
Κυ　μεθύω μέν, ἔμπας δ' οὔτις ἂν ψαύσειέ μου.　　535
Οδ　ὦ τᾶν, πεπωκότ' ἐν δόμοισι χρὴ μένειν.
Κυ　ἠλίθιος ὅστις μὴ πιὼν κῶμον φιλεῖ.
Οδ　ὃς δ' ἂν μεθυσθείς γ' ἐν δόμοις μείνῃ, σοφός.
Κυ　τί δρῶμεν, ὦ Σιληνέ; σοὶ μένειν δοκεῖ;
Σι　δοκεῖ. τί γὰρ δεῖ συμποτῶν ἄλλων, Κύκλωψ;　　540

Zu der Sippschaft der Kyklopen.
O so gib, Fremdling, den Schlauch her, schenke mir ein!

Zweite Gegenstrophe

Ch Aus der Liebesgrotte naht er
Mit verzücktem Liebesblicke;
O mich liebt ein schöner Jüngling!
Deiner harrt die glüh'nde Fackel
Und der Kuß der zarten Jungfrau
In dem Tau der kühlen Grotte,
Und ein buntfarbiger Kranz schlingt
Um das Haupt dir, um die Schläfe sich sofort.

Od Kyklop, vernimm nun; denn genau bin ich bekannt
Mit diesem Bakchos, den ich dir zu trinken gab.
Ky Der Bakchios – für welche Gottheit hält man ihn?
Od Der Freuden größte spendet er den Sterblichen.
Ky Ach ja! So lieblich kommt er mir den Schlund herauf.
Od Ein solcher Gott ist's; keinem Menschen tut er weh.
Ky Wie mag er gern in einem Schlauche sein, der Gott?
Od Du magst ihn hintun, wo du willst, da wohnt er gern.
Ky In einem Fell zu wohnen ziemt für keinen Gott.
Od Wie? Wenn's Genuß bringt? Schadet dir das Fell dabei?
Ky Die Schläuche hass' ich, doch den Trank da lieb' ich wohl.
Od So bleibe hier und trinke wohlgemut, Kyklop.
Ky Und meinen Brüdern spend' ich nicht von diesem Trank?
Od Mehr Ehre hast du, wenn du ihn für dich behältst.
Ky Und mehr Gemeinsinn, teil' ich ihn den Freunden mit.
Od Schimpfworte, Schläge, Zänkerein gebiert der Schmaus.
Ky Ich zeche tüchtig; dennoch rührt kein Mensch an mich.
Od O Freund, zu Hause bleibe, wer getrunken hat!
Ky Ein blinder Tor ist, wer bezecht nicht lustig wird.
Od Und weise, wer im Rausche fein zu Hause bleibt.
Ky Was tun, Silenos? Rätst du mir zu bleiben, Freund?
Si Gewiß; wozu bedarf es andrer Gäste noch?

Κυ καὶ μὴν λαχνῶδές τ' οὖδας ἀνθηρᾶς χλόης.
Σι καὶ πρός γε θάλπος ἡλίου πίνειν καλόν.
κλίθητί νύν μοι πλευρὰ θεὶς ἐπὶ χθονός.
Κυ ἰδού.
τί δῆτα τὸν κρατῆρ' ὄπισθέ μου τίθης;   545
Σι ὡς μὴ παριών τις καταβάλῃ.
Κυ   πίνειν μὲν οὖν
κλέπτων σὺ βούλῃ· κάτθες αὐτὸν ἐς μέσον.
σὺ δ', ὦ ξέν', εἰπὲ τοὔνομ' ὅ τι σε χρὴ καλεῖν.
Οδ Οὖτιν· χάριν δὲ τίνα λαβών σ' ἐπαινέσω;
Κυ πάντων σ' ἑταίρων ὕστερον θοινάσομαι.   550
Σι καλόν γε τὸ γέρας τῷ ξένῳ δίδως, Κύκλωψ.
Κυ οὖτος, τί δρᾷς; τὸν οἶνον ἐκπίνεις λάθρᾳ;

Σι οὔκ, ἀλλ' ἔμ' οὖτος ἔκυσεν, ὅτι καλὸν βλέπω.
Κυ κλαύσῃ, φιλῶν τὸν οἶνον οὐ φιλοῦντά σε.
Σι ναὶ μὰ Δί', ἐπεί μού φησ' ἐρᾶν ὄντος καλοῦ.   555
Κυ ἔγχει, πλέων δὲ τὸν σκύφον. δίδου μόνον.
Σι πῶς οὖν κέκραται; φέρε διασκεψώμεθα.
Κυ ἀπολεῖς· δὸς οὕτως.
Σι   ναὶ μὰ Δί' οὐ πρὶν ἄν γέ σε
στέφανον ἴδω λαβόντα γεύσωμαί τ' ἔτι.
Κυ ὦ οἰνοχόος ἄδικος.
Σι   ⟨οὐ⟩ μὰ Δί', ἀλλ' ὦ οἶνος γλυκύς.
ἀπομυκτέον δέ σοί ἐστιν ὡς λήψῃ πιεῖν.
Κυ ἰδού, καθαρὸν τὸ χεῖλος αἱ τρίχες τέ μου.
Σι θές νυν τὸν ἀγκῶν' εὐρύθμως, κᾆτ' ἔκπιε,
ὥσπερ μ' ὁρᾷς πίνοντα — χὦσπερ οὐκ ἐμέ.

Κυ ἆ ἆ, τί δράσεις;

Σι   ἡδέως ἠμύστισα.   565
Κυ λάβ', ὦ ξέν', αὐτὸς οἰνοχόος τέ μοι γενοῦ.
Οδ γιγνώσκεται γοῦν ἡ ἄμπελος τῇμῇ χερί.

Ky Wohl blüht, von jungem Rasen rings umgrünt, die Flur.

Si Und bei der Sonnenwärme trinkt es sich so schön:
Drum laß dich nieder, strecke dich auf weichen Grund!

Ky Gut!
Was stellst du doch den Becher hinter mich, o Freund?

Si Daß keiner ihn umwerfe.

Ky   Nein, du selber willst
Ihn heimlich trinken! Stell ihn nur da vorne hin!
Du nenne deinen Namen, Freund: wie nennt man dich?

Od „Niemand". Doch welche Gabe rühme ich einst von dir?

Ky Von deinen Freunden allen schmause ich dich zuletzt.

Od Da gibst du mir ein schönes Gastgeschenk, Kyklop!

Ky *zu Silenos*
Du, was beginnst du? Trinkst den Wein mir heimlich aus?

Si Nein; weil ich freundlich blickte, hat er mich geküßt.

Ky Daß dich –! Den Wein wohl küßtest du, er küßt dich nicht.

Si Bei Zeus, er sagt, er liebe mich, ich sei so schön.

Ky Schenk ein und gib den Becher mir nur tüchtig voll.

Si Laß uns die Mischung prüfen, ob sie richtig ist.

Ky Gib so, du Tölpel!

Si   Nein, fürwahr, nicht eher, als
Du dir das Haupt bekränztest und ich kostete.

Ky Verwünschter Mundschenk!

Si   Wahrlich, süß ist dieser Wein!
Nur erst den Mund gesäubert, eh du den Becher nimmst!

Ky Sieh! Sauber sind die Lippen, auch mein Bart ist rein.

Si Nun lege zierlich deinen Arm, und trinke dann,
So wie du mich siehst trinken und –

er trinkt schnell aus

                    nicht mich.

Ky   Aha!
Was machst du?

Si   Weidlich trank ich aus, es schmeckte mir.

Ky Da nimm, o Fremdling, schenke du mir selber ein.

Od Die Rebe, ja, ist meinen Händen wohlbekannt.

Κυ φέρ' ἔγχεόν νυν.

Οδ   ἐγχέω, σίγα μόνον.

Κυ χαλεπὸν τόδ' εἶπας, ὅστις ἄν πίνῃ πολύν.

Οδ ἰδοὺ λαβὼν ἔκπιθι καὶ μηδὲν λίπῃς.   570
    συνεκθανεῖν δὲ σπῶντα χρὴ τῷ πώματι.

Κυ παπαῖ, σοφόν γε τὸ ξύλον τῆς ἀμπέλου.

Οδ κἄν μὲν σπάσῃς γε δαιτὶ πρὸς πολλῇ πολύν,
    τέγξας ἄδιψον νηδύν, εἰς ὕπνον βαλεῖ,
    ἢν δ' ἐλλίπῃς τι, ξηρανεῖ σ' ὁ Βάκχιος.   575

Κυ ἰοὺ ἰού,
    ὡς ἐξένευσα μόγις· ἄκρατος ἡ χάρις.
    ὁ δ' οὐρανός μοι συμμεμιγμένος δοκεῖ
    τῇ γῇ φέρεσθαι, τοῦ Διός τε τὸν θρόνον
    λεύσσω, τὸ πᾶν τε δαιμόνων ἁγνὸν σέβας.   580
    οὐκ ἄν φιλήσαιμ'; — αἱ Χάριτες πειρῶσί με.
    ἅλις Γανυμήδην τόνδ' ἔχων ἀναπαύσομαι.
    κάλλιστα, νὴ τὰς Χάριτας. ἥδομαι δέ πως
    τοῖς παιδικοῖσι μᾶλλον ἢ τοῖς θήλεσιν.

Σι ἐγὼ γὰρ ὁ Διός εἰμι Γανυμήδης, Κύκλωψ;   585

Κυ ναὶ μὰ Δί', ὃν ἁρπάζω γ' ἐγὼ 'κ τοῦ Δαρδάνου.

Σι ἀπόλωλα, παῖδες· σχέτλια πείσομαι κακά.

Κυ μέμφῃ τὸν ἐραστὴν κἀντρυφᾷς πεπωκότι;

Σι οἴμοι· πικρότατον οἶνον ὄψομαι τάχα.

Οδ ἄγε δή, Διονύσου παῖδες, εὐγενῆ τέκνα,   590
    ἔνδον μὲν ἁνήρ· τῷ δ' ὕπνῳ παρειμένος
    τάχ' ἐξ ἀναιδοῦς φάρυγος ὠθήσει κρέα.
    δαλὸς δ' ἔσωθεν αὐλίων ὠθεῖ καπνὸν
    παρευτρέπισται· κοὐδὲν ἄλλο πλὴν πυροῦν
    Κύκλωπος ὄψιν· ἀλλ' ὅπως ἁνὴρ ἔσῃ.   595

Χο πέτρας τὸ λῆμα κἀδάμαντος ἕξομεν.
    χώρει δ' ἐς οἴκους, πρίν τι τὸν πατέρα παθεῖν
    ἀπάλαμνον· ὡς σοι τἀνθάδ' ἐστὶν εὐτρεπῆ.

Οδ Ἥφαιστ', ἄναξ Αἰτναῖε, γείτονος κακοῦ
    λαμπρὸν πυρώσας ὄμμ' ἀπαλλάχθηθ' ἅπαξ,   600

Ky Auf, eingeschenkt!
Od   Ich tu' es; aber schweige nur.
Ky Ein schweres Ding das, wenn man viel getrunken hat.
Od Da hast du, nimm und trinke, laß nichts übrig drin.
    Fortziehen muß man, bis man stirbt, an solchem Trank.
Ky Juchhei! Gescheit doch ist das Holz des Rebenbaums.
Od Und wenn du reichlich zogest auf ein reichlich Mahl,
    Durstlos den Magen netztest, schläfst du selig ein;
    Doch, lässest du was übrig, dörrt dich Bakchios.
Ky Hoho! Lala!
    Kaum schwamm ich durch; das nenn' ich lautre Seligkeit!
    Mir scheint der Himmel mit der Erd' in einem Kreis
    Herumzutanzen, und ich sehe droben Zeus'
    Lichtthron und aller Götter reinen Glanz.
    Nicht küssen soll ich? Die Chariten versuchen mich.
    Mir genügt der Ganymedes; hab' ich ihn im Arm,
    Wie herrlich, bei den Chariten! Solch ein hübsches Kind
    Behagt mir besser als ein Mädchenangesicht.
Si Ich bin des Zeus Ganymedes, meinst du wohl, Kyklop?
Ky Den ich (bei Zeus!) rauben muß dem Dardanos.
Si Helft, meine Kinder! Schmählich wird mir mitgespielt!
Ch Du schiltst und höhnst den Liebling, weil er sich bezecht?
Si Weh! Bald empfind' ich dieses Trankes Bitterkeit!

Der Kyklop schleppt ihn taumelnd in die Höhle

Od Wohlauf, ihr Bakchoskinder, edle Jünglinge!
    Nun ist er innen; bald vom Schlaf gebunden wird
    Er Menschenfleisch aus grausenvollem Schlunde spein.
    Der Stamm im Felsgewölbe dampft Rauchwirbel auf;
    Und weiter nichts ist übrig, als des Auges Stern
    Dem Kyklopen auszubrennen; drum sei ein Mann.
Ch Wie Fels und Stahl ist unser Mut!
    Doch geh hinein jetzt, ehe Schmach den Vater trifft;
    Wir sind zu jedem Dienste dir nach Wunsch bereit.
Od Hephaistos, Ätna's Herrscher, nun entäußre dich
    Des bösen Nachbarn, brenn ihm aus des Auges Stern!

σύ τ', ὦ μελαίνης Νυκτὸς ἐκπαίδευμ', Ὕπνε.
ἄκρατος ἐλθὲ θηρὶ τῷ θεοστυγεῖ,
καὶ μὴ 'πὶ καλλίστοισι Τρωικοῖς πόνοις
αὐτόν τε ναύ⟨τα⟩ς τ' ἀπολέσητ' Ὀδυσσέα
ὑπ' ἀνδρός, ᾧ θεῶν οὐδὲν ἢ βροτῶν μέλει.   605
ἢ τὴν τύχην μὲν δαίμον' ἡγεῖσθαι χρεών,
τὰ δαιμόνων δὲ τῆς τύχης ἐλάσσονα.

Χο λήψεται τὸν τράχηλον
ἐντόνως ὁ καρκίνος
τοῦ ξενοδαιτυμόνος· πυρὶ γὰρ τάχα   610
φωσφόρους ὀλεῖ κόρας.
ἤδη δαλὸς ἠνθρακωμένος
κρύπτεται ἐς σποδιάν, δρυὸς ἄσπετον   615
ἔρνος· ἀλλ' ἴτω Μάρων·
πρασσέτω μαινόμενος·
ἐξελέτω βλέφαρον Κύ-
κλωπος, ὡς πίῃ κακῶς.
κἀγὼ τὸν φιλοκισσοφόρον Βρόμιον   620
ποθεινὸν εἰσιδεῖν θέλω,
Κύκλωπος λιπὼν ἐρημίαν·
ἆρ' ἐς τοσόνδ' ἀφίξομαι;

Οδ σιγᾶτε πρὸς θεῶν, θῆρες, ἡσυχάζετε,
συνθέντες ἄρθρα στόματος· οὐδὲ πνεῖν ἐῶ,   625
οὐ σκαρδαμύσσειν οὐδὲ χρέμπτεσθαί τινα,
ὡς μὴ 'ξεγερθῇ τὸ κακόν, ἔστ' ἂν ὄμματος
ὄψις Κύκλωπος ἐξαμιλληθῇ πυρί.
Χο σιγῶμεν ἐγκάψαντες αἰθέρα γνάθοις.
Οδ ἄγε νυν ὅπως ἅψεσθε τοῦ δαλοῦ χεροῖν   630
ἔσω μολόντες· διάπυρος δ' ἐστὶν καλῶς.

Und du, o Schlummer, Ausgeburt der schwarzen Nacht,
Fall auf das gottverhaßte Tier mit ganzer Macht,
Und laßt Odysseus, nach dem ruhmgekrönten Kampf
Vor Troja, nicht mit seinen Schiffern untergehn
Durch einen, dem nichts Götter, nichts die Menschen sind!
Sonst gilt der Zufall uns allein als echter Gott,
Und Göttermacht ist schwächer als das Ungefähr.

Er geht in die Höhle

Chor

Fassen wird ohne Rast
Das Eisen nun des Mannes Hals,
Der die Gastfreunde verschlingt:
In der Flamm' erlischt ihm des Auges lichter Stern.
Schon zur Kohle ward der Stamm; versteckt
Liegt in der Asche bereits der gewaltige Baumast.
Komm denn, Maron, komm!
Wutentbrannt schaffe dein Werk!
Blende den Stern im Kyklopenauge,
Daß der Trank ihm schlecht bekomme!
Auch ich möchte den efeutragenden Gott,
Den holden Bromios, wiedersehn,
Und aus der Wüste des Kyklopen fliehn.
Ach, wird mir je dies Glück zuteil?

Od *kommt eilig aus der Höhle hervor*
    Um aller Götter willen schweigt, ihr Bestien,
    Seid ruhig, beißt in die Lippen! Nicht laut atmen mir,
    Nicht blinzeln dürft ihr, keiner darf sich räuspern, daß
    Das Ungeheuer nicht erwacht, bevor wir ihm
    Den Strahl des Auges ausgelöscht in unsrer Glut.
Ch Wir schweigen, schlucken durch den Mund die Luft hinab.
Od Auf nun, hinein geht eilig, faßt des Baumes Stamm
    Mit beiden Händen; wacker ist er durchgeglüht.

Χο οὐκοῦν σὺ τάξεις οὕστινας πρώτους χρεὼν
καυτὸν μοχλὸν λαβόντας ἐκκάειν τὸ φῶς
Κύκλωπος, ὡς ἂν τῆς τύχης κοινώμεθα;

Χο^α ἡμεῖς μέν ἐσμεν μακροτέρω πρὸ τῶν θυρῶν   635
ἐστῶτες ὠθεῖν ἐς τὸν ὀφθαλμὸν τὸ πῦρ.

Χο^β ἡμεῖς δὲ χωλοί γ' ἀρτίως γεγενήμεθα.

Χο^γ ταὐτὸν πεπόνθατ' ἆρ' ἐμοί· τοὺς γὰρ πόδας
ἐστῶτες ἐσπάσθημεν οὐκ οἶδ' ἐξ ὅτου.

Οδ ἐστῶτες ἐσπάσθητε;

Χο^δ   καὶ τά γ' ὄμματα   640
μέστ' ἐστὶν ἡμῖν κόνεος ἢ τέφρας ποθέν.

Οδ ἄνδρες πονηροὶ κοὐδὲν οἵδε σύμμαχοι.

Χο ὁτιὴ τὸ νῶτον ῥάχιν τ' οἰκτίρομεν
καὶ τοὺς ὀδόντας ἐκβαλεῖν οὐ βούλομαι
τυπτόμενος, αὕτη γίγνεται πονηρία;   645
ἀλλ' οἶδ' ἐπῳδὴν 'Ορφέως ἀγαθὴν πάνυ,
ὡς αὐτόματον τὸν δαλὸν ἐς τὸ κρανίον
στείχονθ' ὑφάπτειν τὸν μονῶπα παῖδα γῆς.

Οδ πάλαι μὲν ᾔδη σ' ὄντα τοιοῦτον φύσει,
νῦν δ' οἶδ' ἄμεινον. τοῖσι δ' οἰκείοις φίλοις   650
χρῆσθαί μ' ἀνάγκη. χειρὶ δ' εἰ μηδὲν σθένεις,
ἀλλ' οὖν ἐπεγκέλευέ γ', ὡς εὐψυχίαν
φίλων κελευσμοῖς τοῖσι σοῖς κτησώμεθα.

Χο δράσω τάδ'. ἐν τῷ Καρὶ κινδυνεύσομεν.
κελευσμάτων δ' ἕκατι τυφέσθω Κύκλωψ.   655

ἰὼ ἰώ· γενναιότατ' ὠ-
θεῖτε σπεύδετ'. ἐκκαίετε τὰν ὀφρὺν
θηρὸς τοῦ ξενοδαίτα.
τυφέτω, καιέτω
τὸν Αἴτνας μηλονόμον.   660
τόρνευ', ἕλκε, μή σ' ἐξοδυνηθεὶς
δράσῃ τι μάταιον.

Ch Bestimme du nun, wer zuerst den heißen Klotz
    Ergreift, dem Ungeheuer auszuglühn das Licht,
    Damit wir auch teilhaben an dem schönen Los. –
Ch[1] Wir stehn ein wenig allzuweit von der Türe fern:
    Den Brand ins Auge stoßen wir ihm nimmermehr. –
Ch[2] Und wir, wir wurden plötzlich lahm im Augenblick. –
Ch[3] Dann geht es euch gerade so wie mir: im Stehn
    Verrenkten wir die Füße, wissen nicht wovon.
Od Im Stehen habt ihr euch verrenkt?
Ch[4]   Und die Augen sind
    Uns voll von Staub und Asche, wissen nicht woher.
Od Ihr seid mir feige Schlingel, helfet mir zu nichts!
Ch Herr, unser Rückgrat, unser Buckel dauert uns;
    Wir möchten unsre Zähne nicht mit Stößen uns
    Einschlagen lassen: dieses nennst du feigen Sinn?
    Doch ist von Orpheus mir bekannt ein Zauberlied,
    Bei dessen Tönen ihm der Pfahl von selbst ins Hirn
    Einfährt und diesen Erdensohn in Flammen setzt.
Od Schon lange wußt' ich, daß du so geartet bist;
    Nun weiß ich's besser. Meine Freunde muß ich denn
    Zu Hilfe rufen. Wenn du nichts mit deiner Hand
    Vermagst, so brauche deine Zunge doch, damit
    Durch deinen Zuruf meine Schar ermutigt wird.

Er geht in die Höhle

Ch Ganz wohl! Ich bin der König, seid die Bauern ihr!
    Durch meinen Zuruf werde blind das Ungetüm!

    Auf, auf! Stoßt zu mit Heroengewalt! Nur frisch ans Werk!
    Brennet des Auges Licht ihm aus,
    Dem gästeverschlingenden Untier!
    Dampft ihn ein, brennet ihn,
    Den Ätnaschäfer; ins Auge bohrt,
    Schleift ihn, daß er, wütend von Schmerz,
    Euch nicht schmählich bezahle!

Κυ ὤμοι, κατηνθρακώμεθ' ὀφθαλμοῦ σέλας.
Χο καλός γ' ὁ παιάν· μέλπε μοι τόνδ', ὦ Κύκλωψ.
Κυ ὤμοι μάλ', ὡς ὑβρίσμεθ', ὡς ὀλώλαμεν.   665
   ἀλλ' οὔτι μὴ φύγητε τῆσδ' ἔξω πέτρας
   χαίροντες, οὐδὲν ὄντες· ἐν πύλαισι γὰρ
   σταθεὶς φάραγγος τάσδ' ἐναρμόσω χέρας.

Χο τί χρῆμ' αὐτεῖς, ὦ Κύκλωψ;
Κυ   ἀπωλόμην.
Χο αἰσχρός γε φαίνῃ.
Κυ   κἀπὶ τοῖσδέ γ' ἄθλιος.   670
Χο μεθύων κατέπεσες ἐς μέσους τοὺς ἄνθρακας;
Κυ Οὖτίς μ' ἀπώλεσ'.
Χο   οὐκ ἄρ' οὐδεὶς ἠδίκει.
Κυ Οὖτίς με τυφλοῖ βλέφαρον.
Χο   οὐκ ἄρ' εἶ τυφλός.
Κυ ὡς δὴ σύ —
Χο   καὶ πῶς σ' οὖτις ἂν θείη τυφλόν;
Κυ σκώπτεις. ὁ δ' Οὖτις ποῦ 'στιν;

Χο   οὐδαμοῦ, Κύκλωψ.   675
Κυ ὁ ξένος, ἵν' ὀρθῶς ἐκμάθῃς, μ' ἀπώλεσεν,
   ὁ μιαρός, ὅς μοι δοὺς τὸ πῶμα κατέκλυσεν.
Χο δεινὸς γὰρ οἶνος καὶ παλαίεσθαι βαρύς.
Κυ πρὸς θεῶν, πεφεύγασ' ἢ μένουσ' ἔσω δόμων;
Χο οὖτοι σιωπῇ τὴν πέτραν ἐπήλυγα   680
   λαβόντες ἑστήκασι.
Κυ   ποτέρας τῆς χερός;
Χο ἐν δεξιᾷ σου.
Κυ   ποῦ;
Χο   πρὸς αὐτῇ τῇ πέτρᾳ.
   ἔχεις;
Κυ   κακόν γε πρὸς κακῷ· τὸ κρανίον
   παίσας κατέαγα.

Ky *noch in der Höhle*
Weh, weh! Der Strahl des Auges ist mir ausgebrannt!
Ch Ein schöner Paian! Singe so mir fort, Kyklop!
Ky Weh! Wie bin ich mißhandelt! Ich Verlorener!
Doch sollt ihr lachend nicht entfliehn aus dieser Kluft,
Ihr Taugenichtse! Denn ich stehe hier am Tor
Des Schlundes, beide Hände streck' ich aus nach euch!

Er tritt aus der Höhle heraus

Ch Weswegen schreist du so, Kyklop?
Ky   Ich bin dahin!
Ch Wohl siehst du häßlich aus!
Ky   Bin elend obendrein.
Ch Du fielst berauscht wohl mitten in die Kohlenglut?
Ky „Niemand" erschlug mich.
Ch   Also tat dir keiner weh.
Ky „Niemand" hat mich geblendet.
Ch   Blind denn bist du nicht?
Ky O wärest du's!
Ch   Wie kann dich niemand blenden?
Ky   Pah!
Du spottest? Wo ist „Niemand"?
Ch   Nirgendwo, Kyklop.
Ky Der Fremde, daß du recht verstehst, hat mir's getan,
Der Schurke, der mit seinem Tranke mich verdarb.
Ch Ja, mächtig, schwerbezwingbar ist des Weins Gewalt.
Ky Ha, flohn die Frechen? Oder sind sie noch im Fels?
Ch Sie stehen schweigend hinter jener schattigen
Felswand verborgen.
Ky   Sage, Freund: zu welcher Hand?
Ch Zu deiner Rechten.
Ky   Wo?
Ch   Gerad' am Felsen hier.
Greif: hast du?
Ky   Leid zum Leide, ja! Den Kopf zerstieß
Ich mir am Felsen.

Χο   καί σε διαφεύγουσί γε.
Κυ   οὐ τῇδ'· ἐπεὶ τῇδ' εἶπας;
Χο   οὔ· ταύτῃ λέγω.   685
Κυ   πῇ γάρ;
Χο   περιάγουσί σε πρὸς τἀριστερά.
Κυ   οἴμοι γελῶμαι· κερτομεῖτέ μ' ἐν κακοῖς.
Χο   ἀλλ' οὐκέτ', ἀλλὰ πρόσθεν οὗτός ἐστί σου.

Κυ   ὦ παγκάκιστε, ποῦ ποτ' εἶ;
Οδ   τηλοῦ σέθεν
     φυλακαῖσι φρουρῶ σῶμ' 'Οδυσσέως τόδε.   690
Κυ   πῶς εἶπας; ὄνομα μεταβαλὼν καινὸν λέγεις.
Οδ   ὅπερ γ' ὁ φύσας ὠνόμαζ' 'Οδυσσέα.
     δώσειν ἔμελλες ἀνοσίου δαιτὸς δίκας·
     κακῶς γὰρ ἂν Τροίαν γε διεπυρωσάμην
     εἰ μή σ' ἑταίρων φόνον ἐτιμωρησάμην.   695
Κυ   αἰαῖ· παλαιὸς χρησμὸς ἐκπεραίνεται.
     τυφλὴν γὰρ ὄψιν ἐκ σέθεν σχήσειν μ' ἔφη
     Τροίας ἀφορμηθέντος. ἀλλὰ καὶ σέ τοι
     δίκας ὑφέξειν ἀντὶ τῶνδ' ἐθέσπισεν,
     πολὺν θαλάσσῃ χρόνον ἐναιωρούμενον.   700
Οδ   κλαίειν σ' ἄνωγα· καὶ δέδραχ' ὅπερ λέγεις.
     ἐγὼ δ' ἐπ' ἀκτὰς εἶμι καὶ νεὼς σκάφος
     ἤσω 'πὶ πόντον Σικελὸν ἔς τ' ἐμὴν πάτραν.
Κυ   οὐ δῆτ', ἐπεί σε τῆσδ' ἀπορρήξας πέτρας
     αὐτοῖσι συνναύταισι συντρίψω βαλών.   705
     ἄνω δ' ἐπ' ὄχθον εἶμι, καίπερ ὢν τυφλός,
     δι' ἀμφιτρῆτος τῆσδε προσβαίνων ποδί.

Χο   ἡμεῖς δὲ συνναῦταί γε τοῦδ' 'Οδυσσέως
     ὄντες τὸ λοιπὸν Βακχίῳ δουλεύσομεν.

Ch   Und sie fliehen vor dir davon
Ky Hier nicht: du sagtest eben, hier?
Ch   Hier mein' ich nicht.
Ky Wo denn?
Ch   Sie schleichen linker Hand um dich herum.
Ky Weh mir! Du höhnst mich, spottest mein in meiner Not.
Ch Ich spotte nicht mehr; jetzt steht er hier vor dir.
Ky *umhertappend*
    Nichtswürdiger, wo, wo bist du?
Od   Weit von dir entfernt
    Steht hier Odysseus, und von Wachen wohlgeschirmt.
Ky Wie sagtest du? Welch neuen Namen nennst du da?
Od Ich bin Odysseus, also hieß mein Vater mich.
    Du solltest heute büßen dein verruchtes Mahl!
    Denn mit Schande brannt' ich Trojas Burg in Schutt,
    Hätt' ich an dir nicht meiner Freunde Mord gerächt.
Ky Ach, ach! Ein alter Götterspruch erfüllt sich nun.
    Durch dich geblendet würden wir, weissagte er,
    Wenn du von Troja kämest. Doch auch dir verhieß
    Der Spruch, du würdest büßen einst für diese Tat,
    Und lange Zeit umtreiben auf der hohen See.
Od Verdirb, du Scheusal! Doch bewirkt' ich dieses schon.
    Ich gehe nun ans Ufer, und Siziliens
    Meerwogen teilend, fahr' ich heim ins Vaterland.
Ky Nein, wahrlich! Denn ich breche diesen Felsen ab,
    Und schmettre dich samt deiner Schiffsmannschaft in
                                    Grund.
    Empor die Berghöhn steig' ich, ob erblindet auch,
    Und klettre hier den durchgehöhlten Fels hinauf.
Ch Und wir, Odysseus zugesellt auf dieser Fahrt,
    Wir dienen fortan ohne Rast dem Bakchios.

RHESOS

ΡΗΣΟΣ

Τὰ τοῦ δράματος πρόσωπα

Χορός · Ἔκτωρ · Αἰνείας · Δόλων ·
Ἄγγελος · 'Ρῆσος · 'Οδυσσεύς · Διομήδης ·
'Αθηνᾶ · 'Αλέξανδρος · 'Ηνίοχος · Μοῦσα

Χορός

Βᾶθι πρὸς εὐνὰς τὰς 'Εκτορέους
τις ὑπασπιστῶν ἄγρυπνος βασιλέως
ἢ τευχοφόρων.
δέξαιτο νέων κληδόνα μύθων,
οἳ τετράμοιρον νυκτὸς φυλακὴν   5
πάσης στρατιᾶς προκάθηνται.
ὄρθου κεφαλὴν πῆχυν ἐρείσας,
λῦσον βλεφάρων γοργωπὸν ἕδραν,
λεῖπε χαμεύνας φυλλοστρώτους,
Ἔκτορ· καιρὸς γὰρ ἀκοῦσαι.   10

Ἕκτωρ

τίς ὅδ'; ἦ φίλιος φθόγγος· τίς ἀνήρ;
τί τὸ σῆμα; θρόει·
τίνες ἐκ νυκτῶν τὰς ἡμετέρας
κοίτας πλάθουσ'; ἐνέπειν χρή.
Χο φύλακες στρατιᾶς.
Εκ   τί φέρῃ θορύβῳ;
Χο θάρσει.
Εκ   θαρσῶ.   15
μῶν τις λόχος ἐκ νυκτῶν;

RHESOS

Personen des Dramas

Chor · Hektor · Aineias · Dolon · Bote · Rhesos · Odysseus ·
Diomedes · Athene · Alexandros/Paris · Wagenlenker
Muse

Schauplatz ist das Feldlager der Troer vor der Stadt

Wachen vor Hektors Zelt

Chor

Hin gehe, wer hier von des Königs
Schildträgern wacht, zu Hektors Lagerstatt,
Ob vernehmen er mag der Gewappneten
Meldung, die ein Viertel der Nacht
Als Wächter des ganzen Heeres
Vor den Mauern Ilions lagern.

Erhebe das Haupt, stütze den Arm auf,
Mach auf dein grimmiges Augenlid,
Verlaß die Streu deines Lagers,
Hektor; Zeit ist es, zu hören!

Hektor *heraustretend*

Wer da? Ist's Freundesruf? Wer ist der Mann?
Wie lautet das Losungswort?
Wer naht aus dem Dunkel der Nacht sich unsrer
Ruhestätte? Antwort will ich!

Ch Die Wächter des Heers.

He   Was bedeutet der Lärm?

Ch Sei guten Muts!

He   Das bin ich!
Droht nächtlicher Hinterhalt?

Χο   οὐκ ἔστι.
Εκ τί σὺ γὰρ
    φυλακὰς προλιπὼν κινεῖς στρατιάν,
    εἰ μή τιν' ἔχων νυκτηγορίαν;
    οὐκ οἶσθα δορὸς πέλας 'Αργείου   20
    νυχίαν ἡμᾶς
    κοίταν πανόπλους κατέχοντας;

Χο ὁπλίζου χέρα· συμμάχων,   στρ.
    Ἕκτορ, βᾶθι πρὸς εὐνάς,
    ὄτρυνον ἔγχος αἶρειν, ἀφύπνισον.   25
    πέμπε φίλους ἰέναι ποτὶ σὸν λόχον,
    ἁρμόσατε ψαλίοις ἵππους.
    τίς εἶσ' ἐπὶ Πανθοΐδαν,
    ἢ τὸν Εὐρώπας, Λυκίων ἀγὸν ἀνδρῶν;
    ποῦ σφαγίων ἔφοροι;   30
    ποῦ δὲ γυμνήτων μόναρχοι
    τοξοφόροι τε Φρυγῶν;
    ζεύγνυτε κερόδετα τόξα νευραῖς.

Εκ τὰ μὲν ἀγγέλλεις δείματ' ἀκούειν,
    τὰ δὲ θαρσύνεις, κοὐδὲν καθαρῶς.   35
    ἀλλ' ἦ Κρονίου Πανὸς τρομερᾷ
    μάστιγι φοβῇ; φυλακὰς δὲ λιπὼν
    κινεῖς στρατιάν. τί θροεῖς; τί σε φῶ
    νέον ἀγγέλλειν; πολλὰ γὰρ εἰπὼν
    οὐδὲν τρανῶς ἀπέδειξας,   40

Χο πύρ' αἴθει στρατὸς 'Αργόλας,   ἀντ.
    Ἕκτορ, πᾶσαν ἀν' ὄρφναν,
    διειπετῆ δὲ ναῶν πυρσοῖς σταθμά.

Ch   Noch nicht!
He Was also verläßt du die Wache
    Und erregst das Heer, wenn von nächtlichen
    Umtrieben du nichts zu verkündigen hast?
    Du weißt es ja: nah dem argeiischen Speer,
    Verbringen wir die Nachtzeit
    Im Lager in voller Bewaffnung.

Strophe

Ch Waffne die Hand, o Hektor,
    Geh zum Lager der Bündner;
    Treibe sie an, zu ergreifen die Wehr;
    Weck auf sie vom Schlaf, entbiete die Freunde,
    Daß sie bei dir sich versammeln!
    Zäumt die Rosse!
    Wer gehet zu Panthoos oder Europas
    Sohne, dem Führer der lykischen Männer?
    Wer sorgt für Opfer?
    Wo sind der Leichtbewehrten Führer
    und der Phrygischen Schleuderer? Spannt
    An den hörnernen Bogen die Sehnen!
He Teils setzt in Furcht, teils hebt den Mut,
    Was du meldest, doch unklar bleibt es.
    War's wohl der von Kronos stammende Pan,
    Dessen Peitsche dich also schreckte, daß fort
    Von der Wache du liefst und das Heer empörst?
    Was lärmst du? Was kündigst Neues du an?
    Viel Worte hast du gemacht, doch nichts
    War deutlich in deiner Meldung.

Gegenstrophe

Ch Feuer entzündet Argos'
    Heer in der Finsternis, Hektor;
    Fackeln erleuchten die Schiffe am Gestad.

πᾶς δ' Ἀγαμεμνονίαν προσέβα στρατὸς
ἐννύχιος θορύβῳ σκηνάν,   45
νέαν τιν' ἐφιέμενοι
βάξιν. οὐ γάρ πω πάρος ὧδ' ἐφοβήθη
ναυσίπορος στρατιά.
σοὶ δ', ὑποπτεύων τὸ μέλλον,
ἤλυθον ἄγγελος, ὡς   50
μήποτ' ἐς ἐμέ τινα μέμψιν εἴπῃς.

Εκ   ἐς καιρὸν ἥκεις, καίπερ ἀγγέλλων φόβον·
     ἄνδρες γὰρ ἐκ γῆς τῆσδε νυκτέρῳ πλάτῃ
     λαθόντες ὄμμα τοὐμὸν ἀρεῖσθαι φυγὴν
     μέλλουσι· σαίνει μ' ἔννυχος φρυκτωρία.   55
     ὦ δαῖμον, ὅστις μ' εὐτυχοῦντ' ἐνόσφισας
     θοίνης λέοντα, πρὶν τὸν Ἀργείων στρατὸν
     σύρδην ἅπαντα τῷδ' ἀναλῶσαι δορί.
     εἰ γὰρ φαεννοὶ μὴ ξυνέσχον ἡλίου
     λαμπτῆρες, οὔτἂν ἔσχον εὐτυχοῦν δόρυ,   60
     πρὶν ναῦς πυρῶσαι καὶ διὰ σκηνῶν μολεῖν
     κτείνων Ἀχαιοὺς τῇδε πολυφόνῳ χερί.
     κἀγὼ μὲν ἦ πρόθυμος ἰέναι δόρυ
     ἐν νυκτὶ χρῆσθαί τ' εὐτυχεῖ ῥύμῃ θεοῦ·
     ἀλλ' οἱ σοφοί με καὶ τὸ θεῖον εἰδότες   65
     μάντεις ἔπεισαν ἡμέρας μεῖναι φάος
     κἄπειτ' Ἀχαιῶν μηδέν' ἐν χέρσῳ λιπεῖν.
     οἱ δ' οὐ μένουσι τῶν ἐμῶν θυοσκόων
     βουλάς· ἐν ὀρφνῃ δραπέτης μέγα σθένει.
     ἀλλ' ὡς τάχιστα χρὴ παραγγέλλειν στρατῷ   70
     τεύχη πρόχειρα λαμβάνειν λῆξαί θ' ὕπνου,
     ὡς ἄν τις αὐτῶν καὶ νεὼς θρῴσκων ἔπι
     νῶτον χαραχθεὶς κλίμακας ῥάνῃ φόνῳ,
     οἱ δ' ἐν βρόχοισι δέσμιοι λελημμένοι
     Φρυγῶν ἀρούρας ἐκμάθωσι γαπονεῖν.   75

Χο   Ἕκτορ, ταχύνεις πρὶν μαθεῖν τὸ δρώμενον·
     ἄνδρες γὰρ εἰ φεύγουσιν οὐκ ἴσμεν τορῶς.

Dann ging zum Zelt Agamemnons das Heer
Im Dunkel der Nacht mit Getöse,
Um neuen Beschluß zu vernehmen.
Nie hat sich vorher so gefürchtet
Dieses Kriegsheer, das übers Meer kam.
Darum dir meinen Verdacht
Über ihr Vorhaben mitzuteilen,
Bin ich gekommen, damit
Mich zu tadeln du Grund nicht hättest.

He Rechtzeitig kommst du, wenn auch Schreck verkündigend;
Denn diese Leute denken wohl, bei Nacht im Schiff,
Verborgen meinem Blick, zu fliehn aus diesem Land.
Das zeigt dies nächtliche Signal mir.
O Dämon, der dem Löwen du, dem glücklichen,
Den Fraß entrissen hast, bevor das sämtliche
Argeierheer mein Speer gewaltsam niederwarf!
Denn hätte mich nicht Helios' glanzheller Strahl
Zurückgehalten, stand ich von dem glücklichen
Gefechte niemals ab, bevor die Schiffe in Brand
Ich setzte, durch die Zelte drang, das griechische
Kriegsvolk hinwürgend mit der mordgewohnten Faust.
Zwar war ich willens, meinen Speer noch in der Nacht
Zu schwingen, von der Kraft eines Glücksgotts unterstützt;
Jedoch die Weisen und die Deuter göttlicher
Ratschlüsse rieten, abzuwarten das Tageslicht,
Dann sollte nicht ein Grieche im Land mehr übrig sein.
Doch diese warten nicht auf unsrer Seher Rat:
Gar mächtig hilft die Dunkelheit den Flüchtigen.
Drum werde schleunigst jetzt dem Heer verkündigt,
Sich flugs zu waffnen, abzulassen von dem Schlaf,
Damit noch mancher Feind, wenn in das Schiff er springt,
Vom Rückenhieb mit seinem Blut den Steg bespritzt,
Und andre, die gefangen sind, in Kettenlast
Den Ackerbau erlernen auf der Phryger Feld.

Ch Du eilst, Hektor, ehe du das Geschehen kennst;
Noch wissen wir nicht sicher, ob die Männer fliehn.

Εκ τίς γὰρ πύρ' αἴθειν πρόφασις 'Αργείων στρατόν;
Χο οὐκ οἶδ'· ὕποπτον δ' ἐστὶ κάρτ' ἐμῇ φρενί.
Εκ πάντ' ἂν φοβηθεὶς ἴσθι, δειμαίνων τόδε. 80
Χο οὔπω πρὶν ῆψαν πολέμιοι τοσόνδε φῶς.
Εκ οὐδ' ὧδέ γ' αἰσχρῶς ἔπεσον ἐν τροπῇ δορός.
Εκ σὺ ταῦτ' ἔπραξας· καὶ τὰ λοιπὰ νῦν σκόπει.
Εκ ἁπλοῦς ἐπ' ἐχθροῖς μῦθος ὁπλίζειν χέρα.
Χο καὶ μὴν ὅδ' Αἰνέας καὶ μάλα σπουδῇ ποδὸς 85
    στείχει — νέον τι πρᾶγμ' ἔχων φίλοις φράσαι;

Αἰνείας

'Εκτορ, τί χρῆμα νύκτεροι κατὰ στρατὸν
τὰς σὰς πρὸς εὐνὰς φύλακες ἐλθόντες φόβῳ
νυκτηγοροῦσι καὶ κεκίνηται στρατός;
Εκ Αἰνέα, πύκαζε τεύχεσιν δέμας σέθεν. 90
Αι τί δ' ἔστι; μῶν τις πολεμίων ἀγγέλλεται
    δόλος κρυφαῖος ἑστάναι κατ' εὐφρόνην;
Εκ φεύγουσιν ἄνδρες κἀπιβαίνουσιν νεῶν.
Αι τί τοῦδ' ἂν εἴποις ἀσφαλὲς τεκμήριον;
Εκ αἴθουσι πᾶσαν νύκτα λαμπάδας πυρός· 95
    καί μοι δοκοῦσιν οὐ μενεῖν ἐς αὔριον,
    ἀλλ' ἐκκέαντες πύρσ' ἐπ' εὐσέλμων νεῶν
    φυγῇ πρὸς οἴκους τῆσδ' ἀφορμήσειν χθονός.
Αι σὺ δ' ὡς τί δράσων πρὸς τάδ' ὁπλίζῃ χέρας;
Εκ φεύγοντας αὐτοὺς κἀπιθρῴσκοντας νεῶν 100
    λόγχῃ καθέξω κἀπικείσομαι βαρύς·
    αἰσχρὸν γὰρ ἡμῖν, καὶ πρὸς αἰσχύνῃ κακόν,
    θεοῦ διδόντος πολεμίους ἄνευ μάχης
    φεύγειν ἐᾶσαι πολλὰ δράσαντας κακά.

Αι εἴθ' ῆσθ' ἀνὴρ εὔβουλος ὡς δρᾶσαι χερί. 105
    ἀλλ' οὐ γὰρ αὐτὸς πάντ' ἐπίστασθαι βροτῶν
    πέφυκεν· ἄλλῳ δ' ἄλλο πρόσκειται γέρας,
    σὲ μὲν μάχεσθαι, τοὺς δὲ βουλεύειν καλῶς·
    ὅστις πυρὸς λαμπτῆρας ἐξήρθης κλύων

He Wozu die Feuerzeichen dann im Griechenheer?
Ch Das weiß ich nicht; doch höchst verdächtig scheint es mir.
He Du fürchtest alles, drum erregt auch dies dir Furcht.
Ch Nie zündeten die Feinde sonst solch Feuer an.
He Nie flohen auch so schimpflich sie im Kampf.
Ch Das war dein Werk; doch denk auch an das übrige.
He Kurz ist vorm Feind die Rede: „Greif zu der Wehr!"
Ch Dort eilt Aineias geschwinden Schritts herbei –
Um neue Mähr den Freunden zu verkündigen?

Aineias

Weswegen, Hektor, sind des Heeres Wächter so
Voll Furcht zu deiner Ruhestatt herbeigeeilt?
Was regen mitten in der Nacht das Heer sie auf?
He Umgürte, Aineias, auch du mit der Wehr den Leib!
Ai Was gibt's? Kam aus dem Feindeslager Nachricht an,
Daß sie geheimen Trug bereiten in der Nacht?
He Die Feinde fliehn und eilen ihren Schiffen zu.
Ai Welch sichres Zeichen hast du dessen, was du sagst?
He Die ganze Nacht durch brennen ihre Fackeln fort;
Sie warten, glaub' ich, nicht das Licht des Morgens ab:
Sie zünden Feuer an, und auf schönrudrigen
Fahrzeugen fliehn indessen sie der Heimat zu.
Ai Und du, die Waffen in der Hand, was willst du tun?
He Die Flüchtigen und in die Schiffe Eilenden
Halt' ich mit diesem Speer auf, hart bedräng' ich sie;
Denn schimpflich wär's, und Unglück zu dem Schimpfe
noch,
Da uns die Gottheit hold ist, ohne Kampf den Feind
Entfliehn zu lassen, der so viel uns Böses tat.
Ai Wärst du der Mann im Rat, wie mutig in der Tat! –
Doch nie ist alle Kenntnis einem Sterblichen
Beschert: der eine hat die Gabe, ein andrer die:
Du bist im Kämpfen Meister, andre gut im Rat. –
Des Feuerzeichens froh, das

φλέγειν 'Αχαιούς, καὶ στρατὸν μέλλεις ἄγειν 110
τάφρους ὑπερβὰς νυκτὸς ἐν καταστάσει.
καίτοι περάσας κοῖλον αὐλώνων βάθος,
εἰ μὴ κυρήσεις πολεμίους ἀπὸ χθονὸς
φεύγοντας, ἀλλὰ σὸν βλέποντας ἐς δόρυ,
νικώμενος μὲν οὔτι μὴ μόλῃς πάλιν· 115
πῶς γὰρ περάσει σκόλοπας ἐν τροπῇ στρατός;
πῶς δ' αὖ γεφύρας διαβαλοῦσ' ἱππηλάται,
ἢν ἄρα μὴ θραύσαντες ἀντύγων χνόας;
νικῶν δ' ἔφεδρον παῖδ' ἔχεις τὸν Πηλέως,
ὅς σ' οὐκ ἐάσει ναυσὶν ἐμβαλεῖν φλόγα, 120
οὐδ' ὧδ' 'Αχαιούς, ὡς δοκεῖς, ἀναρπάσαι.
αἴθων γὰρ ἀνὴρ καὶ πεπύργωται χερί.
ἀλλὰ στρατὸν μὲν ἥσυχον παρ' ἀσπίδας
εὕδειν ἐῶμεν ἐκ κόπων ἀρειφάτων,
κατάσκοπον δὲ πολεμίων ὅς ἂν θέλῃ, 125
πέμπειν δοκεῖ μοι· κἂν μὲν αἴρωνται φυγήν,
στείχοντες ἐμπέσωμεν 'Αργείων στρατῷ·
εἰ δ' ἐς δόλον τιν' ἥδ' ἄγει φρυκτωρία,
μαθόντες ἐχθρῶν μηχανὰς κατασκόπου
βουλευσόμεσθα· τήνδ' ἔχω γνώμην, ἄναξ. 130

Χο τάδε δοκεῖ, τάδε μεταθέμενος νόει.   στρ.
    σφαλερὰ δ' οὐ φιλῶ στρατηγῶν κράτη.
    τί γὰρ ἄμεινον ἢ
    ταχυβάταν νεῶν κατόπταν μολεῖν
    πέλας ὅ τί ποτ' ἄρα δαΐοις   135
    πυρὰ κατ' ἀντίπρωρα ναυστάθμων δαίεται;

Εκ νικᾷτ', ἐπειδὴ πᾶσιν ἁνδάνει τάδε.
    στείχων δὲ κοίμα συμμάχους· τάχ' ἂν στρατὸς
    κινοῖτ' ἀκούσας νυκτέρους ἐκκλησίας.

Die Griechen zünden, denkst du das Heer
Zu führen über Gräben mitten in der Nacht.
Daß ja nicht, wenn den Engpaß du durchschritten hast,
Der Feind, statt daß du aus dem Land ihn fliehen machst,
Mit frechem Blick entgegentrete deinem Speer,
Und als Besiegter in die Stadt zurück du kehrst.
Wie übersteigst die Palisaden du, wenn sich
Zur Flucht das Heer uns kehrt? Wie dringen auch
Die Wagenlenker durch die Schanzen, ohne daß
Die Naben an den Rädern brechen?
Und siegst du auch, so lauert Peleus' Sohn dir auf,
Der in die Schiffe Feuer nicht dich werfen, nicht
Dich, wie du wähnst, hinraffen die Achaier läßt;
Denn feurig ist der Mann, zu Heldentaten kühn.
Drum lassen immer wir das schildbewehrte Heer
In Ruh' des Schlafs genießen nach des Krieges Mühn.
Doch – mein' ich – sollten als Kundschafter zu dem Feind
Wir einen senden, der dazu bereit sich zeigt;
Und machen Anstalt sie zur Flucht, dann gehn wir her
Und überfallen schleunig das Argeierheer.
Doch waren diese Feuerzeichen nur Betrug,
So gibt er Kundschaft von der Feinde Ränken uns,
Und wir beraten uns: dies meine Meinung, Herr!

Strophe

Ch   Das halte ich für gut; das ändere auch dir den Sinn!
     Nicht liebe ich der Feldherrn Macht, wenn Gefahr sie
       bringt.
     Was ist auch besser, als
     Daß eilig ein Späher zu den Schiffen geht,
     Zu erkunden, warum sie im Lager bei den Schiffen
     Die Feuer brennen lassen.
He   Der Sieg ist euer, weil es allen so gefällt.
     Geh hin, stell Ordnung unter unsern Streitern her!
     Denn schnell gerät ein Heer in Aufruhr, wenn es hört

ἐγὼ δὲ πέμψω πολεμίων κατάσκοπον.   140
κἂν μέν τιν' ἐχθρῶν μηχανὴν πυθώμεθα,
σὺ πάντ' ἀκούσῃ καὶ παρὼν εἴσῃ λόγον·
ἐὰν δ' ἀπαίρωσ' ἐς φυγὴν ὁρμώμενοι,
σάλπιγγος αὐδὴν προσδοκῶν καραδόκει,
ὡς οὐ μενοῦντά μ'· ἀλλὰ προσμείξω νεῶν   145
ὁλκοῖσι νυκτὸς τῆσδ' ἐπ' Ἀργείων στρατῷ.

Αι πέμφ' ὡς τάχιστα· νῦν γὰρ ἀσφαλῶς φρονεῖς.
    σὺν σοὶ δ' ἔμ' ὄψῃ καρτεροῦνθ', ὅταν δέῃ.
Εκ τίς δῆτα Τρώων οἱ πάρεισιν ἐν λόγῳ
    θέλει κατόπτης ναῦς ἐπ' Ἀργείων μολεῖν;   150
    τίς ἂν γένοιτο τῆσδε γῆς εὐεργέτης;
    τίς φησιν; οὔτοι πάντ' ἐγὼ δυνήσομαι
    πόλει πατρῴᾳ συμμάχοις θ' ὑπηρετεῖν.

                    Δόλων

    ἐγὼ πρὸ γαίας τόνδε κίνδυνον θέλω
    ῥίψας κατόπτης ναῦς ἐπ' Ἀργείων μολεῖν,   155
    καὶ πάντ' Ἀχαιῶν ἐκμαθὼν βουλεύματα
    ἥξω· ἐπὶ τούτοις τόνδ' ὑφίσταμαι πόνον.
Εκ ἐπώνυμος μὲν κάρτα καὶ φιλόπτολις
    Δόλων· πατρὸς δὲ καὶ πρὶν εὐκλεᾶ δόμον
    νῦν δὶς τόσως ἔθηκας εὐκλεέστερον.   160
Δο οὐκοῦν πονεῖν μὲν χρή, πονοῦντα δ' ἄξιον
    μισθὸν φέρεσθαι. παντὶ γὰρ προσκείμενον
    κέρδος πρὸς ἔργῳ τὴν χάριν τίκτει διπλῆν.
Εκ ναί, καὶ δίκαια ταῦτα κοὐκ ἄλλως λέγω.
    τάξαι δὲ μισθόν, πλὴν ἐμῆς τυραννίδος.   165
Δο οὐ σῆς ἐρῶμεν πολιόχου τυραννίδος.
Εκ σὺ δ' ἀλλὰ γήμας Πριαμιδῶν γαμβρὸς γενοῦ.
Δο οὐδ' ἐξ ἐμαυτοῦ μειζόνων γαμεῖν θέλω.
Εκ χρυσὸς πάρεστιν, εἰ τόδ' αἰτήσεις γέρας.
Δο ἀλλ' ἔστ' ἐν οἴκοις· οὐ βίου σπανίζομεν.   170
    τί δῆτα χρῄζεις ὧν κέκευθεν Ἴλιος;

Von einer Ratsversammlung mitten in der Nacht.
Ich aber schicke einen Späher hin zum Feind;
Und meldet er, daß uns Betrug bereitet wird,
So wird dir, da du hier bist, seine Botschaft kund.
Doch macht der Feind sich auf, um schleunig zu entfliehn,
Dann merke auf und wart auf der Drommete Schall:
Dann säume auch ich nicht, dringe zu den Schiffen vor
Und greife in dieser Nacht noch die Achaier an.

Ai   Send eiligst hin! Jetzt bist auf Sicherheit du bedacht.
Du siehst mich mit dir kämpfen, wenn es des bedarf.

He   Wer also von den Troern hier
Will als Kundschafter zu der Griechen Schiffen gehn?
Wer will des Lands Wohltäter sein? Wer meldet sich?
Denn nimmermehr kann ich, der eine, jeden Dienst
Den Kampfgenossen leisten und der Vaterstadt.

Dolon

Ich will, Gefahr nicht achtend, für das Vaterland
Als Späher zu den Schiffen der Argeier gehn;
Und wenn ich alle Pläne unsrer Feinde kenne,
Kehr ich zurück: die Müh' nehme ich für euch auf mich.

He   Dein Name paßt gar gut; du bist ein Freund der Stadt,
Dolon; vom Vater her ist schon dein Haus berühmt;
Doch doppelt erhöhst jetzt du seinen Ruhm.

Do   Drum muß ich mich bemühn. Doch wer sich müht, ist auch
Des Lohnes wert. Denn ist mit einer Tat Gewinn
Verbunden, ist man doppelt gern dazu bereit.

He   Nun, das ist ganz gerecht; ich sag' es anders nicht.
Setz einen Lohn fest, außer meinem Fürstentum.

Do   Nicht reizt mich deine Macht in dieser Stadt.

He   Dann werd' durch Heirat Schwiegersohn des Priamos.

Do   Nicht möcht ich eine frein, die höher steht als ich.

He   Gold ist vorhanden, wenn du solchen Lohn begehrst.

Do   Das hab' ich selbst daheim; kein Mangel drückt mich.

He   Was also willst du von den Schätzen Ilions?

Δο ἑλὼν 'Αχαιοὺς δῶρά μοι ξυναίνεσον.
Εκ δώσω· σὺ δ' αἴτει πλὴν στρατηλάτας νεῶν.
Δο κτεῖν', οὔ σ' ἀπαιτῶ Μενέλεω σχέσθαι χέρα.

Εκ οὐ μὴν τὸν 'Ιλέως παῖδά μ' ἐξαιτῇ λαβεῖν;   175
Δο κακαὶ γεωργεῖν χεῖρες εὖ τεθραμμέναι.
Εκ τίν' οὖν 'Αχαιῶν ζῶντ' ἀποινᾶσθαι θέλεις;
Δο καὶ πρόσθεν εἶπον· ἔστι χρυσὸς ἐν δόμοις.
Εκ καὶ μὴν λαφύρων γ' αὐτὸς αἱρήσῃ παρών.
Δο θεοῖσιν αὐτὰ πασσάλευε πρὸς δόμοις.   180
Εκ τί δῆτα μεῖζον τῶνδέ μ' αἰτήσεις γέρας;
Δο ἵππους 'Αχιλλέως· χρὴ δ' ἐπ' ἀξίοις πονεῖν
   ψυχὴν προβάλλοντ' ἐν κύβοισι δαίμονος.
Εκ καὶ μὴν ἐρῶντί γ' ἀντερᾷς ἵππων ἐμοί·
   ἐξ ἀφθίτων γὰρ ἄφθιτοι πεφυκότες   185
   τὸν Πηλέως φέρουσι θούριον γόνον·
   δίδωσι δ' αὐτοὺς πωλοδαμνήσας ἄναξ
   Πηλεῖ Ποσειδῶν, ὡς λέγουσι, πόντιος.
   ἀλλ' οὔ σ' ἐπάρας ψεύσομαι· δώσω δέ σοι,
   κάλλιστον οἴκοις κτῆμ', 'Αχιλλέως ὄχον.   190
Δο αἰνῶ λαβὼν δ' ἂν φημι κάλλιστον Φρυγῶν
   δῶρον δέχεσθαι τῆς ἐμῆς εὐσπλαγχνίας.
   σὲ δ' οὐ φθονεῖν χρή· μυρί' ἔστιν ἄλλα σοι,
   ἐφ' οἷσι τέρψῃ τῆσδ' ἀριστεύων χθονός.   194

Χο μέγας ἀγών, μεγάλα δ' ἐπινοεῖς ἑλεῖν·   ἀντ.
   μακάριός γε μὴν κυρήσας ἔσῃ.
   πόνος ὅδ' εὐκλεής·
   μέγα δὲ κοιράνοισι γαμβρὸν πέλειν.
   τὰ θεόθεν ἐπιδέτω Δίκα,
   τὰ δὲ παρ' ἀνδράσιν τέλειά σοι φαίνεται.   200

Δο στείχοιμ' ἄν· ἐλθὼν ⟨δ'⟩ ἐς δόμους ἐφέστιος
   σκευῇ πρεπόντως σῶμ' ἐμὸν καθάψομαι,
   κἀκεῖθεν ἥσω ναῦς ἐπ' 'Αργείων πόδα.

Do   Sei Sieger erst, und dann setz ein Geschenk mir aus!
He   Das will ich. Fordre; nur des Heeres Führer nicht!
Do   Die mache nieder! Auch ist mein Verlangen nicht,
       Daß deine Hand den Menelaos schonen soll.
He   Und auch Oileus' Sohn verlangst du nicht von mir?
Do   Vornehm erzogne Hände bauen schlecht das Feld.
He   Nun, welches Griechen Lösegeld begehrst du denn?
Do   Ich sagt' es vorhin schon: ich habe Gold daheim.
He   So wähle von der Beute selbst dein Teil dir aus!
Do   Häng den nur in der Götter Tempeln auf!
He   Welch größern Lohn also bedingst du dir?
Do   Achilleus' Rosse! Würdig muß der Mühe Lohn sein,
       Wenn auf des Schicksals Würfel man das Leben setzt.
He   Die Rosse, die ich selber wünschte, wünschest du.
       Gezeugt von Unsterblichen, unsterblich selbst,
       Führt dies Gespann des Peleus ungestümen Sohn.
       Dem Peleus gab es einst der Rossebändiger
       Poseidon, der Meerbeherrscher, wie es heißt.
       Doch ich stehe zu meinem Wort und gebe dir
       Achilleus' Gespann, deines Hauses größten Schatz.
Do   Das lob' ich. Hab' ich den, nenne ich das herrlichste
       Geschenk vor allen Phrygern mein für meinen Mut.
       Doch nicht beneide du mich drum: Unzähliges
       Gibt's noch, das dich ergötzt, des Volkes Trefflichsten.

Gegenstrophe

Ch   Großes betreibst du, Großes erstrebst du;
       Hochbeglückt bist du, wenn du das Ziel erreichst;
       Rühmlich ist solche Mühe!
       Groß auch ist es, verschwägert mit Herrschern sein.
       Schenke Göttliches Dike dir!
       Was in menschlicher Macht steht, erfüllet an dir sich.

Do   So mach' ich mich denn auf. Doch will ich erst daheim
       Mich kleiden, wie's dem Anlaß entspricht,
       Und dann zur Griechenflotte richten meinen Schritt.

Χο ἐπεὶ τίν' ἄλλην ἀντὶ τῆσδ' ἕξεις στολήν;
Δο πρέπουσαν ἔργῳ κλωπικοῖς τε βήμασι.   205
Χο σοφοῦ παρ' ἀνδρὸς χρὴ σοφόν τι μανθάνειν·
   λέξον, τίς ἔσται τοῦδε σώματος σαγή;
Δο λύκειον ἀμφὶ νῶτ' ἐνάψομαι δορὰν
   καὶ χάσμα θηρὸς ἀμφ' ἐμῷ θήσω κάρᾳ,
   βάσιν τε χερσὶ προσθίαν καθαρμόσας   210
   καὶ κῶλα κώλοις, τετράπουν μιμήσομαι
   λύκου κέλευθον πολεμίοις δυσεύρετον,
   τάφροις πελάζων καὶ νεῶν προβλήμασιν.
   ὅταν δ' ἔρημον χῶρον ἐμβαίνω ποδί,
   δίβαμος εἶμι· τῇδε σύγκειται δόλος.   215
Χο ἀλλ' εὖ σ' ὁ Μαίας παῖς ἐκεῖσε καὶ πάλιν
   πέμψειεν 'Ερμῆς, ὅς γε φηλητῶν ἄναξ.
   ἔχεις δὲ τοὔργον· εὐτυχεῖν μόνον σε δεῖ.
Δο σωθήσομαί γε καὶ κτανὼν 'Οδυσσέως
   οἴσω κάρα σοι. σύμβολον δ' ἔχων σαφὲς —   220
   φήσεις Δόλωνα ναῦς ἐπ' 'Αργείων μολεῖν —
   ἢ παῖδα Τυδέως· οὐδ' ἀναιμάκτῳ χερὶ
   ἥξω πρὸς οἴκους πρὶν φάος μολεῖν χθόνα.

Χο Θυμβραῖε καὶ Δάλιε καὶ Λυκίας   στρ.
   ναὸν ἐμβατεύων   225
   "Απολλον, ὦ δία κεφαλά, μόλε τοξή-
   ρης, ἱκοῦ ἐννύχιος
   καὶ γενοῦ σωτήριος ἀνέρι πομπᾶς
   ἁγεμὼν καὶ ξύλλαβε Δαρδανίδαις,   230
   ὦ παγκρατές, ὦ Τροίας
   τείχη παλαιὰ δείμας.

   μόλοι δὲ ναυκλήρια, καὶ στρατιᾶς   ἀντ.
   'Ελλάδος διόπτας

Ch Welche andre Tracht wählst du statt dieser hier?
Do Die zu dem Werk und zu verstohlnen Gängen paßt.
Ch Was klug ist, muß man lernen von dem klugen Mann.
     Sag an: was wird die Kleidung deines Körpers sein?
Do Das Fell des Wolfes schlage ich um den Rücken mir,
     Den Rachen des Tiers lege ich ums Haupt;
     Die Vorderfüße anfügend meinen Händen und
     Die Schenkel meinen Schenkeln, ahme ich so des Wolfs
     Vierfüßigen Gang nach, schwer entdeckbar für den Feind,
     Wenn ich den Gräben nahe und Schiffsverschanzungen.
     Wenn aber einen öden Ort mein Fuß betritt,
     Dann geh' ich auf zwei Füßen: dies ist meine List.
Ch O daß dich Hermes, Maias Sohn, hin und zurück
     Geleiten möge, der Betrügern Schutz verleiht!
     Das Werk hast du in Händen, nur des Glücks bedarf's.
Do Ich komme glücklich durch und bringe Odysseus' Haupt
     Dir oder das des Diomedes als sicheren Beweis. –
     „Zur Griechenflotte ging Dolon", so sollst du sagen.
     Ehe das Licht aufsteigt, kehre ich mit blutiger Hand zu-
     rück.

Chor

Erste Strophe

Herr von Thymbra, der Delos und Lykiens
Tempel umwandelt,
Apollo, o göttliches Haupt, komm bogenbewaffnet,
Komm nächtlich, sei schirmender Führer dem Mann
Auf dem Weg, und hilf dem dardanischen Volk,
Allherrscher du, der Trojas
Uralte Mauern aufgetürmt.

Gegenstrophe

Zur Flotte gelange er, durchspähe das Heer
Von Hellas und kehre

ἵκοιτο, καὶ κάμψειε πάλιν θυμέλας οἴ-
κων πατρὸς 'Ιλιάδας.   235
Φθιάδων δ' ἵππων ποτ' ἐπ' ἄντυγα βαίη,
δεσπότου πέρσαντος 'Αχαιὸν ''Αρη,
τὰς πόντιος Αἰακίδᾳ   240
Πηλεῖ δίδωσι δαίμων.

ἐπεὶ πρό τ' οἴκων πρό τε γᾶς ἔτλα μόνος   στρ.
ναύσταθμα βὰς κατιδεῖν· ἄγαμαι
λήματος· ἦ σπανία ⟨τις⟩   245
τῶν ἀγαθῶν, ὅταν ᾖ
δυσάλιος ἐν πελάγει
καὶ σαλεύῃ
πόλις. ἔστι Φρυγῶν τις ἔστιν ἄλκιμος·   250
ἔνι δὲ θράσος ἐν αἰχ-
μᾷ· πόθι Μυσῶν ὃς ἐμὰν
συμμαχίαν ἀτίζει;

τίν' ἄνδρ' 'Αχαιῶν ὁ πεδοστιβὴς σφαγεὺς   ἀντ.
οὐτάσει ἐν κλισίαις, τετράπουν   255
μῖμον ἔχων ἐπιγαίου
θηρός; ἕλοι Μενέλαν,
κτανὼν δ' 'Αγαμεμνόνιον
κρᾶτ' ἐνέγκοι
'Ελένᾳ κακόγαμβρον ἐς χέρας γόον,   260
ὃς ἐπὶ πόλιν, ὃς ἐπὶ
γᾶν Τροίαν χιλιόναυν
ἦλυθ' ἔχων στρατείαν.

Ἄγγελος

ἄναξ, τοιούτων δεσπόταισιν ἄγγελος
εἴην τὸ λοιπὸν οἷά σοι φέρω μαθεῖν.   265

Zum heimischen Herd und zur Stadt der Väter, nach Troja;
Er steig' auf den Wagen mit Phthias Gespann,
Wenn Achaias Ares der Herrscher vertilgt,
Das zum Geschenk der Meergott
Dem Aiakiden Peleus gab.

Zweite Strophe

Weil er für Heimat und für Vaterland allein
Sich zu der Flotte als Späher wagt, bewundre ich
Solchen beherzten Entschluß.
Wahrlich, an Helden gebricht's,
Wenn in des Meeres empörten Wogen
Schwanket die Stadt. – Immer noch ist,
Immer noch kühn der Phryger: Kraft wohnt noch in seinem
Speer. Wo ist der Myser,
Der meine Hilfe verachtet?

Gegenstrophe

Wen von Achaias Männern wird der Mörder wohl,
Er, der den Vierfuß nachahmt, in dem Lager
Treffen, ob Menelas er,
Ob Agamemnon sich wählt,
Sein Haupt der Helena entgegen
Tragend, damit sie beklage des Manns
Bruder, den unglücksel'gen, der in Trojas
Gefilde auf tausend Schiffen geführt das Heer.

Bote

O wär' ich, Fürst, doch solcher Nachricht Bote stets
Den Herrschern, wie ich jetzt sie dir verkündige!

Εκ   ἦ πόλλ' ἀγρώταις σκαιὰ πρόσκειται φρενί·
     καὶ γὰρ σὺ ποίμνας δεσπόταις τευχεσφόροις
     ἥκειν ἔοικας ἀγγελῶν ἵν' οὐ πρέπει.
     οὐκ οἶσθα δῶμα τοὐμὸν ἢ θρόνους πατρός,
     οἳ χρῆν γεγωνεῖν σ' εὐτυχοῦντα ποίμνια;   270

Αγ   σκαιοὶ βοτῆρές ἐσμεν· οὐκ ἄλλως λέγω.
     ἀλλ' οὐδὲν ἧσσον σοι φέρω κεδνοὺς λόγους.
Εκ   παῦσαι λέγων μοι τὰς προσαυλείους τύχας·
     μάχας πρὸ χειρῶν καὶ δόρη βαστάζομεν.
Αγ   τοιαῦτα κἀγὼ σημανῶν ἐλήλυθα·   275
     ἀνὴρ γὰρ ἀλκῆς μυρίας στρατηλατῶν
     στείχει φίλος σοὶ σύμμαχός τε τῇδε γῇ.
Εκ   ποίας πατρῴας γῆς ἐρημώσας πέδον;
Αγ   Θρῄκης· πατρὸς δὲ Στρυμόνος κικλήσκεται.
Εκ   'Ρῆσον τιθέντ' ἔλεξας ἐν Τροίᾳ πόδα;   280
Αγ   ἔγνως· λόγου δὲ δὶς τόσου μ' ἐκούφισας.
Εκ   καὶ πῶς πρὸς Ἴδης ὀργάδας πορεύεται,
     πλαγχθεὶς πλατείας πεδιάδος θ' ἁμαξιτοῦ;

Αγ   οὐκ οἶδ' ἀκριβῶς· εἰκάσαι γε μὴν πάρα.
     νυκτὸς γὰρ οὔτι φαῦλον ἐμβαλεῖν στρατόν.   285
     κλύοντα πλήρη πεδία πολεμίας χερός.
     φόβον δ' ἀγρώσταις, οἳ κατ' Ἰδαῖον λέπας
     οἰκοῦμεν αὐτόρριζον ἑστίαν χθονός,
     παρέσχε δρυμὸν νυκτὸς ἔνθηρον μολών.
     πολλῇ γὰρ ἠχῇ Θρήκιος ῥέων στρατὸς   290
     ἔστειχε· θάμβει δ' ἐκπλαγέντες ἵεμεν
     ποίμνας πρὸς ἄκρας, μή τις Ἀργείων μόλῃ
     λεηλατήσων καὶ σὰ πορθήσων σταθμά.
     πρὶν δὴ δι' ὤτων γῆρυν οὐχ Ἑλληνικὴν
     ἐδεξάμεσθα καὶ μετέστημεν φόβου.   295
     στείχων δ' ἄνακτος προυξερευνητὰς ὁδοῦ
     ἀνιστόρησα Θρῃκίοις προσφθέγμασι,

Hektor

Nun ja, dem Landvolk liegt viel linkisch Zeug im Sinn:
Du kommst von deiner Herde, den gewappneten
Gebietern, scheint's, zu melden, am falschen Ort.
Kennst du mein Haus, kennst meines Vaters Thron du
    nicht?
Dorthin berichte, daß gesund die Herden sind.

Bo   Wohl sind wir Hirten linkisch; selber sag ich das;
Des ungeachtet bring ich werte Kunde dir.

He   Erzähle nur von ländlichen Geschäften nichts:
Feldschlacht und Speer ist's, was allein im Sinn uns liegt.

Bo   Auch solche Botschaft dir zu bringen kam ich her.
Ein Mann, der an der Spitze von Zehntausend steht,
Naht, dir ein Freund, ein Bundesgenosse diesem Land.

He   Aus welchem Lande seiner Heimat zog er her?

Bo   Vom Land der Thraker. Strymons Sohn wird er genannt.

He   Rhesos – so meldest du – ist's, der nach Troja zieht?

Bo   Ganz recht! Mein Wort zu wiederholen sparst du mir.

He   Wie aber nimmt zu Idas Fluren er den Weg,
Ablenkend von der Fahrbahn durch das ebne Feld?

Bo   Nichts Sichres weiß ich zwar, indes vermut' ich es;
Denn nachts einem Heer zu nahen ist nicht leicht,
Wenn man vernimmt, daß Feindesmacht das Feld erfüllt.
In Furcht jedoch hat er die Landbevölkerung,
Die Idas Höhn umwohnt, des Lands Ursprungsherd,
Gesetzt, als nachts zum wildreichen Wald er kam.
Denn mit gewaltigem Lärmen zog das Thrakerheer
Gleich einem Strome daher, und wir, ganz außer uns
Vor Schrecken, trieben unser Vieh die Höhn hinauf,
Voll Furcht, daß ein Argeier, angereizt von Beutelust,
Herkäm und deine Hürden dir verwüstete.
Doch Laute, die nicht griechisch waren, schollen bald
An unsre Ohren, und hinweg war alle Furcht.
Da stieg ich nieder und erfrug in thrakischen
Zurufen, als voreilender Kundschafter, wie

Τίς ὁ στρατηγὸς καὶ τίνος κεκλημένος
στείχει πρὸς ἄστυ Πριαμίδαισι σύμμαχος;
καὶ πάντ' ἀκούσας ὧν ἐφιέμην μαθεῖν,   300
ἔστην· ὁρῶ δὲ 'Ρῆσον ὥστε δαίμονα
ἐστῶτ' ἐν ἵπποις Θρηκίοις τ' ὀχήμασι.
χρυσῆ δὲ πλάστιγξ αὐχένα ζυγηφόρον
πώλων ἔκληε χιόνος ἐξαυγεστέρων.
πέλτη δ' ἐπ' ὤμων χρυσοκολλήτοις τύποις   305
ἔλαμπε· Γοργὼν δ' ὡς ἐπ' αἰγίδος θεᾶς
χαλκῆ μετώποις ἱππικοῖσι πρόσδετος
πολλοῖσι σὺν κώδωσιν ἐκτύπει φόβον.
στρατοῦ δὲ πλῆθος οὐδ' ἂν ἐν ψήφου λόγῳ
θέσθαι δυναίμην, ὡς ἄπλατον ἦν ἰδεῖν,   310
πολλοὶ μὲν ἱππῆς, πολλὰ πελταστῶν τέλη,
πολλοὶ δ' ἀτράκτων τοξόται, πολὺς δ' ὄχλος
γυμνῆς ὁμαρτῇ, Θρηκίαν ἔχων στολήν.
τοιόσδε Τροίᾳ σύμμαχος πάρεστ' ἀνήρ,
ὃν οὔτε φεύγων οὔθ' ὑποσταθεὶς δορὶ   315
ὁ Πηλέως παῖς ἐκφυγεῖν δυνήσεται.

Χο ὅταν πολίταις εὐσταθῶσι δαίμονες,
    ἕρπει κατάντης ξυμφορὰ πρὸς τἀγαθά.
Εκ πολλούς, ἐπειδὴ τοὐμὸν εὐτυχεῖ δόρυ
    καὶ Ζεὺς πρὸς ἡμῶν ἐστιν, εὑρήσω φίλους.   320
    ἀλλ' οὐδὲν αὐτῶν δεόμεθ', οἵτινες πάλαι
    μὴ ξυμπονοῦσιν, ἡνίκ' ἐξώστης Ἄρης
    ἔθραυε λαίφη τῆσδε γῆς μέγας πνέων.
    'Ρῆσος δ' ἔδειξεν οἷος ἦν Τροίᾳ φίλος·
    ἥκει γὰρ ἐς δαῖτ', οὐ παρὼν κυνηγέταις   325
    αἱροῦσι λείαν οὐδὲ συγκαμὼν δορί.
Χο ὀρθῶς ἀτίζεις κἀπίμομφος εἶ φίλοις·
    δέχου δὲ τοὺς θέλοντας ὠφελεῖν πόλιν.
Εκ ἀρκοῦμεν οἱ σῴζοντες Ἴλιον πάλαι.
Χο πέποιθας ἤδη πολεμίους ᾑρηκέναι;   330
Εκ πέποιθα· δείξει τοὐπιὸν σέλας θεοῦ.
Χο ὅρα τὸ μέλλον· πόλλ' ἀναστρέφει θεός.

Des Heeres Führer heiße und wessen Sohn er sei,
Der hin zur Stadt als Priams Bundsgenosse zieht.
Und als ich alles, was zu wissen ich verlangt,
Vernommen hatte, blieb ich stehn, da traf mein Blick
Auf Rhesos, welcher, einem Gotte gleich,
Auf seinem roßbespannten Thrakerwagen stand.
Ein goldner Ring verband die Nacken der im Joch
Vereinten Füllen, heller glänzend als der Schnee;
Und um die Schultern strahlte ihm der Schild
Von Goldgebilden; Gorgo, ehern, wie im Schild
Der Göttin, war der Rosse Stirnen angefügt,
Und übertäubte uns durch den lauten Schellenklang.
Des Heeres Zahl genau zu sagen, wäre
Ich nicht imstand, so unermeßlich war's zu schaun:
Viel Reiter, viele Scharen Schildbewaffneter,
Viel Bogenschützen, und dazu ein großer Schwarm
Von leichtbewehrtem Volk im Thrakerkleid.
Ein solcher Mann ist's, der den Troern Hilfe bringt,
Vor dem, er fliehe oder stehe seinem Speer,
Der Sohn des Peleus nimmermehr sich retten wird.

Ch　Wird einer Bürgschaft der Götter Huld zuteil,
　　Dann wandelt jedes Mißgeschick zum Guten sich.

He　Viel Freunde werde ich finden, da mit Glück
　　Mein Speer hier kämpft und Zeus uns Helfer ist.
　　Doch nicht bedürfen jener wir, die früher nicht
　　Mit uns geduldet, als des Ares drängende
　　Gewalt mit Sturmgebraus die Segel uns zerriß.
　　Rhesos beweist, was für ein Freund er Troja ist:
　　Zur Mahlzeit kommt er, niemand sah ihn bei der Jagd,
　　Sein Speer war nicht dabei, als man die Beute fing.

Ch　Freunde tadelst und schmähest du zu Recht; doch
　　Nimm die auf, die der Stadt zu helfen willens sind.

He　Wir sind, um Ilion zu retten, stets genug.

Ch　Du bist überzeugt, schon Herr des Feinds zu sein?

He　Ich glaube es fest; bald zeigt es euch des Gottes Strahl.

Ch　Denk an die Zukunft; vieles kehrt die Gottheit um!

Εκ   μισῶ φίλοισιν ὕστερον βοηδρομεῖν.
Αγ   ἄναξ, ἀπωθεῖν συμμάχους ἐπίφθονον.
     φόβος γένοιτ' ἂν πολεμίοις ὀφθεὶς μόνον.   335
     ὃ δ' οὖν, ἐπείπερ ἦλθε, σύμμαχος μὲν οὐ
     ξένος δὲ πρὸς τράπεζαν ἡκέτω ξένων·
     χάρις γὰρ αὐτῷ Πριαμιδῶν διώλετο.
Εκ   σύ τ' εὖ παραινεῖς καὶ σὺ καιρίως σκοπεῖς.
     ὁ χρυσοτευχὴς δ' οὕνεκ' ἀγγέλου λόγων   340
     Ῥῆσος παρέστω τῇδε σύμμαχος χθονί.

Χο   Ἀδράστεια μὲν ἁ Διὸς   στρ.
     παῖς εἴργοι στομάτων φθόνον·
     φράσω γὰρ δὴ ὅσον μοι ψυχᾷ
     προσφιλές ἐστιν εἰπεῖν.   345
     ἥκεις, ὦ ποταμοῦ παῖ,
     ἥκεις, ἐπλάθης Φρυγίαν πρὸς αὐλὰν
     ἀσπαστός, ἐπεί σε χρόνῳ
     Πιερὶς μάτηρ ὅ τε καλλιγέφυ-
     ρος ποταμὸς πορεύει   350

     Στρυμών, ὃς ποτε τᾶς μελῳ-   ἀντ.
     δοῦ Μούσας δι' ἀκηράτων
     δινηθεὶς ὑδροειδὴς κόλπων
     σὰν ἐφύτευσεν ἥβαν.
     σύ μοι Ζεὺς ὁ φαναῖος   355
     ἥκεις διφρεύων βαλιαῖσι πώλοις.
     νῦν ὦ πατρὶς ὦ Φρυγία,
     ξὺν θεῷ νῦν σοι τὸν ἐλευθέριον
     Ζῆνα πάρεστιν εἰπεῖν.   359

He Ich hasse den, der Freunden spät erst Hilfe bringt.
Bo O Herr, Mitstreiter wegzustoßen ist verhaßt;
Sein bloßer Anblick schon jagt Furcht den Feinden ein.
Nachdem er nun gekommen, als Bundesgenossen,
Nicht als Gast am Tisch, so nimm ihn auf,
Verscherzt ist ja für ihn der Priamiden Dank.
He Gut rätst du, und richtig ist dein Blick:
Sei denn der goldumschirmte Rhesos diesem Land
Ein Mitgenoß im Kampfe, nach des Boten Wort.

Chor

Erste Strophe

Adrasteia, du Tochter Zeus',
Halte fern der Zungen Haß,
Denn zu sagen verlangt mich,
Was im Herzen mich hoch erfreut.
Sohn des Stromes, du kamst,
Kamst, nahtest der Phyrgerbehausung
Willkommen, ob erst spät die Mutter,
Die Pieride, und der schönbebrückte
Strom dich dahergeführt hat.

Gegenstrophe

Strymon, der, in der singenden
Muse keuschen Schoß dereinst
Seine Strömung ergießend,
Deine Jugend erzeugte:
Du, lichtbringender Zeus mir,
Kommst, herfahrend mit scheckigen Rossen.
Nunmehr, o Vaterland, o Phrygien,
Ist's an der Zeit, daß mit der Götter Huld du
Zeus den Befreier feierst.

ἀρά ποτ' αὖθις ἀ παλαιὰ Τροία   στρ.
τοὺς προπότας παναμερεύ-
σει θιάσους ἐρώτων
ψαλμοῖσι καὶ κυλίκων οἰνοπλανή-
τοις ἐπιδεξίαις ἀμίλ-
λαις κατὰ πόντον 'Ατρειδᾶν   365
Σπάρταν οἰχομένων
'Ιλιάδος παρ' ἀκτᾶς;
ὦ φίλος, εἴθε μοι
σᾷ χερὶ καὶ σῷ δορὶ πρά-
ξας τάδ' ἐς οἶκον ἔλθοις.

ἐλθέ, φάνηθι, τὰν ζάχρυσον προβαλοῦ   ἀντ.
Πηλεΐδα κατ' ὄμμα πέλ-   371
ταν δοχμίαν πεδαίρων
σχιστὰν παρ' ἄντυγα, πώλους ἐρεθί-
ζων δίβολόν τ' ἄκοντα πάλ-
λων. σὲ γὰρ οὔτις ὑποστὰς   375
'Αργείας ποτ' ἐν 'Η-
ρας δαπέδοις χορεύσει·
ἀλλά νιν ἄδε γᾶ
καπφθίμενον Θρηκὶ μόρῳ
φίλτατον ἄχθος οἴσει.

ἰὼ ἰώ, μέγας ὦ βασιλεῦ.
καλόν, ὦ Θρῄκη,   880
σκύμνον ἔθρεψας πολίαρχον ἰδεῖν.
ἴδε χρυσόδετον σώματος ἀλκήν,
κλύε καὶ κόμπους κωδωνοκρότους
παρὰ πορπάκων κελαδοῦντας.
θεός, ὦ Τροία, θεός, αὐτὸς 'Άρης   385
ὁ Στρυμόνιος πῶλος ἀοιδοῦ
Μούσης ἥκων καταπνεῖ σε.

Zweite Strophe

So wird denn wiederum die alte
Troja den Tag durchjubeln zechend
Und in Liebesfreuden,
Mit Liedern und Bechern betörenden Weines,
Die rechts um die Wette kreisen,
Da ins Meer die Atriden
Gen Sparta steuern von Ilions Gestaden.
Kehrtest du, Freund, doch erst
Wiederum heim, wenn dein Arm,
Wenn dein Speer mir dies vollbracht hat.

Gegenstrophe

Komm, zeige dich, wirf deinen goldnen
Schild vor im Angesicht des Peliden,
Erhebe den schiefen Thrakerschild,
Am Rand ausgeschnitten, treib an die Rosse
Und schleudre die Doppellanze!
Es besteht ja keiner
Vor dir, zu tanzen den Chor der Here in Argos.
Trägt doch dieses Land,
Wenn durch die Thraker der Tod
Sie dahinrafft, frohe Bürde!

Rhesos tritt auf.

Io! Io!
O du mächtiger Fürst, – einen herrlichen Löwen,
Einen Herrscher dem Blick, zogst, Thrakien, du auf!
Siehe des Leibs goldstrahlende Wehr,
Und vernimm auch, wie von dem Griffe des Schilds
Das Geklingel der Schellen ertönt.
Ein Gott, Gott Ares selber, o Troja,
Er, Strymons Sohn und der singenden Muse,
Ist gekommen und umwaltet dich
Mit seinem Hauch.

Ῥῆσος

χαῖρ', ἐσθλὸς ἐσθλοῦ παῖς τύραννε τῆσδε γῆς.
Ἕκτορ· παλαιᾷ σ' ἡμέρᾳ προσεννέπω.
χαίρω δέ σ' εὐτυχοῦντα καὶ προσήμενον   390
πύργοισιν ἐχθρῶν· συγκατασκάψων δ' ἐγὼ
τείχη πάρειμι καὶ νεῶν πρήσων σκάφη.

Εκ παῖ τῆς μελῳδοῦ μητέρος Μουσῶν μιᾶς
Θρῃκός τε ποταμοῦ Στρυμόνος, φιλῶ λέγειν
τἀληθὲς αἰεὶ κοὐ διπλοῦς πέφυκ' ἀνήρ.   395
πάλαι πάλαι χρῆν τῇδε συγκάμνειν χθονὶ
ἐλθόντα, καὶ μὴ τοὐπί σ' Ἀργείων ὕπο
Τροίαν ἐᾶσαι πολεμίῳ πεσεῖν δορί.
οὐ γάρ τι λέξεις ὡς ἄκλητος ὢν φίλοις
οὐκ ἦλθες οὐδ' ἤμυνας οὐδ' ἐπεστράφης.   400
τίς γάρ σε κῆρυξ ἢ γερουσία Φρυγῶν
ἐλθοῦσ' ἀμύνειν οὐκ ἐπέσκηψεν πόλει;
ποῖον δὲ δώρων κόσμον οὐκ ἐπέμψαμεν;
σὺ δ' ἐγγενὴς ὢν βάρβαρός τε βαρβάρους
Ἕλλησιν ἡμᾶς προύπιες τὸ σὸν μέρος.   405
καίτοι σε μικρᾶς ἐκ τυραννίδος μέγαν
Θρῃκῶν ἄνακτα τῇδ' ἔθηκ' ἐγὼ χερί,
ὅτ' ἀμφὶ Πάγγαιόν τε Παιόνων τε γῆν
Θρῃκῶν ἀρίστοις ἐμπεσὼν κατὰ στόμα
ἔρρηξα πέλτην, σοὶ δὲ δουλώσας λεὼν   410
παρέσχον· ὧν σὺ λακτίσας πολλὴν χάριν,
φίλων νοσούντων ὕστερος βοηδρομεῖς.
οἱ δ' οὐδὲν ἡμῖν ἐν γένει πεφυκότες,
πάλαι παρόντες, οἱ μὲν ἐν χωστοῖς τάφοις
κεῖνται πεσόντες, πίστις οὐ σμικρὰ πόλει,   415
οἱ δ' ἔν θ' ὅπλοισι καὶ παρ' ἱππείοις ὄχοις
ψυχρὰν ἄησιν δίψιόν τε πῦρ θεοῦ

Rhesos

Heil, edler Sohn des Edlen, Herrscher dieses Lands,
Hektor! Nach langer Zeit grüß' ich dich wiederum.
Ich freue deines Glückes mich, daß du des Feinds
Bollwerke kannst belagern. Ihm die Mauern zu
Zerstören, die Schiffe zu verbrennen, helfe ich dir.

Hektor

O Sohn der liederreichen Mutter aus dem Chor
Der Musen, Strymons auch, des Thrakerstromes, gern
Sage ich die Wahrheit, niemals sprach ich zweierlei.
Längst, längst gebührte sich's, zu Hilfe diesem Land
Zu kommen, nicht zu dulden auch, daß Ilion
Hinsinke durch die Speere des Argeierheers.
Sprich nicht, daß ungerufen du den Freunden nicht
Zuziehen wolltest, Helfer nicht und Retter sein:
Denn welcher Herold kam nicht, welche phrygische
Gesandtschaft nicht, Beistand zu heischen für die Stadt?
Welch prächtige Geschenke sandten wir nicht ab?
Doch du, mit uns verwandt, gabst uns Barbaren, selbst
Barbar, den Griechen hin, soviel an dir es lag.
Und doch hat einst aus einem kleinen Herrscher dich
Zum großen Thrakerfürsten dieser Arm gemacht,
Als am Pangaios ich und im Paionerland
Den Wackersten der Thraker entgegentrat,
Den Schild brach und unterjocht das ganze Volk
Dir übergab. Dafür trittst du mit Füßen nun
Die große Gunstbezeigung, und erst hinterher
Erscheinst als Helfer du den Freunden in der Not;
Da andre, die nicht gleichen Stammes mit uns sind,
Sich längst schon eingestellt, teils als Gefallene
Im Grabe ruhn, ein Zeichen nicht geringer Treue,
Teils noch in Waffen neben den Gespannen stehn,
Den kalten Luftzug und die trockne Glut des Gotts

μένουσι καρτεροῦντες, οὐκ ἐν δεμνίοις
πυκνὴν ἄμυστιν ὡς σὺ δεξιούμενοι.
ταῦθ', ὡς ἂν εἰδῆς "Εκτορ' ὄντ' ἐλεύθερον,　　　420
καὶ μέμφομαί σοι καὶ λέγω κατ' ὄμμα σόν.
Ρη　τοιοῦτός εἰμι καὐτός, εὐθεῖαν λόγων
τέμνων κέλευθον, κοὐ διπλοῦς πέφυκ' ἀνήρ.
ἐγὼ δὲ μεῖζον ἢ σὺ τῆσδ' ἀπὼν χθονὸς
λύπῃ πρὸς ἧπαρ δυσφορῶν ἐτειρόμην·　　　425
ἀλλ' ἀγχιτέρμων γαῖά μοι, Σκύθης λεώς,
μέλλοντι νόστον τὸν πρὸς Ἴλιον περᾶν
ξυνῆψε πόλεμον· Εὐξένου δ' ἀφικόμην
πόντου πρὸς ἀκτάς, Θρῆκα πορθμεύσων στρατόν.
ἔνθ' αἱματηρὸς πέλανος ἐς γαῖαν Σκύθης　　　430
ἠντλεῖτο λόγχῃ Θρήξ τε συμμιγὴς φόνος.
τοιάδε τοί μ' ἀπεῖργε συμφορὰ πέδον
Τροίας ἱκέσθαι σύμμαχόν τέ σοι μολεῖν.
ἐπεὶ δ' ἔπερσα, τῶνδ' ὁμηρεύσας τέκνα
τάξας ⟨τ'⟩ ἔτειον δασμὸν ἐς δόμους φέρειν.　　　435
ἥκω περάσας ναυσὶ πόντιον στόμα,
τὰ δ' ἄλλα πεζὸς γῆς περῶν ὁρίσματα,
οὐχ ὡς σὺ κομπεῖς τὰς ἐμὰς ἀμύστιδας,
οὐδ' ἐν ζαχρύσοις δώμασιν κοιμώμενος,
ἀλλ' οἷα πόντον Θρήκιον φυσήματα　　　440
κρυσταλλόπηκτα Παίονας τ' ἐπεζάρει,
ξὺν τοῖσδ' ἄυπνος οἶδα τλὰς πορπάμασιν.
ἀλλ' ὕστερος μὲν ἦλθον, ἐν καιρῷ δ' ὅμως·
σὺ μὲν γὰρ ἤδη δέκατον αἰχμάζεις ἔτος
κοὐδὲν περαίνεις, ἡμέραν δ' ἐξ ἡμέρας　　　445
πίπτεις κυβεύων τὸν πρὸς 'Αργείους "Αρη·
ἐμοὶ δὲ φῶς ἓν ἡλίου καταρκέσει
πέρσαντι πύργους ναυστάθμοις ἐπεσπεσεῖν
κτεῖναί τ' 'Αχαιούς· θατέρᾳ δ' ἀπ' 'Ιλίου
πρὸς οἶκον εἶμι, συντεμὼν τοὺς σοὺς πόνους.　　　450

Standhaft erdulden, nicht auf Lotterbetten stets
Die vollen Becher sich zubringen, so wie du. –
Auf daß du wissest, Hektor sei ein freier Mann,
Tadle ich dich und sage dir's ins Angesicht.

Rh Gerade so geartet bin ich selber auch,
Ich schlage stets den graden Weg im Reden ein,
Und bin der Mann nicht, welcher doppelzüngig spricht.
Weit größrer Kummer lastet auf dem Herzen mir
Als dir, daß fern ich diesem Lande blieb;
Allein ein Skythenvolk aus einem Nachbarland
Hat, als ich mich zum Zug nach Troja rüstete,
Krieg wider uns begonnen. Beim euxinischen
Meerufer angelangt, setzte ich das Thrakerheer
Hinüber: siehe, da floß Skythenblut, vermischt
Mit Thrakerblut, vom Speermord auf den Grund.
Der Unfall hielt vom Troerboden mich zurück,
Daß hilfreich dir zu nahn ich nicht imstande war.
Jedoch nachdem ich sie vertilgt und ihre Söhne
Als Geiseln für den jährlich mir zu leistenden
Tribut in meine Heimat hatte weggeführt,
Legte ich zu Schiffe übers Meer den Weg zurück,
Und durch die andern Länder zog ich dann zu Fuß.
Nicht, wie du dich auslässest, zwischen Bechern mich
Umtreibend, nicht in Prunkgemächern hingestreckt:
O nein! schlaflos in diesem Kleid
Lernte ich die Stürme kennen auf dem Thrakermeer,
Die frostig hauchend drücken aufs Paionerland.
Spät kam ich zwar, doch immer noch zur rechten Zeit;
Du schwingst ja deine Lanze schon im zehnten Jahr
Und richtest doch nichts aus, vergeudest Tag um Tag
Im Würfelspiele wider Argos' Kriegesmacht.
Für mich jedoch genügt ein einzig Sonnenlicht,
Die Mauerzinnen umzustürzen, mit Gewalt
Der Schiffe Lager zu durchbrechen und dem Tod
Achaias Heer zu weihen; dann am andern Tag
Kehre ich von Troja heim, wann ich dein Werk vollbracht.

ὑμῶν δὲ μή τις ἀσπίδ' ἄρηται χερί·
ἐγὼ γὰρ ἔξω τοὺς μέγ' αὐχοῦντας δορὶ
πέρσας 'Αχαιούς, καίπερ ὕστερος μολών.

Χο ἰὼ ἰώ.
  φίλα θροεῖς, φίλος Διόθεν εἶ· μόνον   455
  φθόνον ἄμαχον ὕπατος
  Ζεὺς θέλοι ἀμφὶ σοῖς λόγοισιν εἴργειν.
  τὸ δὲ νάιον 'Αργόθεν δόρυ
  οὔτε πρίν τιν' οὔτε νῦν   460
  ἀνδρῶν ἐπόρευσε σέθεν κρείσσω. πῶς μοι
  'Αχιλεὺς τὸ σὸν ἔγχος ἂν δύναιτο,
  πῶς δ' Αἴας ὑπομεῖναι;
  εἰ γὰρ ἐγὼ τόδ' ἦμαρ εἰσίδοιμ', ἄναξ,
  ὅτῳ πολυφόνου   465
  χειρὸς † ἀποινάσαιο † λόγχᾳ.

Ρη τοιαῦτα μέν σοι τῆς μακρᾶς ἀπουσίας
  πρᾶξαι παρέξω — σὺν δ' 'Αδραστείᾳ λέγω —
  ἐπειδὰν ἐχθρῶν τήνδ' ἐλευθέραν πόλιν
  θῶμεν θεοῖσί τ' ἀκροθίνι' ἐξέλῃς,   470
  ξὺν σοὶ στρατεύειν γῆν ἐπ' 'Αργείων θέλω
  καὶ πᾶσαν ἐλθὼν 'Ελλάδ' ἐκπέρσαι δορί,
  ὡς ἂν μάθωσιν ἐν μέρει πάσχειν κακῶς.
Εκ εἰ τοῦ παρόντος τοῦδ' ἀπαλλαχθεὶς κακοῦ
  πόλιν νεμοίμην ὡς τὸ πρίν ποτ' ἀσφαλῆ,   475
  ἦ κάρτα πολλὴν θεοῖς ἂν εἰδείην χάριν.
  τὰ δ' ἀμφί τ' "Αργος καὶ νομὸν τὸν 'Ελλάδος
  οὐχ ὧδε πορθεῖν ῥᾴδι', ὡς λέγεις, δορί.
Ρη οὐ τούσδ' ἀριστέας φασὶν 'Ελλήνων μολεῖν;
Εκ κοὺ μεμφόμεσθά γ', ἀλλ' ἄδην ἐλαύνομεν.   480
Ρη οὔκ οὖν κτανόντες τούσδε πᾶν εἰργάσμεθα;
Εκ μή νυν τὰ πόρρω τἀγγύθεν μεθεὶς σκόπει.
Ρη ἀρκεῖν ἔοικέ σοι παθεῖν, δρᾶσαι δὲ μή.
Εκ πολλῆς γὰρ ἄρχω κἀνθάδ' ὢν τυραννίδος.
  ἀλλ' εἴτε λαιὸν εἴτε δεξιὸν κέρας   485

Den Speer erfasse keiner von den Eurigen:
Ich will sie schon vertilgen, jene prahlenden
Achaier, wenn auch spät ich kam.

Ch Io! Io!
Huld kündet dein Mund, Huld strömet von Zeus dir zu!
Unbesiegbaren Neid nur
Wolle Zeus, der erhabene,
Abwenden von deinen Worten!
Nie noch hat aus Argos ein Schiff,
Weder zuvor noch jetzt, einen der Männer,
Besser als du, dahergeführt.
Wie wohl könnte Achilleus deinem Speere,
Wie Aias widerstehn?
Daß ich den Tag doch schauen dürfte, wo du,
Herrscher, sie feilbietest
Durch deiner blutigen Hand Lanze.

Rh So will ich für mein langes Fehlen dir
Vergelten; und wenn hold uns Adrasteia ist,
Dann will ich, wenn wir von den Feinden diese Stadt
Befreit, und von der Beute du das Weihgeschenk
Den Göttern ausgewählt hast, zur Seite dir
Zum Heerzug mich aufmachen ins Argeierland
Und dann ganz Hellas niederwerfen in den Staub,
Daß Unheil dulden lernen sie so ihrerseits.

He Dürfte ich, erlöst vom gegenwärtigen Ungemach,
Die Stadt in Sicherheit bewohnen, wie zuvor:
Fürwahr, gar großen Dank wüßte ich den Himmlischen!
Doch Argos, und was Hella's Volk sein eigen nennt,
Erobert dieser Speer so leicht nicht, wie du sagst.

Rh Nennt man nicht diese der Hellenen Edelste?

He Ich tadle keinen; doch genug bedränge ich sie.

Rh So ist mit ihrem Tod das ganze Werk vollbracht.

He Laß über Fernem Nahes aus dem Auge nicht!

Rh Das Dulden, scheint's, genügt anstatt des Handelns dir.

He Groß ist, bleib' ich auch hier, doch meine Herrschermacht.
Darum, wenn auf dem linken Flügel oder rechts,

εἴτ' ἐν μέσοισι συμμάχοις πάρεστί σοι
πέλτην ἐρεῖσαι καὶ καταστῆσαι στρατόν.

Ρη μόνος μάχεσθαι πολεμίοις, Ἕκτορ, θέλω.
εἰ δ' αἰσχρὸν ἡγῇ μὴ συνεμπρῆσαι νεῶν
πρύμνας, πονήσας τὸν πάρος πολὺν χρόνον,   490
τάξον μ' Ἀχιλλέως καὶ στρατοῦ κατὰ στόμα.

Εκ οὐκ ἔστ' ἐκείνῳ θοῦρον ἐντάξαι δόρυ.

Ρη καὶ μὴν λόγος γ' ἦν ὡς ἔπλευσ' ἐπ' Ἴλιον.

Εκ ἔπλευσε καὶ πάρεστιν· ἀλλὰ μηνίων
στρατηλάταισιν οὐ συναίρεται δόρυ.   495

Ρη τίς δὴ μετ' αὐτὸν ἄλλος εὐδοξεῖ στρατοῦ;

Εκ Αἴας ἐμοὶ μὲν οὐδὲν ἡσσᾶσθαι δοκεῖ
χὼ Τυδέως παῖς· ἔστι δ' αἱμυλώτατον
κρότημ' Ὀδυσσεύς, λῆμά τ' ἀρκούντως θρασὺς
καὶ πλεῖστα χώραν τήνδ' ἀνὴρ καθυβρίσας·   500
ὃς εἰς Ἀθάνας σηκὸν ἔννυχος μολὼν
κλέψας ἄγαλμα ναῦς ἐπ' Ἀργείων φέρει.
ἤδη δ' ἀγύρτης πτωχικὴν ἔχων στολὴν
ἐσῆλθε πύργους, πολλὰ δ' Ἀργείοις κακὰ
ἠρᾶτο, πεμφθεὶς Ἰλίου κατάσκοπος·   505
κτανὼν δὲ φρουροὺς καὶ παραστάτας πυλῶν
ἐξῆλθεν· αἰεὶ δ' ἐν λόχοις εὑρίσκεται
Θυμβραῖον ἀμφὶ βωμὸν ἄστεως πέλας
θάσσων· κακῷ δὲ μερμέρῳ παλαίομεν.

Ρη οὐδεὶς ἀνὴρ εὔψυχος ἀξιοῖ λάθρᾳ   510
κτεῖναι τὸν ἐχθρόν, ἀλλ' ἰὼν κατὰ στόμα.
τοῦτον δ' ὃν ἵζειν φῂς σὺ κλωπικὰς ἕδρας
καὶ μηχανᾶσθαι, ζῶντα συλλαβὼν ἐγὼ
πυλῶν ἐπ' ἐξόδοισιν ἀμπείρας ῥάχιν
στήσω πετεινοῖς γυψὶ θοινατήριον.   515
λῃστὴν γὰρ ὄντα καὶ θεῶν ἀνάκτορα
συλῶντα δεῖ νιν τῷδε κατθανεῖν μόρῳ.

Εκ νῦν μὲν καταυλίσθητε· καὶ γὰρ εὐφρόνη.
δείξω δ' ἐγώ σοι χῶρον, ἔνθα χρὴ στρατὸν
τὸν σὸν νυχεῦσαι τοῦ τεταγμένου δίχα.   520

Oder in der Bundesgenossen Mitte dir beliebt
Die Thrakerschilde aufzustellen, steht es ganz bei dir.

Rh Allein nur, Hektor, will ich kämpfen mit dem Feind.
Dünkt's aber schimpflich dir, die Schiffe nicht zugleich
Mit mir in Brand zustecken, was seit lange ja
Dein Streben schon gewesen, nun, so stelle mich
Gerade gegenüber des Achilleus Heer.

He Nicht wirfst du wohl auf ihn den ungestümen Speer.

Rh Doch hieß es, er auch sei geschifft gen Ilion.

He Er ist hierhergeschifft, ist da. Doch zürnet er
Des Heeres Führern, drum erhebt den Speer er nicht.

Rh Wer ist nach ihm im Heere der Gefeiertste?

He Aias, will mich bedünken, steht in nichts ihm nach,
Auch Tydeus' Sohn nicht; aber ein gar listiger
Wortdrechsler ist Odysseus, voll Entschlossenheit;
Der Mann, der diesem Land den meisten Schaden tat:
Er war's, der nachts eindrang in Athenes Heiligtum,
Ihr Bild raubt' und hinab zu Hellas's Schiffen trug.
Schon kam er als Landstreicher auch im Bettlerkleid
Zu unsern Zinnen, wünschte den Argeiern viel
Unheil, als Späher ausgesandt gen Ilion.
Der Tore Wächter und Behüter tötete er
Und floh. Stets findet man ihn auf der Lauer auch
Beim thymbrischen Altare, nahe dieser Stadt,
Gelagert. Schwerem Unheil unterliegen wir!

Rh Kein Mann gesunden Muts wird heimlich seinen Feind
Hinmorden wollen; offen zeigt er ihm die Stirn.
Ihn, welcher, wie du sagst, geheimen Hinterhalt
Ausbrütet und ersinnt, nehme ich lebendig fest;
Am Torausgange bohre ich ihm das Rückgrat durch
Und setze als Mahlzeit ihn den Geierschwärmen vor.
Denn einen Räuber, der die Götterwohnungen
Ausplündert, trifft mit Recht ein solches Todeslos.

He Lagert euch nun, denn die Zeit der Ruhe naht!
Ich will den Ort dir zeigen, wo dein Heer die Nacht
Zubringen soll, getrennt von unsrer Kriegerschar.

ξύνθημα δ' ἡμῖν Φοῖβος, ἤν τι καὶ δέῃ·
μέμνησ' ἀκούσας, Θρῃκί τ' ἄγγειλον στρατῷ.

ὑμᾶς δὲ βάντας χρὴ προταινὶ τάξεων
φρουρεῖν ἐγερτὶ καὶ νεῶν κατάσκοπον
δέχθαι Δόλωνα· καὶ γάρ, εἴπερ ἐστὶ σῶς,   525
ἤδη πελάζει στρατοπέδοισι Τρωικοῖς.

Χο τίνος ἀ φυλακά; τίς ἀμείβει   στρ.
    τὰν ἐμάν; πρῶτα
    δύεται σημεῖα καὶ ἑπτάποροι   529
    Πλειάδες αἰθέριαι· μέσα δ' αἰετὸς οὐρανοῦ ποτᾶται.
    ἔγρεσθε, τί μέλλετε; κοιτᾶν
    ἔγρεσθε πρὸς φυλακάν.
    οὐ λεύσσετε μηνάδος αἴγλαν;
    ἀὼς δὴ πέλας, ἀὼς   535
    γίγνεται, καί τις προδρόμων
    ὅδε γ' ἐστὶν ἀστήρ.

    τίς ἐκηρύχθη πρώτην φυλακήν;
    Μυγδόνος υἱόν φασι Κόροιβον.
    τίς γὰρ ἐπ' αὐτῷ; — Κίλικας Παίων   540
    στρατὸς ἤγειρεν, Μυσοὶ δ' ἡμᾶς.

    οὐκ οὖν Λυκίους πέμπτην φυλακὴν
    βάντας ἐγείρειν
    καιρὸς κλήρου κατὰ μοῖραν;   545

„Phoibos" ist unsre Losung, wenn es nötig ist.
Behalt es wohl und melde es auch dem Thrakerheer!

zum Chor

Euch aber heiße ich zu den vordern Lagerreihn
Hingehen, rastlos Wache halten und daselbst
Des Spähers Dolon harren, bis er von den Schiffen
Heimkehrt. Denn wenn er wohlbehalten blieb,
Ist er bereits dem troischen Feldlager nah. *Ab*

Chor

Strophe

An wem ist die Wache? Wer löst mich
Ab von der meinen?
Untergehen die ersten Sterne, und siebenfältig
Steigen zum Himmel die Plejaden empor,
Wo des Adlers Flug des Himmels Mitte erreicht.
Steht auf! Was verzieht ihr? Vom Lager
Steht auf, um zu wachen!
Sehet ihr nicht des Mondes Schimmer?
Eos nahet sich, Eos,
Und im Laufe voran eilt ihr dieser Stern schon,

Wer wurde berufen zur ersten Wacht?
Koroibos, sagt man, des Mygdon Sohn.
Und wer weiter nach ihm?
                    Die Kilikier rief
Das paionische Heer.
                    Und die Mysier uns.
So ist es nun Zeit, daß die Lykier sich
Zu der fünften Wacht
Aufmachen, die ihnen das Los gab.

Χο   καὶ μὴν ἀΐω· Σιμόεντος   ἀντ.
    ἡμένα κοίτας
    φοινίας ὑμνεῖ πολυχορδοτάτα
    γήρυϊ παιδολέτωρ μελοποιὸς ἀηδονὶς μέριμναν.   550
    ἤδη δὲ νέμουσι κατ' ῎Ιδαν
    ποίμνια· νυκτιβρόμου
    σύριγγος ἰὰν κατακούω.
    θέλγει δ' ὄμματος ἕδραν
    ὕπνος· ἅδιστος γὰρ ἔβα   555
    βλεφάροις πρὸς ἀοῦς.

    τί ποτ' οὐ πλάθει σκοπός, ὃν ναῶν
    ῝Εκτωρ ὤτρυνε κατόπταν;
    ταρβῶ· χρόνιος γὰρ ἄπεστιν.
    ἀλλ' ἦ κρυπτὸν λόχον ἐσπαίσας   560
    διόλωλε; — τάχ' ἄν. φοβερόν μοι.
    αὐδῶ Λυκίους πέμπτην φυλακὴν
    βάντας ἐγείρειν
    ἡμᾶς κλήρου κατὰ μοῖραν.

               ᾿Οδυσσεύς

    Διόμηδες, οὐκ ἤκουσας — ἢ κενὸς ψόφος   565
    στάζει δι' ὤτων; — τευχέων τινὰ κτύπον;

               Διομήδης

    οὔκ, ἀλλὰ δεσμά πωλικῶν ἐξ ἀντύγων
    κλάζει σιδήρου· κἀμέ τοι, πρὶν ᾐσθόμην
    δεσμῶν ἀραγμὸν ἱππικῶν, ἔδυ φόβος.
Οδ ὅρα κατ' ὄρφνην μὴ φύλαξιν ἐντύχῃς.   570
Δι φυλάξομαί τοι κἂν σκότῳ τιθεὶς πόδα.
Οδ ἢν δ' οὖν ἐγείρῃς, οἶσθα σύνθημα στρατοῦ;
Δι Φοῖβον Δόλωνος οἶδα σύμβολον κλύων.

Gegenstrophe

Ich höre sie. Sitzend am Simoeis,
Stimmt sie ob dem blut'gen
Ehebündnis in wechselnden Akkorden,
Sie, die dem Tode den Knaben geweiht,
Die Nachtigall, Klagen an, die liederreiche.
Schon weiden am Ida die Herden,
Und Klänge der Syrinx,
Welche die Nacht durchhallen, hör' ich.
Schlaf umschmeichelt das Auge,
Der am süßesten ist, wann sich Eos nahet.

Warum erscheint der Späher nicht,
Den Hektor zu den Schiffen sandte.
Ich zittere; lange schon bleibt er aus.
Wenn in verborgenen Hinterhalt
Er geriet, o fürchterlich wär's!
So mahne ich denn, daß die Lykier wir
Zu der fünften Wacht
Aufwecken, die ihnen das Los gibt.

Odysseus

Vernahmst du, Diomedes – wenn nicht leerer Schall
Mir etwa in die Ohren drang – den Waffenlärm?

Diomedes

Nicht doch! der roßbespannten Wagen Eisenwerk
Verursacht das Geklirr; auch ich geriet in Furcht,
Bevor der Kriegsfuhrwerke Rasseln ich erkannt.

Od   Gib acht, daß du im Dunkeln auf keine Wache stößt.
Di   Wohl hüte ich mich, wenn ich auch im Finstern tappe.
Od   Wenn du nun einen weckst, weißt du die Losung auch?
Di   „Phoibos" – hört' ich von Dolon – ist das Losungswort.

Sie kommen zu Hektors Zelt

Οδ   ἔα·
     εὐνὰς ἐρήμους τάσδε πολεμίων ὁρῶ.
Δι   καὶ μὴν Δόλων γε τάσδ' ἔφραζεν Ἕκτορος   575
     κοίτας, ἐφ' ὧπερ ἔγχος εἵλκυσται τόδε.
Οδ   τί δῆτ' ἂν εἴη; μῶν λόχος βέβηκέ ποι;
Δι   ἴσως ἐφ' ἡμῖν μηχανὴν στήσων τινά.
Οδ   θρασὺς γὰρ Ἕκτωρ νῦν, ἐπεὶ κρατεῖ, θρασύς.
Δι   τί δῆτ', 'Οδυσσεῦ, δρῶμεν; οὐ γὰρ ηὕρομεν   580
     τὸν ἄνδρ' ἐν εὐναῖς, ἐλπίδων δ' ἡμάρτομεν.

Οδ   στείχωμεν ὡς τάχιστα ναυστάθμων πέλας.
     σῴζει γὰρ αὐτὸν ὅστις εὐτυχῆ θεῶν
     τίθησιν· ἡμῖν δ' οὐ βιαστέον τύχην.
Δι   οὐκ οὖν ἐπ' Αἰνέαν ἢ τὸν ἔχθιστον Φρυγῶν   585
     Πάριν μολόντε χρὴ καρατομεῖν ξίφει;
Οδ   πῶς οὖν ἐν ὄρφνῃ πολεμίων ἀνὰ στρατὸν
     ζητῶν δυνήσῃ τούσδ' ἀκινδύνως κτανεῖν;
Δι   αἰσχρόν γε μέντοι ναῦς ἐπ' 'Αργείων μολεῖν
     δράσαντε μηδὲν πολεμίους νεώτερον.   590
Οδ   πῶς δ' οὐ δέδρακας; οὐ κτανόντε ναυστάθμων
     κατάσκοπον Δόλωνα σῴζομεν τάδε
     σκυλεύματ'; ἢ πᾶν στρατόπεδον πέρσειν δοκεῖς;
Δι   πείθου, πάλιν στείχωμεν· εὖ δ' εἴη τυχεῖν.

'Αθηνᾶ

     ποῖ δὴ λιπόντες Τρωικῶν ἐκ τάξεων   595
     χωρεῖτε, λύπῃ καρδίαν δεδηγμένοι,
     εἰ μὴ κτανεῖν σφῷν Ἕκτορ' ἢ Πάριν θεὸς
     δίδωσιν; ἄνδρα δ' οὐ πέπυσθε σύμμαχον
     Τροίᾳ μολόντα Ῥῆσον οὐ φαύλῳ τρόπῳ.
     ὃς εἰ διοίσει νύκτα τήνδ' ἐς αὔριον,   600
     οὔτε σφ' 'Αχιλλεὺς οὔτ' ἂν Αἴαντος δόρυ

Od Ha, Ruhestätten, leer von Feinden, sehe ich hier!

Di Doch sagte Dolon, dies sei Hektors Lagerzelt;
    Und er ja ist's, den dieser Speer zum Ziel gewählt.
Od Was nun? Wohin zog seine Schar sich wohl?
Di Vielleicht hat eine List er wider uns erdacht.
Od Ja, kühn ist Hektor, kühn, nachdem er Sieger ist.
Di Was nun, Odysseus? Denn wir finden nicht
    Den Mann, den wir gewünscht; die Hoffnung war um-
        sonst.
Od Laß schleunig uns hinab zum Schiffslager gehn;
    Ihn rettet eine Gottheit, die ihm Glück verleiht.
    Uns aber ist das Glück zu zwingen nicht vergönnt.
Di So sei es denn Aineias' oder Paris' Haupt,
    Des feindlichsten der Phryger, das vom Schwerte fällt.
Od Wie kannst du denn im Finstern durch der Feinde Heer
    Sie suchen und gefahrlos überwältigen?
Di Doch Schande wär's, zurück zu unsern Schiffen gehn
    Ohne eine Tat am Feinde, die uns Ehre bringt.
Od Hast du denn nichts getan? Hast du der Schiffer
    Späher, Dolon, nicht hingewürgt, dessen Rüstung wir
    Heimbringen? Willst vernichten du das ganze Heer?
    Laß uns zurückgehn, folge mir! Das Glück sei mit uns!

Athene erscheint

Athene

Warum verlaßt ihr der Troer Heeresreihn
Und wandelt hier, gequält von banger Kümmernis?
Wenn Hektor oder Paris hinzumorden auch
Ein Gott euch nicht vergönnet, wißt ihr denn nicht,
Daß Rhesos, nicht geringzuschätzen als Genoß,
Gezogen kam, den Troern hilfreich beizustehn?
Dehnt bis zum Tagesanbruch diese Nacht er aus,
Hält nicht ihn Aias', nicht Achilleus' Speer zurück,

μὴ πάντα πέρσαι ναύσταθμ' 'Αργείων σχέθοι,
τείχη κατασκάψαντα καὶ πυλῶν ἔσω
λόγχῃ πλατεῖαν ἐσδρομὴν ποιούμενον.
τοῦτον κατακτὰς πάντ' ἔχεις. τὰς δ' Ἕκτορος   605
εὐνὰς ἔασον καὶ καρατόμους σφαγάς·
ἔσται γὰρ αὐτῷ θάνατος ἐξ ἄλλης χερός.
Οδ δέσποιν' 'Αθάνα, φθέγματος γὰρ ᾐσθόμην
τοῦ σοῦ συνήθη γῆρυν· ἐν πόνοισι γὰρ
παροῦσ' ἀμύνεις τοῖς ἐμοῖς ἀεί ποτε·   610
τὸν ἄνδρα δ' ἡμῖν, ποῦ κατηύνασται, φράσον·
πόθεν τέτακται βαρβάρου στρατεύματος;
Αθ ὅδ' ἐγγὺς ἧσται κοὐ συνήθροισται στρατῷ,
ἀλλ' ἐκτὸς αὐτὸν τάξεων κατηύνασεν
Ἕκτωρ, ἕως ἂν νὺξ ἀμείψηται φάος.   615
πέλας δὲ πῶλοι Θρηκίων ἐξ ἁρμάτων
λευκαὶ δέδενται, διαπρεπεῖς ἐν εὐφρόνῃ·
στίλβουσι δ' ὥστε ποταμίου κύκνου πτερόν.
ταύτας, κτανόντες δεσπότην, κομίζετε,
κάλλιστον οἴκοις σκῦλον· οὐ γὰρ ἔσθ' ὅπου   620
τοιόνδ' ὄχημα χθὼν κέκευθε πωλικόν.
Οδ Διόμηδες, ἢ σὺ κτεῖνε Θρήκιον λεών,
ἢ 'μοὶ πάρες γε, σοὶ δὲ χρὴ πώλους μέλειν.
Δι ἐγὼ φονεύσω, πωλοδαμνήσεις δὲ σύ·
τρίβων γὰρ εἶ τὰ κομψὰ καὶ νοεῖν σοφός.   625
χρὴ δ' ἄνδρα τάσσειν οὗ μάλιστ' ἂν ὠφελοῖ.
Αθ καὶ μὴν καθ' ἡμᾶς τόνδ' 'Αλέξανδρον βλέπω
στείχοντα, φυλάκων ἔκ τινος πεπυσμένον
δόξας ἀσήμους πολεμίων μεμβλωκότων.
Δι πότερα σὺν ἄλλοις ἢ μόνος πορεύεται;   630
Αθ μόνος· πρὸς εὐνὰς δ', ὡς ἔοικεν, Ἕκτορος
χωρεῖ, κατόπτας σημανῶν ἥκειν στρατοῦ.
Δι οὔκουν ὑπάρχειν τόνδε κατθανόντα χρή;
Αθ οὔκ ἂν δύναιο τοῦ πεπρωμένου πλέον.
τοῦτον δὲ πρὸς σῆς χειρὸς οὐ θέμις θανεῖν.   635
ἀλλ' ᾧπερ ἥκεις μορσίμους φέρων σφαγάς,
τάχυν'· ἐγὼ δέ, τῷδε σύμμαχος Κύπρις

Daß er der Griechen Flotte ganz und gar zerstört,
Die Mauern niederwirft und in die Tore dringt,
Sich einen breiten Eingang öffnend mit dem Speer.
Wird der durch dich getötet, dann ist alles dein.
Doch Hektors Ruhstatt und sein Haupt laß unversehrt:
Ihm ist der Tod von einer andern Hand bestimmt.

Od O Herrscherin Athene – deiner Stimme Ton,
Mir längst bekannt, vernahm ich wohl; du bist es ja,
Die mir in Nöten hilfreich stets zur Seite steht –,
Sag uns, wo hat der Mann sein Lager sich gewählt?
Wo nahm er seine Stellung im Barbarenheer?

Ath Er ist dir nah, nicht mit dem andern Heer vereint;
Denn Hektor hat ihn außerhalb der Troerreihn
Gelagert, bis die Nacht dem Tageslichte weicht.
Zunächst ihm stehen, angespannt am Wagen noch,
Die Thrakerrosse, weiß, hellglänzend durch die Nacht:
Ihr Schimmer gleicht den Fittichen des Schwans am Strom.
Sie führt, wenn ihr den Herrn getötet, mit euch heim
Als schönste Siegesbeute, denn ein solch Gespann
Von Rossen birgt nirgends sonst der Erde Raum.

Od Willst du das Thrakervolk hinmorden, Diomed?
Soll ich's? Dann mußt du sorgen für das Roßgespann.

Di Ich will sie morden; führe du die Rosse fort!
Denn Feines auszuführen weißt du, Listiger:
Man stellt den Mann dahin, wo er am besten taugt.

Ath Den Alexandros seh' ich dort, wie er zu uns
Herschreitet, da von einem Wächter er vernahm
Die dunkle Kunde, Feinde seien da.

Di Sind andre bei ihm, oder kommt allein er her?

Ath Allein, und wie es scheint, geht er zu Hektors Zelt,
Zu melden, daß Späher kamen zu dem Heer.

Di Soll er der erste nicht sein, den man niedermacht?

Ath Nicht mehr, als vom Geschick verhängt ist, kannst du tun:
Daß deiner Hand der unterliege, darf nicht sein.
Wen hinzuschlachten dir das Schicksal hat bestimmt,
Dort eile hin! Doch ich, als Aphrodite mich

δοκοῦσ' ἀρωγὸς ἐν πόνοις παραστατεῖν,
σαθροῖς λόγοισιν ἐχθρὸν ἄνδρ' ἀμείψομαι.
καὶ ταῦτ' ἐγὼ μὲν εἶπον· ὃν δὲ χρὴ παθεῖν,   640
οὐκ οἶδεν οὐδ' ἤκουσεν ἐγγὺς ὢν λόγου.

'Αλέξανδρος

σὲ τὸν στρατηγὸν καὶ κασίγνητον λέγω.
"Εκτορ, καθεύδεις; οὐκ ἐγείρεσθαί σε χρῆν;
ἐχθρῶν τις ἡμῖν χρίμπτεται στρατεύματι,
ἢ κλῶπες ἄνδρες ἢ κατάσκοποί τινες.   645
Αθ θάρσει· φυλάσσει σ' ἥδε πρευμενὴς Κύπρις.
μέλει δ' ὁ σός μοι πόλεμος, οὐδ' ἀμνημονῶ
τιμῆς, ἐπαινῶ δ' εὖ παθοῦσα πρὸς σέθεν.
καὶ νῦν ἐπ' εὐτυχοῦντι Τρωικῷ στρατῷ
ἥκω πορεύουσ' ἄνδρα σοι μέγαν φίλον,   650
τῆς ὑμνοποιοῦ παῖδα Θρήκιον θεᾶς
Μούσης· πατρὸς δὲ Στρυμόνος κικλήσκεται.
Αλ αἰεί ποτ' εὖ φρονοῦσα τυγχάνεις πόλει
κἀμοί, μέγιστον δ' ἐν βίῳ κειμήλιον
κρίνας σέ φημι τῇδε προσθέσθαι πόλει.   655
ἥκω δ' ἀκούσας οὐ τορῶς — φήμη δέ τις
φύλαξιν ἐμπέπτωκεν — ὡς κατάσκοποι
ἥκουσ' 'Αχαιῶν. χὠ μὲν οὐκ ἰδὼν λέγει,
ὁ δ' εἰσιδὼν μολόντας οὐκ ἔχει φράσαι·
ὧν οὕνεκ' εὐνὰς ἤλυθον πρὸς "Εκτορος.   660
Αθ μηδὲν φοβηθῇς· οὐδὲν ἐν στρατῷ νέον·
"Εκτωρ δὲ φροῦδος Θρῇκα κοιμήσων στρατόν.
Αλ σύ τοί με πείθεις, σοῖς δὲ πιστεύων λόγοις
τάξιν φυλάξων εἶμ' ἐλεύθερος φόβου.
Αθ χώρει· μέλειν γὰρ πάντ' ἐμοὶ δόκει τὰ σά,   665
ὥστ' εὐτυχοῦντας συμμάχους ἐμοὺς ὁρᾶν.
γνώσῃ δὲ καὶ σὺ τὴν ἐμὴν προθυμίαν.

Verstellend, die ihm hilfreich in der Not erscheint,
Gehe mit dem Feind ein eitles Geplauder ein.
Dies sagt' ich euch. Doch er, um den es geht,
Weiß nichts davon, auch hört er die Rede nicht.

Odysseus und Diomedes ab

A l e x a n d r o s *vor Hektors Zelt*

Dich, Heergebieter, meinen Bruder rede ich an,
Hektor, du schläfst? Du solltest doch wohl wachend sein:
Von Feindesseite nahet einer sich dem Heer,
Sei's Beute sich zu holen, sei's uns auszuspähn.

Ath Sei guten Muts! Huldvoll beschützt Kypris dich.
Mir liegt dein Krieg am Herzen; wohl bin ich eingedenk
Der Ehre, deren ich mich einst von dir erfreut.
Auch jetzt nahe ich Ilions beglücktem Heer
Und führe als Freund euch einen mächtigen Streiter zu
Vom Thrakerland, der liederreichen Muse Sohn,
Und sein Erzeuger soll der Flußgott Strymon sein.

Al Stets huldreich dieser Stadt und mir, stellst du dich ein.
Den größten Schatz gewann ich meinem Vaterland –
So deucht mir –, als für dich den Richterspruch ich tat.
Nun hörte ich – zwar nur unbestimmt, doch drang der Ruf
Zu unsern Wachen –, Späher seien von Argos' Heer
Gekommen; einer sagt es, der es selbst nicht sah,
Ein andrer, der sie gehn sah, weiß zu sagen nichts.
Deshalb nahm ich den Weg her zu Hektors Zelt.

Ath Sei ohne Furcht! Nichts Neues ist beim Heer geschehn;
Zur Lagerung des Thrakervolks ging Hektor ab.

Al Du überzeugst mich: Ich folge deinem Wort;
Ich stelle mich zu meinen Scharen, frei von Furcht.

Ath Geh; denn meine Sorge – glaub es mir –
Sind alle deine Sachen, daß ich stets vom Glück
Begleitet meine Kampfgenossen sehen darf.
Erkennen wirst auch du dereinstens meine Huld.

Alexandros ab

ὑμᾶς δ' αὐτῶ τοὺς ἄγαν ἐρρωμένους,
Λαερτίου παῖ, θηκτὰ κοιμίσαι ξίφη.
κεῖται γὰρ ἡμῖν Θρήκιος στρατηλάτης, 670
ἵπποι τ' ἔχονται, πολέμιοι δ' ᾐσθημένοι
χωροῦσ' ἐφ' ὑμᾶς· ἀλλ' ὅσον τάχιστα χρὴ
φεύγειν πρὸς ὁλκοὺς ναυστάθμων. τί μέλλετε
σκηπτοῦ 'πιόντος πολεμίων σῶσαι βίον;

Χο ἔα ἔα·
βάλε βάλε βάλε βάλε. 675
θένε θένε.
τίς ἀνήρ; λεύσσετε· τοῦτον αὐδῶ.
κλῶπες οἵτινες κατ' ὄρφνην τόνδε κινοῦσι στρατόν.
δεῦρο δεῦρο πᾶς. 680
τούσδ' ἔχω, τούσδ' ἔμαρψα.
τίς ὁ λόχος; πόθεν ἔβας; ποδαπὸς εἶ;

Οδ οὔ σε χρὴ εἰδέναι· θανῇ γὰρ σήμερον δράσας κακῶς.

Χο οὐκ ἐρεῖς ξύνθημα, λόγχην πρὶν διὰ στέρνων μολεῖν;

Οδ ἴστω. θάρσει.
Χο   πέλας ἴθι. παῖε πᾶς. 685
Οδ ἦ σὺ δὴ 'Ρῆσον κατέκτας;
Χο   ἀλλὰ τὸν κτενοῦντα σὲ...
Οδ ἴσχε πᾶς τις.
Χο   οὐ μὲν οὖν.
Οδ   ἆ· φίλιον ἄνδρα μὴ θένῃς.
Χο καὶ τί δὴ τὸ σῆμα:
Οδ   Φοῖβος.

Euch aber, die an Kraft ihr weit vor allen ragt,
Rufe ich: Laertes' Sohn, laß ruhn das scharfe Schwert!
Zu Boden liegt des Thrakerheers Gebieter schon,
Die Rosse sind erbeutet. Doch bemerkt's der Feind,
So zieht er gegen euch; drum ziehet unverweilt
Zum Schiffslager euch zurück! Was säumt ihr,
Das Leben euch zu sichern vor der Feinde Sturm?

Athene verschwindet

Chor

Hallo! Hallo!
Schlage, schlage, schlage, schlage!
Töte, töte!
Wer ist der Mann? Seht ihn an! Den meine ich.
Diebe sind es, welche dieses Heer aufschrecken in der
Nacht.
Hierher alle, hierher!
Diese habe ich. Diese packte ich.
Zu welcher Schar gehörst du, woher kamst, woher stammst
du?

Odysseus

Das zu wissen ist nicht not. Dur stirbst sogleich, rührst du
mich an.

Ch   Sagst du nicht die Losung, ehe durch die Brust der Speer
dir dringt?
Od   Steh, jetzt gilt's, Mut zu zeigen!
Ch   Nur heran! Schlagt alle zu!
Od   Morde doch den Rhesos nicht!
Ch   Nur dich, der uns ermorden will.
Od   Haltet ein, ihr alle!
Ch   Nicht doch!
Od   Ach, ermordert nicht den Freund!
Ch   Welches ist die Losung?
Od   Phoibos!

Χο   ἔμαθον· ἴσχε πᾶς δόρυ.
    οἶσθ' ὅποι βεβᾶσιν ἄνδρες;
Οδ   τῇδέ πῃ κατείδομεν.

Χο ἕρπε πᾶς κατ' ἴχνος αὐτῶν. ἢ βοὴν ἐγερτέον;   690
    ἀλλὰ συμμάχους ταράσσειν δεινὸν ἐκ νυκτῶν φόβῳ.

Χο τίς ἀνδρῶν ὁ βάς;   στρ.
    τίς ὁ μέγα θρασὺς ἐπεύξεται
    χέρα φυγὼν ἐμάν;
    πόθεν νιν κυρήσω;   695
    τίνι προσεικάσω,
    ὅστις δι' ὄρφνης ἦλθ' ἀδειμάντῳ ποδὶ
    διά τε τάξεων καὶ φυλάκων ἕδρας;
    Θεσσαλὸς ἢ
    παραλίαν Λοκρῶν νεμόμενος πόλιν;   700
    ἢ νησιώτην σποράδα κέκτηται βίον;
    τίς ἦν; πόθεν; ποίας πάτρας;
    ποῖον δ' εὔχεται τὸν ὕπατον θεῶν;

    ἆρ' ἔστ' Ὀδυσσέως τοὔργον ἢ τίνος τόδε;
    εἰ τοῖς πάροιθε χρὴ τεκμαίρεσθαι· τί μήν;   705
    δοκεῖς γάρ; — τί μὴν οὔ;
    θρασὺς γοῦν ἐς ἡμᾶς.
    τίν' ἀλκήν; τίν' αἰνεῖς; — Ὀδυσσῆ.
    μὴ κλωπὸς αἴνει φωτὸς αἱμύλον δόρυ.   709

    ἔβα καὶ πάρος   ἀντ.
    κατὰ πόλιν, ὕπαφρον ὄμμ' ἔχων,

Ch   Richtig! Zieht den Speer zurück!
Weißt du nicht, wohin die Männer sich gewandt?
Od   Dort irgendwo sahen wir sie.

Er geht ab

Ch Geht ihr alle denn der Spur nach, oder ein Geschrei erhebt!
Doch Furcht den Bundesgenossen nachts einjagen, das ist
    arg!

C h o r

S t r o p h e

Wer war's, der da kam?
Wer wird rühmen den herrlichen Mut?
Entzog er sich meiner Hand?
Wo treffe ich ihn wieder?
Wen vermute ich in ihm,
Der durch die Nacht mit unerschrocknem Fuße schritt,
Die Schlachtreihn und Wachtposten hindurch?
Ein Thessaler wohl?
Ein Bewohner etwa von Lokris' Strand?
Oder der unstet lebt auf Inseln?
Wer ist er, oder aus welchem Land?
Welch höchste Gottheit ruft im Gebet er an?
Ist das Odysseus' oder eines andern Werk?
Nach dem, was sonst er schon verübt, unzweifelhaft.
Du glaubst's?
                Warum nicht? Mutig zeigt' er stets sich uns.
Wes Kraft rühmst du?
                        Die des Odysseus.
Lobe eines Diebes trügerische Lanze nicht!

G e g e n s t r o p h e

Vorher schon kam er
In die Stadt, Tränen im Auge,

ῥακοδύτῳ στολᾷ
πυκασθείς, ξιφήρης
κρύφιος ἐν πέπλοις.
βίον δ' ἐπαιτῶν εἷρπ' ἀγύρτης τις λάτρις,   715
ψαφαρόχρουν κάρα πολυπινές τ' ἔχων·
πολλὰ δὲ τὰν
βασιλίδ' ἑστίαν 'Ατρειδᾶν κακῶς
ἔβαζε δῆθεν ἐχθρὸς ὢν στρατηλάταις.
ὄλοιτ' ὄλοιτο πανδίκως,   720
πρὶν ἐπὶ γᾶν Φρυγῶν ποδὸς ἴχνος βαλεῖν.
εἶτ' οὖν 'Οδυσσέως εἴτε μή, φόβος μ' ἔχει·
Ἕκτωρ γὰρ ἡμῖν τοῖς φύλαξι μέμψεται.
τί λάσκων; — δυσοίζων.
τί δρᾶσαι; τί ταρβεῖς;   725
καθ' ἡμᾶς περᾶσαι... — τίν' ἀνδρῶν;
οἱ τῇσδε νυκτὸς ἦλθον ἐς Φρυγῶν στρατόν.

'Ηνίοχος

Ἰώ, ἰώ, δαίμονος τύχα βαρεῖα. φεῦ φεῦ.
Χο ἔα, ἔα·
σῖγα πᾶς ὕφιζ'· ἴσως γὰρ ἐς βόλον τις ἔρχεται.   730

Ην ἰὼ ἰώ,
συμφορὰ βαρεῖα Θρῃκῶν.
Χο   συμμάχων τις ὁ στένων.
Ην ἰὼ ἰώ,
δύστηνος ἐγώ· σύ τ', ἄναξ Θρῃκῶν,
ὦ στυγνοτάτην Τροίαν ἐσιδών,
οἷόν σε βίου τέλος εἷλεν.   735
Χο τίς εἶ ποτ' ἀνδρῶν συμμάχων; κατ' εὐφρόνην
ἀμβλῶπες αὐγαὶ κοὔ σε γιγνώσκω τορῶς.

In lumpiges Kleid gehüllt,
Das Schwert im Gewand
Heimlich bergend. Er schlich,
Bettelnd, als gemeiner Knecht
Mit schmutzbedecktem, trauerndem Haupt.
Viel hat er das Haus
Der Atriden geschmäht, das fürstliche,
Feindlich sich Argos' Feldherrn stellend.
O wenn ihn das gerechte Verderben traf,
Eh' noch sein Fuß das phrygische Land betrat!
War das Odysseus oder nicht? Mich peinigt Furcht;
Gewiß trifft uns, die wir da wachen, Hektors Zorn.
Weswegen?
        Er wird beklagen, –
                Was nun? Was fürchtest du?
Daß einer durch uns hinschlich.
                Und wer wäre das?
Die, welche nachts zum Phrygerheer gekommen sind.

Der verwundete Wagenlenker des Rhesos kommt

Wagenlenker

Ach, schweres Geschick von den Göttern! Weh, Weh!
Ch Horch!
Still alle! Bleibet ruhig! Möglich, daß ins Netz uns einer
    geht.
Wa Ach, ach!
Schweres Leid der Thraker!
Ch   Einer der Bündner ist es, der so klagt.
Wa Ach, ach!
Unseliger ich, und du auch, Thrakerfürst,
Da du die greuliche Troja geschaut;
Welch Ende des Lebens erfuhrst du!
Ch Wer bist du von den Bundesgenossen? Denn stumpfsichtig
    ist
Bei Nacht das Auge; undeutlich nur erkenne ich dich.

Ην ποῦ τιν' ἀνάκτων Τρωικῶν εὕρω;
ποῦ δῆθ' Ἕκτωρ
τὸν ὑπασπίδιον κοῖτον ἰαύει;   740
τίνι σημήνω διόπων στρατιᾶς
οἷα πεπόνθαμεν, οἷά τις ἡμᾶς
δράσας ἀφανῆ φροῦδος, φανερὸν
Θρῃξὶν πένθος τολυπεύσας;
Χο κακὸν κυρεῖν τι Θρῃκίῳ στρατεύματι   745
ἔοικεν, οἷα τοῦδε γιγνώσκω κλύων.
Ην ἔρρει στρατιά, πέπτωκεν ἄναξ
δολίῳ πληγῇ.
ἃ ἃ ἃ ἃ,
οἷα μ' ὀδύνη τείρει φονίου   750
τραύματος εἴσω. πῶς ἂν ὀλοίμην;
χρῆν γάρ μ' ἀκλεῶς 'Ρῆσόν τε θανεῖν,
Τροίᾳ κέλσαντ' ἐπίκουρον;
Χο τάδ' οὐκ ἐν αἰνιγμοῖσι σημαίνει κακά·
σαφῶς γὰρ αὐδᾷ συμμάχους ὀλωλότας.   755
Ην κακῶς πέπρακται κἀπὶ τοῖς κακοῖσι πρὸς
αἴσχιστα· καίτοι δὶς τόσον κακὸν τόδε·
θανεῖν γὰρ εὐκλεῶς μέν, εἰ θανεῖν χρεών,
λυπρὸν μὲν οἶμαι τῷ θανόντι — πῶς γὰρ οὔ; —
τοῖς ζῶσι δ' ὄγκος καὶ δόμων εὐδοξία.   760
ἡμεῖς δ' ἀβούλως κἀκλεῶς ὀλώλαμεν.
ἐπεὶ γὰρ ἡμᾶς ηὔνασ' Ἑκτόρεια χείρ,
ξύνθημα λέξας, ηὕδομεν πεδοστιβεῖ
κόπῳ δαμέντες, οὐδ' ἐφρουρεῖτο στρατὸς
φυλακαῖσι νυκτέροισιν, οὐδ' ἐν τάξεσιν   765
ἔκειτο τεύχη, πλῆκτρά τ' οὐκ ἐπὶ ζυγοῖς
ἵππων καθήρμοσθ', ὡς ἄναξ ἐπεύθετο
κρατοῦντας ὑμᾶς κἀφεδρύοντας νεῶν
πρύμναισι· φαύλως δ' ηὕδομεν πεπτωκότες.
κἀγὼ μελούσῃ καρδίᾳ λήξας ὕπνου   770
πώλοισι χόρτον, προσδοκῶν ἑωθινὴν

Wa Wo treffe ich der troischen Fürsten einen?
   Wo ist Hektor,
   Vom Schilde bedeckt, gelagert?
   Wem von den Gebietern des Heers melde ich,
   Was wir erlitten, was einer heimlich uns antat,
   Bevor er entkam, und dem thrakischen Volk
   Leiden schuf, die nun zutage liegen?
Ch Ein Unglück – scheint mir – hat das Thrakerheer
   Betroffen, wenn die Nachricht richtig ich gehört.
Wa Vernichtet das Heer und gefallen der Fürst
   Durch trügrischen Stoß!
   Ach, ach, ach, ach!
   Wie quält mich der Schmerz ob der tödlichen Wunde
   In innerster Brust! O wär' ich des Todes,
   Der mit Rhesos ruhmlos sterben ich soll,
   Da Troja zu Hilfe wir zogen!
Ch In Rätseln nicht bezeichnet er ein Mißgeschick:
   Klar spricht er von der Bundesgenossen Untergang.
Wa Unglück erfuhren wir, und zu dem Unglück noch
   Die größte Schmach, zwiefaches Leiden, wahrlich, das!
   Denn rümlich sterben, wenn man einmal sterben muß,
   Ist bitter zwar für den, der stirbt – wie sollt es nicht? –,
   Doch Ehre bringt der Ruhm den Überlebenden.
   Wir aber gehen ratlos, ohne Ruhm, zugrund.
   Denn als zur Lagerstätte uns Hektor hingeführt,
   Die Losung gebend, schliefen auf der Erde wir,
   Von Mattigkeit bezwungen; auch versah beim Heer
   Kein Wächter nachts den Dienst, und unser Rüstzeug lag
   In Ordnung nicht; der Rosse Joche waren auch
   Durch Ringe nicht befestigt, weil der Fürst des Heers
   Erfahren, daß der Sieg auf eurer Seite sei,
   Und Untergang der Feindesflotte ihr drohtet:
   So gaben wir uns sorglos denn dem Schlummer hin.
   Doch ich, den Schlaf verscheuchend, weil voll Sorg' und
      Angst,
   Reichte unsern Rossen Futter, um sie dann zum Kampf

ζεύξειν ἐς ἀλκήν, ἀφθόνῳ μετρῶ χερί.
λεύσσω δὲ φῶτε περιπολοῦνθ' ἡμῶν στρατὸν
πυκνῆς δι' ὄρφνης· ὡς δ' ἐκινήθην ἐγώ,
ἐπτηξάτην τε κἀνεχωρείτην πάλιν·   775
ἤπυσα δ' αὐτοῖς μὴ πελάζεσθαι στρατῷ,
κλῶπας δοκήσας συμμάχων πλάθειν τινάς.
οἱ δ' οὐδέν· οὐ μὴν οὐδ' ἐγὼ τὰ πλείονα.
ηὗδον δ' ἀπελθὼν αὖθις ἐς κοίτην πάλιν.
καί μοι καθ' ὕπνον δόξα τις παρίσταται·   780
ἵππους γὰρ ἃς ἔθρεψα κἀδιφρηλάτουν
'Ρήσῳ παρεστώς, εἶδον, ὡς ὄναρ δοκῶν,
λύκους ἐπεμβεβῶτας ἑδραίαν ῥάχιν·
θείνοντε δ' οὐρᾷ πωλικῆς ῥινοῦ τρίχα
ἤλαυνον, αἱ δ' ἔρρεγκον ἐξ ἀντηρίδων   785
θυμὸν πνέουσαι κἀνεχαίτιζον φόβῳ.
ἐγὼ δ' ἀμύνων θῆρας ἐξεγείρομαι
πώλοισιν· ἔννυχος γὰρ ἐξώρμα φόβος.
κλύω δ' ἐπάρας κρᾶτα μυχθισμὸν νεκρῶν.
θερμὸς δὲ κρουνὸς δεσπότου πάρα σφαγαῖς   790
βάλλει με δυσθνῄσκοντος αἵματος νέου.
ὀρθὸς δ' ἀνᾴσσω χειρὶ σὺν κενῇ δορός.
καί μ' ἔγχος αὐγάζοντα καὶ θηρώμενον
παίει παραστὰς νεῖραν ἐς πλευρὰν ξίφει
ἀνὴρ ἀκμάζων· φασγάνου γὰρ ᾐσθόμην   795
πληγῆς, βαθεῖαν ἄλοκα τραύματος λαβών.
πίπτω δὲ πρηνής· οἱ δ' ὄχημα πωλικὸν
λαβόντες ἵππων ἵεσαν φυγῇ πόδα.
ἆ ἆ.
ὀδύνη με τείρει, κοὐκέτ' ὀρθοῦμαι τάλας.
καὶ ξυμφορὰν μὲν οἶδ' ὁρῶν, τρόπῳ δ' ὅτῳ   800
τεθνᾶσιν οἱ θανόντες οὐκ ἔχω φράσαι,
οὐδ' ἐξ ὁποίας χειρός. εἰκάσαι δέ μοι
πάρεστι λυπρὰ πρὸς φίλων πεπονθέναι.

Auf morgen anzuschirren, mit nicht karger Hand.
Da sehe ich denn zwei Männer durch unser Heer
Im dichten Dunkel schleichen; doch kaum rührte ich mich,
Da kehrten sie, von Furcht ergriffen, wieder um.
Ich warnte sie, doch ja dem Heere nicht zu nahn.
– Für Diebe aus dem Bundesheere hielt ich sie. –
Kein Wort zur Antwort. Weitres ist mir nicht bekannt.
Zu schlafen ging zu meinem Lage ich zurück.
Da stellte sich ein Traumbild mir im Schlafe dar:
Die Rosse, deren Pfleger ich und Lenker war,
Sah ich bei Rhesos stehn – so kam's im Traum mir vor –,
Und Wölfe sprangen auf des Rückgrats Sitz hinauf;
Und mit dem Schweife schlagend auf das Rückenfell
Der Rosse, trieben so sie diese an.
Wild schnaubte aus den Nüstern das Roßgespann
Und bäumte sich, von Furcht ergriffen, hoch empor.
Ich, meinen Tieren beizustehen, raffe mich
Vom Schlummer auf; Angsttöne drangen durch die Nacht.
Das Haupt emporgerichtet, höre ich Stöhnen, wie
Von Sterbenden, und mich bespritzt ein warmer Strom
Vom eben erst vergoßnen Blute meines Herrn,
Der unterm Mordstahl langsam seinen Geist verhaucht.
Ich springe empor, doch fehlt meiner Hand der Speer;
Und wie nach einem Schwert umher ich schau' und späh',
Da tritt ein starker Mann heran und stößt das Schwert
Mir seitwärts durch den Bauch; wohl fühlte ich den Stoß
Des Stahles, der die Wunde tief mir eingefurcht.
Ich stürze vornüber. Aber die ergriffen nun
Das Roßgespann und wendete zur Flucht den Fuß.
Ach, ach!
Wie quält der Schmerz mich! Aufrecht halte ich nimmer
    mich!
Wohl sah ich selbst das Unglück; doch auf welche Art
Die Toten starben, weiß ich zu erzählen nicht,
Auch nicht, von wessen Hand. Indes bedünket mich,
Es seien Freunde, die dies Leid uns zugefügt.

Χο ἡνίοχε Θρηκὸς τοῦ κακῶς πεπραγότος,
    μηδὲν δυσοίζου· πολέμιοι 'δρασαν τάδε.   805
    Ἕκτωρ δὲ καὐτὸς συμφορᾶς πεπυσμένος
    χωρεῖ· συναλγεῖ δ', ὡς ἔοικε, σοῖς κακοῖς.

Εκ πῶς, ὦ μέγιστα πήματ' ἐξειργασμένοι,
    μολόντες ὑμᾶς πολεμίων κατάσκοποι
    λήθουσιν αἰσχρῶς, καὶ κατεσφάγη στρατός.   810
    κοὔτ' εἰσιόντας στρατόπεδ' ἐξαπώσατε
    οὔτ' ἐξιόντας; τῶνδε τίς τείσει δίκην
    πλὴν σοῦ; σὲ γὰρ δὴ φύλακά φημ' εἶναι στρατοῦ.
    φροῦδοι δ' ἄπληκτοι, τῇ Φρυγῶν κακανδρίᾳ
    πόλλ' ἐγγελῶντες τῷ στρατηλάτῃ τ' ἐμοί.   815
    εὖ νυν τόδ' ἴστε — Ζεὺς ὀμώμοται πατήρ —
    ἤτοι μάραγνά γ' ἢ καρανιστὴς μόρος
    μένει σε δρῶντα τοιάδ', ἢ τὸν Ἕκτορα
    τὸ μηδὲν εἶναι καὶ κακὸν νομίζετε.
Χο ἰὼ ἰώ,   820
    μετὰ σέ, ναί, μετὰ σέ, ὦ πολίοχον κράτος,
    τότ' ἄρ' ἔμολον, ὅτε σοι
    ἄγγελος ἦλθον ἀμφὶ ναῦς πύρ' αἴθειν·
    ἐπεὶ ἀγρυπνον ὄμμ' ἐν εὐφρόνῃ   825
    οὔτ' ἐκοίμισ' οὔτ' ἔβριξ',
    οὐ τὰς Σιμοεντιάδας πηγάς· μή μοι
    κότον, ὦ ἄνα, θῇς· ἀναίτιος γὰρ
    ἔγωγε πάντων.
    εἰ δὲ χρόνῳ παράκαιρον ἔργον ἢ λόγον   830
    πύθῃ, κατά με γᾶς
    ζῶντα πόρευσον οὐ παραιτοῦμαι.

Ην τί τοῖσδ' ἀπειλεῖς βάρβαρός τε βαρβάρου
    γνώμην ὑφαιρῇ τὴν ἐμήν, πλέκων λόγους;
    σὺ ταῦτ' ἔδρασας· οὐδέν' ἂν δεξαίμεθα   835
    οὔθ' οἱ θανόντες οὔτ' ἂν οἱ τετρωμένοι

Ch Des unglückseligen Thrakers Wagenführer, nicht
    Sei im Zweifel, daß euch Feinde dies getan!
    Doch Hektor, der die Trauerbotschaft selbst vernahm,
    Kommt und beklagt, so scheint mir, euer Leid mit euch.

Hektor

Wie blieben doch die Stifter solches schweren Leids,
Die Späher, die der Feind gesandt, so schmählich euch
Verborgen, und das Blutbad unter unserm Heer?
Warum hindertet ihr sie nicht beim Weg ins
Lager noch beim Rückweg? Wem gebührt die Strafe dafür
Außer euch, die ich zu Wächtern bei dem Heer bestellt?
Mit heiler Haut sind jene fort, der Phryger
Feigheit und mich verspottend, der dem Heer gebeut.
So wißt denn, und geschworen sei's bei Vater Zeus,
Daß Geißel oder Todesschicksal euer harrt,
Die so gehandelt. Andernfalls mag Hektor euch
Als Feigling gelten oder als ein Nichts.

Ch Ach, ach!
    Zu dir, ja, zu dir,
    Mächtiger Schirmer der Stadt,
    Kam ich damals, dir zu verkündigen,
    Daß Feuer bei den Schiffen das Griechenheer
    Anzünde; schlaflos blieb die ganze Nacht hindurch
    Mein Auge, nicht legte ich zur Ruh mich nieder.
    Ich schwör's bei des Simoeis Quellen.
    Wirf, Herr, auf mich nicht deinen Zorn, denn schuldlos
    Bin ich an allem.
    Wird falsche Tat einst dir oder Rede kund,
    Dann sende mich lebend
    In der Erde Schoß, nicht bitte ich um Gnade.

Wa Was drohst du diesen und verleugnest, selbst Barbar,
    Barbaren-Denkungsart durch Wortverdreherei?
    Du warst's, der dieses tat! Nicht anders denken wir,
    Nicht anders die Gefallnen, die Verwundeten.

ἄλλον· μακροῦ γε δεῖ σε καὶ σοφοῦ λόγου,
ὅτῳ με πείσεις μὴ φίλους κατακτανεῖν,
ἵππων ἐρασθείς, ὧν ἕκατι συμμάχους
τοὺς σοὺς φονεύεις, πόλλ᾽ ἐπισκήπτων μολεῖν.   840
ἦλθον, τεθνᾶσιν· εὐπρεπέστερον Πάρις
ξενίαν κατῄσχυν᾽ ἢ σὺ συμμάχους κτανών.
μὴ γάρ τι λέξῃς ὡς τις ᾽Αργείων μολὼν
διώλεσ᾽ ἡμᾶς· τίς δ᾽ ὑπερβαλὼν λόχους
Τρώων ἐφ᾽ ἡμᾶς ἦλθεν, ὥστε καὶ λαθεῖν;   845
σὺ πρόσθεν ἡμῶν ἦσο καὶ Φρυγῶν στρατός.
τίς οὖν τέτρωται, τίς τέθνηκε συμμάχων
τῶν σῶν, μολόντων ὧν σὺ πολεμίων λέγεις;
ἡμεῖς δὲ καὶ τετρώμεθ᾽, οἱ δὲ μειζόνως
παθόντες οὐχ ὁρῶσιν ἡλίου φάος.   850
ἁπλῶς δ᾽ ᾽Αχαιῶν οὐδέν᾽ αἰτιώμεθα.
τίς δ᾽ ἂν χαμεύνας πολεμίων κατ᾽ εὐφρόνην
῾Ρήσου μολὼν ἐξηῦρεν, εἰ μή τις θεῶν
ἔφραζε τοῖς κτανοῦσιν; οὐδ᾽ ἀφιγμένον
τὸ πάμπαν ᾖσαν· ἀλλὰ μηχανᾷ τάδε.   855

Εκ χρόνον μὲν ἤδη συμμάχοισι χρώμεθα
ὅσονπερ ἐν γῇ τῇδ᾽ ᾽Αχαιικὸς λεώς,
κοὐδὲν πρὸς αὐτῶν οἶδα πλημμελὲς κλύων·
ἐν σοὶ δ᾽ ἂν ἀρχοίμεσθα. μή μ᾽ ἔρως ἕλοι
τοιοῦτος ἵππων ὥστ᾽ ἀποκτείνειν φίλους.   860
καὶ ταῦτ᾽ ᾽Οδυσσεύς· τίς γὰρ ἄλλος ἄν ποτε
ἔδρασεν ἢ ᾽βούλευσεν ᾽Αργείων ἀνήρ;
δέδοικα δ᾽ αὐτὸν καί τί μου θράσσει φρένας,
μὴ καὶ Δόλωνα συντυχὼν κατακτάνῃ·
χρόνον γὰρ ἤδη φροῦδος ὢν οὐ φαίνεται.   865

Ην οὐκ οἶδα τοὺς σοὺς οὓς λέγεις ᾽Οδυσσέας·
ἡμεῖς δ᾽ ὑπ᾽ ἐχθρῶν οὐδενὸς πεπλήγμεθα.
Εκ σὺ οὖν νόμιζε ταῦτ᾽, ἐπείπερ σοι δοκεῖ.
Ην ὦ γαῖα πατρίς, πῶς ἂν ἐνθάνοιμί σοι;

Gar vieles tut und Kluges dir zu sprechen not,
Um mich zu überreden, daß nicht du die Freunde
Aus Lust nach ihren Rossen hingemordet hast,
Um welche du die Kampfgenossen dem Tode weihst,
Nach deren Hilfe du so vielfach dich gesehnt.
Sie kamen – starben. Würdiger hat Paris noch
Die Gastfreundschaft verletzt, als du, der Freunde würgt.
Denn sage nicht, daß einer vom Argeierheer
Gekommen sei, uns zu verderben. Konnte wohl
Ein Mann der Troer Reihn durchdringen und zu uns
Gelangen, daß den Blicken er verborgen blieb?
Dein Lager ist und das des Phrygerheers vor uns:
Wer ward verwundet nun? Wer von den Freunden fiel,
Als deine Leute kamen, die du Feinde nennst?
Wir nur sind teils verwundet, teils erfuhren wir
Noch Ärgres, schauen nimmermehr das Sonnenlicht;
Kurzum, nicht einem der Achaier gebe ich Schuld:
Wie hätte ein Feind im Dunkel auch des Rhesos Zelt
Gefunden, wenn nicht eine Gottheit ihm zum Mord
Den Weg gewiesen, da von seiner Ankunft er
Gar nichts gewußt? Du warst es, der das ersann!

He Schon lange Zeit gehe ich mit Bundesfreunden um,
Seitdem Achaiervolk in diesem Land verweilt,
Doch nie vernahm von ihnen einen Tadel ich.
Soll ich bei dir den Anfang machen? Möge ja
Mich nun und nimmermehr nach Rossen solche Lust
Ergreifen, daß ich Freunde deshalb mordete!
Auch dieses tat Odysseus; denn welch andrer Mann
Aus Argos riete solches oder täte es selbst!
Ihn fürchte ich, und mich quält der Gedanke,
Daß er auf Dolon traf und ihn mordete:
Drum zeigt sich nicht der lange schon Abwesende.

Wa Die Odysseuse kenne ich nicht, wovon du sprichst;
Doch Feinde sind es nicht, die uns den Schlag versetzt.

He Bleib immer bei dem Glauben, weil dir's so beliebt!

Wa Mein Vaterland, o dürft' ich sterben doch in dir!

Εκ   μὴ θνῆσχ'· ἅλις γὰρ τῶν τεθνηκότων ὄχλος.   870
Ην   ποῖ δὴ τράπωμαι δεσποτῶν μονούμενος;
Εκ   οἶκός σε κεύθων οὑμὸς ἐξιάσεται.
Ην   καὶ πῶς με κηδεύσουσιν αὐθεντῶν χέρες;
Εκ   ὅδ' αὖ τὸν αὐτὸν μῦθον οὐ λήξει λέγων.
Ην   ὄλοιθ' ὁ δράσας. οὐ γὰρ ἐς σὲ τείνεται   875
      γλῶσσ', ὡς σὺ κομπεῖς· ἡ Δίκη δ' ἐπίσταται.
Εκ   λάζυσθ'· ἄγοντες ⟨δ'⟩ αὐτὸν ἐς δόμους ἐμούς,
      οὕτως ὅπως ἂν μὴ 'γκαλῇ πορσύνετε·
      ὑμᾶς δ' ἰόντας τοῖσιν ἐν τείχει χρεών
      Πριάμῳ τε καὶ γέρουσι σημῆναι νεκροὺς   880
      θάπτειν κελεύθου λεωφόρου πρὸς ἐκτροπάς.

Χο   τί ποτ' εὐτυχίας ἐκ τῆς μεγάλης
      Τροίαν ἀνάγει πάλιν ἐς πένθη
      δαίμων ἄλλος, τί φυτεύων;

      ἔα ἔα.   885
      τίς ὑπὲρ κεφαλῆς θεός, ὦ βασιλεῦ,
      τὸν νεόκμητον νεκρὸν ἐν χειροῖν
      φοράδην πέμπει;
      ταρβῶ, λεύσσων τόδε πῆμα.

           Μοῦσα

      ὁρᾶν πάρεστι, Τρῶες· ἡ γὰρ ἐν σοφοῖς   890
      τιμὰς ἔχουσα Μοῦσα συγγόνων μία
      πάρειμι, παῖδα τόνδ' ὁρῶσ' οἰκτρῶς φίλον
      θανόνθ' ὑπ' ἐχθρῶν· ὃν ποθ' ὁ κτείνας χρόνῳ
      δόλιος Ὀδυσσεὺς ἀξίαν τείσει δίκην.   894

He Stirb nicht! Genug schon sind derer, die gefallen sind!
Wa Wo wende ich, der den Herrn verloren, nun mich hin?
He In meines Hauses sichrem Raum wird Heilung dir.
Wa Wie? Pflege soll erhalten ich von Mörderhand?
He Dieselbe Rede tut er stets und schweiget nicht.
Wa Verderben dem, der's tat! Nicht trifft die Zunge dich,
     Wie du sagst; Dike weiß es doch.
He Faßt zu und führt in meine Wohnung ihn!
     Und daß er uns nicht fürder schelte, pfleget sein!
     Ihr aber geht und bringt denen in der Stadt
     Nachricht, dem Rat der Alten und dem Priamos,
     Und tragt ihnen auf, dort, wo der Heerweg
     Abbiegt, zu bestatten die Gefallenen.

             Der Wagenlenker wird fortgeführt

Ch Was stürzt vom höchsten Gipfel des Glücks
     Ilion wieder in Trauer hinab
     Die Gottheit? Was verhängt sie?

             Die Muse erscheint in der Höhe

     Ha! ha!
     Welcher der Himmlischen, König, trägt
     Über unserem Haupte den eben erst
     Gefallnen dahin auf den Armen?
     Ich bebe, das Leid schauend.

                    Muse

     Ihr seht sie vor euch, Troer, von den Weisen hoch
     Geehrt, eine aus der Musen Schwesterchor;
     Hier bin ich, sehe diesen, meinen teuren Sohn,
     Elendiglich von Feindeshänden hingewürgt:
     Was einstens mir Odysseus, der Verschlagene,
     Der ihn gemordet, nach Verdienst noch büßen soll.

ἰαλέμῳ αὐθιγενεῖ, στρ.
τέκνον, σ' ὀλοφύρομαι, ὦ
ματρὸς ἄλγος, οἵαν
ἔκελσας ὁδὸν ποτὶ Τροίαν·
ἦ δυσδαίμονά καὶ μελέαν,
ἀπομεμφομένας ἐμοῦ πορευθείς, 900
ἀπὸ δ' ἀντομένου πατρὸς βιαίως.
ὤμοι ἐγὼ σέθεν, ὦ φιλία
φιλία κεφαλά, τέκνον, ὤμοι.

Χο ὅσον προσήκει μὴ γένους κοινωνίαν
ἔχοντι λύπῃ τὸν σὸν οἰκτίρω γόνον. 905

Μο ὄλοιτο μὲν Οἰνείδας, ἀντ.
ὄλοιτο δὲ Λαρτιάδας.
ὅς μ' ἄπαιδα γέννας
ἔθηκεν ἀριστοτόκοιο·
ἅ θ' Ἕλλανα λιποῦσα δόμον 910
Φρυγίων λεχέων ἔπλευσε πλαθεῖσ',
ὑπ' Ἰλίῳ ὤλεσε μὲν σ' ἕκατι Τροίας.
φίλτατε, μυριάδας τε πόλεις
ἀνδρῶν ἀγαθῶν ἐκένωσεν.

ἦ πολλὰ μὲν ζῶν, πολλὰ δ' εἰς Ἅιδου μολών. 915
Φιλάμμονος παῖ, τῆς ἐμῆς ἦψω φρενός·
ὕβρις γάρ, ἥ σ' ἔσφηλε, καὶ Μουσῶν ἔρις
τεκεῖν μ' ἔθηκε τόνδε δύστηνον γόνον.
περῶσα γὰρ δὴ ποταμίους διὰ ῥοὰς
λέκτροις ἐπλάθην Στρυμόνος φυταλμίοις, 920
ὅτ' ἤλθομεν γῆς χρυσόβωλον ἐς λέπας
Πάγγαιον ὀργάνοισιν ἐξησκημέναι

Strophe

Im heimischen Trauergesang
Beklag' ich, mein Kind, dich! O Schmerz
Der Mutter! Was war's doch
Für ein Weg, der nach Troja dich führte!
Ein unseliger, trauriger,
Den du einschlugst, meinem Verbote
Und des Vaters Hinderung trotzend.
O weh mir, geliebtes, geliebtes Haupt,
O wehe mir, Sohn!

Ch Wie denen ziemt, die nicht desselben Stammes sind,
Erheb' ich meine Weheklag' um deinen Sohn.

Gegenstrophe

Mu Tod raffe des Oineus Geschlecht!
Tod ihn, den Laertes gezeugt;
Ihn, der mich verwaiste,
Die den trefflichsten Sohn ich geboren!
Sie auch, die vom Haus in Griechenland
Zur Vermählung fliehend mit Phrygern,
Dich verderbt vor Ilions Mauern,
O Liebster, die tausend Städte auch
Der Besten beraubt! –

Viel hast du lebend, viel, seit du zum Hades steigst,
O Sohn Philammons, meinen Geist gequält;
Denn jener Übermut, der dich zu Fall gebracht,
Dein Wettstreit mit den Musen brachte mich dahin,
Daß ich die Mutter dieses Unglückskindes ward,
Als, da ich durch des Stromes Flut hinüberfuhr,
Ich Strymons hochzeitlichem Bette nahte.
Wir stiegen auf die Kuppe des goldschalligen
Pangaios, ausgerüstet mit dem Saitenspiel,

Μοῦσαι μεγίστην εἰς ἔριν μελῳδίας
κείνῳ σοφιστῇ Θρῃκί, κἀκτυφλώσαμεν
Θάμυριν, ὃς ἡμῶν πόλλ' ἐδέννασεν τέχνην.   925
κἀπεὶ σὲ τίκτω, συγγόνους αἰδουμένη
καὶ παρθενείαν, ἧκ' ἐς εὐύδρου πατρὸς
δίνας· τρέφειν δέ σ' οὐ βρότειον ἐς χέρα
Στρυμῶν δίδωσιν, ἀλλὰ πηγαίαις κόραις.
ἔνθ' ἐκτραφεὶς κάλλιστα Παρθένων ὕπο,   930
Θρῄκης ἀνάσσων πρῶτος ἦσθ' ἀνδρῶν, τέκνον.
καί σ' ἀμφὶ γῆν μὲν πατρίαν φιλαιμάτους
ἀλκὰς κορύσσοντ' οὐκ ἐδείμαινον θανεῖν·
Τροίας δ' ἀπηύδων ἄστυ μὴ κέλσαι ποτε,
εἰδυῖα τὸν σὸν πότμον· ἀλλά σ' Ἕκτορος   935
πρεσβεύμαθ' αἵ τε μυρίαι γερουσίαι
ἔπεισαν ἐλθεῖν κἀπικουρῆσαι φίλοις.
καὶ τοῦδ', Ἀθάνα, παντὸς αἰτία μόρου,
— οὐδὲν δ' Ὀδυσσεὺς οὐδ' ὁ Τυδέως τόκος
ἔδρασε δράσας — μὴ δόκει λεληθέναι.   940
καίτοι πόλιν σὴν σύγγονοι πρεσβεύομεν
Μοῦσαι μάλιστα κἀπιχρώμεθα χθονί,
μυστηρίων τε τῶν ἀπορρήτων φανὰς
ἔδειξεν Ὀρφεύς, αὐτανέψιος νεκροῦ
τοῦδ' ὃν κατακτείνεις σύ· Μουσαῖόν τε, σὸν   945
σεμνὸν πολίτην κἀπὶ πλεῖστον ἀνδρ' ἕνα
ἐλθόντα, Φοῖβος σύγγονοί τ' ἠσκήσαμεν.
καὶ τῶνδε μισθὸν παῖδ' ἔχουσ' ἐν ἀγκάλαις
θρηνῶ· σοφιστὴν δ' ἄλλον οὐκ ἐπάξομαι.

Χο μάτην ἄρ' ἡμᾶς Θρήκιος τροχηλάτης   950
    ἐδέννασ', Ἕκτορ, τῷδε βουλεῦσαι φόνον.
Εκ ἤδη τάδ'· οὐδὲν μάντεων ἔδει φράσαι
    Ὀδυσσέως τέχναισι τόνδ' ὀλωλότα.
    ἐγὼ δὲ γῆς ἔφεδρον Ἑλλήνων στρατὸν

Wir Musen, zu dem gewaltigen Wettgesang
Mit ihm, dem kunsterfahrnen Sänger Thrakiens,
Dem Thamyris, und raubten ihm das Augenlicht,
Weil er vielfach hohngesprochen unsrer Kunst.
Und als ich dich geboren – denn es flößte mir
Mein Stand als Jungfrau Scheu vor meinen Schwestern
　ein –,
Begab ich zu des Vaters schönem Strome mich;
Doch nicht den Händen Sterblicher vertraute
Dich Strymon, nein, den Quelljungfrauen zum Erziehn,
Wo, von den Jungfrauen trefflich auferzogen, du
Der Thrakerfürsten erster geworden, Sohn!
Auch nicht im Vaterland, wenn du zu blutigen
Feldschlachten auszogst, war mir um dein Leben bang:
Gen Troja nur zu steuern untersagte ich dir,
Weil ich dein Schicksal wußte; doch beredeten
Die Abgesandten Hektors und Tausende
Von Boten dich, hilfreich den Freunden zuzuziehn.
Doch ist, Athene, dein die Schuld an dem Geschick:
Nichts hätte Odysseus je, nichts hätte Tydeus' Sohn
Vermocht ins Werk zu setzen durch die eigne Kraft;
Glaube nicht, daß etwas mir verborgen blieb.
Und doch ehren deine Stadt vor allem wir,
Die Musenschwestern, und verweilen gern im Land,
Dem Orpheus unaussprechbare Mysterien
Einst enthüllte, der Anverwandte dessen, den
Du hingemordet; deinem heiligen Bürger auch,
Musaios, dem vor allen hochgepriesnen Mann,
Hat Phoibos die Kunst verliehen, und wir, der Musenchor.
Dafür zum Lohn halte in den Armen ich den Sohn
Und jammre! Nie mehr führe ich einen Weisen hin.

Ch　So schmähte also grundlos uns der thrakische
　　Roßlenker, Hektor, daß wir diesen Mord erdacht.

He　Das wußte ich. Kein Prophet braucht uns zu sagen erst,
　　Daß durch Odysseus' Ränke jener unterging.
　　Ich aber, da das Land ich vom Hellenenheer

λεύσσων, τί μὴν ἔμελλον οὐ πέμψειν φίλοις   955
κήρυκας, ἐλθεῖν κἀπικουρῆσαι χθονί;
ἔπεμψ᾽· ὀφείλων δ᾽ ἦλθε συμπονεῖν ἐμοί.
οὐ μὴν θανόντι γ᾽ οὐδαμῶς συνήδομαι.
καὶ νῦν ἔτοιμος τῷδε καὶ τεῦξαι τάφον
καὶ ξυμπυρῶσαι μυρίων πέπλων χλιδήν·   960
φίλος γὰρ ἐλθὼν δυστυχῶς ἀπέρχεται.

Μο οὐκ εἶσι γαίας ἐς μελάγχιμον πέδον·
τοσόνδε Νύμφην τὴν ἔνερθ᾽ αἰτήσομαι,
τῆς καρποποιοῦ παῖδα Δήμητρος θεᾶς,
ψυχὴν ἀνεῖναι τοῦδ᾽· ὀφειλέτις δέ μοι   965
τοὺς Ὀρφέως τιμῶσα φαίνεσθαι φίλους.
κἀμοὶ μὲν ὡς θανών τε κοὐ λεύσσων φάος
ἔσται τὸ λοιπόν· οὐ γὰρ ἐς ταὐτόν ποτε
οὔτ᾽ εἶσιν οὔτε μητρὸς ὄψεται δέμας·
κρυπτὸς δ᾽ ἐν ἄντροις τῆς ὑπαργύρου χθονὸς   970
ἀνθρωποδαίμων κείσεται βλέπων φάος,
Βάκχου προφήτης ὥστε Παγγαίου πέτραν
ᾤκησε, σεμνὸς τοῖσιν εἰδόσιν θεός.
ῥᾷον δὲ πένθος τῆς θαλασσίας θεοῦ
οἴσω· θανεῖν γὰρ καὶ τὸν ἐκ κείνης χρεών.   975
θρήνοις δ᾽ ἀδελφαὶ πρῶτα μὲν σὲ ὑμνήσομεν,
ἔπειτ᾽ Ἀχιλλέα Θέτιδος ἐν πένθει ποτέ.
οὐ ῥύσεταί νιν Παλλάς, ἥ σ᾽ ἀπέκτανεν·
τοῖον φαρέτρα Λοξίου σῴζει βέλος.
ὦ παιδοποιοὶ συμφοραί, πόνοι βροτῶν·   980
ὡς ὅστις ὑμᾶς μὴ κακῶς λογίζεται,
ἄπαις διοίσει κοὐ τεκὼν θάψει τέκνα.

Χο οὗτος μὲν ἤδη μητρὶ κηδεύειν μέλει·
σὺ δ᾽ εἴ τι πράσσειν τῶν προκειμένων θέλεις,
Ἕκτορ, πάρεστι· φῶς γὰρ ἡμέρας τόδε.   985

Besetzt sah, sollte zu den Bundesgenossen nicht
Herolde senden, uns mit Hilfe zuzuziehn?
Ich tat's. Er kam, nach Pflicht, zu teilen unsre Mühn.
Keineswegs bin ich ob seinem Tod erfreut,
Und jetzt bin ich bereit, der Bestattung Ehr'
Ihm angedeihn zu lassen; viele Tausende
Von Prachtgewändern lasse auflodern ich mit ihm:
Denn der als Freund gekommen, geht unglücklich fort.
Mu Nicht geht hinab er in den dunkeln Erdenschoß;
An sie richte ich mein Flehen, die im Hades thront,
Demeters Kind, der Göttin, die uns Früchte gibt,
Die Seele loszugeben; schuldig ist sie mir's
Doch wohl, die Orpheus' Freunden Ehre stets erweist.
Doch tot, und nicht froh werdend mehr des Sonnenlichts,
Bleibt fürder er bei mir, denn nie kehrt er zurück
Ins Leben, sieht der Mutter Antlitz nimmermehr.
Nein, in den Höhlen seines silberreichen Lands
Verborgen, wird als Gottmensch in der Dunkelheit
Er ruhn, als Bakchos' wahrheitkündender Prophet,
Der Pangaios' Felsenkluft bewohnt,
Ein Gott, von allen Eingeweihten hochverehrt.
Weit minder wird der Meeresgöttin Trauer mich
Ergreifen, denn den Sohn entrafft auch ihr der Tod.
Dich beweinen wir, der Schwesternchor, zuerst,
Dann trauern um Achilleus wir, der Thetis Sohn.
Nicht retten wird ihn Pallas, welche dich gewürgt:
Apollons Köcher ist's, der solch Geschoß bewahrt.
O Mißgeschick der Eltern, Not der Sterblichen!
Wer weislich euch erwägt, der bringt kinderlos
Sein Leben hin – dann sinkt ihm kein Kind ins Grab.

Sie verschwindet

Ch Des Sohns Bestattung liegt nunmehr der Mutter ob.
Du aber, willst du handeln, wie's die Lage erheischt,
Hektor, dann ist es Zeit! Schon ist es heller Tag.

Εκ χωρεῖτε, συμμάχους δ' ὁπλίζεσθαι τάχος
ἄνωχθε πληροῦν τ' αὐχένας ξυνωρίδων.
πανοὺς δ' ἔχοντας χρὴ μένειν Τυρσηνικῆς
σάλπιγγος αὐδήν· ὡς ὑπερβαλὼν στρατὸν
τείχη τ' 'Αχαιῶν ναυσὶν αἶθον ἐμβαλεῖν   990
πέποιθα Τρωσί θ' ἡμέραν ἐλευθέραν
ἀκτῖνα τὴν στείχουσαν ἡλίου φέρειν.

Χο πείθου βασιλεῖ· στείχωμεν ὅπλοις
κοσμησάμενοι καὶ ξυμμαχίᾳ
τάδε φράζωμεν· τάχα δ' ἂν νίκην   995
δοίη δαίμων ὁ μεθ' ἡμῶν.

He   Geht hin und heißt die Bundesgenossen unverweilt
     Sich waffnen; schirrt alle Zweigespanne ins Joch!
     Man soll die Fackeln nehmen, der tyrrhenischen
     Drommete Schall erwarten. Habe ich erst das Heer
     Bezwungen und die Wälle, dann werde ich auch
     Den Brand werfen in die Schiffe Griechenlands.
     Der Tag der Freiheit wird dem Troervolk
     Erscheinen mit dem kommenden Tageslicht!

Ch   Gehorcht dem König! Mit Waffen geschmückt
     Laßt folgen uns ihm, und verkündet sein Wort
     Den Genossen des Kampfs unverweilt! Vielleicht,
     Daß den Sieg uns ein Gott, der uns hold ist, gewährt!

NACHWORT UND ERLÄUTERUNGEN

Dieser Band VI enthält die Fragmente der verlorenen Dramen des Euripides, außerdem das Satyrspiel Kyklops und die vermutlich unechte Tragödie Rhesos, also Texte, für die keine deutsche Version von Buschor vorliegt. Die Übersetzung der Fragmente stammt vom Herausgeber, für den Kyklops wurde die Übertragung von J. J. C. Donner, für den Rhesos die von W. Binder bearbeitet.

DIE FRAGMENTE

Fragmente der nicht erhaltenen Dramen des Euripides sind im allgemeinen auf zwei Wegen zu uns gelangt: als Zitate bei anderen antiken Autoren und als Papyrusfetzen, die der Boden Ägyptens seit dem Ende des vorigen Jahrhunderts hergegeben hat. Die indirekt überlieferten Textstücke hatte A. Nauck 1889 fast vollständig ediert; die Papyri erschienen (abgesehen von der Erstpublikation, meist in den Bänden der Oxyrrhynchos-Papyri) nach und nach in mehreren Sammlungen: von H. v. Arnim 1913, D. L. Page 1941 und C. Austin 1968. Da sich diese Sammlungen teilweise überschneiden und außerdem unterschiedlichen Editionsprinzipien folgen, ist die Lage selbst für den Fachmann recht unbequem und unübersichtlich geworden. Schon 1963 war die Naucksche Ausgabe nachgedruckt worden mit einem Anhang, in dem B. Snell die seither neuentdeckten Zitate zusammengestellt hatte. H. J. Mette hat diesen Gesamtbestand mit weiteren Ergänzungen 1968 in einer neu durchnumerierten Liste (also ohne Text) zusammengefaßt. Der Wunsch nach einer kritischen Gesamtausgabe, der sich aus dieser Situation ergibt, ist schon mehr als einmal ausgesprochen worden. Daher muß an dieser Stelle deutlich gesagt werden, daß diese Aufgabe hier nicht in Angriff genommen worden ist; die vorliegende Ausgabe will nur dem Euripidesleser die

bisher bekannten Fragmente in einigermaßen bequemer Form
zugänglich machen. Die zahllosen Probleme und Überlegungen,
die eine kritische Sichtung mit sich bringen würde, konnten
bestenfalls hier und dort im Ansatz berücksichtigt werden. Dies
ist um so eher zu vertreten, als ihre wissenschaftliche Aufarbei-
tung von Band IV der bereits begonnenen Neuausgabe der
Tragicorum Graecorum Fragmenta in absehbarer Zeit zu erwarten ist.

Da die Naucksche Zählung seit einem Jahrhundert Instrument
der wissenschaftlichen Arbeit ist und damit in Lexika und die
einschlägigen sonstigen Publikationen eingegangen ist, kann
sie trotz des Zuwachses nicht preisgegeben werden. Snell hatte
deswegen seine Ergänzungen den Nummern Naucks zugeord-
net und mit dem Zusatz a, b usw. gekennzeichnet. Für die Papyri muß eine entsprechende Einordnung der Neuausgabe der
Tragicorum Graecorum Fragmenta vorbehalten bleiben, da
erst von ihr hinreichende Verbindlichkeit zu erhoffen ist. Um
ihr gegenüber nichts zu präjudizieren und für die Zukunft
durch konkurrierende a, b, usw.-Indizierung gar Verwirrung zu
stiften, sind in der vorliegenden Ausgabe die Neufunde mit
einem +1, +2 usw. an die vorausgehende Nummer angehängt
worden – soweit ihr Platz durch die Nauckschen Fragmente
vorgegeben war, an der entsprechenden Stelle, sonst am Schluß
der Fragmente des jeweiligen Dramas; wo Papyri mit vorher
bekannten Fragmenten partiell identisch sind, haben sie der
Einfachheit halber deren Nummer erhalten. In Klammern hin-
zugefügt ist die Zählung der Metteschen Liste und gelegentlich ein Hinweis auf eine der anderen Ausgaben. Die üblichen
Zeichen * und ** für Fragmente, deren Zuweisung zu einem
bestimmten Stück bzw. zu Euripides unsicher ist, sind meist
übernommen worden; doch sind die bisherigen Ausgaben nicht
immer konsequent verfahren.

Der hier abgedruckte Text stimmt im wesentlichen mit den
genannten Ausgaben überein. Nur bei Nauck ist öfter der über-
lieferte Text hergestellt worden; denn obwohl Nauck für seine
Zeit der Überlieferung gegenüber relativ konservativ war, ent-

hält sein Text doch zahlreiche Konjekturen, die aus heutiger Sicht nicht gerechtfertigt erscheinen. In anderen Fällen ist die Überlieferung als Anmerkung mit dem Zusatz „überl." unter den Text gesetzt; Varianten werden ohne Zusatz aufgeführt. Dabei handelt es sich nur um sporadische Hinweise, nicht etwa um den Versuch zu einem kritischen Apparat. Größere Ergänzungsversuche bei den Papyri sind nicht übernommen worden. Alle hier aufgenommenen Ergänzungen entsprechen den Vorschlägen der genannten Ausgaben; die Urheber sind also mit deren Hilfe zu identifizieren.

Zu jedem Fragment ist grundsätzlich nur eine Fundstelle vermerkt worden. Dort wo mehrfache Überlieferung vorliegt, steht der Zusatz „u. a." weitere Angaben findet man vor allem bei Mette.

Das Übersetzen von Fragmenten bringt seine besonderen Probleme mit sich. Die aus dem Zusammenhang gerissenen Zitate oder Textstücke lassen öfter mehrere Deutungsmöglichkeiten zu, so daß die Übersetzung dann nur den Charakter eines mehr oder weniger zögernd vorgebrachten Vorschlags trägt.

Die Erläuterungen zu den nicht erhaltenen Dramen beschränken sich darauf, den zugrunde liegenden Mythos kurz anzugeben und anhand der Struktur des Mythos die überlieferten Fragmente ‚typischen' Szenen zuzuordnen; das zweite geschieht nur im Ansatz und nicht allzu systematisch, da das diese Erläuterungen zu einem eigenen Buch ausgeweitet hätte; aber man mag daraus die Anregung entnehmen, einmal diesen Weg der Rekonstruktion zu versuchen. Weitere Einzelerklärungen zu mythologischen Namen u. ä. konnten ebenfalls nur mit äußerster Sparsamkeit gegeben werden; wer sich für die Fragmente des Euripides interessiert, wird auch eins der gängigen Sachlexika zur Antike in greifbarer Nähe haben.

Literaturhinweise

A. Nauck, Tragicorum Graecorum Fragmenta, Leipzig 1889², Nachdruck Hildesheim 1964 mit einem Supplement von B. Snell.

H. v. Arnim, Supplementum Euripideum, Bonn 1913.

D. L. Page, Select Papyri III: Literary Papyri, Poetry, London 1941 u. ö.

C. Austin, Nova fragmenta Euripidea in papyris reperta, Berlin 1968.

H. J. Mette, (Forschungsbericht) Euripides (insbesondere für die Jahre 1939–1968). Erster Hauptteil: Die Bruchstücke. Lustrum 12/13, 1967/68, Göttingen 1968/69. Ergänzungen für 1968–1975: Lustrum 17, 1973/74, Göttingen 1976, S. 5–26; für 1976–1977: Lustrum 19, 1976/77, Göttingen 1978, S. 65–78.

H. Schaal, De Euripidis Antiopa, Diss. Berlin 1914.

B. Snell, Euripides' Alexandros, Hermes-Einzelschr. 5. Berlin 1937.

G. W. Bond, Euripides' Hypsipyle, Oxford 1963.

H. Van Looy, Zes verloren tragedies van Euripides, Brüssel 1964.

J. Diggle, Euripides: Phaethon, Cambridge 1970.

F. G. Welcker, Die griechischen Tragödien mit Rücksicht auf den epischen Cyclus geordnet, Zweite Abtheilung, Bonn 1839.

T. B. L. Webster, The Tragedies of Euripides, London 1967.

A. Lesky, Die tragische Dichtung der Hellenen, Göttingen 1972³.

AIGEUS

Nach ihrer Flucht aus Korinth lebt Medea in Athen, nun Gattin des Königs Aigeus (vgl. Med. 663 ff., 1384 f.). Als dessen Sohn Theseus, der bei seiner Mutter Aithra in Troizen aufgewachsen war, nach Athen kommt, will Medea ihn vergiften. Der Anschlag mißlingt, da Aigeus den Sohn an seinem Schwert erkennt. Medea wird verbannt.

Das Stück wird also ein Mechanema (Intrige) und eine Anagnorisis (Wiedererkennung) enthalten haben (vgl. Ion). Die

Fragmente weisen auf eine Ankunftsszene (1 und 2, der Chor befragt Theseus), eine Streitszene (3 und 5, Medea und ein Sklave?), eine Abschiedsszene (6, 9 und 10, Theseus in Troizen?, also Schauplatzwechsel?) und eine Erzählung von der abenteuerlichen Reise des Theseus (11–13, wohl in einem Chorlied).

AIOLOS

Kanake, Tochter des Aiolos, erwartet ein Kind von ihrem Bruder Makareus. Um den Vater zu täuschen, schützt sie eine Krankheit vor, und Makareus überredet Aiolos, seine Söhne und Töchter miteinander zu verheiraten. Das Losverfahren, das dabei angewendet wird, weist den beiden Liebenden jedoch andere Ehepartner zu. Als das Kind geboren wird und Aiolos davon erfährt, schickt er der Tochter ein Schwert, mit dem sie sich töten soll. Makareus gelingt es zwar, den Vater umzustimmen, aber er findet Kanake bereits sterbend vor und tötet sich gleichfalls.

Das Stück könnte eine Szene enthalten haben, in der Kanake ihren Zustand offenbart (19, 32, vgl. Hipp. 267 ff.), ein Gespräch zwischen Makareus und Aiolos über die Ehepläne (15, 16, 23, 24), vielleicht in diesem Zusammenhang die Diskussion über den Reichtum (20, 21, 22), ein Streitgespräch (29, 30, 31, 36), einen Bericht und eine Klageszene (33, 34).

ALEXANDROS

Paris (Alexandros) war unmittelbar nach der Geburt ausgesetzt worden, weil seine Mutter Hekabe während der Schwangerschaft geträumt hatte, sie habe eine brennende Fackel geboren. Das Kind wurde jedoch von Hirten gefunden und aufgezogen. Herangewachsen nimmt Paris an einem von Priamos veranstalteten Wettkampf teil, in dem er die Söhne des Königs, also seine Brüder, besiegt. Sie planen daraufhin, ihn zu ermorden, doch wird er rechtzeitig erkannt und wieder in die Familie aufgenommen.

Tragende Elemente des Stücks scheinen Mechanema (64+6, 64+7, 57 f.) und Anagnorisis (64+2) gewesen zu sein (vgl. Ion; Aigeus u. a.). Vorausgingen Hekabes Klage wegen des verlorenen Kindes (43–46), ein Bericht über den Wettkampf und den Triumph des Fremden (47, 64+5), eine Diskussion mit Priamos über den fremden Sklaven (48–55, 59 f.). Außerdem kenntlich sind Weissagungen Kassandras (42a–c) und eine Rechtfertigungsszene (56).

Aufführung 415, zusammen mit Troerinnen, Palamedes und Sisyphos.

42c Hekabe wurde in einen Hund verwandelt (vgl. Hek. 1265). Hekate, eine nächtlich-unheimliche Göttin, zu deren Umkreis der Hund gehört.

64+1 Kassandra.

64+6 Deiphobos, ein Bruder Hektors.

ALKMEON (ALKMAION)

a) Alkmeon in Psophis: Aufführung 438, zusammen mit Kreterinnen, Telephos, Alkestis.

b) Alkmeon in Korinth: Aufführung 405, zusammen mit Aulischer Iphigenie, Bakchen.

Die Fragmente sind zum guten Teil ohne Unterscheidung der beiden Stücke überliefert.

a) Alkmeon, der Sohn des Sehers Amphiaraos, hatte seine Mutter getötet, weil sie seinen Vater um eines Schmuckstücks willen verraten hatte, als er sich dem Zug der Sieben gegen Theben entziehen wollte. Alkmeon wird von den Erinyen verfolgt und muß seine Heimat Argos verlassen. König Phegeus von Psophis in Arkadien entsühnt ihn und gibt ihm seine Tochter Arsinoe zur Frau. Doch auf Grund eines Orakels muß Alkmeon weiterziehen, und er heiratet die Tochter des Flußgottes

Acheloos. Unter einem Vorwand versucht er, den bei Arsinoe zurückgelassenen Schmuck für die neue Gattin herbeizuschaffen, wird dabei aber von den Brüdern der Arsinoe getötet. Das Stück scheint den ersten Aufenthalt in Psophis zum Inhalt gehabt zu haben; denn Alkmeon muß sich wegen des Muttermordes rechtfertigen (67–69, vgl. Or., Aischylos' Eumeniden). Doch ist es nicht undenkbar, daß auch seine Rückkehr und sein Tod vorkamen.

b) Alkmeon hatte zwei Kinder bei König Kreon in Korinth zurückgelassen. Die Tochter hatte, als sie herangewachsen war, die Eifersucht der Königin erregt und war als Sklavin verkauft worden; durch Zufall wird sie von ihrem eigenen Vater gekauft. Der Sohn lebt in Korinth, gleichfalls ohne seinen Vater zu kennen. Alkmeon kommt nun nach Korinth, um seine Kinder zu holen.

Das Stück enthielt sicher eine (doppelte) Anagnorisis und vermutlich ein gegen Alkmeon gerichtetes Mechanema, durch das Kreon den lästigen Muttermörder und seine Ansprüche aus der Welt schaffen wollte.

70 Gemeint sein muß Polyneikes, der Sohn des Ödipus; er hatte den berühmten Schmuck seiner Urahnin Harmonia, der Gattin des Kadmos, mitgebracht und damit die Gattin des Amphiaraos bestochen.

73a Die Mutter der Kinder war Manto, die Tochter des Sehers Teiresias. Um sie hatte der Gott Apollon vergeblich geworben.

ALKMENE

Als Vorbedingung für seine Ehe mit Alkmene, deren Vater er versehentlich getötet hat, muß Amphitryon gegen die Bewohner der Insel Taphos zu Felde ziehen, um Alkmenes Brüder zu rächen (vgl. zu Likymnios).

Dem siegreich heimkehrenden Amphitryon kommt Zeus zuvor; er nimmt dessen Gestalt an und spielt für eine Nacht die Rolle des Ehemanns. Amphitryon muß glauben, Alkmene habe

ihn betrogen, wird jedoch durch göttliches Eingreifen und Ent-
hüllung der Wahrheit besänftigt.

Als Alkmene, schwanger mit Herakles und Iphikles, gebären
soll, zögert die eifersüchtige Hera die Geburt hinaus, um den
von Zeus Herakles zugedachten Herrschaftsanspruch auf Eurystheus, den Sohn des Sthenelos, zu übertragen; in dessen
Dienst muß Herakles später seine berühmten zwölf ‚Arbeiten‘
vollbringen.

Die Fragmente lassen nicht ohne weiteres erkennen, auf welchen Teil des Mythos sich das Stück bezog. Doch es ist am
wahrscheinlichsten, daß es wie in Plautus' Amphitruo um die
durch Zeus geschaffene Verwirrung in der Beziehung zwischen
Alkmene und Amphitryon ging. Amphitryon scheint Alkmene
harte Bestrafung (Feuertod) zugedacht zu haben, das Feuer
wird durch einen Regenguß rechtzeitig gelöscht, ein Deus ex
machina klärt alles auf, und Amphitryon ist zufriedengestellt.
Das willkürliche Walten des Gottes, seine Liebe zu einer Sterblichen, die Gefahr, daß jemand einen engen Angehörigen tötet,
und der fast zu glatte Schluß erinnern an den Ion.

ALOPE

Alope, die Tochter des Königs Kerkyon von Eleusis, hat heimlich ein Kind geboren. Es wird ausgesetzt, doch von Hirten gefunden. Wegen des beigefügten wertvollen Schmucks entsteht
ein Streit, den der König schlichten soll. Kerkyon errät die Herkunft des Kindes und läßt Alope lebendig einmauern und das
Kind erneut aussetzen, das jedoch wieder gefunden wird und
bei Hirten aufwächst. Als Thesus auf seiner Wanderung von
Troizen nach Athen Kerkyon erschlägt, setzt er den Enkel
als König ein.

Das Stück, das auch unter dem Titel ‚Kerkyon‘ zitiert wurde,
muß eine Verurteilungsszene enthalten haben (109–111, vgl.
Soph. Antigone 441 ff.). Der Streit, der vor einen Schiedsrichter
gebracht wird und damit zur Wiedererkennung des Kindes

führt, dürfte Vorbild für Menanders Epitrepontes gewesen sein. Kerkyon war ein berühmter Ringer, der alle Vorüberziehenden zwang, sich mit ihm zu messen; daher der Chor von Sportlern (105).

ANDROMEDA

Kassiopeia, die Gattin des Aithioperkönigs Kepheus, hatte geprahlt, ihre Tochter Andromeda (oder sie selbst) sei schöner als die Nereiden, die Töchter des Meeresgottes Nereus, und hatte dadurch den Zorn Poseidons heraufbeschworen. Er schickt ein Seeungeheuer, das das Land bedroht; die Gefahr kann nur abgewendet werden, wenn Andromeda dem Untier ausgeliefert wird. Perseus, der sich auf dem Rückweg von seinem Abenteuer mit der Gorgo befindet (vgl. zu Diktys), trifft bei seinem Flug zufällig auf das an einen Felsen gefesselte Mädchen; er tötet das Ungeheuer und nimmt die Gerettete als künftige Gattin mit.
Aufführung 412, zusammen mit Helena. Das Stück galt in der Antike als eine der gelungensten Tragödien des Euripides und war, wie auch gerade die Parodie durch den Komiker Aristophanes zeigt, besonders bekannt und beliebt.
Die Fragmente zeigen, daß am Anfang eine ausführliche Klageszene Andromedas stand (114–122, vgl. Hel. 1–385), es folgten Perseus' Ankunft (124–132) und sein Aufbruch zum Kampf (133–136), der dann in einem Bericht dargestellt wurde (145 f.). Es wird dann zu einer Begegnung mit Kepheus gekommen sein, der seine Zustimmung zu der Hochzeit verweigert (139–144). Das Stück endete möglicherweise mit einem Befreiungsmechanema wie Taurische Iphigenie und Helena.

ANTIGONE

Nachdem bei dem Zug der ,Sieben gegen Theben' die beiden Söhne des Oidipus, Polyneikes und Eteokles, im Zweikampf

gefallen waren, hat sich ihre Schwester Antigone über Kreons, des neuen Herrschers, Gebot hinweggesetzt, Polyneikes unbestattet liegen zu lassen (vgl. Phoin. 1628 ff.).
Nach der Hypothesis der Sophokleischen Antigone ist bei Euripides Antigone am Leben geblieben und Haimon zur Frau gegeben worden. Die Fragmente lassen vermuten, daß die Liebesbeziehung stärker hervortrat als bei Sophokles (160–164+1). Aus einer Diskussion zwischen Haimon und seinem Vater Kreon könnten 165, 170–173 stammen. Am Schluß könnte Dionysos als rettender Deus ex machina erschienen sein (177).
159 Kapaneus, einer der Sieben.
177 Als Mutter des Dionysos gilt sonst Semele, die auch den Namen Thyone trägt. Verwechslung?

ANTIOPE

Antiope, von Zeus schwanger, flieht vor ihrem Vater Nykteus von Theben nach Sikyon. Unterwegs bringt sie die Zwillinge Amphion und Zethos zur Welt, die bei einer Hirtenfamilie zurückbleiben und dort aufwachsen. Sterbend hat Nykteus seinem Bruder Lykos aufgetragen, Antiope zu bestrafen, und dieser unternimmt einen Kriegszug nach Sikyon, holt Antiope zurück nach Theben und überläßt sie der schikanösen Behandlung seiner Gattin Dirke. Antiope flieht erneut und trifft dabei auf ihre inzwischen erwachsenen Söhne. Sie nehmen Dirke gefangen und binden sie einem wilden Stier auf die Hörner. Gemeinsam herrschen sie dann über Theben und umgeben es mit einer schützenden Mauer, wobei Zethos seine gewaltige Körperstärke, Amphion die Zauberkraft seiner Musik einsetzt. Amphion heiratet Niobe, die Tochter des Tantalos.
Das Stück behandelte die Begegnung zwischen Mutter und Söhnen und die Rache an Dirke, enthielt also Anagnorisis und Mechanema (vgl. Elektra). Ein zweites, gegen Lykos gerichtetes Mechanema wird durch Hermes als Deus ex machina unterbrochen. Nach anderer Version wurde auch Lykos getötet.

Besonders berühmt muß der von Platon im Gorgias benutzte Dialog der beiden Brüder gewesen sein, in dem Zethos die Seite der tätigen Lebenspraxis, Amphion die der musisch-geistigen Existenz vertritt (183–188, 193 f., 198–202, 227+1). Kenntlich ist auch ein Bericht über den Tod der Dirke (221).

ARCHELAOS

Euripides verließ im Alter von bald 80 Jahren Athen und ging nach Pella, der Residenz des Makedonenkönigs Archelaos. Vermutlich direkt beauftragt, dem generellen Wunsch makedonischer Könige zu entsprechen, ihre Zugehörigkeit zum griechischen Kulturkreis durch heroische Vorfahren nachzuweisen, hat Euripides einen angeblichen Urahn des Königs namens Archelaos zum Helden dieser Tragödie gemacht.
Archelaos kommt aus Argos nach Makedonien zu König Kisseus, der ihm Herrschaft und Tochter verspricht, falls er ihm in einem bevorstehenden Krieg beisteht. Nach dem Sieg bricht er seine Zusage und plant, Archelaos in eine mit glühenden Kohlen gefüllte Grube stürzen zu lassen. Archelaos wird jedoch gewarnt und lockt nun seinerseits Kisseus in die von diesem vorbereitete Falle.
Das Stück müßte daher im zweiten Teil Mechanema und Gegenmechanema enthalten haben, also eine kompliziertere Struktur als in allen erhaltenen Stücken (vgl. immerhin Ion). Im ersten Teil wird es wohl um das rettende Eingreifen des Archelaos im Kriege gegangen sein (vgl. Herakliden und Hiketiden).
Es muß mehrere Szenen oder wenigstens Situationen gegeben haben, in denen ausführlich Mahnungen und Belehrungen ausgesprochen werden. Aus den Fragmenten lassen sich wenigstens fünf Bereiche erkennen:
1. ein Dialog über bequemes Wohlleben und aktives Tätigsein (235–240, 247 f., vgl. Antiope),
2. Ermutigung vor dem Aufbruch in den Krieg (242–245, vielleicht ist ein Hilfegesuch abgelehnt worden, 231),

3. Warnungen vor einer bestimmten Person (246, 249, 351, gemeint ist wohl Archelaos, der Adressat dürfte Kisseus sein),
4. allgemeine Lebensregeln (252 f., 256–259, vgl. Erechtheus),
5. Warnung vor Unrechttun (255).
Besonders 4) und 5) und das Fazit (264) waren angesichts der
fast sprichwörtlichen Skrupellosigkeit des überaus tatkräftigen
und erfolgreichen Makedonenherrschers (vgl. Platon, Gorg.
471) nicht ohne politisch deutbaren Akzent.

AUGE

Auge, eine Athenerpriesterin in Tegea, ist von Herakles verge-
waltigt worden und hat ein Kind, Telephos, geboren. Ihr Vater Aleos läßt sie mit dem Kind in einem Kasten eingeschlossen
ins Meer werfen; sie gelangen nach Mysien in Kleinasien und
werden dort freundlich aufgenommen (vgl. Danae). Nach anderer Version war das Kind bei Tegea ausgesetzt worden.
Nach den Fragmenten muß Herakles im Stück aufgetreten sein
(265, 265a, 269). Er konnte jedoch wegen des feststehenden
Ausgangs nur bedingt als Retter in Erscheinung treten. Vielleicht bewahrte er Auge vor dem direkten Vollzug der Todes-
strafe.

AUTOLYKOS

Der Meisterdieb Autolykos – sein Vater ist Hermes – stiehlt
dem nicht weniger listigen Sisyphos Rinder, wird aber schließlich überführt, weil er nicht bemerkt hat, daß die Tiere mar-
kiert worden waren.

BELLEROPHONTES

Bellerophontes muß wegen eines Totschlags seine Heimat Korinth verlassen; er wird von König Proitos von Tiryns aufgenommen. Als er die heimlichen Liebesanträge der Hausherrin

Stheneboia abweist, verleumdet sie ihn bei Proitos (vgl. zu Stheneboia). Er wird daraufhin mit einem Brief, der die Anweisung enthält, den Überbringer zu töten, zu Iobates nach Lykien in Kleinasien geschickt. Dort erhält er mehrere lebensgefährliche Aufträge, die er jedoch mit Hilfe seines Flügelrosses Pegasos meistert (Kampf gegen das Ungeheuer Chimaira, gegen die Solymer und gegen die Amazonen). Iobates erkennt in seinen Erfolgen göttliches Walten und macht ihn zu seinem Schwiegersohn. Bellerophontes kehrt dann nach Tiryns zurück, überredet Stheneboia, mit ihm auf dem Pegasos zu fliehen, und stößt sie ins Meer. Schließlich versucht er, zum Himmel emporzufliegen, stürzt ab und endet umherirrend in Elend und Wahnsinn.

Das Stück scheint das Ende des Bellerophontes zum Inhalt gehabt zu haben. Die Fragmente geben kaum nähere Hinweise auf charakteristische Handlungselemente: ein Bericht über den letzten Flug ist gerade noch kenntlich (306–309), Bellerophontes wurde möglicherweise verletzt auf die Bühne getragen (310, vgl. Hipp. 1342 ff.; Soph., Trach. 971 ff.), am Schluß hat jemand Prophezeiungen ausgesprochen (312, ein Deus ex machina, oder vielleicht der bereits vom Wahnsinn erfaßte Bellerophontes? vgl. Hek. 1259 ff.).

BUSIRIS

Der ägyptische König Busiris läßt alle Fremden als Opfer schlachten. Er wird von Herakles getötet.

312a Lamia, ein gespensterartiges Unwesen.

DANAE

König Akrisios von Argos, dem geweissagt worden war, er werde von der Hand eines Enkels sterben, schließt seine Tochter Danae in einem unterirdischen Raum mit ehernen Wänden ein, um die Geburt eines Enkels zu verhindern. Zeus gelangt

jedoch als goldener Regen zu Danae, die in ihrem Gefängnis
ein Kind, Perseus, zur Welt bringt. Als Akrisios die Existenz
des Kindes bemerkt, läßt er Mutter und Sohn in einem Kasten
im Meer aussetzen (vgl. zu Auge). Sie werden zur Insel Seriphos getrieben und dort aufgenommen (vgl. zu Diktys).
Aus den Fragmenten läßt sich wenig über die Anlage des Stücks
entnehmen. Größeren Raum muß eine Diskussion über den
Reichtum eingenommen haben (324–328).

DIKTYS

Vgl. zu Danae. Auf Seriphos wird Danae von König Polydektes mit Liebesanträgen verfolgt. Während der inzwischen her-
angewachsene Perseus unterwegs ist, um das Haupt der Gorgo
(ein frauengestaltiges Ungeheuer, dessen Anblick versteinert)
zu holen, hat Danae einen Beschützer in dem Fischer Diktys,
dem Bruder des Königs. Als Perseus zurückkehrt, läßt er Polydektes das Gorgonenhaupt erblicken, so daß er zu Stein wird.
Das Stück wird im ersten Teil die Bedrängnis Danaes gezeigt
haben; sie hat sich vermutlich an einen Altar geflüchtet (vgl.
Helena und Herakles). Im zweiten Teil wird Perseus als Retter
gekommen sein. Polydektes scheint sein Verhalten gegenüber
einem seiner Söhne verteidigt zu haben (339 f., 345), andere
Personen werden ihn ebenfalls ermahnt haben (338), so auch
ein alter Sklave (337).

ERECHTHEUS

Der athenische König Erechtheus muß sich eines Angriffs der
Eleusinier unter Führung des Thrakers Eumolpes erwehren. Ein
Orakel hat ihm den Sieg unter der Bedingung verheißen, daß
er eine Tochter als Opfer darbringt. Das Opfer wird vollzo-
gen, Eumolpos fällt in der Schlacht, und die Feinde ziehen ab;
doch auch Erechtheus kommt um.

Diese Tragödie gehört in die Nähe der ‚politischen' Stücke Herakliden und Hiketiden. Der Opfertod des Mädchens ist anders als in den Herakliden als Problem der Mutter, Praxithea, dargestellt (360), während die Betroffene selbst wahrscheinlich nicht auftrat. Erechtheus gibt einem jungen Mann, der (wegen 360, 22) trotz der Anrede (362, 1) nicht sein Sohn zu sein scheint, zum Abschied Ratschläge, wie er sich als Herrscher verhalten soll. Zum Erdbeben, das Poseidon am Schluß des Stücks verursacht vgl. Ba. 576 ff.

351 Athene führte als Schildzeichen ein Gorgonenhaupt.

360,49 Pallas, ein Beiname Athenes.

370+1,2 Charon, der Totenfährmann in der Unterwelt.

370+1,34 Deo = Demeter

370+1,74 Die Hyakinthiden (Töchter des spartanischen Einwanderers Hyakinthos) gelten hier als Töchter des Erechtheus.

EURYSTHEUS

Vgl. Alkmene. Daß der Auftraggeber Eurystheus seinem Dienstmann Herakles weit unterlegen ist und sich vor ihm und den gefangenen Untieren (z. B. dem erymanthischen Eber) fürchtet, ist ein aus der Vasenmalerei bekannter komischer Aspekt des Stoffes. Herakles selbst ist darüber hinaus eine beliebte Figur des griechischen Satyrspiels überhaupt, wobei er als gutartiger Schlagetot erscheint, der sich besonders als Fresser und Säufer hervortut.

377 vielleicht auch: ... dagegen, daß Bastarde Kinder zeugen ...

372 Daidalos, der berühmte Erbauer des Labyrinths, konstruierte lebensgroße Puppen, die gehen und sprechen konnten.

THESEUS

Theseus ist in Troizen bei seiner Mutter aufgewachsen und kommt dann zu seinem Vater nach Athen (vgl. zu Aigeus), wobei er unterwegs eine Reihe berühmter Taten vollbringt (vgl.

zu Alope). Athen ist zu dieser Zeit dem kretischen König Minos tributpflichtig und muß jährlich sechs Mädchen und sechs junge Männer nach Kreta schicken, wo sie dem im Labyrinth hausenden Minotaurus ausgeliefert werden. Theseus fährt freiwillig mit, tötet mit Hilfe der Minostochter Ariadne den Minotaurus und kehrt nach Athen zurück. Später dringt er mit seinem Freund Peirithoos in die Unterwelt ein, um Persephone zu rauben. Er wird dort festgehalten, von Herakles jedoch wieder befreit.

Der Gegenstand des Stücks war wahrscheinlich der Aufenthalt in Kreta und der Kampf mit dem Minotauros.

382 diese Beschreibung des Namens ‚Theseus' ist mehrfach von anderen Tragikern nachgeahmt, Agathon Fr. 4, Theodektes Fr. 6.

383 Styx, Acheron und Kokytos sind Flüsse in der Unterwelt; Echidna, ein schlangenartiges, urweltliches Ungeheuer. Der Text kann nicht wörtlich von Euripides stammen; denn das Folgende enthält zwei Komödienwitze: Die Muränen von Tartessos (an der Südwestküste Spaniens) galten als besonders wohlschmeckend. Tithras war eine attische Gemeinde, in den Gorgonen (s. zu Diktys) steckt also eine Bosheit gegenüber den dortigen Frauen.

THYESTES

Thyestes verführt Aerope, die Frau seines Bruders Atreus, um in den Besitz eines Lammes zu gelangen, dessen goldenes Fell als Zeichen der Königsherrschaft gilt. Um sich zu rächen, setzt Atreus dem Bruder dessen eigene Söhne als Mahlzeit vor. Thyestes soll mit seiner eigenen Tochter einen Sohn, Aigisthos, gezeugt haben, der später den Sohn des Atreus, Agememnon, ermordet.

Die Fragmente lassen den Inhalt der Tragödie nicht genauer erkennen. Wahrscheinlich stand das ‚Thyestesmahl' im Zentrum.

INO

Ino, Gattin des böotisch-thessalischen Königs Athamas, steht im Zentrum dreier Erzählungen, die nicht ohne weiteres miteinander vereinbar sind:

1. Ino ist die böse Stiefmutter, die den Kindern aus der ersten Ehe des Athamas, Phrixos und Helle, nach dem Leben trachtet (vgl. Phrixos).

2. Sie nimmt sich nach dem Tod ihrer Schwester Semele des neugeborenen Dionysos an und zieht damit den Zorn Heras auf sich. Athamas wird wahnsinnig und tötet einen ihrer Söhne, Ino flieht mit dem anderen und stürzt sich schließlich ins Meer.

3. Sie schließt sich Dionysos als Mänade an (vgl. Ba. 682) und läßt ihre zwei Kinder bei Athamas, der bald danach Themisto heiratet und mit ihr ebenfalls zwei Kinder hat. Ino kehrt später zurück und lebt als Dienerin im Haus, ohne daß Themisto weiß, wer sie ist. Als Themisto plant, ihre beiden Stiefkinder heimlich zu ermorden, gibt sie der vermeintlichen Dienerin den Auftrag, die Kinder der Ino schwarz zu kleiden, ihre eigenen dagegen weiß, um sie im Dunkel der Nacht unterscheiden zu können. Ino, die ihre beiden Kinder retten will, vertauscht die Farben, so daß Themisto nicht Inos, sondern ihre eigenen Kinder tötet. Als Themisto den Irrtum bemerkt, begeht sie Selbstmord.

Euripides hat für seine Tragödie wahrscheinlich die dritte Erzählung benutzt. Das Stück könnte mit Inos Situation nach ihrer Rückkehr begonnen haben – die ehemalige Herrin jetzt als Dienerin (vgl. Andromache) –, dann müßten Mechanema der Themisto und Gegenmechanema der Ino gefolgt sein (vgl. zu Archelaos).

IXION

Der Lapithenkönig Ixion ermordet heimtückisch seinen Schwiegervater, wird aber schließlich von Zeus entsühnt. Undankbar

und in maßloser Selbstüberschätzung stellt er dessen Gattin
nach; er wird zur Strafe an ein herumwirbelndes Rad gefesselt.
Der Inhalt des Stücks ist nicht näher kenntlich.

HIPPOLYTOS KALYPTOMENOS

Der erhaltene Hippolytos (Stephanophoros oder Stephanias)
ist Euripides' zweite Fassung desselben Stoffes, wobei die
Grundzüge anscheinend unverändert blieben, das heikle erotische Thema jedoch etwas zurückhaltender behandelt wurde.
So soll in der ersten Fassung Phaidra ihren Antrag nicht durch
ein halb gewolltes Mißverständnis der Amme an Hippolytos
gerichtet, sondern sich direkt an ihn selbst gewendet haben.
Die unterscheidenden Titelzusätze beziehen sich auf eher ne-
bensächliche äußere Bühneneffekte. Hippolytos soll bei Phaidras Ansinnen sein Haupt ‚verhüllt' haben, bzw. er ‚bekränzt'
das Standbild der Artemis (Hipp. 73).

KADMOS

Kadmos, der auf der Suche nach seiner Schwester Europa von
Phönizien nach Griechenland gekommen ist, gründet die Stadt
Theben. Dabei tötet er einen gewaltigen Drachen. Er heiratet
Harmonia, die Tochter des Ares und der Aprodite. An der
Hochzeitsfeier nehmen auch die Götter teil und schenken Har-
monia einen kostbaren Halsschmuck (vgl. zu Alkmeon). Im
Alter wandern Kadmos und Harmonia nach Illyrien aus und
werden in segenbringende Schlangen verwandelt.
Welchen Ausschnitt des Stoffes Euripides benutzt hat, ist nicht
zu ermitteln. Auch die Echtheit des einzigen Fragments und
überhaupt die Existenz einer Euripideischen Tragödie mit diesem Titel sind öfter angezweifelt worden.

KRESPHONTES

Der Heraklide Kresphontes, Herrscher in Messenien, wird zusammen mit zwei Söhnen von seinem Bruder Polyphontes ermordet. Seiner Frau, Merope, gelingt es, den jüngsten Sohn, der wie sein Vater Kresphontes heißt, nach Ätolien in Sicherheit zu bringen. Sie selbst wird gezwungen, Polyphontes zu heiraten. Durch einen alten Diener steht sie heimlich mit ihrem Sohn, auf dessen Kopf Polyphontes einen Preis ausgesetzt hat, in Verbindung. Herangewachsen plant Kresphontes Rache. Unter falschem Namen kommt er zu Polyphontes und behauptet, er habe Kresphontes getötet. Seine Mutter will den vermeintlichen Mörder ihres Sohnes nachts mit dem Beil erschlagen, doch der alte Diener kommt im letzten Augenblick hinzu und erkennt den Fremden. Gemeinsam wird dann der Racheplan weiterverfolgt, und Polyphontes wird bei einem Opferfest von Kresphontes erschlagen.

Wegen der Ähnlichkeit des Stoffes muß das Stück auch in der Form manche Gemeinsamkeiten mit der (vermutlich späteren) Elektra gehabt haben. In ein Mechanema ist eine Anagnorisis eingefügt, wodurch neue Helfer hinzukommen. Gegenüber der Elektra ist die Anagnorisis erweitert durch die Gefahr, daß jemand einen Anverwandten tötet (vgl. Taur. Iph.); das geschieht in der Form eines zweiten Mechanemas (vgl. Aigeus und Ion).

Kenntlich sind die Ankunft des Kresphontes 459+1; 1 = erster Schauspieler = Kresphontes. Wer 3 = dritter Schauspieler ist, läßt sich nur vermuten: entweder Merope (vgl. El. 215 ff., Ion 247 ff.) oder eine Dienerfigur (vgl. Hel. 437 ff.). Weiter scheint es eine Auseinandersetzung zwischen Merope und Polyphontes gegeben zu haben (451 f., vgl. El. 1011 ff.). Nachdem der Fremde den Tod des Kresphontes gemeldet hat, muß eine Klageszene gefolgt sein (vgl. Sophokles, El. 804 ff.). Vielleicht hatte der alte Diener bereits vorher die Nachricht gebracht, daß er Kresphontes in Ätolien nicht mehr vorgefunden habe, so daß man befürchten müsse, er sei tot. Die Szene, in der die Mutter das Beil hebt, um den schlafenden Sohn zu töten (456), wird wahrscheinlich berichtet worden sein, ist aber auch auf der Bühne denkbar. Merope hat dann gegenüber Polyphontes wohl Versöhnungsbereitschaft geheuchelt (454?, vgl. Med. 869 ff.). Bei dem deswegen veranstalteten Fest konnte Kresphontes als Helfer beim Opfer mitwirken und so mit einer Waffe in die Nähe von Polyphontes gelangen (vgl. El. 798 ff.).

KRETERINNEN

Wegen einer Liebesbeziehung zu einem Bediensteten soll Aerope, Enkelin des kretischen Königs Minos, ertränkt oder als Sklavin verkauft werden. Sie entgeht dem ihr zugedachten Schicksal und wird schließlich Gattin des Atreus, und damit ein Anlaß zum Zwist der Brüder Atreus und Thyestes (vgl. zu Thyestes).
Welchen Teil der Erzählung Euripides seiner Tragödie zugrunde gelegt hat, ist nicht zu erkennen. Wenn es um die erotische Beziehung zu Thyestes ging, hat Euripides den Anstoß wahrscheinlich von Aerope ausgehen lassen, sie also zur schamlosen Verführerin gemacht (vgl. Stheneboia).
Aufführung 438, zusammen mit Alkmeon in Psophis, Telephos und Alkestis.

KRETER

König Minos von Kreta hat Poseidon gebeten, ihm einen Opferstier aus dem Meer zu schicken. Der Wunsch wird erfüllt, doch Minos vollzieht das Opfer nicht, um das prachtvolle Tier für seine Herde zu behalten. Zur Strafe wird seine Gattin Pasiphae von unbezähmbarer Liebe zu dem Stier erfaßt, und sie läßt sich schließlich von Daidalos eine künstliche Kuh bauen, in der sie sich von dem Stier bespringen läßt. Sie bringt ein Mischwesen zur Welt, den Minotaurus, der dann in dem gleichfalls von Daidolos entworfenen Labyrinth haust.

Das Strafgericht, das Minos bei Euripides abhielt (472a+2), könnte am Ende des Stücks gestanden haben und dürfte durch einen Deus ex machina abgebrochen worden sein. Es ist aber auch denkbar, daß noch eine Partie folgte, in der Minos auf anderem Wege zur Einsicht kam. Vorausgegangen sein muß eine Szene, in der Minos von der Existenz des Minotaurus erfährt (vielleicht 472+1). Da der Minotaurus im Stück schon geboren ist, kann der Anfang der wahnsinnsgleichen Liebe (vgl. Hipp.) nicht vorgekommen sein. Möglicherweise ging es insgesamt um die Not Pasiphaes, die das Ungeheuer verbergen möchte.

Zur Verteidigungsrede vgl. Tro. 914 ff. Der Vergleich lehrt darüber hinaus, daß solch eine Szene auch in eine andersartige Haupthandlung episodisch eingefügt sein kann. So könnte in den Kretern etwa das Schicksal des erfinderischen Daidalos breiteren Raum eingenommen haben.

472,1 Minos

472,6 Die Chalyber an der Nordküste Kleinasiens galten als Erfinder der Eisenbearbeitung.

472,10 Ida, Gebirge auf Kreta; dort war Zeus aufgewachsen, geschützt von den Kureten (hier als Gefolge seiner Mutter Rheia gedacht). Zagreus, oft mit Dionysos gleichgesetzt, hier wohl Beiname des Zeus im Rahmen eines orgiastischen Kults.

LIKYMNIOS

Likymnios, jüngster Sohn des Elektryon und Bruder der Alkmene, hat als einziger von mehreren Brüdern den Kampf gegen die Teleboer von der Insel Taphos überlebt (vgl. zu Alkmene). Er nimmt teil an Herakles' Zug gegen Eurytos. Sein Sohn Argeios zieht mit Herakles gegen Troja, nachdem dieser dem Vater das Versprechen gegeben hat, ihn wiederzubringen. Argeios fällt, und Herakles kann nur seine Asche übergeben. Likymnios wird von dem Heraklessohn Tlepolemos, also seinem Großneffen, (unabsichtlich?) getötet.

Was den Inhalt der Tragödie bildet, läßt sich nicht sagen. Am ehesten wird man an den Tod des Argeios denken, da Mysien, wo Troja lag, erwähnt wurde (476).
477 Paian, Beiname Apollons.

MELANIPPE

Melanippe, Tochter des Aiolos, hat heimlich die Zwillinge Aiolos und Boiotos geboren und bei den Rindern im Stall versteckt. Aiolos meint, sie stammten von der Kuh, bei der sie gefunden wurden, und will sie als Monstren verbrennen lassen. Melanippe, die beim Vollzug des Ritus helfen soll, versucht den Vater von seinem Plan abzubringen und gibt sich schließlich als Mutter zu erkennen. Zur Strafe wird sie eingesperrt, und die Kinder werden ausgesetzt. Sie werden von der kinderlosen Theano, Gattin des Königs Metapontos, gefunden und als eigene Kinder ausgegeben. Da sie jedoch später selbst Kinder bekommt, möchte sie die inzwischen erwachsenen Zwillinge aus dem Weg räumen. Der Plan mißlingt, aber Aiolos und Boiotos erfahren dabei ihre wahre Herkunft und befreien ihre Mutter aus der Gefangenschaft.
a) Kernstück der ‚Weisen Melanippe‘, die den ersten Teil der Erzählung zum Inhalt hatte, war sicher die Zwangslage der Mutter, die ihre Kinder nur retten kann, wenn sie sich selbst preisgibt (vgl. Andr. 309 ff.). Den Titelzusatz erhielt das Stück nach Melanippes – wahrscheinlich mit aller Gelehrsamkeit der Zeit ausgestattetem (484) – Versuch, den Vater zu überzeugen, daß es nach ‚wissenschaftlicher‘ Einsicht ein solches Wunder nicht geben könne, und es sich daher um menschliche Kinder handeln müsse, die man nicht töten dürfe. Ihre Erklärung für die Herkunft der Kinder (485) kommt der Wahrheit schon gefährlich nahe. Am Schluß wurde durch einen Deus ex machina – vielleicht ihre Mutter Hippo – das Strafgericht wahrscheinlich abgewendet oder wenigstens durch den Hinweis auf die künftige Befreiung relativiert.

Bei 480 und 481 muß es sich um Varianten des Prologanfangs handeln.

b) Die ‚Gefesselte Melanippe‘ setzte wohl mit Theanos Plan ein, die Zwillinge ermorden zu lassen. Das Stück wird also aus Mechanema und anschließender Rettungshandlung bestanden haben. Da der Zusammenhang recht locker erscheint, wenn Melanippe von Aiolos gefangengehalten (‚gefesselt‘) wird, hat man an eine Version gedacht, nach der Melanippe noch vor der Geburt der Zwillinge von ihrem Vater verstoßen und von Theano eingekerkert worden war.

481 Kekrops, ein mythischer König von Athen. Chiron, der weise Kentaur.

MELEAGROS

Als Geschenk der Moiren verwahrt Meleagros' Mutter Althaia ein Holzscheit, von dessen Unversehrtheit sein Leben abhängt. Als ein wilder Eber die Gegend von Kalydon verwüstet, wird eine Jagd anberaumt, an der die berühmtesten Helden Griechenlands teilnehmen, darunter auch die Jägerin Atalante. Ihr gelingt es, vor allen anderen den Eber zu verwunden, und Meleagros spricht ihr daher nach der Jagd das Fell zu. Darüber kommt es zum Streit mit anderen Teilnehmern, und Meleagros erschlägt zwei Brüder seiner Mutter. Althaia wirft im Zorn das Scheit ins Feuer, so daß ihr Sohn stirbt.

Euripides hat wahrscheinlich die Beziehung zwischen Meleagros und der von ihm umworbenen, spröden (525) Atalante besonders hervortreten lassen (518, 520–52). Auch von Seiten seiner Eltern scheint es Widerstand gegen eine Verbindung mit Atalante (528) gegeben zu haben. Am Ende stand wohl eine Szene mit dem Sterbenden.

516 Ein Versehen bei diesem Opfer war die Ursache für das Erscheinen des Ebers.

517 Etymologische Erklärung des Namens.

530 Aus dem Bericht über die Jagd die Liste der Teilnehmer.

537 Aus einer Prophezeiung wahrscheinlich am Ende des

Stücks. Meleagros' Bruder Tydeus, einer der späteren Sieben
gegen Theben, soll dort das Gehirn seines Gegners Melanippos
ausgeschlürft haben; er gilt nicht als Teilnehmer an der kalydonischen Jagd.

OIDIPUS

Oidipus ist nach der Geburt von seinen Eltern, Laios und Iokaste, ausgesetzt worden, weil ein Orakelspruch lautete, er
werde seinen Vater töten und seine Mutter heiraten. Er wird
von Hirten gerettet und wächst in Korinth bei König Polybos
auf, ohne seine wahren Eltern zu kennen. Auf einer Reise be-
gegnet er zufällig Laios und erschlägt ihn im Streit. Nach Theben gekommen, befreit er die Stadt von der Sphinx und heiratet Iokaste. Anläßlich einer Pest, von der die Stadt befallen
wird, beginnen Nachforschungen, und die Wahrheit kommt
ans Licht, Oidipus blendet sich.
Wie sich die Tragödie des Euripides von der des Sophokles
unterschied, ist aus den Fragmenten nicht zu ermitteln. Immerhin ist zu erkennen, daß sich bei Euripides Oidipus nicht selbst
geblendet hat (541), was auf eine grundsätzlich andere Auffas-
sung der Gestalt schließen läßt.

OINEUS

Oineus, König von Kalydon, wird nach dem Tod seiner Söhne
Tydeus (vgl. Phoinissen) und Meleagros (vgl. zu Meleagros)
von den Söhnen seines Bruders Agrios entthront und schika-
niert, bis sein Enkel Diomedes von Troja zurückkehrt und ihn
wieder in die Herrschaft einsetzt.
Die Grundstruktur des Stücks muß dem ersten Teil des (später
geschriebenen) Herakles ähnlich gewesen sein. Die Figur des
alten Königs, der in Lumpen gekleidet einen jämmerlichen Anblick bietet, war ein von Euripides besonders herausgestellter
Effekt (vgl. zu Telephos). Diomedes scheint zunächst uner-

kannt gekommen zu sein (564); es müßte also eine Anagnorisis gegeben haben.

562 Kottabos, ein Spiel, bei dem ein Weinrest aus der Trinkschale auf ein Ziel geschleudert wurde.

OINOMAOS

Oinomaos, König von Pisa in Elis, fordert alle Freier seiner Tochter Hippodameia zu einem Wagenrennen heraus. Sobald er sie mit seinem windschnellen Gespann, das er seinem Vater Ares verdankt, eingeholt hat, tötet er sie von hinten mit dem Speer. Als Pelops sich um Hippodameia bewirbt, besticht er Myrtilos, den Wagenlenker des Königs, und läßt an dessen Wagen die Haltestifte der Räder durch wächserne Attrappen ersetzen, so daß Oinomaos während des Rennens stürzt und zu Tode geschleift wird. Später wird auch Myrtilos von Pelops getötet.

Die Fragmente lassen nichts Genaueres über die Anlage des Stücks erkennen. Man könnte sich eine gewisse Ähnlichkeit zu Taurischer Iphigenie und Helena denken: Ein liebendes Paar ist durch einen Tyrannen bedroht und rettet sich durch ein Mechanema.

PALAMEDES

Als Odysseus aufgefordert wird, mit in den Trojanischen Krieg zu ziehen, stellt er sich wahnsinnig, wird jedoch durch den klugen und erfinderischen Palamedes als Simulant entlarvt. Vor Troja rächt er sich durch eine heimtückische Intrige: Er versteckt Gold im Zelt des Palamedes und bezichtigt ihn dann des Verrats; im Rahmen der gerichtlichen Untersuchung wird das Gold gefunden, und Palamedes wird mit dem Tode bestraft. Deswegen gibt sein Vater Nauplios der heimkehrenden griechischen Flotte von Euböa aus irreführende Feuersignale, so daß zahlreiche Schiffe scheitern.

Bei Euripides dürfte die Gerichtsszene im Zentrum gestanden haben, in der sich der verdiente und rechtlich denkende Palamedes vergeblich gegenüber den falschen Anschuldigungen zu verteidigen sucht (vgl. Or. 866 ff., allerdings als Bericht).

PEIRITHOOS

Der Lapithenkönig Peirithoos dringt mit seinem Freund Theseus in die Unterwelt ein, um Persephone, die Gattin des Hades, zu rauben. Das Unternehmen mißlingt, und sie werden seitdem dort gefangen gehalten. Als Herakles hinabkommt, um den Kerberos zu holen, gelingt es ihm, Theseus (nach anderer Version beide) zu befreien.

Das Stück wird zusammen mit Tennes, Rhadamanthys und Sisyphos heute meist dem Politiker und Sophisten Kritias zugeschrieben. Doch läßt sich die Urheberschaft des Euripides nicht völlg ausschließen.

591 Schauplatz ist die Unterwelt. Aiakos, einer der Totenrichter.

600+1 Peirithoos' Vater Ixion hatte versucht, Hera zu verführen (vgl. zu Ixion), war aber durch ein von Zeus geschaffenes Scheinbild getäuscht worden und hatte mit ihm die Kentauren erzeugt.

600+2 Theseus will Herakles helfen, den Kerberos fortzuschaffen.

PELIADEN

Pelias hatte seinen Bruder Aison vom Thron verdrängt und dessen Sohn Iason auf ein gefährliches Abenteuer, die Fahrt nach Kolchis, ausgeschickt. Als Iason mit Medea zurückkehrt, verleitet sie die Töchter des Pelias (die Peliaden), ihren Vater einem Verjüngungszauber zu unterziehen, bei dem Pelias zuvor zerstückelt und gekocht werden muß. Die Mädchen folgen Medeas Anweisungen und töten ihren Vater, werden aber bei der weiteren Prozedur von Medea im Stich gelassen, so daß Pelias nicht wieder ins Leben zurückkehrt.

Aufführung 455; Euripides trat damit zum erstenmal als Tragiker hervor. Bei dieser ältesten Tragödie des Euripides ist es besonders bedauerlich, daß sich zum Bau des Stücks kaum etwas sagen läßt. Durchgehend getragen wurde es wahrscheinlich von Medeas Mechanema. Es könnte also eine Szene gegeben haben, in der Medea die Bestrafung des Pelias plant, wohl ohne Wissen Iasons, dann mindestens eine Täuschungsszene (vgl. Med. 271 ff,; 866 ff., Andr. 309 ff., Hek. 953 ff., Taur. Iph. 1153 ff., Hel. 1165 ff., Ba. 810 ff.), in der Medea die Verjüngung vorschlägt, weiter eine Beratung, ob man dem Vorschlag folgen dürfe, und einen Bericht über die Prozedur und ihren Ausgang; das Stück dürfte mit Iasons und Medeas Flucht oder Verbannung geendet haben. Aus den Fragmenten ist noch eine Szene zu erkennen, in der wie in einer Abschiedsrede einer der Töchter Ratschläge fürs Leben gegeben werden (603; vgl. Erechtheus). Ob die Töchter den Chor gebildet haben, wie man nach dem Titel vermuten kann, wäre wichtig zu wissen, weil es besondere dramaturgische Probleme mit sich gebracht haben würde, wie wir sie aus den erhaltenen Stücken nicht kennen.

PELEUS

Peleus und Telamon ermorden aus Neid ihren Halbbruder Phokos. Peleus flieht nach Phthia, wird von Eurytion entsühnt und heiratet dessen Tochter Antigone. Während der kalydonischen Jagd (vgl. zu Meleagros) tötet Peleus versehentlich Eurytion; er flieht nach Iolkos zu Akastos, dem Sohn und Nachfolger des Pelias (vgl. Peliaden). Dessen Gattin Astydameia macht ihm Liebesanträge, und als er sie abweist, verleumdet sie ihn bei Antigone und Akastos. Antigone begeht Selbstmord. Akastos, der Peleus nicht eigenhändig töten will, läßt ihn während einer Jagd im Peliongebirge ohne Waffen zurück. Als Peleus von Kentauren angegriffen wird, rettet ihn der Zufall (oder göttlicher Beistand), der ihn sein Messer wiederfinden läßt. Später heiratet er die Meeresgöttin Thetis, die er in einem Ringkampf, bei dem sie verschiedene Gestalten annimmt, bezwingen muß. An der Hochzeitsfeier nehmen auch die olympischen Götter teil. Nach der Geburt des Achilleus kehrt Thetis ins Meer zurück. Im Alter wird Peleus von den Söhnen des Akastos aus Phthia vertrieben.

Aus den Fragmenten läßt sich über den Inhalt des Stücks nichts Genaues ermitteln. Am wahrscheinlichsten ist, daß es von der Liebe der Astydameia und der Verleumdung handelte (vgl. Hipp. und Stheneboia).

PLEISTHENES

Pleisthenes, Sohn des Atreus, wird als kleines Kind von seinem Onkel Thyestes geraubt und wächst als dessen vermeintlicher Sohn auf. Als er herangewachsen ist, schickt ihn Thyestes zu Atreus mit dem Auftrag, diesen zu ermorden. Pleisthenes wird bei dem Versuch jedoch festgenommen und hingerichtet. Das Stück müßte ähnlich wie der zweite Teil des Ion angelegt gewesen sein, mit Mechanema, Entdeckung und Strafe; die Anagnorisis, die im Ion die Tötung eines Verwandten verhindert, wird im Pleisthenes Ausgangspunkt einer Klageszene gewesen sein.

631 s. zu Oineus 562

POLYIDOS

Glaukos, ein Sohn des kretischen Königs Minos, war beim Spiel in ein Honigfaß gefallen und umgekommen. Da die Suche nach dem verschwundenen Kind erfolglos bleibt, befragt Minos das Orakel und erfährt, er werde seinen Sohn durch denjenigen Mann wiederbekommen, der ein gleichzeitig erschienenes Wunderzeichen am besten zu deuten wisse. Das gelingt Polyidos aus Argos, der nun aufgefordert wird, das

Kind herbeizuschaffen. Dank seiner Seherkunst vermag er zwar den Leichnam aufzufinden, doch Minos hatte erwartet, sein Kind lebend wiederzusehen, und läßt bei der Bestattung Polyidos mit in das Grab einschließen. Dort beobachtet er eine Schlange, die eine andere mit einem Wunderkraut wieder zum Leben erweckt; er verfährt entsprechend bei Glaukos, und das Kind kehrt ins Leben zurück. Sie können sich bemerkbar machen und werden gerettet.

Einige Fragmente sind unter dem Titel ‚Glaukos‘ überliefert, aber es handelt sich aller Wahrscheinlichkeit nach um ein und dasselbe Stück.

PROTESILAOS

Der jungvermählte Protesilaos ist vor Troja als erster Grieche gefallen. Durch ihre Gebete erreicht seine Gattin Laodameia, daß er für drei Stunden aus der Unterwelt zu ihr zurückkehren darf. Auch danach läßt sie von ihrer grenzenlosen Trauer nicht ab und umhegt die aus Wachs gefertigte, lebensgroße Statue des geliebten Mannes. Als ihr Vater Akastos das Bildnis verbrennen läßt. stürzt sie sich in die Flammen.

Bei Euripides werden die Klagen der Laodameia breiten Raum eingenommen haben. Weiter scheint es zu einer Diskussion zwischen ihr und dem Vater gekommen zu sein (654). Zum Tod in den Flammen vgl. die Figur der Euadne in den Hiketiden.

RHADAMANTHYS

Rhadamanthys, ein Bruder des kretischen Königs Minos, wird wegen seiner Gerechtigkeit Totenrichter in der Unterwelt.

Da sich mit Rhadamanthys nur wenig bekannte Erzählungen verbinden, die überdies kaum Stoff für eine Tragödie abgeben, läßt sich über den Inhalt des Stücks nichts sagen.

Zum Problem der Urheberschaft vgl. zu Peirithoos.

STHENEBOIA

Vgl. zu Bellerophontes. Die Handlung der Tragödie scheint von der Verleumdung durch Stheneboia bis zu ihrem Tod gereicht zu haben. Im Prolog kündigt Bellerophontes an, er werde sich aufs Land zurückziehen (661, 27). Dann muß die Verleumdung gefolgt sein und der Auftrag des Proitos, nach Lykien zu gehen. Nach seiner Rückkehr berichtet Bellerophontes von seinen Abenteuern (665a). Es folgen neue Annäherungsversuche Stheneboias (664 f.). In seiner Täuschungsszene schlägt Bellerophontes ihr die Flucht vor (669). Fischer (670) bringen Stheneboia, die noch zu leben scheint (671, vgl. Hipp. 1342 ff.), zurück. Vermutlich hat Proitos schon vorher die Wahrheit erfahren.

SISYPHOS

Als Sisyphos, der schlauste aller Menschen, merkt, daß er sterben muß, trägt er seiner Frau auf, ihm keine Totenopfer darzubringen. Hades gestattet ihm daraufhin, das Totenreich noch einmal zu verlassen, um sie an ihre Pflichten zu erinnern, Sisyphos aber kehrt nicht zurück, sondern bleibt in der Oberwelt. Zur Strafe muß er nach seinem endgültigen Tod einen großen Stein auf einen Berg wälzen; oben entgleitet ihm der Stein jedesmal und rollt wieder hinunter.
Ob das Satyrspiel die Überlistung des Todes zum Thema hatte oder eine andere schlaue Tat (vgl. zu Autolykos), läßt sich nicht entscheiden; es scheint jedoch von seinem Tod die Rede gewesen zu sein (673).

SKIRON

Skiron zwingt alle Vorüberkommenden, ihm die Füße zu waschen, und stößt sie dabei über die Felsküste hinunter ins Meer, wo sie von einer riesigen Schildkröte gefressen werden. Er wird von Theseus getötet (vgl. zu Theseus).

Über den Inhalt des Satyrspiels läßt sich aus den Fragmenten wenig entnehmen. Offenbar kam ein Gelage mit korinthischen Hetären vor (676, 675).
675 Münzen mit Abbildungen von Pferden, bzw. der Göttin Athene.

SKYRIOI

Thetis will ihren Sohn Achilleus vor der Teilnahme am Trojanischen Krieg bewahren und schickt ihn deshalb auf die Insel Skyros, wo er unter den Töchtern des Königs Lykomedes wie ein Mädchen aufwächst. Es kommt dabei zu einer heimlichen Liebesbeziehung zu einem der Mädchen; sie wird Mutter des Pyrrhos = Neoptolemos. Bei Kriegsausbruch kommt Odysseus nach Skyros, um Achilleus zu holen; durch eine List veranlaßt er ihn, sich als Mann zu verraten.
Im ersten Teil des Stücks dürfte es um die Geburt des Kindes gegangen sein (682). Lykomedes scheint sich nach anfänglichem Zorn letzten Endes damit abgefunden zu haben (683). Aus der Ankunft des Odysseus ergab sich dann ein Konflikt zwischen Liebe und Kriegsruhm (683a).
681a Der Ausruf gilt Helena, die jedoch im Stück selbst nicht vorgekommen sein kann.

SYLEUS

Syleus zwingt alle Vorüberkommenden, seine Weinberge zu bearbeiten. Er wird von Herakles erschlagen.
In dem Satyrspiel verdingt sich Herakles gegen allen Widerstand (688–690) bei Syleus als Knecht, macht sich dann im Haus breit und veranstaltet ein gewaltiges Gelage (691), bei dem offenbar auch die Tochter des Hausherrn mitwirken muß (693 f.).

TENNES

Tennes weist die Liebesanträge seiner Stiefmutter zurück und wird von ihr bei seinem Vater Kyknos verleumdet. Er wird in einem Kasten ins Meer geworfen, wird aber gerettet. Als Herrscher von Tenedos wird er am Beginn des Trojanischen Krieges von Achilleus erschlagen. Vgl. zu Peirithoos.

TELEPHOS

Telephos, König von Mysien (vgl. zu Auge), ist von Achill verwundet worden, als die Griechen bei der zunächst vergeblichen Suche nach Troja in sein Land eingefallen waren. Dem Orakelspruch „der Verwundende wird heilen" folgend, begibt sich Telephos verkleidet nach Argos, um Heilung zu erlangen. Er verspricht den Griechen, ihnen den Weg nach Troja zu zeigen. Als er erkannt wird, flüchtet er an einen Altar, wobei er Agamemnos kleinen Sohn Orest als Geisel an sich reißt.
Die Fragmente lassen außer dem Prolog (696, 198) deutlich eine Szene erkennen, in der Telephos sich in seiner Rede an die Griechen wendet (703), weiter eine Streitszene (Agamemnon und Menelaos, 722, 723) und eine Ankunftszene (Achill, 227+3). Aufführung 438, zusammen mit Kreterinnen, Alkmeon in Psophis und Alkestis.
696 Eileithyia, die Geburtsgöttin.
700 Lykios, Beiname Apollons
724 die Wunde des Telephos

TEMENIDAI

Die Tochter des Temenos (vgl. zu Temenos), Hyrnetho, ist mit Deiphontes verheiratet. Ihre Brüder verlangen die Trennung. Beim Kampf mit Deiphontes kommt Hyrnetho um, aber auch der eine oder andere ihrer Brüder.

TEMENOS

Temenos, König von Argos aus einer späteren Heraklidenge-
neration, bevorzugte seinen Schwiegersohn Deiphontes vor
seinen Söhnen, die daraufhin ihren Vater ermorden.
Abgrenzung gegenüber Temeniden unsicher.

HYPSIPYLE

Die Frauen von Lemnos hatten alle Männer auf der Insel getö-
tet und einen Frauenstaat gegründet. Ihre Königin Hypsipyle
hat zwei Söhne, Euneos und Thoas, von Jason, der auf seiner
Fahrt nach dem goldenen Vlies an der Insel angelegt hatte.
Später wird entdeckt, daß Hypsipyle seinerzeit ihren Vater
Thoas heimlich am Leben gelassen hatte, und sie wird von der
Insel verbannt. Sie kommt als Sklavin nach Nemea und wird
vom dortigen König mit der Pflege seines kleinen Sohnes
Opheltes betraut. Während sie den ‚Sieben gegen Theben‘, die
auf ihrem Zug vorüberkommen, eine Wasserquelle zeigt, wird
das Kind von einer Schlange getötet. Hypsipyle soll mit dem
Tode bestraft werden, wird aber durch die Fürsprache des Sehers Amphiaraos und/oder durch das Eingreifen ihrer Söhne,
die auf der Suche nach der Mutter sind, gerettet.
Entsprechend dem Mythos mußten im Stück zwei an sich voneinander unabhängige Handlungsmomente verbunden werden:
1. die unglückliche Mutter, die von ihren Kindern getrennt
worden ist, sie dann aber wiedertrifft (also ist mit einer Ana-
gnorisis-Szene zu rechnen, wie sie auch in der Prologszene,
752+1, vorbereitet wird), 2. die unschuldig Angeklagte, die
durch einen Zeugen gerettet wird (754+1, 757). Die Verknüp-
fung lag bei Euripides anscheinend darin, daß der rettende
Zeuge (Amphiaraos) zugleich auch derjenige ist, dem die Anagnorisis zu verdanken ist (s. 757+1 Vers 65).
Anführer der ‚Sieben‘ ist Adrastos (752+2); er will dem aus
Theben vertriebenen Polyneikes zu seinem Recht verhelfen,

nachdem dieser auf Grund eines Orakels sein Schwiegersohn
geworden ist (753+1). Der Seher Amphiaraos wußte, daß er bei
dem Zug umkommen würde, und wollte daher nicht teilnehmen (752+5, s. zu Alkmeon).

752+3 Die Fahrt der Argo. Dreifache Kindersaat: Minos, Rhadamanthys und Sarpedon. Io wurde von Zeus in eine Kuh verwandelt und gelangte von Argos bis nach Ägypten.

725+4 Prokris wurde versehentlich von ihrem Gatten Kephalos
getötet, als sie ihn im Wald belauschen wollte, da sie ein Stell-
dichein mit einer Nymphe vermutete.

PHAETHON

Phaethon, als Sohn des Aithiopenkönigs Merops und dessen
Gattin Klymene aufgewachsen, ist in Wirklichkeit Sohn des
Sonnengottes Helios. Um ihm das zu beweisen, fordert Klymene ihn auf, an Helios einen Wunsch zu richten, dessen Er-
füllung dieser seinerzeit Klymene versprochen hatte. Anlaß
ist die Hochzeit, die Merops für Phaethon angesetzt hat;
die Braut ist eine Helios-Tochter, also eine Schwester Phaethons. Klymene will also den Inzest verhindern. Phaethon
wünscht sich, den Sonnenwagen lenken zu dürfen, gerät aus
der Bahn und wird von Zeus mit dem Blitz erschlagen.
Euripides hat, wie die Fragmente zeigen, den Kontrast zwischen der Handlung, die zu Phaethons Tod führt, und den
Hochzeitsvorbereitungen zur Grundlage des Stücks gemacht.
779 stammt aus dem Bericht eines Augenzeugen. Am Schluß
wird eine Gottheit erschienen sein, durch die Merops die
Wahrheit erfährt.

773,26 Itys, s. zu Rhesos 550.

PHILOKTET

Philoktet war beim Zug gegen Troja von den Griechen auf
der Insel Lemnos ausgesetzt worden, nachdem ihn eine Schlan-

ge gebissen und eine unheilbare Wunde verursacht hatte. Ein
Orakel hat den Griechen verkündigt, Troja könne nicht ohne
Philoktets Hilfe erobert werden, und sie versuchen nun, Philoktet, der sie haßt, zurückzuholen.
Anders als im Stück des Sophokles scheint bei Euripides zugleich eine Gesandtschaft der Troer bei Philoktet eingetroffen
zu sein.

PHOINIX

Phoinix wird von der jugendlichen Konkubine seines Vaters,
deren Liebe er zurückgewiesen hat, bei seinem Vater verleumdet, der ihn daraufhin blenden läßt. Peleus bringt ihn zu dem
weisen Kentauren Chiron, der ihn heilt.
Bei Homer (Ilias 9, 448 ff.) andere Version: Phoinix hat auf
Betreiben seiner Mutter die Konkubine des Vaters verführt,
um sie ihm zu entfremden. Er wird von seinem Vater verstoßen. Nach einer antiken Notiz zu dieser Stelle ist Euripides der
ersten Version gefolgt, worauf auch 816 schließen läßt.

PHRIXOS

Vgl. zu Ino. Ino trachtet ihren Stiefkindern Phrixos und Helle
nach dem Leben. Sie stiftet deswegen die Frauen des Landes
an, heimlich das Saatgetreide zu rösten, so daß die Ernte aus-
bleibt; die Boten, die daraufhin zum Orakel geschickt werden,
werden von ihr bestochen und melden, Phrixos müsse geop-
fert werden, um die Götter zu versöhnen. Nephele, die Mutter
des Phrixos und der Helle, kommt ihren Kindern zu Hilfe und
schickt ihnen einen goldenen Widder, auf dessen Rücken sie
durch die Luft entfliehen können. Helle stürzt unterwegs ins
Meer (Hellespont); Phrixos gelangt ins Land Kolchis, opfert
dort den Widder und schenkt König Aietes, der ihn freundlich aufgenommen hat, das Fell (das goldene Vlies).
Nach einer komplizierteren Version ist Phrixos, der sich frei-

willig zum Opfertod bereit erklärt hat, gerettet worden, weil einer der Boten aus Mitleid die Wahrheit offenbart. Ino soll nun ihrerseits durch Phrixos den Tod erleiden, wird aber durch Dionysos gerettet, der Phrixos und Helle in Wahnsinn versetzt und im Lande umherirren läßt. Hier kommt die Hilfe der Nephele.

Euripides hat zwei Stücke mit diesem Titel geschrieben. Es läßt sich nicht ausmachen, ob es sich um eine Überarbeitung handelt (wie beim Hippolytos) oder um zwei ganz verschiedene Stücke (wie bei Alkmeon oder Melanippe). Der komplizierte Stoff bietet mehr als eine Möglichkeit dazu, z. B. Fortsetzung in Kolchis (wohl das frühere Stück) oder zwei Versionen der Ino-Phrixos-Geschichte.

CHRYSIPPOS

Chrysippos, ein Sohn des Pelops, wird wegen seiner Schönheit von dem Thebaner Laios entführt. Aus Scham ersticht er sich, Laios wird von Pelops verflucht.

Die Fragmente 840 und 841 lassen die Ähnlichkeit der Problematik zum erhaltenen Hippolytos erkennen, jedoch wird das Problem im Dialog zwischen Laios und einer weiteren Person behandelt, in Hipp. in Phaidras Monolog.

DER KYKLOP

Beim tragischen Wettbewerb führte in der Zeit des Euripides jeder der zugelassenen Dichter drei Tragödien und anschließend ein Satyrspiel auf. Im Satyrspiel wird eine an sich ernste Handlung mit einem Chor von ganz unernsten Satyrn kombiniert, so daß eine seltsame Mischung entsteht, die als Ganzes fast wie eine Parodie auf die Institution der Tragödie wirkt. Doch steckt in den Satyrn wohl eher eine explizite Reminiszenz an die Urgeschichte der Tragödie. Der Kyklops ist das einzige vollständig erhaltene Satyrspiel. Es ist zu vermuten, daß die burlesken Züge im allgemeinen stärker ausgeprägt waren, als es hier der Fall ist.

Literaturhinweis

B. Seidensticker, Das Satyrspiel, in: Das griechische Drama, hrsg. v. G. A. Seeck, Darmstadt 1979, S. 204–257.

D. F. Sutton, The Greek Satyrplay, Beiträge zur Klass. Philologie 90, Meisenheim am Glan 1979.

Anmerkungen

1 Bakchos (Bakchios) = Dionysos.

4 Oreaden, Bergnymphen; bei ihnen war Dionysos aufgewachsen.

7 Enkelados, einer der Giganten, von Zeus oder Athene getötet.

37 Sikinnis, der für das Satyrspiel typische lebhafte Tanz.

39 Althaia (s. zu Meleagros). Der Liebesbeziehung zwischen Dionysos und Althaia, auf die hier angespielt wird, soll Meleagers Schwester Deianeira entstammen.

68 Nysa, mythischer Ort, s. zu 4.

104 Odysseus, gewöhnlich Sohn des Laertes, wurde gelegentlich als Sohn des schlauen Sisyphos angesehen (vgl. zu Autolykos und Sisyphos).

141 Der Od. 9, 197 ff. genannte Apollonpriester Maron wurde
    später (wohl wegen des Weines) zum Sohn des Dionysos
    erklärt.
147 Möglicherweise ist auch ein unerschöpflicher Zauber-
    schlauch gemeint.
166 Leukas' Felsen; dort wurden Verbrecher herabgestürzt,
    und unglücklich Liebende suchten dort den Tod.
263 Eine Reihe von Meeresgottheiten.
273 Rhadamanthys, einer der Totenrichter.
292 Eine Aufzählung von Poseidonheiligtümern.
329 Boreas, Nordwind.
581 Chariten, Göttinnen des Liebreizes aus dem Gefolge der
    Aphrodite.
582 Ganymed, Sohn des troischen Königs Tros (hier wird der
    Stammvater Dardanos genannt), wurde wegen seiner
    Schönheit von Zeus geraubt.
599 Die Werkstatt des Feuer- und Schmiedegottes Hephaistos
    dachte man sich unter dem Ätna.
646 Orpheus lockte durch seinen Gesang selbst Bäume und
    Felsen an.
664 Paian, ein an den Heilgott Apollon gerichtetes Lied.

RHESOS

Beim Rhesos ist schon in der Antike an der Urheberschaft des
Euripides gezweifelt worden. Andererseits gibt es die Nachricht, daß Euripides ein Stück mit diesem Titel geschrieben
habe. Möglicherweise ist also in der Überlieferung der erhaltene
Rhesos an die Stelle des verlorenen, echten getreten. Obwohl
heute die Stimmen, die sich für die Unechtheit aussprechen,
überwiegen, scheint die Diskussion noch nicht abgeschlossen
zu sein. Abgesehen von sprachlichen und stilistischen Einzelar-
gumenten, die naturgemäß nur begrenztes Gewicht haben, ist
es der allgemeine Eindruck, der sich gegen Euripides als Autor
ins Feld führen läßt: wir haben es mit einem Stück zu tun, das

mehr ein aufregendes Abenteuer als eine tragische Verwicklung auf die Bühne bringt. Diese etwas äußerliche Bühnenwirksamkeit möchte man eher dem 4. als dem 5. Jahrhundert zutrauen. Daß das Stück zugleich sehr Euripideisch wirkt, braucht nicht zu verwundern, da Euripides für das 4. Jahrhundert der vorbildliche Tragiker war, dessen Dramen häufig aufgeführt wurden.

Literaturhinweis

W. Ritchie, The Authenticity of the Rhesus of Euripides, Cambridge 1964.

A. Lesky, Die tragische Dichtung der Hellenen, Göttingen 1972³, S. 527–530.

Anmerkungen

29 Europas Sohn, Sarpedon.

36 Pan, der Erreger des ‚panischen‘ Schreckens.

59 d. h. der Sonnenuntergang.

175 Oileus’ (oder Ileus’) Sohn, der ‚kleine‘ Aias.

224 Thymbra, Ort bei Troja mit einem Apollonheiligtum.

230 dardanisch, nach dem troischen Stammvater Dardanos.

232 Apollon und Poseidon hatten die Stadtmauer von Troja errichtet.

236 Achill stammte aus Phthia.

239 Ares, hier = die Kriegsmacht.

240 Aiakos, Vater des Peleus.

282 Ida, Gebirge in der Nähe Trojas.

306 Athene führte als Schildzeichen ein Gorgonenhaupt.

342 Adrasteia, eine troische Göttin.

349 Pierien in Nordgriechenland galt als Heimat der Musen.

365 Atriden, die Söhne des Atreus, also die Anführer der Griechen Agamemnon und Menelaos.

376 Hera genoß in Argos besondere Verehrung.

408 Pangaios, Gebirge in Thrakien. Paionerland = Thrakien.

499 Tydeus’ Sohn, Diomedes.

508 s. zu 224.

546 Simoeis, Fluß bei Troja.

550 Anspielung auf die Geschichte von Prokne, die ihren Sohn
Itys getötet hatte, um dessen Vater Tereus zu bestrafen.
Sie wurde in eine Nachtigall verwandelt.

553 Syrinx, die aus mehreren Rohren zusammengefügte Hir-
tenflöte.

646 Kypris = Aphrodite.

686 Nach Binders Übersetzung gibt sich Odysseus als Rhesos
aus; damit erklären sich auch die vorangegangenen stolzen
Worte. Nach dem überlieferten Text fragt Odysseus, ob
sein Gegenüber Rhesos ermordet habe, worauf der Chor
eigentlich anders reagieren müßte.

876 Dike, das Recht, die Göttin des Rechts.

906 Oineus, der Großvater des Diomedes.

916 Sohn Philammons, der Sänger Thamyris; er hatte sich den
Musen gleichstellen wollen.

945 Musaios, wie Orpheus ein berühmter Sänger.

964 Demeters Kind, Persephone, die Gattin des Unterwelt-
herrschers Hades.

INDEX DER TITEL ZU DEN FRAGMENTEN

(in der Reihenfolge des deutschen Alphabets)

INHALT

www.ingramcontent.com/pod-product-compliance
Lightning Source LLC
Chambersburg PA
CBHW070644150426
42811CB00051B/544